U0094542

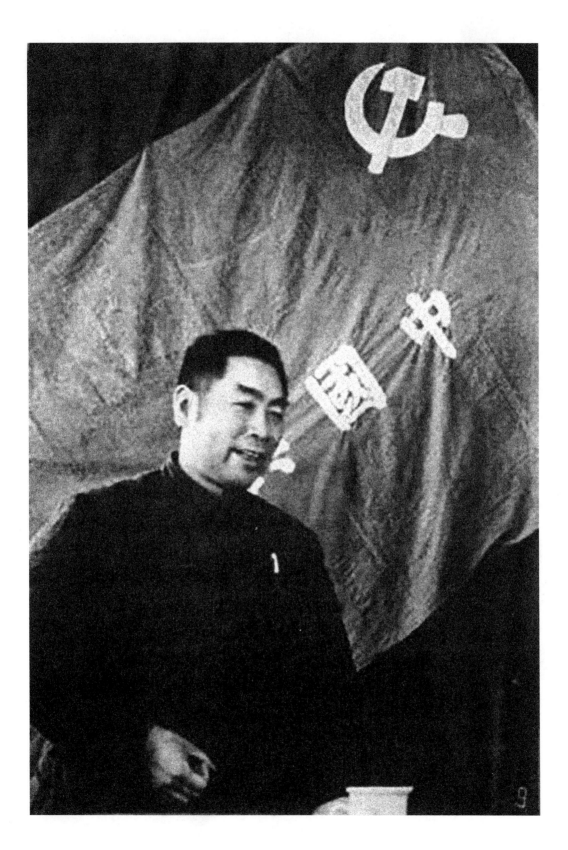

红色领航书系
总主编　姜辉

全国高校出版社主题出版
教育部哲学社会科学研究后期资助项目

一面不朽旗帜

——周恩来与中国共产党

徐行　著

中国教育出版传媒集团
高等教育出版社·北京

图书在版编目（ＣＩＰ）数据

一面不朽旗帜 ： 周恩来与中国共产党 / 徐行著． --
北京 ： 高等教育出版社，2023.12
ISBN 978-7-04-061303-2

Ⅰ．①一… Ⅱ．①徐… Ⅲ．①周恩来（1898-1976）
-生平事迹 Ⅳ．①K827=7

中国国家版本馆 CIP 数据核字（2023）第 207850 号

YIMIAN BUXIU QIZHI: ZHOU ENLAI YU ZHONGGUO GONGCHANDANG

| 策划编辑 | 张　召 | 责任编辑 | 张　召 | 封面设计　姜　磊 | 版式设计　徐艳妮 |
| 责任校对 | 刘娟娟 | 责任印制 | 田　甜 | | |

出版发行	高等教育出版社	网　　址	http://www.hep.edu.cn
社　　址	北京市西城区德外大街4号		http://www.hep.com.cn
邮政编码	100120	网上订购	http://www.hepmall.com.cn
印　　刷	北京市白帆印务有限公司		http://www.hepmall.com
开　　本	787mm×1092mm 1/16		http://www.hepmall.cn
印　　张	26		
字　　数	420千字	版　　次	2023年12月第1版
购书热线	010-58581118	印　　次	2023年12月第1次印刷
咨询电话	400-810-0598	定　　价	129.00元

本书如有缺页、倒页、脱页等质量问题，请到所购图书销售部门联系调换
版权所有　侵权必究
物 料 号　61303-00

总　序

　　哲学社会科学是探索人类社会和精神世界奥秘、揭示其发展规律的科学，是我们认识世界、改造世界的有力武器。哲学社会科学的发展水平，体现着一个国家和民族的思维能力、精神状态和文明素质，其研究能力和科研成果是综合国力的重要组成部分。没有繁荣发展的哲学社会科学，就没有文化的影响力和凝聚力，就没有真正强大的国家。

　　党中央高度重视哲学社会科学事业。改革开放以来，特别是党的十六大以来，党中央就繁荣发展哲学社会科学作出了一系列重大决策，党的十七大报告明确提出："繁荣发展哲学社会科学，推进学科体系、学术观点、科研方法创新，鼓励哲学社会科学界为党和人民事业发挥思想库作用，推动我国哲学社会科学优秀成果和优秀人才走向世界。"党中央在新时期对繁荣发展哲学社会科学提出的新任务、新要求，为哲学社会科学的进一步繁荣发展指明了方向，开辟了广阔前景。在全面建设小康社会的关键时期，进一步繁荣发展哲学社会科学，大力提高哲学社会科学研究质量，努力构建以马克思主义为指导，具有中国特色、中国风格、中国气派的哲学社会科学，推动社会主义文化大发展大繁荣，具有十分重大的意义。

　　高等学校哲学社会科学人才密集，力量雄厚，学科齐全，是我国哲学社会科学事业的主力军。长期以来，广大高校哲学社会科学工作者献身科学，甘于寂寞，刻苦钻研，无私奉献，开拓创新，为推进马克思主义中国化，为服务党和政府的决策，为弘扬优秀传统文化、培育民族精神，为培养社会主义合格建设者和可靠接班人作出了重要贡献。本世纪头20年，是我国经济社会发展的重要战略机遇期，高校哲学社会科学面临着难得的发展机遇。我们要以高度的责任感和使命感、强烈的忧患意识和宽广的世界眼光，深入学习贯彻党的十七大精神，始终坚持马克思主义在哲学社会科学的指导地位，认清形势，明确任务，振奋精神，锐意创新，为全面建设小康社会、构建社会主义和谐社会发挥思想库作用，进一步推进高校哲学社会科学全面协调可持续发展。

哲学社会科学研究是一项光荣而神圣的社会事业，是一种繁重而复杂的创造性劳动。精品源于艰辛，质量在于创新。高质量的学术成果离不开严谨的科学态度，离不开辛勤的劳动，离不开创新。树立严谨而不保守，活跃而不轻浮，锐意创新而不哗众取宠，追求真理而不追名逐利的良好学风，是繁荣发展高校哲学社会科学的重要保障。建设具有中国特色的哲学社会科学，必须营造有利于学者潜心学问、勇于创新的学术氛围，必须树立良好的学风。为此，自2006年始，教育部实施了高校哲学社会科学研究后期资助项目计划，旨在鼓励高校教师潜心学术，厚积薄发，勇于理论创新，推出精品力作。原中央政治局常委、国务院副总理李岚清同志欣然为后期资助项目题字"厚积薄发"，并篆刻同名印章一枚，国家图书馆名誉馆长任继愈先生亦为此题字"生也有涯，学无止境"，此举充分体现了他们对繁荣发展高校哲学社会科学事业的高度重视、深切勉励和由衷期望。

展望未来，夺取全面建设小康社会新胜利、谱写人民美好生活新篇章的宏伟目标和崇高使命，呼唤着每一位高校哲学社会科学工作者的热情和智慧。让我们坚持以马克思主义为指导，深入贯彻落实科学发展观，求真务实，与时俱进，以优异成绩开创哲学社会科学繁荣发展的新局面。

教育部社会科学司

序

　　我的伯父周恩来是中国共产党的创建者之一，是以毛泽东同志为核心的党的第一代中央领导集体的重要成员。在纪念周恩来同志诞辰 120 周年座谈会上，习近平高度评价伯父："周恩来同志是近代以来中华民族的一颗璀璨巨星，是中国共产党人的一面不朽旗帜。"① 虽然伯父已经离开我们 40 多年，然而，正像习近平所说的："周恩来，这是一个光荣的名字、不朽的名字。每当我们提起这个名字就感到很温暖、很自豪。"②

　　二十世纪五六十年代，正当青少年的我，在伯父和伯母身边生活了十多年，深深感悟到伯父为党和人民的事业，任劳任怨、勤勤恳恳的忘我精神。伯父身上展现出的中国共产党人的崇高精神风范及其殚精竭虑、鞠躬尽瘁的往事至今仍历历在目。

　　自改革开放以来，国内外周恩来研究方兴未艾，数十年间出版了大量研究周恩来的专著、论文、资料集等，中外学者对周恩来在经济、外交、国防、文化、政府管理等方面的思想和生平事迹做了大量研究。相对而言，对周恩来在中国共产党的建立、发展和建设中发挥的重要作用方面的研究稍显薄弱。

　　在秋高气爽、金风玉露的时节，一部名为《一面不朽旗帜——周恩来与中国共产党》的专著摆在了我的案头，粗略读罢，深感欣慰。该书弥补了此前研究的不足。作者引用大量文献资料和史实，比较深入和系统地论述了周恩来在中国共产党创建和发展中作出的卓越贡献、对执政党建设理论和实践的探索，阐明了周恩来在贯彻党的统一战线方针中、在几次国共合作中发挥的特殊作用，探讨了周恩来代表中国共产党与苏联等国家的共产党开展的党际外交。周恩来为党的事业奋斗终身的光辉历史和崇高思想，向世人表明了周恩来半个多世纪的奋斗历程

---

① 习近平：《在纪念周恩来同志诞辰 120 周年座谈会上的讲话》，人民出版社 2018 年版，第 8~9 页。
② 习近平：《在纪念周恩来同志诞辰 120 周年座谈会上的讲话》，人民出版社 2018 年版，第 2 页。

是中国共产党人不忘初心、牢记使命的一个历史缩影。

伯父在欧洲勤工俭学期间写给国内觉悟社社员的信中，表达了他的坚定信念："我认的主义一定是不变了，并且很坚决地要为他宣传奔走。"[1] 他不但是这样说的，也是这样做的。他为中国共产党的政治建设、思想建设、组织建设、军队建设、作风建设、廉政建设、干部队伍建设，以及统一战线工作作出了不可磨灭的贡献。他是中国共产党和新中国外交、国防、经济、文化、科技、教育、卫生、体育等各项事业的伟大开拓者之一。他在二十世纪五十年代就提出了实现四个现代化的宏伟目标，直到生命的最后阶段仍在为之奋斗。他为捍卫国家主权、争取中国国际地位的提高也创下了不朽功勋。

虽然今日的国内外大背景与周恩来所处的年代相比已有许多变化，但我们从周恩来为党的事业奋斗终身的所思、所言、所行中，仍能获得许多教益和启迪。周恩来的崇高精神、杰出思想、光辉事迹、高尚品德、伟大风范，是中国共产党的宝贵精神财富，感召着一代又一代中国共产党人，哺育着一代又一代奋发有为的进步青年。我衷心希望当今的广大党员珍惜党的革命和建设事业开创者留下的政治遗产，共同维护来之不易的大好局面，记住过去，正视当今，面向未来。在新时代，让周恩来身上展现出的中国共产党人的崇高精神风范激励我们在实现"两个一百年"的奋斗目标的征程上共同奋斗！愿我们齐心协力，把老一辈革命家开创的宏伟事业发扬光大，努力实现周恩来青年时代的理想，早日"相会于中华腾飞世界时"[2]！

南开大学是国内知名高等学府，一贯重视有关周恩来的研究、宣传和教育工作。早在 1979 年，该校就成立了全国第一个周恩来研究室，1997 年又在此基础上成立了周恩来研究中心。数十年来，南开大学有大批关于周恩来研究的专著和论文问世，已举办五届大规模的周恩来研究国际学术讨论会，在国内外产生了很好的政治影响和学术影响。该校现已成为国际著名的周恩来研究重镇。该书作者徐行，系南开大学教授、南开大学周恩来研究中心主任，从事周恩来研究和教学工作多年，多有学术专著出版和论文发表，带出了一批热爱周恩来研究事业的学生。

---

[1] 《周恩来年谱（1898—1949）（修订本）》，中央文献出版社 1998 年版，第 56 页。

[2] 《周恩来早期文集（一九一二年十月——一九二四年六月）》上卷，中央文献出版社、南开大学出版社 1998 年版，第 3 页。

作为周恩来的亲属，我深信南开大学会继续努力，不断扩大周恩来思想和精神的宣传教育，进一步加深对周恩来的研究。

该著作从中国共产党的建立发展和执政党建设方面深入研究了周恩来的光辉思想和生平事迹，提供了大量史实和理论依据，弥补了以往学术界研究的空缺。从这个视角评价，该著作的理论价值和现实意义是不言而喻的，亦反映出作者深厚的专业造诣。尤为可嘉的是，该著作不但内容丰富，涉及面广，史论结合，贴近现实，而且重点突出，观点鲜明，思路清晰，行文流畅，具有很强的可读性和启发性。

值该著作付梓之际，我作为周恩来的亲属，深感该著作论证有力，史料翔实，内容感人，孕育启迪。谨向徐行教授在该领域取得的新成果表示祝贺！并愿缀数语，以为序。

周秉德[*]
2019 年秋于北京家中

　＊ 本书序的作者周秉德，系周恩来的侄女，曾任全国政协委员、中国新闻社副社长，现为中国和平统一促进会常务理事、周恩来邓颖超研究中心顾问。

目　　录

导　　论

　　周恩来是中国共产党一面不朽的旗帜，是举世公认的伟大的无产阶级革命家、政治家、军事家、外交家，是中国共产党和中华人民共和国主要领导人之一，中国人民解放军主要创建人之一，是以毛泽东同志为核心的党的第一代中央领导集体的重要成员，伟大的马克思主义者，中华人民共和国的开国元勋。2018年3月1日，中共中央在人民大会堂举行座谈会，纪念周恩来同志诞辰120周年。习近平在座谈会上发表了重要讲话，高度评价了周恩来的丰功伟绩，号召全党全国人民学习周恩来的崇高品德和精神风范。今后，我们认真学习和深入研究周恩来的生平与思想，应以习近平在纪念周恩来同志诞辰120周年座谈会上的讲话精神为指导，围绕周恩来与中国共产党的建立和发展、周恩来与执政党建设、周恩来与党的统战理论和实践、周恩来与政党外交等问题展开进一步探讨，这将有利于我们在新时代把周恩来研究和中国共产党光辉历史的研究引向深入，有利于指导我们把老一辈革命家所开创的伟大事业继续推向前进。

一

　　2018年3月1日，在纪念周恩来同志诞辰120周年座谈会上，习近平对周恩来作出最新评价。其核心内容是阐明了周恩来是"一面旗帜""三个缩影""六个楷模"。习近平明确指出："周恩来同志是近代以来中华民族的一颗璀璨巨星，是中国共产党人的一面不朽旗帜。周恩来同志的崇高精神、高尚品德、伟大风范，感召和哺育着一代又一代中国共产党人。周恩来同志身上展现出来的中国共产党人的崇高精神，是历史的，也是时代的，将激励我们在新时代坚持和发展中国特色社会主义征程上奋勇前进。"[1]

---

[1] 习近平：《在纪念周恩来同志诞辰120周年座谈会上的讲话》，人民出版社2018年版，第8～9页。

周恩来为中国革命和建设奋斗的一生可分四个时期：青少年时期，他为探索救国救民之路而四处求学，积极投入五四运动，逐步确立了共产主义信仰。民主革命时期，他投身于反帝反封建的革命斗争，参加了创建中国共产党和革命武装工作，为我们党探索中国革命正确道路、创建人民军队、创建革命统一战线、创建人民当家作主的新中国建立了不朽功勋。社会主义革命和建设时期，他为新中国的筹建、为新型政党制度的建立、为积极探索符合我国国情的社会主义建设道路、为推进社会主义革命和建设事业倾注了大量心血，作出奠基性贡献，并卓有成效地领导了党和国家外事工作，赢得了世界各国人民和国际友好人士的普遍尊敬，为党和国家赢得了很高的国际声誉。"文化大革命"时期，他忍辱负重，苦撑危局，努力维护党和国家工作正常运转，尽一切可能减少损失，尽力保护了一大批党的领导骨干、民主人士和知识分子。

周恩来至少在五个方面为人民、为国家、为党的事业作出了不可磨灭的贡献：第一，他为中国共产党的建立、发展、壮大，对中国共产党思想建设、组织建设、干部队伍建设，对统一战线的建立作出了不朽贡献。第二，他为新中国的创建，对新中国三大政治制度的建立与健全，对中央与地方行政体制的筹建和管理作出了杰出贡献。第三，他为中国共产党武装斗争的开展、革命军队的创立与发展，对新中国国防建设，特别是国防科技的发展作出了重要贡献。第四，他为新中国外交外贸事业的开展，为维护世界和平，为捍卫国家主权、争取中国国际地位的提高立下了不朽功勋。第五，他为新中国经济、科技、教育、文化、卫生、体育等各项事业的发展做了大量的奠基性工作，为实现现代化打下了基础。

正因为周恩来是我们党一面不朽的旗帜，他为党、为人民、为国家作出了不可磨灭的贡献，所以，周恩来这个名字，"是一个光荣的名字、不朽的名字。每当我们提起这个名字就感到很温暖、很自豪。周恩来同志在为中国人民谋幸福、为中华民族谋复兴、为人类进步事业而奋斗的光辉一生中建立的卓著功勋、展现的崇高风范，深深铭刻在中国各族人民心中，也深深铭刻在全世界追求和平与正义的人们心中"[1]。

"中国共产党自一九二一年成立以来，始终把为中国人民谋幸福、为中华民

---

[1] 习近平：《在纪念周恩来同志诞辰 120 周年座谈会上的讲话》，人民出版社 2018 年版，第 2 页。

族谋复兴作为自己的初心使命，始终坚持共产主义理想和社会主义信念，团结带领全国各族人民为争取民族独立、人民解放和实现国家富强、人民幸福而不懈奋斗，已经走过一百年光辉历程。"① 我们研究中国共产党历经千难万险、披荆斩棘走过的百年历程，研究新中国成立、成长、繁荣发展的辉煌历史、研究如何实现党的百年奋斗目标和中国未来发展之路，离不开对周恩来这面共产党人不朽旗帜的深入研究、学习和传承。因为周恩来半个多世纪奋斗的人生历程是中国共产党不忘初心、牢记使命历史的一个生动缩影；他的奋斗历程也是新中国孕育、诞生、成长和取得崇高国际威望历史的一个生动缩影；他的杰出思想和实践是中国人民在自己选择的革命和建设道路上艰辛探索、不断开拓、凯歌行进历史的一个生动缩影。

二

中国共产党是世界第一大政党，已有九千多万党员。作为中国共产党一面不朽的旗帜，周恩来努力奋斗一生，具有坚定的政治理念，终身为党为人民殚精竭虑地工作，在六个方面成为全党全国人民的楷模。

第一，"周恩来同志是不忘初心、坚守信仰的杰出楷模"。周恩来在五四运动中转变为一个马克思主义者，从此他一生都坚持共产主义理想和信念。不论革命力量多么弱小，白色恐怖多么残酷，对敌斗争多么激烈，政治局势多么复杂，党和国家事业面临的挑战多么严峻，担负的责任多么艰巨，个人的处境多么困难，周恩来始终保持坚定的理想信念和旺盛的革命精神，一直没有改变过、动摇过。"我们要向周恩来同志学习，不要忘记我们是共产党人，不要忘记我们是革命者，任何时候都不要丧失理想信念。……用自己的实际行动坚持和发展中国特色社会主义，为实现共产主义远大理想而努力奋斗。"②

第二，"周恩来同志是对党忠诚、维护大局的杰出楷模"。在为党为人民勤勤恳恳工作的革命生涯中，周恩来从不计较个人地位和得失，正确处理个人和组织的关系，始终对党绝对忠诚，努力维护和巩固党内团结、维护和巩固党的政治大

---

① 《中共中央关于党的百年奋斗重大成就和历史经验的决议》，人民出版社 2021 年版，第 1 页。
② 习近平：《在纪念周恩来同志诞辰 120 周年座谈会上的讲话》，人民出版社 2018 年版，第 10 页。

局，始终坚持党对一切工作的绝对领导。周恩来担任红军主要领导时强调："党的领导作用要绝对的提高。红军中只能有党的领导，党要运用集中指导的原则来建立权威。"①周恩来担任国务院总理时提出，必须加强各部门的党组工作，必须加强向党中央的请示报告制度。周恩来总是自觉维护党中央权威和集中统一领导，坚决反对和抵制不利于党的团结和损害党中央权威的言论和行动。"我们要向周恩来同志学习，始终严守党的政治纪律和政治规矩，自觉维护党的团结统一，自觉在思想上政治上行动上同党中央保持高度一致，坚定执行党的政治路线，把对党忠诚、为党分忧、为党尽职、为民造福作为根本政治担当，永葆共产党人政治本色。"②

第三，"周恩来同志是热爱人民、勤政为民的杰出楷模"。周恩来总是坚持人民利益高于一切，心系人民，对人民群众保持高度热爱，急群众之所急，忧群众之所忧。他高度重视调查研究，经常深入群众、深入一线。他用实际行动，为全党树立了全心全意为人民服务的光辉榜样。历史是人民创造的，人民是决定党和国家前途命运的根本力量。一旦脱离群众，我们党就会失去生命力。我们党来自人民、植根人民，要永远服务于人民，"我们要向周恩来同志学习，坚持立党为公、执政为民，自觉践行全心全意为人民服务的根本宗旨，把党的群众路线贯彻到治国理政全部活动之中，把人民对美好生活的向往作为奋斗目标，依靠人民创造历史伟业"③。

第四，"周恩来同志是自我革命、永远奋斗的杰出楷模"。周恩来长期担任党和国家的重要领导职务，但始终虚怀若谷、谦虚谨慎、不骄不躁，他坚持"活到老，学到老，改造到老"④，自觉进行思想改造，坚持批评与自我批评的优良作风。面对不同的形势和任务，他总是以饱满的革命热情迎接新的挑战，始终同党和人民一道艰苦奋斗，努力前行。"我们要向周恩来同志学习，更加自觉地坚定党性原则，发扬彻底的自我革命精神，不断增强党自我净化、自我完善、自我革新、自我提高的能力，不断增强学习本领、政治领导本领、改革创新本领、科学发展本领、依法执政本领、群众工作本领、狠抓落实本领、驾驭风险本领，不断增强党

① 《建党以来重要文献选编（1921~1949）》第7册，中央文献出版社2011年版，第554页。
② 习近平：《在纪念周恩来同志诞辰120周年座谈会上的讲话》，人民出版社2018年版，第12页。
③ 习近平：《在纪念周恩来同志诞辰120周年座谈会上的讲话》，人民出版社2018年版，第13页。
④ 《周恩来年谱（1949—1976）》中卷，中央文献出版社1997年版，第47页。

的政治领导力、思想引领力、群众组织力、社会号召力，确保我们党永葆旺盛生命力和强大战斗力。"①

第五，"周恩来同志是勇于担当、鞠躬尽瘁的杰出楷模"。周恩来一生勇挑重担、兢兢业业、任劳任怨，鞠躬尽瘁地为人民服务。他担任党和国家领导人后，每天的工作时间都在 12 个小时以上，有时在 16 个小时以上。他夜以继日，几十年如一日，即使在患重病后也没休息，在生命最后时期，还抱病操劳国事，心忧百姓。在新时代和新的历史转折关头，我们肩负新的历史使命，面临新的风险和挑战。"我们要向周恩来同志学习，敢于担当责任，勇于直面矛盾，善于解决问题，以时不我待、只争朝夕的精神，以钉钉子精神落实好党的十九大作出的各项战略部署，努力创造经得起实践、人民、历史检验的实绩，无愧于时代，无愧于人民，无愧于历史。"②

第六，"周恩来同志是严于律己、清正廉洁的杰出楷模"。周恩来严于律己、艰苦朴素，虽身居高位，但从不搞特殊化，凡要求党员和群众做到的他自己首先做到，始终保持艰苦奋斗的共产党人本色。他没有利用自己的权力为自己或亲朋好友谋过半点私利。周恩来谆谆教导晚辈，要有自信力和自信心，要不靠关系自奋起、做人生之路的开拓者。他身后没有留下任何个人财产，连自己的骨灰也不保留，而是被撒进祖国的江海大地，展现了其心底无私、天下为公的高尚人格，是中华民族传统美德和中国共产党人优秀品德的集中写照。周恩来是党内反腐倡廉、廉政自律的楷模，对自己、亲属和部下要求都很严格，坚决反对任何贪污腐化行为。对家乡干部送来的土产品，周恩来一律要求退回去或高价付款。如他在杭州视察工作途中，自费请身边工作人员在楼外楼吃饭，三次要求随行工作人员补齐饭费。他谆谆告诫党的干部对物质生活应该知足常乐，应该把整个身心放在共产主义事业上。"这样，我们的政治责任感就会加强，精神境界就会高尚。"③党的作风是党的形象。"我们要向周恩来同志学习，牢记手中的权力是党和人民赋予的，是用来为人民服务的，一身正气，两袖清风，自觉接受监督，敬畏人民、敬畏组织、敬畏法纪，拒腐蚀、永不沾，决不搞特权，决不以权谋私，做一个堂堂

---

① 习近平：《在纪念周恩来同志诞辰 120 周年座谈会上的讲话》，人民出版社 2018 年版，第 14~15 页。
② 习近平：《在纪念周恩来同志诞辰 120 周年座谈会上的讲话》，人民出版社 2018 年版，第 16 页。
③ 《周恩来选集》下卷，人民出版社 1984 年版，第 427 页。

正正的共产党人。"①

三

在新时代，我们高擎周恩来这面中国共产党的不朽旗帜，就要深入学习和弘扬他的崇高精神风范和高尚品德。在纪念周恩来同志诞辰 120 周年座谈会上，习近平明确指出："周恩来同志的崇高精神、高尚品德、伟大风范，感召和哺育着一代又一代中国共产党人。周恩来同志身上展现出来的中国共产党人的崇高精神，是历史的，也是时代的，将激励我们在新时代坚持和发展中国特色社会主义征程上奋勇前进。"② 周恩来精神的内涵是十分丰富的，主要包括以下内容。

（一）树立远大理想，始终坚持共产主义理想信念的精神

小学毕业时，周恩来就立下了"为中华之崛起而读书"的宏伟志向。他中学毕业后去日本，仍是为了寻求救国救民之路。周恩来在青年时代曾写下这样的寄语："愿相会于中华腾飞世界时。"③ 1917 年，他去日本留学前又写下爱国诗篇："大江歌罢掉头东，邃密群科济世穷。面壁十年图破壁，难酬蹈海亦英雄。"④

周恩来一生中最重要的抉择就是确立共产主义信仰。这与他在南开大学期间积极传播马克思主义、参加领导天津的五四运动分不开。赴欧勤工俭学期间，他在给国内觉悟社社员的信中，表达了成为一名共产党员后的坚定的革命信念："我认的主义一定是不变了，并且很坚决地要为他宣传奔走。"⑤

尤其可贵和值得我们学习的是，周恩来始终坚守共产主义理想信念，并为之努力奋斗。在跌宕起伏、风云变幻的二十世纪的中国，周恩来在许多重大历史关头纵横捭阖，力负重任，成为当时的中流砥柱。他坚守共产主义信仰，一生为之努力奋斗。早在民主革命时期，他在艰苦卓绝的斗争中就坚定地表示："经过大革命和白色恐怖的锻炼，坚定了我对革命的信心和决心。我做工作没有灰心过，在

---

① 习近平:《在纪念周恩来同志诞辰 120 周年座谈会上的讲话》，人民出版社 2018 年版，第 19 页。

② 习近平:《在纪念周恩来同志诞辰 120 周年座谈会上的讲话》，人民出版社 2018 年版，第 9 页。

③《周恩来早期文集（一九一二年十月—一九二四年六月）》上卷，中央文献出版社、南开大学出版社 1998 年版，第 3 页。

④《周恩来年谱（1898—1949）（修订本）》，中央文献出版社 1998 年版，第 23 页。

⑤《周恩来早期文集（一九一二年十月—一九二四年六月）》下卷，中央文献出版社、南开大学出版社 1998 年版，第 453 页。

敌人公开压迫下没有胆怯过。"①周恩来等老一辈革命家披肝沥胆、不懈追求的宏伟目标与中国人民实现二十一世纪的光荣梦想紧密联系在一起。周恩来坚守信仰、不屈不挠、英勇奋斗的精神值得我们好好学习和传承。

（二）全心全意为人民服务，心系百姓，密切联系群众的精神

周恩来是新中国现代化事业的领导者和奠基者，他殚精竭虑，忘我工作，为中国的腾飞作出巨大贡献。为了将一个人口多、底子薄、经济落后的旧中国建成一个繁荣富强的新中国，周恩来夜以继日、兢兢业业地工作。作为国务院总理，他领导、协调内政、外交、经济、国防、科技、文化、教育等各方面工作，既要参与国家长远规划等重大问题的决策，又要具体负责各项方针政策的贯彻落实。他一生勤勤恳恳，任劳任怨，呕心沥血，殚精竭虑，做了大量艰苦而细致的工作。在领导中国现代化建设过程中，周恩来始终坚持全心全意为人民服务的宗旨，真正做到了鞠躬尽瘁、死而后已。

周恩来一生勤勤恳恳，任劳任怨，埋头苦干。他倡导领导干部要"五勤""四多"，即眼勤、耳勤、嘴勤、手勤、腿勤，遇事多思考、多分析研究、多提看法、多实践。晚年周恩来带病坚持工作。1973年，他被查出患了膀胱癌。从1974年6月1日住院到1976年1月8日逝世，他共接受六次大手术、八次小手术。在生命最后的587天里，周恩来共约人谈话220人次，谈话时间最长时一次达4小时20分钟；会见外宾65次，每次时间大都在一个小时左右；开会32次，一次会最长开了3小时45分钟。②

周恩来坚持党的群众路线，深入基层，注重调查研究，关心群众疾苦、倾听群众呼声。1961年3月，他去河北农村调查食堂问题。1966年春，邢台发生地震，他立即去灾区布置救灾工作。他有以民为本的公仆意识，时刻心系百姓，心里牵挂着亿万民众。他一生认定的信条就是：勤勤恳恳，全心全意为人民服务，做政府管理工作不是做官，而是人民的"公仆"。早在二十世纪四十年代，他就提出："对人民，我们要如对孺子一样地为他们做牛的。要诚诚恳恳、老老实实为人民服务。……应该象条牛一样努力奋斗，团结一致，为人民服务而死。"③

---

① 中共中央文献研究室周恩来研究组编著：《周恩来1898—1976》，四川人民出版社2009年版，第51页。
② 高振普：《周恩来卫士回忆录》，上海人民出版社2008年版，第215页。
③ 《周恩来选集》上卷，人民出版社1980年版，第241页。

周恩来一生认定的信条是其廉政建设思想的基础。他提出和带头践行四个"一定要":"一定要做好人民的勤务员","一定要学会在工作中走群众路线"[①],"一定要接受群众的监督","有了错误,一定要接受群众的意见,认真改正"[②]。这四个"一定要"的核心就是一切为了人民群众的利益。他把全心全意为人民服务的根本宗旨归结为"立党为公"。

1963 年,在中共中央和国务院直属机关负责干部会议上,周恩来专门讲了领导干部一定要过好"五关":思想关、政治关、社会关、亲属关、生活关。所谓过思想关就是领导干部一定要搞好思想改造,树立辩证唯物主义和历史唯物主义的世界观。"思想改造就是要求我们的思想不落伍,跟得上时代,时时前进"[③],就是我们今天倡导的与时俱进。所谓过政治关就是解决领导干部的政治立场问题。周恩来指出:"立场究竟稳不稳,一定要在长期斗争中才能考验出来",立场问题还表现在"工作态度、政策水平、群众关系"上,是否有"批评和自我批评精神,是不是知过能改。"[④] 所谓过社会关就是要领导干部自觉抵制腐朽思想和旧的习惯势力的侵蚀,不要让社会上的消极因素影响自己。周恩来认为过好社会关"是个长期的反复的斗争"[⑤],不可能一次就成功,必须时刻保持高度的警惕,经常自觉检查,坚决抵制不良风气的影响。所谓过亲属关就是要求领导干部一定要教育好自己的亲属。周恩来告诫党的干部:"我们决不能使自己的子弟成为国家和社会的包袱,阻碍我们的事业前进。对于干部子弟,要求高、责备严是应该的,这样有好处,可以督促他们进步。"[⑥] 他要求领导干部首先应解决好自己和亲属谁影响谁的问题,一个领导干部不应因亲属的关系而影响工作。周恩来认为生活关分为两种,物质生活和精神生活。领导干部对物质生活应该知足常乐,在精神生活上应该"把整个身心放在共产主义事业上,以人民的疾苦为忧,以世界的前途为念。这样,我们的政治责任感就会加强,精神境界就会高尚"[⑦]。

周恩来是艰苦朴素生活与崇高精神追求完美结合的典范。在实际工作中,他

---

① 《建国以来重要文献选编》第 15 册,中央文献出版社 1997 年版,第 306 页。
② 《建国以来重要文献选编》第 15 册,中央文献出版社 1997 年版,第 307 页。
③ 《周恩来选集》下卷,人民出版社 1984 年版,第 423 页。
④ 《周恩来选集》下卷,人民出版社 1984 年版,第 425 页。
⑤ 《周恩来选集》下卷,人民出版社 1984 年版,第 426 页。
⑥ 《周恩来选集》下卷,人民出版社 1984 年版,第 427 页。
⑦ 《周恩来选集》下卷,人民出版社 1984 年版,第 427 页。

始终发扬党的群众路线，坚持深入基层，依靠群众，虚心向群众学习，一心为百姓办实事。他告诫大家："我们国家的干部是人民的公仆，应该和群众同甘苦，共命运。"① 中国传统治国之道讲究"人和"。周恩来坚持和发扬密切联系群众的作风，经常深入基层，了解民情，为百姓排忧解难，构建了和谐的干群关系，使他获得了群众的信任和拥护，赢得了各界人士的衷心爱戴。周恩来的敬业精神堪称表率，对当今我们建设服务型政府和确立真抓实干精神、反对形式主义和官僚主义有重要的现实意义。

（三）坚持从国情出发、求真务实的精神

在领导社会主义建设事业过程中，周恩来坚持从国情出发，统筹兼顾，稳步发展，反对急躁冒进。他工作作风的最基本的特点就是实事求是，他认为这既是作风问题，也是思想方法问题。他提倡求真务实，反对空头政治，早在二十世纪五六十年代就提出政治挂帅要挂到业务上去。在领导我国各项建设事业的过程中，他提出了"说真话，鼓真劲，做实事，收实效"② 的12字箴言。

周恩来一贯坚持求真务实的精神。他很清楚："成绩既冲昏了头脑，利欲就必定会熏心，蒙蔽了共产主义的良知，这是最危险不过的事了。"③ 在领导国家经济建设的过程中，他强调一切从国情出发，建设规模应与国力相适应。1956年，他根据中国基本国情，实事求是地指出："绝不要提出提早完成工业化的口号。冷静地算一算，确实不能提。工业建设可以加快，但不能说工业化提早完成。"④ "各部门订计划，不管是十二年远景计划，还是今明两年的年度计划，都要实事求是。"⑤

周恩来在筹建和管理政府的过程中形成一套集民主性、科学性、实用性、和谐性于一体的内涵丰富的行政管理理论，具有鲜明的中国特色。周恩来为创建中国独立完整的工业体系，寻找一条适合国情的现代化建设道路，披荆斩棘，艰苦创业，努力探索，留下了许多珍贵的历史经验。不难发现，周恩来任总理期间提出的许多符合中国国情的正确主张和切实有效的措施，为今日中国政治体制和经

---

① 《周恩来选集》下卷，人民出版社1984年版，第421页。
② 《周恩来选集》下卷，人民出版社1984年版，第349页。
③ 《周恩来选集》下卷，人民出版社1984年版，第123页。
④ 《周恩来选集》下卷，人民出版社1984年版，第190页。
⑤ 《周恩来选集》下卷，人民出版社1984年版，第191页。

济体制改革提供了成功经验和许多值得借鉴之处。

（四）严格自律、严格管理、敢于担当、勇于批评与自我批评的精神

早在抗日战争时期，周恩来在重庆任中共中央南方局书记时就制定了一份《我的修养要则》，共有七条："一、加紧学习，抓住中心，宁精勿杂，宁专勿多。二、努力工作，要有计划，有重点，有条理。三、习作合一，要注意时间、空间和条件，使之配合适当，要注意检讨和整理，要有发现和创造。四、要与自己的他人的一切不正确的思想意识作原则上坚决的斗争。五、适当地发扬自己的长处，具体地纠正自己的短处。六、永远不与群众脱离，向群众学习，并帮助他们。过集体生活，注意调研，遵守纪律。七、健全自己身体，保持合理的规律生活，这是自我修养的物质基础。"[1]

周恩来不仅处处以身作则，严格自律，对干部也严格要求，敢于批评。周恩来任国务院总理期间领导制定和实施了许多规章制度，如建立了行政人员的任免制度、奖惩规定、纪律规定、责任规定等，领导制定了《政务院组织条例（草案）》《政务院及其所属机关组织通则》《政务院关于任免工作人员的暂行办法》等一系列规章制度。1949 年，周恩来领导政府组建工作时建立了高于部级的政务院监察委员会，重视对各级干部的监督监察。

（五）善于听取不同意见，坚持和鼓励协商，发扬民主的精神

周恩来虚心听取各方意见，是顾全大局，谦虚谨慎的典范。他一贯强调在领导态度和领导方法上，要坚持说服、协商、务实和交友。周恩来继承和发扬了中华优秀传统文化中修身处事的方法，他经常讲，当干部要"戒慎恐惧"[2]。

周恩来还坚持从体制上保证民主。1956 年，他就提出："要在我们的国家制度上想一些办法，使民主扩大。"[3]资本主义国家的制度我们不能学，但是，"西方议会的某些形式和方法还是可以学的，这能够使我们从不同方面来发现问题"[4]。在革命队伍里，领导者与被领导者本来就没有明显的界限。他进一步说，领导者是依存于被领导者的。周恩来曾对党的高级干部指出："我们每一个人，不管过去做了多少工作，现在担任什么职务，没有党和人民，就既不会有过去的成绩，也不

---

① 《周恩来年谱（1898—1949）（修订本）》，中央文献出版社 1998 年版，第 562 页。

② 《周恩来选集》下卷，人民出版社 1984 年版，第 410 页。

③ 《周恩来选集》下卷，人民出版社 1984 年版，第 207 页。

④ 《周恩来选集》下卷，人民出版社 1984 年版，第 208 页。

会有今天的职务。"① 周恩来提出："领导群众的方式和态度要使他们不感觉我们是在领导。"② 这不是不要领导，而是要注意领导的方式和态度。这其中固然有领导艺术问题，但从根本上说，是群众路线问题，是正确认识和处理领导者与被领导者的关系问题。这是改造领导干部的又一重要方面。

周恩来认为，从一定意义上讲，领导者与被领导者是一种平等的、合作的关系。"必须双方合作，互相影响，才能很好地领导。"③ "领导群众的基本方法是说服，决不是命令。"④ 周恩来特别欣赏"协商"，说"这两个字非常好"⑤。他说过："新民主主义议事的特点之一，就是会前经过多方协商和酝酿，使大家都对要讨论决定的东西事先有个认识和了解，然后再拿到会议上去讨论决定，达成共同的协议。"⑥ 周恩来指出，协商是贯彻民主集中制的有效方法，既充分发扬民主，又避免只强调少数服从多数可能发生的简单化、形式主义倾向。因此，协商是社会主义民主的重要特征和实质性内容，是决策民主化科学化的必经程序。"我们要吸收不同意见的人在一起，要善于和这些人一起协商，团结他们。"⑦

周恩来是坚持党内民主作风的典范。他平易近人，注意听取大家意见，所有与他一起工作过的人都能够各抒己见，畅所欲言。如在他领导治理淮河的过程中，河南、安徽、江苏各省从本省利益出发提出不同的意见。周恩来多次邀集各地负责同志，听取他们的主张。最后，他打破省界，制定出上中下游的利益兼顾、蓄泄并重，三省有福同享、有难同当，标本兼施的治理方案，合理解决了各方矛盾，使淮河治理工程顺利推进。

（六）坚持依法治国，强调照章办事、严格管理的法制精神

周恩来担任政府总理后领导制定的《中华人民共和国中央人民政府组织法》，对行政人员的任免权限进行了总体规定。关于行政人员的任免原则，周恩来指出："我们国家是新民主主义的国家。资本主义国家和中国封建时代任免国家工作人员的办法，对于我们都不适合。对于人才，我们要敢于提拔，但不能滥用私

---

① 《周恩来选集》下卷，人民出版社 1984 年版，第 125 页。
② 《周恩来选集》上卷，人民出版社 1980 年版，第 131 页。
③ 《周恩来选集》下卷，人民出版社 1984 年版，第 209 页。
④ 《周恩来选集》下卷，人民出版社 1984 年版，第 131 页。
⑤ 《周恩来年谱（1898—1949）（修订本）》，中央文献出版社 1998 年版，第 850 页。
⑥ 《建党以来重要文献选编（1921~1949）》第 26 册，中央文献出版社 2011 年版，第 693 页。
⑦ 《建国以来重要文献选编》第 5 册，中央文献出版社 1993 年版，第 696 页。

人，凭主观喜怒来评定和提升干部。我们的标准是要看他的历史、工作态度、经验和能力，以及群众对他的认识。"[①] 为了便于开展实际工作，《政务院关于任免工作人员的暂行办法》在政务院第八次政务会议上通过，并提请中央人民政府委员会批准颁发。该办法具体规定了政务院任免或批准任免的工作人员的范围和程序。

周恩来重视依法治国，不断加强和完善政府的法制法规建设。他主持制定奖惩规定、纪律规定、责任规定等一系列规章制度，各级干部各尽其责，遵纪守法，分工负责，避免人浮于事。在周恩来的领导下，中华人民共和国成立后的半年内，政务院陆续制定并颁布了一系列政府组织通则和部门组织条例，对规范各级政府机关和各部门的活动发挥了重要作用，为政务院和各级人民政府各项工作的开展提供了基本的法律依据。

为提高党政干部的管理能力和自身素质，周恩来高度重视行政人员的教育和培训工作。新中国成立之初，在政务院及其所属机构的工作人员中既有长期参加革命工作的老同志，也有原国民党政府的职员，还有之前被埋没的知识分子和青年学生。为把他们培养成国家建设需要的有充分政治觉悟和文化知识的干部，周恩来指示政务院及时组织了大规模的培训工作。培训内容主要分为两种，一是大规模地提高现有干部（主要是工农出身的干部，包括人民解放军的干部）的文化水平，举办工农中学和工农文化补习班，或者吸收其中具有适当条件的人到各种高等学校和中等学校。二是大规模地训练旧公务人员和知识分子，使他们在较短时间内抛弃旧的、错误的政治观念，树立新的为人民服务的观念。

（七）关心爱护人才、善于调动一切积极因素的团结精神

周恩来善于发现人才，努力引进和大胆使用人才。新中国成立之初，他就大胆使用了李四光、钱学森等一批海外归来的科学家。他不但关心信任人才，和知识分子交朋友，而且在危难时刻敢于帮助和保护人才。

周恩来关心爱护人才有三点特色：第一，对待部下和同事宽严结合，求贤不求全。严格的一面是：严格管理、办事认真、反腐倡廉；宽厚的一面是：对待部下和同事，尽量保护、严以律己、宽以待人。第二，平时多团结帮助，思想上加

---

① 《周恩来年谱（1949—1976）》上卷，中央文献出版社 1997 年版，第 10 页。

强教育和引导，生活上尽量关心帮助。如对知识界、科技界、文艺界的著名人士，他总是耐心帮助、教育和照顾，与党、政、军、民、学各界人士保持良好关系。第三，在民主人士、知识分子，以及党内同志处于困难时，他总是尽力保护。在反右派斗争和"文化大革命"中，他尽力保护了一大批党的领导骨干、民主人士和知识分子。

周恩来是维护党的团结、扩大党的统一战线的楷模。从领导风格看，他恬淡、温和，待人和蔼可亲，温文尔雅，作风民主。从个人性格看，他乐观、豁达。周恩来的领导艺术和领导特色是外柔内刚，以柔克刚。他善于求同存异，广交朋友；善于做群众工作，能够妥善协调各方矛盾；善于做宣传和思想工作，感染力强，公信力高。

（八）艰苦朴素、廉洁奉公，反对官僚主义，反对贪腐的勤政、廉政精神

周恩来在工作中坚决反对官僚主义，他认为："官僚主义是领导机关最容易犯的一种政治病症。"① 他剖析了官僚主义的种种表现，揭示其根源和危害。周恩来在长期的政府工作中深深感到，官僚主义作为一种政治病，危害性是严重的。他指出："官僚主义在我们执政的党内，在我们的国家机关内，的确是十分有害、非常危险的。……官僚主义的态度和作风已经给我们的工作造成许多损失，如果听其发展，不坚决加以克服，必将造成更大的危害。我们绝不能容许官僚主义再继续发展下去。"②

1963 年 5 月，周恩来在中共中央和国务院直属机关负责干部会议上专门对官僚主义的表现和危害做了详细的分析。他总结出官僚主义的 20 种表现：脱离群众；强迫命令；无头脑、事务主义；当官做老爷；工作不认真；不负责任；做官混饭吃；平庸无能；糊涂无用；偷懒耍滑；形式主义；特殊化；摆官架子；自私自利；争名夺利；闹不团结；搞宗派；蜕化变质；违法乱纪；助长歪风邪气、纵容坏人坏事。③

周恩来不但列举了官僚主义的种种表现，还深刻分析了官僚主义产生的社会根源。他指出："官僚主义是剥削阶级长期统治的遗产。中国长期是封建社会，

---

① 《周恩来选集》下卷，人民出版社 1984 年版，第 418 页。
② 《周恩来选集》下卷，人民出版社 1984 年版，第 422 页。
③ 《周恩来选集》下卷，人民出版社 1984 年版，第 418～422 页。

一百年来又是半封建半殖民地社会，官僚主义更是有深远的影响。……官僚主义与自由主义、个人主义、命令主义、事务主义、分散主义、本位主义、宗派主义，都是密切相关的。我们反对官僚主义，也就必须联系到反对这些主义。"[①] 周恩来还明确指出官僚主义的危害在于：官僚主义的存在和蔓延破坏了党和人民群众的密切联系，使党和国家的干部腐化变质，由人民的公仆变为社会的蛀虫，人民也会失去对党和国家干部的信任。官僚主义不但会危害党风和社会风气，也会影响国家的前途和命运。

廉政建设需解决的基本问题是官僚主义和腐败现象，而官僚主义又是腐败产生的前兆和根源，因此，要搞好廉政建设，一定要坚决反对官僚主义。周恩来认为："在我们这样一个地区广阔、情况复杂并且经济上正在剧烈变革的国家里，任何疏忽大意，都可能发生重大的错误，造成重大的损失。因此，克服主观主义和官僚主义，对我们有着特殊重要的意义。"[②] "要使人民民主专政的制度实行得更好，必须同官僚主义作斗争，经常反对官僚主义。这是一个很重要的问题。"[③]

周恩来清醒地认识到反对官僚主义是一场持久战，党员干部要坚持不懈地与官僚主义作斗争，这"不仅要提醒我们，也要提醒以后的子子孙孙"[④]。针对党内出现的官僚主义和腐败现象，周恩来曾探讨一些治理的措施。他认为，搞好党内民主是杜绝官僚主义、确保领导干部清正廉洁的关键。他强调，健全监督制约机制是廉政建设的保证。他认为，除建立健全政府监督机构和发挥其应有的作用外，党和政府内部上下级之间、各部门之间、前后程序之间、同事之间要互相监督，严格执行党的路线方针和各项具体政策，共同遵守各项纪律和各种规章制度。同时，还要加强外部监督，即发挥人民代表大会、民主党派、政协委员和群众与社会的监督职能。我国实行中国共产党领导的多党合作和政治协商制度，周恩来非常重视发挥政协和各民主党派的作用，多次提出中国共产党作为执政党，应该接受其他党派的监督，党的干部也应该接受党外人士的监督。此外，周恩来提到发挥社会监督职能的问题，包括群众监督、社会团体的监督、社会舆论的监督等。

---

① 《周恩来选集》下卷，人民出版社 1984 年版，第 418 页。
② 《周恩来选集》下卷，人民出版社 1984 年版，第 224 页。
③ 《周恩来选集》下卷，人民出版社 1984 年版，第 209 页。
④ 中共天津市委党史研究室、天津市中共党史学会编：《论保持党的先进性》，天津古籍出版社 2006 年版，第417 页。

周恩来肩负国家的重托，始终保持勤政爱民的本色。周恩来艰苦朴素、清正廉洁、克己奉公的崇高精神品德，对当今中国建设高效清廉的服务型政府，教育全体党员干部反对官僚主义、杜绝腐败现象有重要的教育和启示意义。

（九）强烈的爱国主义精神及对中华优秀传统文化的传承精神

周恩来具有强烈的爱国主义情怀。他在沈阳上小学时，就立下了"为了中华之崛起"[①]而读书的宏伟志向。1916年他在天津南开学校读书时，正值军阀混战时期，他怀着忧国忧民之心，写下了"茫茫大陆起风云，举国昏沉岂足云"[②]的诗句。从南开学校毕业后，他去日本寻求救国救民之路。

1917年9月，周恩来登上了赴日本的轮船，行前写下了那首脍炙人口的著名爱国诗篇："大江歌罢掉头东，邃密群科济世穷。面壁十年图破壁，难酬蹈海亦英雄。"[③]

此后，周恩来为了实现救国之志，投身中国革命和建设事业，他深知："在现在这个世界上，我们若不强大起来，不建成社会主义的现代化国家，就要受帝国主义的欺侮。"[④]当有外国记者问他，你首先是一个中国人还是一个共产党人时，周恩来回答："我首先是一个中国人，其次才是一个共产党人。"[⑤]为了祖国富强、民族振兴，他殚精竭虑，任劳任怨，鞠躬尽瘁，死而后已。

周恩来十分重视中华优秀传统文化的传承。他提倡要讲信修睦，以诚相待，礼尚往来，不卑不亢，信守承诺，等等。他的这些思想主张和处事风格明显地印刻着中华优秀传统文化的烙印。周恩来有着伟大的人格魅力，体现了友善、谦逊、优雅，温文尔雅，不卑不亢、彬彬有礼的气质，闪烁着中华优秀传统文化的光彩。他汲取了儒家文化营养，形成了富有中华民族特色的外交策略和外交艺术。

（十）伟大的国际主义精神

周恩来具有伟大的国际主义精神。作为新中国第一任外交部部长，他为了国家利益积极拓展新中国外交，坚决捍卫国家主权。作为新中国外交事业的主要奠基者之一，他卓有成效地领导了党和国家的外交事务。新中国成立后，采取了

---

① 《周恩来年谱（1898—1949）（修订本）》，中央文献出版社1998年版，第10页。
② 《周恩来年谱（1898—1949）（修订本）》，中央文献出版社1998年版，第20页。
③ 《周恩来年谱（1898—1949）（修订本）》，中央文献出版社1998年版，第23页。
④ 《周恩来选集》下卷，人民出版社1984年版，第251页。
⑤ 尼克松：《领袖们》，尤勰、张企程、张子凡等译，世界知识出版社1996年版，第335页。

"一边倒、重起炉灶、打扫干净屋子再请客、礼尚往来，互通有无、团结世界人民"的外交方针。

1954 年，周恩来率团参加了日内瓦会议，周恩来的成功外交和国际主义精神为中国赢了国际声誉。他首倡的和平共处五项原则成为我国外交政策的基石，已为世界上大多数国家所接受，成为建立国际政治经济秩序的准绳和构建人类命运共同体的思想基础。

1955 年，周恩来在万隆会议上提出的求同存异原则，是将中华优秀传统文化的精华成功运用到国际外交中的典型案例。他提出的求同存异、讲信修睦、礼尚往来等和平外交理念，至今仍是我国和世界许多国家遵循的外交基本原则之一，推动了我国同周边国家及广大发展中国家发展友好合作关系，对维护世界和平有重要意义。

周恩来坚决反对霸权主义，维护世界和平，积极与发展中国家搞好关系，在政治上、经济上帮助他们，支援被侵略国家的民族独立斗争。1964 年，周恩来提出对外经济技术援助的八项原则，将发扬国际主义精神与对外援助很好地结合起来。

周恩来根据形势变化及时调整外交战略。"乒乓外交"改善了中美、中日关系，打开了中国外交新局面，捍卫了国家主权和利益，也为中国赢得了国际声誉。周恩来博大精深的外交思想、独具一格的外交艺术和外交风格，使他成为 20 世纪世界最有影响力的外交家之一。周恩来的外交思想和外交风范，闪耀着伟大的国际主义精神，值得今天的外交工作者和全党同志好好学习。习近平指出："我们深切怀念为中国革命、建设、改革，为中国共产党建立、巩固、发展作出重大贡献的毛泽东、周恩来、刘少奇、朱德、邓小平、陈云同志等老一辈革命家……他们为祖国和民族建立的丰功伟绩永载史册！他们的崇高精神永远铭记在人民心中！"[①]

四

本书分四部分，系统考察和阐述了周恩来为建立、发展、壮大中国共产党所提出的正确思想主张及所作出的杰出贡献。

---

① 《习近平谈治国理政》第 4 卷，外文出版社 2022 年版，第 7~8 页。

第一部分主要研究民主革命时期周恩来为中国共产党的创建和发展作出的杰出贡献。这一部分主要考察和探讨了四个问题：首先，考察了五四运动时期到旅欧时期，周恩来马克思主义政党观的形成及初步实践；其次，论述了从任职黄埔军校到遵义会议前，周恩来如何出色地领导党的早期军事工作和秘密工作；再次，阐明了周恩来在土地革命时期对党的组织建设发挥的重要作用，尤其在遵义会议上发挥的关键作用；最后，探讨了在抗日战争和解放战争中，周恩来为党的发展、为建立统一战线、为夺取全国政权、为建立新政权作出的重要贡献。

第二部分主要研究民主革命时期和社会主义建设时期周恩来在建立党的统一战线工作方面发挥的重要作用。这一部分主要探讨了四个问题：首先，考察了周恩来统一战线思想的理论来源与核心内涵，以及周恩来统一战线思想的风格和特色；其次，论述了周恩来在第一次国共合作期间发挥的重要作用；再次，研究了周恩来为第二次国共合作建立、巩固、发展所发挥的特殊作用，以及他在党的七大上对统一战线问题的系统论述；最后，探讨了新中国成立后，周恩来调动一切积极因素扩大社会主义时期统一战线，团结、帮助、爱护知识分子，以及在祖国统一问题上所作的努力和成就。

第三部分主要研究周恩来与中国共产党的政党外交。这一部分主要探讨了四个问题：首先，考察了抗日战争时期周恩来开展中国共产党政党外交的肇始，以及民主革命时期周恩来开展党际外交的成效与影响；其次，研究了周恩来与中共执政后的中苏两党关系的演变以及周恩来在其中发挥的重要作用；再次，探讨了周恩来是如何处理中国共产党与朝鲜、越南等社会主义国家政党关系的，又是如何处理与资本主义国家政党关系的；最后，对周恩来政党外交思想与实践进行了总体论述，分析了其政党外交思想的主要原则、核心内容、政党外交风格与特色、政党外交的作用与现实意义等问题。

第四部分主要研究和阐述新中国成立后，周恩来高度重视执政党建设问题，以及他是如何努力抓好党的各项建设的。这一部分主要探讨了四个问题：首先，阐明周恩来是如何认识和开展执政党的政治建设和制度建设的；其次，探讨周恩来如何坚持抓好执政党的思想建设和作风建设，阐明他提出的党员干部过五关的主要内涵与意义；再次，考察周恩来为执政党的组织建设和干部队伍建设，特别是在"文化大革命"中，周恩来为尽力保护党的干部所做的大量艰辛的工作；

最后，论述周恩来在加强廉政建设、反对官僚主义方面的正确主张和表率作用，及其对当今全面狠抓从严治党的时代价值。

通过上述四部分内容的系统考察和分析，本书阐明了周恩来不愧为"中国共产党一面不朽旗帜"这个正确论断，进而阐明周恩来的卓越思想和实践至今仍是值得全党学习的光辉榜样。今天，我们党正处在新的历史起点上，在实现"两个一百年"奋斗目标的征程上，全体党员皆应传承与弘扬周恩来的崇高精神风范和高尚品德，皆应发扬和传承周恩来在实现自己的理想和信念过程中坚定不移、兢兢业业、任劳任怨以及鞠躬尽瘁、死而后已的精神。周恩来是全体党员和领导干部学习的楷模，他的崇高品德和为党为人民立下的不朽业绩，如丰碑一样屹立在中华民族的历史上，他的思想、品格、精神风范是我们党和国家一笔宝贵的精神财富。

中国共产党是马克思列宁主义与中国工人运动相结合的产物，是在同帝国主义、封建主义、官僚资本主义英勇斗争中建立和成长起来的无产阶级政党，在革命斗争中形成了自己的优点和特点。在我们党领导人民即将夺取民主革命胜利的前夕，作为党的创始人之一、党的第一代领导集体核心主要成员的周恩来就专门总结过党的革命历史和优良传统，阐明了中国共产党有五大特点："（一）最彻底的革命的党，承袭了更发扬了农民革命反帝反封建的传统，接受了十月革命的影响，从没有在敌人面前低头。（二）群众的党，党一开始即面向工人运动，以后转入农运，学院派、清谈主义在我党是无地位的，从创立到现在一直深入群众。（三）武装斗争的党，长期处在战争环境中，一切组织形式必须适合战争。（四）有理论的党，成立于马克思主义的理论指导下，在革命实践中创造出中国马克思主义——毛泽东思想的理论。它适合于半殖民地半封建的具体环境，补充了马克思主义，保证了中国革命的成功。（五）团结的党，我们党团结了广大工农群众，特别是农民、城市小资产阶级、进步民主人士。强大的敌人教育着我们，使党更团结统一。"[1]

如今，中国共产党已经走过百年的光辉历程，已经发展成为拥有九千多万党员的世界第一大党。我们党已经有 70 余年的执政历史，经过 40 多年改革开放，

---

[1]　《周恩来年谱（1898—1949）（修订本）》，中央文献出版社 1998 年版，第 757 页。

取得了巨大成就。我们党在思想上、政治上、组织上、制度上、作风上都愈加成熟。在以习近平同志为核心的党中央领导下，中国特色社会主义进入新时代，我们党肩负着新的历史使命，面临新的风险和挑战，全党必须准备付出更为艰苦的努力。在新时代，为了实现新的历史跨越，我们更应该继承和发扬周恩来所积极倡导和带头实践的全心全意为人民服务的精神，实事求是、密切联系群众的精神，学习他勤政敬业、严格自律、任劳任怨、心系群众、深入基层、廉洁奉公的精神，让周恩来这面不朽的旗帜闪耀出新时代的光芒。

我国的改革开放和社会主义建设事业正处在新的历史方位上。"不忘初心，方得始终。中国共产党立志于中华民族千秋伟业，百年恰是风华正茂。过去一百年，党向人民、向历史交出了一份优异的答卷。现在，党团结带领中国人民又踏上了实现第二个百年奋斗目标新的赶考之路。"① 我们党以五大发展理念制定了"四个全面"的战略布局和"两个一百年"的宏伟目标，党和人民要求我们以只争朝夕的精神，以周恩来等老一辈革命家为榜样，努力创造出经得起实践、经得起时代和历史检验的新业绩。正如习近平在纪念周恩来同志诞辰 120 周年座谈会上指出的："新时代中国特色社会主义的航线已经明确，中华民族伟大复兴的巨轮正在乘风破浪前行。在前进道路上，我们要更加紧密地团结在党中央周围，高举中国特色社会主义伟大旗帜，奋发进取，埋头苦干，勇于开拓，勇于创新，为实现党的十九大确定的目标任务，为决胜全面建成小康社会、夺取新时代中国特色社会主义伟大胜利、实现中华民族伟大复兴的中国梦而继续奋斗！"②

---

① 《中国共产党第十九届中央委员会第六次全体会议公报》，人民出版社 2021 年版，第 15 页。
② 习近平:《在纪念周恩来同志诞辰 120 周年座谈会上的讲话》，人民出版社 2018 年版，第 20 页。

第一章　周恩来为中国共产党的创建和发展作出卓越贡献

　　周恩来是中国共产党的发起人与创建人之一，是中国共产党卓越的领导人之一。他为中国共产党的创建、发展、壮大作出了不可磨灭的贡献。

　　早在五四运动时期，周恩来的政治思想就开始发生变化，他从一个探索民主救国之路的进步青年逐渐转变为一个杰出的马克思主义者。在中国共产党初创时期，周恩来在欧洲参加了共产主义小组，成为中国共产党最早的党员之一。他参与发起了旅欧共产党和共青团组织，为中国共产党的发展积蓄了一批重要力量。他是我们党最早认识武装斗争重要性和最早从事军事工作的领导人之一。1924年回国后，他担任了黄埔军校政治部主任，参加创建了人民军队和革命统一战线，组建了我们党第一支革命武装。在国民革命和土地革命时期，周恩来长期负责中共中央领导工作和党的组织工作、军事工作，为党组织的发展和革命武装力量的壮大做了大量工作。他领导发动南昌起义，打响了武装反抗国民党反动派的第一枪。在极其严酷的白色恐怖下，周恩来领导开展了党在国民党统治区的秘密工作，指导和支持了各地工农武装割据斗争，为探索形成"农村包围城市，武装夺取政权"的革命道路作出了突出贡献。在遵义会议上，他在危难中为确立毛泽东在红军和党中央的领导地位，为中国革命实现历史性转折发挥了十分重要的作用。西安事变发生后，周恩来努力推动了西安事变和平解决，促成了第二次国共合作。在抗日战争和解放战争时期，他作为党的主要领导人之一，先后主持了中共中央长江局、南方局的工作，领导了党的统一战线工作，协助毛泽东部署指挥了改变中国命运的战略大决战。周恩来还代表中国共产党同各民主党派和爱国民主人士共商建国大计，筹备召开中国人民政治协商会议，主持起草《中国人民政治协商会议共同纲领》，为建立中国共产党领导下的人民政权和新中国的各项政治制度立下了不朽的功绩。

正如习近平所高度评价的："周恩来同志半个多世纪奋斗的人生历程是中国共产党不忘初心、牢记使命历史的一个生动缩影，是新中国孕育、诞生、成长和取得崇高国际威望历史的一个生动缩影，是中国人民在自己选择的革命和建设道路上艰辛探索、不断开拓、凯歌行进历史的一个生动缩影。周恩来同志是近代以来中华民族的一颗璀璨巨星，是中国共产党人的一面不朽旗帜。"[①]

第一节　周恩来马克思主义政党观的形成及初步实践

一、马克思、恩格斯、列宁关于建立无产阶级政党的理论

在新民主主义革命时期，周恩来对中国共产党的建立和发展作出了卓越贡献，并在革命实践中形成了丰富的关于无产阶级政党发展与建设的思想，形成了马克思主义政党观。周恩来政党思想形成的理论基础是马克思列宁主义关于无产阶级党的思想。在旅日时期、五四运动时期、旅欧时期，他阅读理解马克思、恩格斯原著，接受了马克思列宁主义的无产阶级政党理论。

近代以来，中国屡受外敌侵略，国内阶级矛盾尖锐，人民被压迫剥削，这些社会现实是周恩来马克思主义政党观形成的社会基础。周恩来在民主革命时期为共产主义理想而英勇奋斗的革命历程是其马克思主义政党思想形成和不断完善的实践基础。

政党政治是现代政治最为核心的现象之一，是近代资本主义生产扩大化以及随之而来的阶级斗争尖锐化的产物。在阶级社会中，由于政党能有效组织起本阶级的核心力量，适应了在阶级斗争重要任务下不断扩大政治斗争的需求，及其与商品经济内在性质的有机联系，因而，政党也就"成为了现代政治生活的核心领域"[②]。随着资本主义商品经济的发展，资产阶级需要与传统的生产方式与社会力量斗争，以取得自由竞争的社会条件来促进自身的发展，这些斗争促进了政党的产生。

同资产阶级政党产生的方式一样，无产阶级政党的产生也与近代以来资本主

---

①　习近平：《在纪念周恩来同志诞辰 120 周年座谈会上的讲话》，人民出版社 2018 年版，第 8~9 页。

②　朱光磊编著：《政治学概要》，天津人民出版社 2008 年版，第 329 页。

义生产方式扩大化的社会背景息息相关，随着资本主义生产方式的确立以及资本主义社会的发展，特别是以大机器生产为特征的产业革命的进行，一方面使得社会生产力水平极大提高，另一方面工人阶级的队伍不断壮大，资本主义的生产资料私有制与社会生产力的矛盾逐渐加深，与资产阶级财富和资本不断增长形成鲜明对比的是工人阶级处境的不断恶化。随着罢工、起义等斗争的开展，工人阶级开始登上政治舞台，而无产阶级政党随之出现。

自1845年共产主义小组和1846年共产主义通讯委员会建立，马克思恩格斯就开始着手组建无产阶级政党，在他们将德国的"正义者同盟"改组为"共产主义者同盟"并为之起草了第一份纲领性文件——《共产党宣言》之后，历史上第一个无产阶级政党正式诞生了。在此之后，马克思恩格斯以相当多的精力投入无产阶级政党的发展当中，无产阶级政党的理论在现实经验的基础上形成，指导了工人阶级的政治斗争与无产阶级革命的发展。

马克思恩格斯就无产阶级政党的任务做了分析。他们认为，历史赋予无产阶级政党的使命在于：无产阶级阶级政党需带领本阶级与资产阶级作最坚决的斗争，开展工人革命，推翻资产阶级统治与私有制度，建立无产阶级专政的政权并发展生产力。马克思恩格斯认为，工人革命的首要步骤就是要让无产阶级取得统治权，建立无产阶级专政的民主政权。同时，在取得了政治上的统治地位之后，无产阶级将逐渐争取资产阶级的所有资本，把一切生产工具集中在无产阶级进行阶级统治的政权手中，并在此基础上发展生产力。

除把政党看作阶级斗争的产物，以及论述无产阶级革命、建立无产阶级政权和发展生产力的重要性之外，马克思恩格斯还格外注重无产阶级政党纲领的重要性。马克思把纲领看作评价一个政党开展运动的水平的标志，在《哥达纲领批判》中，马克思指出："制定一个原则性纲领……这就是在全世界面前树立起可供人们用来衡量党的运动水平的里程碑。"[①] 纲领体现了一个政党的阶级性质、特征与政治目标，是一个政党区别于其他政党的思想基础，也是其整合阶级力量、执掌国家政权的基本依据。政治纲领就是政党的旗帜，人们认识一个政党是从其纲领开始的，评价一个政党也是如此。无产阶级政党的首个政治纲领是《共产党宣言》，

---

① 《马克思恩格斯文集》第3卷，人民出版社2009年版，第426页。

它是马克思恩格斯为无产阶级的革命组织——共产主义者同盟起草的。马克思恩格斯认为，无产阶级的任务就在于，在始终代表整个无产阶级利益的共产党领导下，用暴力推翻资产阶级，建立无产阶级专政。

马克思恩格斯阐述的无产阶级政党理论是无产阶级初步登上政治舞台的理论结晶，是指导世界各国无产阶级政党建立与发展的基本指南，同时，马克思主义是指导各国革命的理论指南，正是在充分学习并创造性地运用马克思主义的基础上，中国共产党才领导中国人民取得了新民主主义革命和社会主义革命的胜利。

十月革命的胜利，使世界历史上有了第一个成功的无产阶级政权和社会主义国家。领导十月革命的布尔什维克在革命中形成了列宁主义，他们发展了无产阶级政党学说，使无产阶级政党理论更为成熟。十月革命之所以能够胜利，其中的一个关键因素即在于有一个列宁领导下的坚强的无产阶级政党。列宁在领导布尔什维克的过程中，对无产阶级政党理论进行了新的思考，并将这些思考付诸实践，实现了无产阶级革命的成功。列宁的无产阶级政党思想主要有以下几个方面。

首先，无产阶级政党是无产阶级的先锋队。列宁指出："党应当只是工人阶级广大群众的先进部队和领导者。"[1] 无产阶级政党并不是要建立一个超越于各阶级利益的政党，也不是要建立一个全民的党，而是只有那些有着无产阶级意识的、有革命觉悟的先进分子才能成为无产阶级政党的成员。无产阶级政党是无产阶级中一切优秀代表的组成，是阶级队伍中最为革命的部分，是在顽强的革命斗争中完成了教育和锻炼的"完全觉悟的和忠诚的共产主义者"[2]。列宁强调，党员的质量是比数量更为重要的因素，不符合先进性要求的人，绝不能进入党的队伍，对党员队伍中不合格的部分，无产阶级政党也要通过适时的清党工作及时清除这部分成员，达到维护无产阶级政党坚定性、彻底性和纯洁性的目的。

其次，无产阶级政党以民主集中制为组织原则。列宁首先注重无产阶级政党的集中制属性，这种思想是在现实革命环境下产生的必然要求。列宁在《怎么办？》一文中，首次详细地论述了无产阶级政党在组织问题上所应遵循的根本原则，列宁强调："只有集中的战斗组织，坚定地实行社会民主党的政策并能满足所谓一切革命本能和革命要求的组织，才能使运动不致举行轻率的进攻而能准备好

---

[1] 《列宁全集》第 7 卷，人民出版社 2013 年版，第 270~271 页。
[2] 《列宁全集》第 39 卷，人民出版社 2017 年版，第 185 页。

有把握取得胜利的进攻。"① 只有建立集中化的组织，才能加强党的工作的稳固性。列宁认为，党的民主集中制原则要求党的组织是一个有权力威信的组织。其中少数服从多数、部分服从整体、下级机关服从上级机关是民主集中制的基本内容。列宁还注重民主集中制的贯彻执行，要求普遍实行党内选举制，在党组织内应普遍地贯彻民主制的原则，同时，党组织行使权力必须体现大多数人的意志和利益，这是民主集中制的根本属性。

在列宁的领导下，布尔什维克取得了革命的胜利，并且建立了世界上第一个无产阶级国家政权，为其他国家革命的发展与无产阶级政党的建设提供了范本，同时，列宁关于无产阶级政党的思想成为马克思主义政党思想宝贵的理论财富。这种在政治上强调无产阶级的先锋队性质，在组织上强调民主集中制的政党被西方政党学者定义为"列宁主义政党"。所谓"列宁主义政党"，就是以"推翻既存的政治系统并实现社会革命"② 为目的，有鲜明阶级意识形态的政党。这样的政党党员经过严格的挑选，主要来自工人阶级的团体组织，以及发达资本主义国家的有知识的中产阶级和资本主义不发达的东方国家的农民阶级。③

在十月革命的推动下，马克思列宁主义在五四运动时期开始传入中国，一批先进知识分子开始了解与接受马克思列宁主义，并用马克思列宁主义来分析中国的现实，最终促使中国共产党在这片古老的土地上生根开花，引发了二十世纪中国轰轰烈烈的共产主义革命。而经由马克思恩格斯及列宁等伟大的思想家与革命家所阐述的无产阶级政党理论自然也成为中国共产党与中国革命发展的思想基石。这一思想理论在中国广泛传播、深入人心，并在实践中得到运用与发展，在发展中得以创新。

二、旅日时期周恩来对马克思主义的初步接触和认识

少年时，周恩来就有救国之志，上小学时他曾表达了"为中华崛起而读书"的宏愿。1913 年至 1917 年在天津南开学校接受系统的新式教育的四年里，他勤奋读书，品学兼优，更坚定了立志救国之心。

---

① 《列宁全集》第 6 卷，人民出版社 2013 年版，第 130 页。
② 拉里·戴蒙德、理查德·冈瑟主编：《政党与民主》，徐琳译，上海人民出版社 2012 年版，第 19 页。
③ 拉里·戴蒙德、理查德·冈瑟主编：《政党与民主》，徐琳译，上海人民出版社 2012 年版，第 19 页。

1917 年夏，周恩来借了一点路费，决定东渡日本报考官费留学生。他同小学时代的师友话别时，写下了"愿相会于中华腾飞世界时"①的临别赠言，反映了其远大志向。

1917 年 9 月，周恩来东渡日本求学，临行前，写下了抒发救国抱负的著名诗句："大江歌罢掉头东，邃密群科济世穷。面壁十年图破壁，难酬蹈海亦英雄。"②

1917 年 10 月，周恩来进入东京神田区东亚高等预备学校补习日文。周恩来到日本后经常与昔日的同学和旧友联系，得到了不少照顾和帮助。一些先期到达日本的同学，在东京组织了南开同学会。周恩来去后不久就参加了该组织，并被选为南开同学会评议员。

酷暑时节，周恩来泛起了一股思乡之情。1918 年 7 月 28 日，他离开东京前往下关。翌日，他从这里登船渡海，抵釜山港后，转乘火车穿越朝鲜回国。8 月 1 日，他回到天津后，探望了母校的师友，又到北京去看他的生父。在国内度过了一个多月后，9 月 4 日周恩来返回东京，重新开始留学生活。

重回日本后，周恩来寄住在东京神田区三崎町南开同学王朴山家的楼上。此时的周恩来已不是仅以考取日本大学为目标，而是开始接触和研究流行于日本的社会主义思潮，他要在社会政治实践中实现"邃密群科济世穷"的理想。

周恩来留日期间非常关心时政和社会问题。他经常看报，注意观察和了解日本社会。他总思考这样一个问题：日本是中国的近邻，过去也积贫积弱，为何明治维新后却一天天强盛起来。中国的路该怎样走？他在 1918 年 2 月 4 日的日记中写道："人要是把精神放在是处，无处不可以求学问，又何必终日守着课本儿，叫做求学呢？我自从来日本之后，觉得事事都可以用求学的眼光，看日本人的一举一动、一切的行事，我们留学的人都应该注意。我每天看报的时刻，总要用一点多钟。虽说是光阴可贵，然而他们的国情，总是应该知道的。古人说得好：'知己知彼，百战百胜。'这句话实在是谋国的要道。"③

周恩来从小就有立志救国的宏愿，他很赞赏梁启超的一句诗："世界无穷愿无

---

① 《周恩来年谱（1898—1949）（修订本）》，中央文献出版社 1998 年版，第 23 页。
② 《周恩来年谱（1898—1949）（修订本）》，中央文献出版社 1998 年版，第 23 页。"邃密群科"指的是深入钻研政治学，因为南开学校校长张伯苓倡导"德、智、体、群"四育，"群育"即指西方民主政治。
③ 《周恩来早期文集（一九一二年十月——一九二四年六月）》上卷，中央文献出版社、南开大学出版社 1998 年版，第 327 页。

尽。"① 他认为："人总要有个志向，平常的人不过是吃饱了，穿足了，便以为了事。有大志向的人，便想去救国，尽力社会。"②

他虽身在国外，但时时思考救国救民之路。起初，他认为中国太弱了，走日本式的强兵富国之路未尝不是一种办法。但在日本生活和观察一段时间后，周恩来对日本军国主义有了较深刻的认识。他在日记中写道："日本也是行军国主义的国。军国主义的第一个条件是'有强权，无公理'的。两个军国主义的政策，碰到一块儿，自然是要比比谁强谁弱了。而且军国主义必定是扩张领土为最要的事。……将来欧战完后，德意志的军国主义保怕难保得住了。日本的军国主义，不知又教谁打呢？'军国主义'在二十世纪上，我看是绝对不能存留了。我从前所想的'军国'、'贤人政治'这两种主义可以救中国的，现在想想实在是大错了。"③

自 1918 年春天之后，留学生中的爱国运动波澜、流行于日本的社会主义思潮和中华民族危亡的严酷现实深深触动了周恩来，此时他热血沸腾、意气风发，再也无法一心一意埋头读书，很快就投身于留学生的爱国运动中。

当时，社会上盛传日本政府准备同段祺瑞政府秘密签订《中日陆军共同防敌军事协定》，共同出兵西伯利亚镇压俄国革命。这个消息让中国留日学生大为震动。全体爱国学生一致反对签订卖国条约，纷纷集会游行、演讲、发传单，以示抗议。周恩来非常关注这件事。他积极参加了留学生的爱国活动，并在日记中记载了事态的发展状况和自己的想法。如他在 1918 年 4 月 4 日的日记中写道："早起因思昨日日本要求事，我政府尚愤愤奈何！"④ 他还在 5 月 2 日的日记中反映了自己的担忧："课毕观报多时，国事益坏矣！"⑤ "近一二日内，因中日新约行将成立，此间留学生有全体归国之议论。"⑥

---

① 《梁启超作品精选》，长江文艺出版社 2005 年版，第 361 页。
② 《周恩来年谱（1898—1949）（修订本）》，中央文献出版社 1998 年版，第 26 页。
③ 《周恩来早期文集（一九一二年十月——九二四年六月）》上卷，中央文献出版社、南开大学出版社 1998 年版，第 337 页。
④ 《周恩来早期文集（一九一二年十月——九二四年六月）》上卷，中央文献出版社、南开大学出版社 1998 年版，第 337 页。
⑤ 《周恩来早期文集（一九一二年十月——九二四年六月）》上卷，中央文献出版社、南开大学出版社 1998 年版，第 358 页。
⑥ 《周恩来早期文集（一九一二年十月——九二四年六月）》上卷，中央文献出版社、南开大学出版社 1998 年版，第 359 页。

　　1918 年 5 月初，中日两国签约的消息越传越紧，东京第一高等学校的中国留学生首先发起抗议活动，主张全体留学生离日归国。他们派代表四处游说，并发传单征求各省同乡会、各校同窗会的意见。其他学校的学生纷纷响应，有些激烈的学生甚至破指写下血书。面对内忧外患的危急形势，5 月 5 日，留日各省及各校代表集会，"共图挽救之法"，决议成立"大中华民国救国团"。次日，该团四十多名成员在神田区的中国饭店再次集会时，日本警察突然持刀闯入，对中国学生拳打脚踢，并将与会者绑押到西神田警署。中国留学生闻此消息群情激奋，著名报人彭翼仲更是愤而蹈海。这件事对周恩来刺激强烈，他在 5 月 10 日的日记中录下了彭翼仲的两句绝命诗："霹雳一声中日约，亡奴何必更贪生。"①

　　1918 年 5 月 16 日，段祺瑞政府与日本政府秘密签订了《中日陆军共同防敌军事协定》，留日学生的爱国革命运动再掀高潮。他们决定罢课回国请愿，由各省、各校留日生选派先发队分赴北京和上海进行筹备。5 月到 8 月，回国学生多达千余人，爱国学生的骨干李达、李汉俊、黄日葵等都是这时回国的。这股强大的爱国波澜，激起了满怀拳拳爱国之心的周恩来的强烈共鸣，他在 5 月 19 日参加了留日学生组织的爱国团体——新中学会。

　　周恩来在入会仪式上发表了一篇讲演，表达了他的强烈的爱国主义思想。他认为："我们中国所以如此衰弱的缘故，全是因为不能图新，又不能保旧，又不能改良。泰西的文明所以能够发达的原由，是因为民族的变换，地势的迁移，互相竞争，才能够一天比一天新。"②他号召留日生："我们来到外洋求真学问，就应该造成一种泰东西的民族样子，去主宰我们自己的民族，岂不比着外人强万倍不止了么？所以我刚入这会，见着这个'新'字，心里头非常着痛快。望诸同志人人心中存着这个'新'字，中国才有望呢。"③最后，他把"哲学的思想，科学的能力"④作为赠言送给其他会员。

---

　　① 《周恩来早期文集（一九一二年十月——一九二四年六月）》上卷，中央文献出版社、南开大学出版社 1998 年版，第 362 页。

　　② 《周恩来早期文集（一九一二年十月——一九二四年六月）》上卷，中央文献出版社、南开大学出版社 1998 年版，第 366 页。

　　③ 《周恩来早期文集（一九一二年十月——一九二四年六月）》上卷，中央文献出版社、南开大学出版社 1998 年版，第 367 页。

　　④ 《周恩来早期文集（一九一二年十月——一九二四年六月）》上卷，中央文献出版社、南开大学出版社 1998 年版，第 367 页。

虽然周恩来留日只有一年多，却是他思想转变的一个重要时期。在日本，他知道了十月革命，接触到社会主义书籍，他的思想很快发生了质的飞跃，他从一个进步的民主主义者转变为具有初步共产主义觉悟的知识分子。

周恩来初到日本的时间是 1917 年 10 月，正是十月革命的前夕。他后来同日本朋友谈话时回忆说："我来日本不久，刚好十月革命就爆发了。……关于十月革命的介绍，我在日本报纸上看到一些。那时叫'过激党'，把红军叫'赤军'。"[①] 这是他最初对十月革命的了解和认识。

十月革命爆发后，周恩来以极大热情关注革命的发展。1918 年 4 月 23 日，他在日本的《露西亚研究》上看到一篇论述俄国党派情况的文章，当晚在日记中写下他对俄国党派和革命前途的分析："按着俄国现在党派，大概分作三个名字：一个叫做'立宪民主党'……革命后，头一次掌权的人就是他们。"[②] 一个叫作"社会民主党"，这个党分为"过激派"和"温和派"。第三是"社会革命党"，党中又分为三派，即正统的社会主义派、国家社会主义派和激烈的社会主义派。周恩来认为："俄国现在的各党派，除了保皇党少数人外，大宗旨全不出于'自由''民本'两主义。按现在情形说，君主立宪的希望恐怕已没有再生的机会。过激派的宗旨，最合劳农两派人的心理，所以势力一天比一天大。资产阶级制度，宗教的约束，全都打破了。世界实行社会主义的国家，恐怕要拿俄罗斯作头一个试验场了。"[③]

留学日本之初，周恩来曾苦苦思考救国救民之路而不得解。他比较过佛教的无生主义，研讨过教育救国主张和军国主义理论，但十月革命的消息传来后，特别是在日本看了大量宣传社会主义的书刊后，他很快抛弃了以前的想法，开始思考用十月革命的方式，通过走马克思列宁指引的革命道路来拯救灾难深重的中国。

周恩来是一个勇于创新、追求新潮的进步青年，他"平生最烦恶的是平常人立了志向不去行"[④]。经过一番思考后，他在 1918 年中国农历春节这一天为自己定下了三点方针："第一，想要想比现在还新的思想；第二，做要做现在最新

① 金冲及主编：《周恩来传（1898—1976）》上，中央文献出版社 2008 年版，第 37 页。
② 《周恩来早期文集（一九一二年十月—一九二四年六月）》上卷，中央文献出版社、南开大学出版社 1998 年版，第 355 页。
③ 《周恩来早期文集（一九一二年十月—一九二四年六月）》上卷，中央文献出版社、南开大学出版社 1998 年版，第 356 页。
④ 《周恩来早期文集（一九一二年十月—一九二四年六月）》上卷，中央文献出版社、南开大学出版社 1998 年版，第 331 页。

的事情；第三，学要学离现在最近的学问。思想要自由，做事要实在，学问要真切。"①

留日期间，周恩来的思想认识之所以能够转变，除受十月革命的影响和参加学生爱国运动外，在很大程度上还得益于阅读了国内进步刊物《新青年》和日本学者写的社会主义理论书籍。特别是陈独秀主编的《新青年》，对当时中国进步青年影响极大。周恩来在国内的时候，因为学校里的事情忙，对《新青年》没有特别注意。他从天津动身赴日时，朋友给了他一本《新青年》第三卷第四号，他在途中认真进行了阅读。到东京后，他在留日日记中写道："又从季冲处看见《新青年》的三卷全份，心里头越发高兴。顿时拿着去看，看了几卷，于是把我那从前的一切谬见打退了好多。"②

有时，周恩来在迷茫苦闷时会阅读《新青年》，其所宣传的新思想使他感到豁然开朗。他在1918年2月16日的日记中写道："这几天连着把三卷的《〔新〕青年》仔细看了一遍，才知道我从前在〔前〕国内所想的全是大差，毫无一事可以做标准的。来到日本，所讲的'无生'主义，确然是高超了许多，然而却不容易实行。总起来说，从前所想的、所行的、所学者，全都是没有用的。从今后要按着二月十一日所定的三个主义去实行。决不固持旧有的与新的抗，也不可惜旧有的去恋念他。我愿意自今日后为我的'思想'、'学问'、'事业'去开一个新纪元才好呢。"③

有一段时间，周恩来对《新青年》《不忍》等进步刊物可以说是手不释卷。"晨起读《新青年》，晚归复读之，对其中所持排孔、独身、文学革命诸主义极端的赞成。"他要抛弃旧思想、旧礼教，追求新思潮、新观念。他的心里燃起了新的希望，正像他自己所形容的："风雪残留犹未尽，一轮红日已东升。"④

促使周恩来思想迅速转变的另一个有利条件是当时的日本思想界十分活

---

① 《周恩来早期文集（一九一二年十月——一九二四年六月）》上卷，中央文献出版社、南开大学出版社1998年版，第331~332页。

② 《周恩来早期文集（一九一二年十月——一九二四年六月）》上卷，中央文献出版社、南开大学出版社1998年版，第334页。日记中谈到的"季冲"，名字叫严智开，字季冲，系周恩来南开中学同学，南开创办人严修的儿子。

③ 《周恩来早期文集（一九一二年十月——一九二四年六月）》上卷，中央文献出版社、南开大学出版社1998年版，第335页。

④ 《周恩来早期文集（一九一二年十月——一九二四年六月）》上卷，中央文献出版社、南开大学出版社1998年版，第334页。

跃，各种社会主义思潮流行，一大批介绍社会主义学说的书籍、刊物出版发行。周恩来利用这个有利条件阅读了幸德秋水的《社会主义神髓》、约翰·雷特的《震动世界之十日》、河上肇的《贫乏物语》，以及《新社会》《解放》《改造》等书刊。周恩来读了这些理论书刊后，结合中日社会现实进行了思考。特别是 1918 年 9 月重回日本后，由于亲眼看到日本"米骚动"中暴露出来的严重社会问题，他对如何解决民众疾苦问题有了更多的关注，他的思想观点越来接近马克思主义。他在 10 月 20 日的日记中写道："二十年华识真理，于今虽晚尚非迟。"[①]

1919 年 1 月，日本早期的马克思主义传播者河上肇主编的《社会问题研究》创刊。该刊第一册到第三册连载了河上肇的《马克思社会主义的理论体系》，介绍了马克思主义的三大原理和阶级斗争学说，并陆续介绍了《资本论》《雇佣劳动与资本》等马克思主义经典著作。《社会问题研究》这个刊物对周恩来等一批留日的、具有初步共产主义觉悟的青年知识分子影响较大，使他们加深了对科学社会主义的认识和理解。

周恩来留日的时间虽然只有一年多，但他的思想经历了许多曲折和很大变化。其间，他思考过一个又一个救国方案，又一个一个地否定了这些方案。他痛苦过、彷徨过，甚至一时感到"人间的万象真理"仿佛"愈求愈模糊"。正在茫然困惑的时刻，国内的《新青年》等进步刊物和日本的社会主义思潮像一股春风吹进了他心灵的窗口，使社会主义在他思想深处萌发。他觉得纷乱的世界让人感到渺茫，感到不知所措，而马克思主义的真理正像那穿云透雾的阳光，给人带来光明与希望。于是 1919 年 4 月 5 日，周恩来游日本京都圆山公园时，借景抒情，以诗言志，在《雨中岚山——日本京都》这首著名的诗中，借描写自然风光之美，写出了他当时复杂的思想感受和从迷惘中找到真理的欣喜之情："潇潇雨，雾蒙浓；一线阳光穿云出，愈见姣妍。人间的万象真理，愈求愈模糊；——模糊中偶然见着一点光明，真愈觉姣妍。"[②]

周恩来到日本留学，原本是寻求可以用来"济世穷"的良策的。他希望通过考察和学习，通过仿效日本社会的发展道路来寻求拯救中国的方案。然而，日本

---

① 《周恩来早期文集（一九一二年十月——一九二四年六月）》上卷，中央文献出版社、南开大学出版社 1998 年版，第 402 页。

② 《周恩来早期文集（一九一二年十月——一九二四年六月）》上卷，中央文献出版社、南开大学出版社 1998 年版，第 413 页。

军国主义的侵略行径和日本国内阶级压迫的严酷现实使他对日本社会越来越感到失望，十月革命的胜利和马克思主义的广泛传播促使他改变了原来的想法，他开始研读一些英文和翻译成日文的马克思主义书籍，也读了流传到日本的《新青年》上李大钊等人介绍马克思主义的文章。他的世界观开始转变。他放弃了原来的思想，转而对马克思主义的基本原理包括马克思的无产阶级政党观，有了初步了解和认知。1919 年 3 月，母校南开学校将创办大学部的消息传来，周恩来十分振奋，他毅然放弃继续留日求学的打算，准备回国，回到母校学习。此时，他已经对马克思主义有初步的认识。

三、五四运动中周恩来的政治思想发生转变

1919 年 4 月中旬，周恩来离开求学一年半的日本，从神户乘船回到大连。他先到沈阳看望了伯父，又去了一趟哈尔滨，约在 5 月中旬回到天津。他回来时恰逢五四运动爆发，他立即投身轰轰烈烈的爱国运动中。天津是较早响应五四运动的重要城市，这里的学生爱国运动如火如荼，除有学生联合会和女界爱国同志会之外，还有在全国最早成立的各界联合会。周恩来回津后积极参加领导了天津的五四运动。虽然离津一年多了，但由于他一贯思想先进，品学兼优，威信极高，很快被大家推举为运动的领导人之一。

十月革命的爆发为中国社会变革带来了新思潮。以陈独秀、李大钊等为代表的一批先进知识分子开始研究与传播马克思主义，研究十月革命，并开始以马克思主义来引导改造中国社会的研究。1919 年五四运动爆发，此时身为南开校友的周恩来以极大的热情立即积极投身到这场爱国运动中。在这场运动中，周恩来迅速成长为领导这场运动的重要人物。他积极参与揭露北洋政府的卖国行为，组织南开进步学生进京请愿。7 月 21 日，宣传反帝反封建思想和爱国主义精神的《天津学生联合会报》正式发行，周恩来被进步学生一致推举为会报的主要负责人，学生运动进一步向深入发展。周恩来把革心、革新确立为会报的宗旨，并在《天津学生联合会报发刊旨趣》中论述了革心与革新的意义，革心乃是要从思想层面，从认识层面来改造学生的头脑，而革新则在于追求对社会的改造。[①] 这一旨趣说明

---

① 天津历史博物馆、南开大学历史系《五四运动在天津》编辑组编：《五四运动在天津——历史资料选辑》，天津人民出版社 1979 年版，第 596 页。

此时的周恩来十分注重改造学生的思想和社会。

1919 年 9 月 16 日，周恩来和邓颖超等进步青年发起组织了爱国团体"觉悟社"。周恩来等进步青年创办了觉悟社的刊物《觉悟》。这批进步青年受新文化运动的影响，积极批判旧文化，宣传新文化，提倡科学与民主。觉悟社的成员经常一起讨论时下社会思潮与政治局势，探讨下一阶段学生运动的道路。在为觉悟社起草的《觉悟的宣言》一文中，周恩来把追求思想与认识上的进步视为觉悟社首要的任务，认为那些凡是过时了的、不符合现代社会进化要求的各色思想包括军国主义、资本主义以及军阀官僚和一切旧社会的封建道德都应予以取缔或彻底的改革，同时他要求觉悟社要继续秉持"革心""革新"的精神，务求大家思想上的"自觉""自决"。[1] 经过五四运动的洗礼，周恩来开始从革命民主主义者向马克思主义者转变。

1919 年 9 月 25 日，严范孙、张伯苓创办的南开大学正式开学。因在南开中学阶段学习成绩优异，周恩来经南开大学审定免试入学，成为南开大学的第一届学生。南开大学第一届大学生招收了 96 名，分为文、理、商三科，周恩来学的是文科，学号是 62 号。[2] 周恩来进入南开大学后，更努力地带领广大进步青年投入反帝爱国运动的洪流中。在校内，他负责"南开学校学生通讯处"工作，广泛联络海内外南开校友，并协助校长张伯苓推进学校的教学改革；在社会上，他领导爱国人士开展抵制日货运动，组织天津爱国学生赴北京总统府请愿。1920 年 1 月 29 日，周恩来领导南开大学、北洋大学、直隶公立工业专门学校、直隶第一女子师范学校、南开中学等校爱国学生数千人到直隶省公署请愿，被反动当局逮捕。在狱中，他不顾环境的险恶，仍然坚持介绍社会主义新思潮，向难友宣讲马克思生平、唯物史观、剩余价值学说和《资本论》等。

1920 年 7 月，周恩来在各界人士营救下出狱。五四运动后期，经过新文化运动与反帝爱国斗争的洗礼，中国社会上寻求救国救民真理的思潮越来越影响到当时的有识青年。二十世纪二十年代初，中国进步青年掀起了赴法勤工俭学的高潮。为达到"输世界文明于国内"的目的，一批开明人士组织起"留法俭学会"，意图选派进步学生赴法学习后回国回报社会。这一想法得到了当时教育总长蔡元培的

---

① 《五四前后周恩来同志诗文选》，天津人民出版社 1979 年版，第 84 页。
② 《历史沿革》，http://www.nankai.edu.cn/169/list.htm，2020 年 12 月 10 日。

支持。周恩来怀抱着改造社会的理想积极准备赴欧求学，并在南开大学及时任校长张伯苓和校董严范孙的支持下，争取到南开"范孙奖学金"资助名额，成为第一批赴法勤工俭学的南开学子。

1920 年 11 月 7 日，22 岁的周恩来怀着对真理的渴望，由上海搭乘法国波尔多斯号邮船启程，赴欧洲勤工俭学，从此踏上了远赴重洋、求索改革中国社会的艰辛道路，开始了新的人生旅程。在南开大学期间，特别是在领导天津五四运动的过程中，马克思主义深深影响了周恩来。此时他对无产阶级政党观已有了初步认知，并已经开始尝试把马克思主义与中国革命运动结合起来，他已成为一个具有初步共产主义觉悟的爱国青年知识分子。

四、旅欧时期周恩来对马克思主义政党观的接受

1920 年 12 月中旬，周恩来到达法国著名的马赛港。当时的西欧刚从第一次世界大战的阴霾中走出来，俄国的无产阶级革命正进行得如火如荼，而阴云密布的欧洲也暗涌着革命的洪流，工人运动蓬勃发展，各种社会思潮盛行，这都给志在寻找真理的周恩来带来很大的冲击。周恩来在法国住了半个多月后来到伦敦，准备在英国求学。一个多月后，周恩来又返回法国，在法国中部的布卢瓦镇一面读书、一面考察社会。他在法国的住所是不固定的，工作也是不固定的。一般是白天做社会调查，参加政治活动，晚上看书学习，给报刊撰写文章。周恩来旅欧期间用大量时间阅读了马克思主义原著，参加了中国共产党在欧洲的早期建党活动，还领导了旅欧学生建立共青团的活动以及国共两党在欧洲的合作。这些活动对其日后的政治生涯产生了重要而深远的影响。

在旅欧期间，周恩来将"研究主义"放在第一位。用他自己的话说：一到欧洲，便"对于一切主义开始推求比较"[1]。初到法国时，他承认自己并未真正确定某种主义，在给他的表兄陈式周讲述当时初来欧洲的思想情况时，他谈到自己目前的认识，陈述自己当时的思想情况并没有确定下来。而自己来欧洲的目的，首要的在于寻找真才实学，谋求思想上、生活上的自立，同时，自己有意在考察欧洲的社会，在了解欧洲社会现实的基础上，寻求解决中国问题的方法和道路。因

---

① 《周恩来年谱（1898—1949）（修订本）》，中央文献出版社 1998 年版，第 46 页。

此，周恩来最后坦言："至若一定主义，固非今日以弟之浅学所敢认定者也。"①

周恩来在详细考察了西欧的社会情况后，最终确定了马克思主义信仰，决心走组织无产阶级政党、由共产党带领中国人民开展新民主主义革命和社会主义革命与建设这样一条救国救民之路。

二十世纪二十年代初的法国，各种政治、理论书籍和报刊十分流行。周恩来在这里阅读了《共产党宣言》《社会主义从空想到科学的发展》《家庭、私有制和国家的起源》《法兰西内战》《国家与革命》等马克思恩格斯的原版著作，并订阅购买了法国共产党机关报《人道报》、英国共产党机关报《共产党人》及《共产党人评论》《劳动月刊》等。同时，周恩来就当时社会上流行的各种思潮、主义，与觉悟社社员多次通信探讨，进行了反复的推求比较。他一边学习和宣传社会主义思想，一边驳斥无政府主义和国家主义。

旅欧青年团组织成立后，周恩来在给团中央的报告中阐明："本团旅欧之责任及今后应有之活动——大体规定为共产主义的教育工作，换言之即是列宁所谓'学，学共产主义'。"②该团组织留法勤工俭学学生阅读马克思列宁主义著作，在《少年》上发表文章阐述共产党的性质和作用，解释马克思列宁主义的建党基本原则，宣传建党建团的意义。周恩来在《少年》上也接连发表《共产主义与中国》《宗教精神与共产主义》《告工友》《十月革命》《论工会运动》《俄国革命是失败了么——质工余社三泊君》等文章，热情洋溢地赞美道："共产主义之为物，在今日全世界上已成为无产阶级全体的救时良方。"③"一旦革命告成，政权落到劳动阶级的手里，那时候乃得言共产主义发达实业的方法。"④

无政府主义思潮在当时的旅欧学生中影响很大。无政府主义者提出的那些"绝对平等""绝对自由""反对任何权威"等主张，都是以个人为中心的，很适合当时一些对现实不满、急于改变个人处境而又缺乏实际社会经验的青年人的口味。刚到法国时，周恩来对无政府主义者那种浪漫的革命热情也有过某些同情，但很

---

① 《周恩来年谱（1898—1949）（修订本）》，中央文献出版社1998年版，第46页。
② 《周恩来早期文集（一九一二年十月——一九二四年六月）》下卷，中央文献出版社、南开大学出版社1998年版，第501页。
③ 《周恩来早期文集（一九一二年十月——一九二四年六月）》下卷，中央文献出版社、南开大学出版社1998年版，第457页。
④ 《周恩来早期文集（一九一二年十月——一九二四年六月）》下卷，中央文献出版社、南开大学出版社1998年版，第461页。

快就认清了无政府主义的弊端，并且在《少年》上发表一系列文章，揭露和批判了无政府主义的实质，批驳无政府主义者把共产党人的信仰比作宗教迷信的谬论。周恩来强调，要彻底革除资本主义的各种祸根，就不能空谈社会理想，空谈那些对社会问题小修小补的做法于事无补。周恩来提出，必须根除私有制在经济上的影响，实行马克思主义的共产制。"私有制不除，一切改革都归无效。"①

周恩来笔锋犀利，文章说服力强，在论战中常使对方无言以对。除了写文章，周恩来作为团组织的代表，还与无政府主义者进行面对面的辩论。据聂荣臻回忆："恩来立场坚定，才思过人，口才雄辩，说理透彻。我多次见到他把对方批驳得哑口无言，甚至有的还为他的演说鼓掌。由于恩来的领导和大家的努力，到1923年底，我们终于瓦解了无政府主义派，其中一部分人还转到了马克思主义方面，象陈延年、陈乔年同志的转变，就是典型的例子。"②

除无政府主义以外，以曾琦、李璜为代表的国家社会主义派在勤工俭学学生中也有一定影响。国家社会主义主张借国家的力量来进行实业开发，以期能消除私人在企业上的竞争的思想。周恩来一针见血地指出，虽然国家社会主义在消除私人竞争上是为共产党人所赞同的，但国家社会主义并无力解决国家最高之统治权的问题，民主政治亦在此情况下无从开展。同时，对消灭有产阶级的统治，消除国际间的经济竞争和各国对外的侵略政策，国家社会主义也无能为力。他们以"爱国主义"为幌子，标榜"国家至上"，极力反苏反共，反对共产党和国民党合作，反对建立反帝反封建的爱国统一战线和国际统一战线。周恩来在《赤光》上共发表30多篇文章，对国家主义派进行了有力的批驳，其中有《军阀统治下的中国》《革命救国论》《救国运动与爱国主义》《再论中国共产主义者之加入国民党问题——答胡瑞图、吴樵甫、威重三君》等。针对国家社会主义派的谬论，周恩来阐明："非内倒军阀、外倒国际帝国主义不足以图存。"③从这些文章可以看出，对中国社会各阶级的关系、中国革命的当前任务和远景等问题，周恩来已有了较明晰的认识。

---

① 《周恩来早期文集（一九一二年十月——一九二四年六月）》下卷，中央文献出版社、南开大学出版社1998年版，第461页。

② 《不尽的思念》，中央文献出版社1987年版，第10页。

③ 《周恩来早期文集（一九一二年十月——一九二四年六月）》下卷，中央文献出版社、南开大学出版社1998年版，第548页。

　　经过几年对欧洲实际情况的考察和对各种思潮的反复比较和认真思考，周恩来等人终于找到了一条救国救民之路，审慎地作出了自己的抉择。1922 年 3 月，周恩来在给觉悟社朋友的信中写道："觉悟社的信条自然是不够用，欠明了，但老实说来，用一个 Communism 也就够了。……我从前所谓'谈主义，我便心跳'，那是我方到欧洲后对于一切主义开始推求比较时的心理，而现在我已得有坚决的信心了。"①1922 年 3 月，周恩来得知觉悟社社友黄爱被军阀杀害的消息后，在写给友人的信中再次表明："我认的主义一定是不变了，并且很坚决地要为他宣传奔走。"②

　　在十月革命的深刻影响下和对第一次世界大战后西欧社会发展与变化的考察中，以及对各种社会思潮的比较鉴别中，不断探索救国救民之路的周恩来终于选择了马克思主义，接受了马克思主义政党学说。在旅欧期间形成的坚定的共产主义信仰，成为他日后积极从事建党工作、努力为党的事业奋斗终身的重要思想基础和行动指南。

　　在旅欧时期，周恩来还担任了国内《益世报》的西欧通迅员，承担着西欧通迅的专栏写作工作，负责向该报介绍欧洲社会变化的最新情况。借此特殊身份，他广泛考察了西欧各国的工人运动以及国际形势的发展变化，发表了大量文章。此时周恩来已开始用马克思主义观点分析社会，认为社会主义与阶级问题对欧洲已产生重大影响，从前的非社会主义地对劳动问题的解决方案早已失去效益，国家在劳动上的政策，以及社会上的慈善救助之事业，若不思考从劳动问题上根本解决，这类所谓解决社会问题的良方必定会宣告失败。周恩来在考察对比了各种道路之后认为，只有社会主义才能让劳动问题得到根本解决，"最切近而又普遍的，凡是劳动界中人，都相信社会主义能够应这个需要"③。因此，周恩来认为，社会主义在资本主义国家的发展已不可避免。

　　周恩来在《西欧的"赤"况》一文中，开宗明义地指出共产主义理论的先进性质，同时深刻分析道，在经济制度和社会组织问题上，共产主义有其自身的优

---

　　① 《周恩来年谱（1898—1949）（修订本）》，中央文献出版社 1998 年版，第 55 页。

　　② 《周恩来年谱（1898—1949）（修订本）》，中央文献出版社 1998 年版，第 56 页。

　　③ 《周恩来早期文集（一九一二年十月——一九二四年六月）》下卷，中央文献出版社、南开大学出版社 1998 年版，第 428 页。

越性，应看到"纯机械的经济组织和社会制度"①的改造能够通过清晰的方法来达到，即暴力革命的方法。周恩来也分析和批判了无政府主义因不能分清物质与精神的关系，无政府主义便流为一种空谈，因而其势力也就"渐渐等于零"了。通过以上分析，周恩来得出的正确结论是："我们当信共产主义的原理和阶级革命与无产阶级专政两大原则，而实行的手段则当因时制宜！"②这表明周恩来已成为一名真正的马克思主义者了，他用马克思主义的原理来分析社会问题，并在此基础上初步形成了无产阶级的政党观。

周恩来在调研和分析欧洲工人运动时，阐明了代表工人阶级利益的政党的性质、作用以及前途。他认为，工人阶级的政党是一部分有阶级觉悟的和愿意从事劳动工作的、从工人阶级的立场来考虑问题的先进代表的集合，工人阶级的政党在作用上"只是要做成劳动运动的先驱、社会革命的向导，来率领劳动群众。他本应除掉工人利益而无其他利益"③。周恩来把工人阶级政党看作劳动运动的先驱与社会革命的向导，承认工人阶级政党的先进性和代表性。同时，他看到了工人阶级政党在劳动者进行世界革命这一壮举中，所承担的组织作用和领导作用。"在这组织和革命的期中，尤要认一个忠实的工党来作工会的指导，使有阶级觉悟的工人好源源不绝地走入工党。"④在这里，周恩来已经认识到工人阶级政党的先驱及向导作用，并且视工人阶级的利益为"工党"的唯一利益。周恩来用"工党"来代指一切"属于劳动阶级的政党"，并把十月革命的成功归因于工人阶级有了一个忠实的共产党即"工党"，这说明周恩来这时已经完全接受马克思主义的政党观了。

不仅如此，周恩来还在文章中指出，十月革命之所以胜利，是因为有着坚强的马克思主义政党的领导。为什么在三次俄国革命的经历中，劳动阶级都作了革命的主要动力，而革命偏要到十月革命之时才成功呢？周恩来认为，无产阶级政

---

① 《周恩来早期文集（一九一二年十月——一九二四年六月）》下卷，中央文献出版社、南开大学出版社 1998 年版，第 448 页。

② 《周恩来早期文集（一九一二年十月——一九二四年六月）》下卷，中央文献出版社、南开大学出版社 1998 年版，第 451 页。

③ 《周恩来早期文集（一九一二年十月——一九二四年六月）》下卷，中央文献出版社、南开大学出版社 1998 年版，第 482 页。

④ 《周恩来早期文集（一九一二年十月——一九二四年六月）》下卷，中央文献出版社、南开大学出版社 1998 年版，第 482 页。

党的领导是关键因素，"因为有了多数派——共产党——在其中做了忠实的指导，唯一的指导"①，十月革命才能取得最终成功。在革命的各种政党力量中，只有共产党才称得上是俄国的劳动阶级的政党。在 1905 年的俄国革命中，立宪党人抛弃了劳动阶级，1917 年的二月革命中，社会民主党和少数派又出卖了劳动阶级。这些出卖劳动阶级的党派都以失败告终，而只有"始终是百折不挠，以无产阶级的利益为他自己的利益"②的共产党人取得了胜利，建立了无产阶级政权。周恩来把共产党看作十月革命中的忠实的指导者，是革命成功的关键，只有忠实于无产阶级利益的政党才能取得革命的胜利，才能指导无产阶级革命。

周恩来在接受了马克思主义理论之后，便立即用马克思主义理论分析中国问题。他先后发表多篇文章，以马克思主义立场来论述工会工作的发展、中国革命的前途、共产主义与宗教之关系和十月革命的前景。在《共产主义与中国》这篇文章中，周恩来对共产主义与中国革命的关系，革命的性质、手段，以及革命的归宿都进行了阐述。周恩来强调要用共产主义来做拯救时局的药方，应承认共产主义对改革中国社会的作用。他认为如要在中国进行共产革命，必须首先向资本主义与私有制作斗争。在革命没有取得成功以前，无产阶级政党所做的一切努力，包括"罢工、减时、加薪、自治、国有、协作"等事件，都应被视作无产阶级政党训练劳动群众以促进革命的种种手段。在革命成功、劳动阶级取得政权之后，方可言在共产主义条件下发展社会实业的事情。周恩来最后总结道："由此看来，共产主义在全世界，尤其是在中国，实负有变更经济制度的伟大使命。"③

十月革命的成功，使周恩来真正认识到共产革命的重要性，同时使他感受到，共产革命要想成功，首先必须有一个以无产阶级坚强的先锋组织即共产党来领导。为此，周恩来首先想到在旅欧华人中建立一个共产主义组织，以从事和领导革命斗争。他与赵世炎、蔡和森等人先后建立了中国共产党旅欧支部、旅欧中国少年共产党，在旅欧华人中开展革命活动。在欧洲从事政党政治的实践中，周恩来的

---

① 《周恩来早期文集（一九一二年十月——一九二四年六月）》下卷，中央文献出版社、南开大学出版社 1998 年版，第 457 页。

② 《周恩来早期文集（一九一二年十月——一九二四年六月）》下卷，中央文献出版社、南开大学出版社 1998 年版，第 475 页。

③ 《周恩来早期文集（一九一二年十月——一九二四年六月）》下卷，中央文献出版社、南开大学出版社 1998 年版，第 461 页。

马克思主义政党思想日渐成熟。

五、周恩来参与领导了旅欧党团组织的创建工作

在形成了马克思主义政党思想之后，周恩来开始投入具体的政党实践活动之中。他首先参与成立了巴黎共产主义小组，这是中国共产党建立前最早的八个共产主义小组之一。其后周恩来又积极地参与成立了旅欧中国共产主义青年团，这一组织在他领导下得以发展壮大。周恩来旅欧时期为中国共产党的创建和早期组织发展作出了卓越贡献。

周恩来是巴黎共产主义小组最初的五个成员之一。该小组的另外四名成员是张申府、刘清扬、赵世炎、陈公培，这是中国共产党成立前在欧洲成立的最早的共产主义组织。1921 年，经马克思主义的早期传播者张申府、刘清扬介绍，周恩来在法国入党。周恩来是 1921 年入党的第一批中国共产党党员，也是中国共产党的最早发起人与创建人之一。

1922 年 3 月初，周恩来从法国移居德国。旅德期间，周恩来与张申府、刘清扬等共产党员组成旅德中共党组，并积极在德法等国进步学生与华工之中进行政治运动，联络各方，以报告会、演讲等形式向人们广泛宣传无产阶级革命思想，有效推动了旅欧中国共产党组织的发展。1923 年 2 月，周恩来当选为旅欧中国共产主义青年团书记。1923 年夏，他再次返回法国巴黎，专门领导中国留学生的政治斗争。为开展党的活动和革命工作的需要，他常奔波于法国、德国、比利时和英国之间。

旅欧期间，周恩来不但参加共产党组织的筹建，还积极领导了共青团组织的筹建。1922 年 6 月，周恩来经与赵世炎、李维汉等人酝酿筹备，在巴黎西郊布伦森林中的小空场召开了旅欧共产主义青年组织成立大会。到会 23 人。会议由赵世炎主持，通过周恩来起草的组织章程，确定组织名称为旅欧中国少年共产党，选出中央执行委员会，赵世炎为书记，周恩来负责宣传，李维汉负责组织。会议还决定出版机关刊物《少年》，周恩来担任编辑和主要撰稿人。《少年》于 1922 年 8 月 1 日创刊，编辑部设在巴黎戈德弗鲁瓦街 17 号的一个小房间里。这个刊物最初是 16 开本，每月一期，每期 30 页左右。从第十期起，改为不定期刊。它的主要任务是传播共产主义学理。《少年》发表过许多马克思、列宁的论著和共产国际、

少共国际的文件与消息。

旅欧中国少年共产党成立后，周恩来等人倡议与国内的团中央取得联系，接受其领导。1923年2月，旅欧中国少年共产党在巴黎召开临时代表大会，改名为旅欧中国社会主义青年团。大会选举了新的执行委员会，周恩来被选为书记。全支部共有成员72人，其中旅法58人，旅德八人，旅比六人。[①] 在旅欧总支部之下，分设旅法、旅德和旅比三个支部。大会还通过由周恩来起草的旅欧总支部章程。聂荣臻回忆道："当周恩来在1923年2月'少共'临时代表大会上宣布与国内取得联系的喜讯时，大家都非常高兴。"从此，周恩来"一直是中国共产党和青年团旅欧组织的主要领导人。旅欧勤工俭学生和华工中的党团活动，是我党初期建党建团活动的重要组成部分。恩来在这方面是作出了历史性贡献的"[②]。

1923年2月，重组的以周恩来为书记的"旅欧中国共产主义青年团"，通过了由周恩来起草的《旅欧中国共产主义青年团章程》。在该章程中，周恩来初步地表明了他的马克思主义政党思想。周恩来特别强调旅欧中国共产主义青年团思想的重要性，要求凡一切旅欧之青年要加入旅欧中国共产主义青年团，则必须首先对共产主义抱有坚定的信念，以共产主义作为自己的向导，同时凡欲加入者，不能有任何的宗教上的信仰，未加入任何宗教性质的团体，保持无产阶级性。周恩来还高度重视团员对马克思主义的学习，强调对本团设立的共产主义研究会，一切团员均应加入其中。在写给国内团中央的报告——《旅欧中国共产主义青年团报告第一号》中，周恩来对旅欧中国共产主义青年团的宗旨进行了陈述，把共产主义的教育工作视为旅欧中国共产主义青年团的首要责任，"换言之即是列宁所谓'学'，学共产主义"[③]，强调对共产主义进行研究为最要之事，并强调旅欧中国共产主义青年团要积极宣传共产主义，吸引同志，发展组织，壮大队伍。

在组织上，旅欧中国共产主义青年团严格遵守民主集中制原则。《旅欧中国共产主义青年团章程》规定：旅欧中国共产主义青年团组织的各项决议要依据多数

---

① 《周恩来早期文集（一九一二年十月——一九二四年六月）》下卷，中央文献出版社、南开大学出版社1998年版，第501页。

② 《不尽的思念》，中央文献出版社1987年版，第9页。

③ 《周恩来早期文集（一九一二年十月——一九二四年六月）》下卷，中央文献出版社、南开大学出版社1998年版，第501页。

同意的原则产生，决议一经产生则少数必须对决议表示服从。[①] 旅欧中国共产主义青年团的组织机构体现着民主集中制的设置，在机构上，设置旅欧中国共产主义青年团的代表大会、执行委员会等机关，以旅欧中国共产主义青年团的代表大会为旅欧中国共产主义青年团的最高权力机关，而在代表大会闭会时，由执行委员会作为最高权力机关。在旅欧中国共产主义青年团的基层机构设置上，设置地方委员会，地方委员会书记接受执行委员会指挥，处理旅欧中国共产主义青年团的地方事务。对旅欧中国共产主义青年团的团员，当五分之一的团员同意时，可向中央执行委员会或本团代表大会提出对执行委员会决议的抗议，但在抗议期内，仍须服从执行委员会产生的决议。同时，如果旅欧中国共产主义青年团的成员有违背纲领、章程或决议案的情况发生，则由执行委员会给予开除的处罚。旅欧中国共产主义青年团的组织设置原则高度遵循了无产阶级政党的民主集中制原则这一精神，因此也成为无产阶级政党组织的典范。

随着国内革命运动的迅速发展，旅欧中国共产主义青年团的机关刊物《少年》也在 1924 年 2 月改组为《赤光》。《赤光》由周恩来负责编辑、发行，并担任主要撰稿人。李富春、邓小平、傅钟、李大章等也曾先后参加《赤光》的相关工作。《赤光》是半月刊，16 开本，每期十多页，它的印刷份数比《少年》多，发行范围也比《少年》广。《赤光》创刊号发表的《赤光的宣言》指出："我们所认定的唯一目标便是：反军阀政府的国民联合，反帝国主义的国际联合。""我们是要以科学的方法，综合而条理出各种事实来证明我们的主张无误。本此，便是我们改理论的《少年》为实际的《赤光》的始意，同时也就是《赤光》的新使命了。"[②]

1924 年 7 月下旬，周恩来结束了旅欧生活，离法回国，9 月 1 日抵达香港。他在香港致信中国社会主义青年团中央，说明自己"须往广州一行"，以后行动"须俟 C·P·中央命令而定"。[③] 旅欧期间，周恩来为建立共产党组织和共产主义青年团所作出的努力，也成为日后其领导中国共产党发展壮大，形成具有中国特色的无产阶级政党思想的实践基础。旅欧时期，周恩来不仅强化了自身马克思主义理论基础，确定了终身的政治信仰，而且锻炼了实际的领导政党工作的能力，

---

① 《周恩来青少年时代诗文书信集》下卷，四川人民出版社 1980 年版，第 372 页。
② 《周恩来年谱（1898—1949）（修订本）》，中央文献出版社 1998 年版，第 65 页。
③ 《周恩来年谱（1898—1949）（修订本）》，中央文献出版社 1998 年版，第 68 页。

积累了政治斗争经验。因而，旅欧时期，周恩来开展的政党活动可以说是周恩来马克思主义政党观正式形成并应用于革命实践的真正开端。

旅欧时期是周恩来一生的一个重要转折点，虽然周恩来在欧洲时间不长，但旅欧前后他的政治思想和人生态度发生了重要变化。旅欧经历对他从事政党政治产生了重要而深远的影响。

首先，周恩来赴欧前只是一个进步青年，回国后已成为杰出的党的领导人和有高超组织领导才能的政治家。没有旅欧勤工俭学，就没有周恩来在中国共产党党内的历史地位。旅欧时期与周恩来一起工作过的国共两党人士都对他突出的工作能力和认真负责的态度给予了很高的评价。他回国时，旅欧中国共产主义青年团执行委员会给团中央的报告中对他的评语是："诚恳温和，活动能力富足，说话动听，作文敏捷，对主义有深刻的研究，故能完全无产阶级化。英文较好，法文、德文亦可以看书看报。本区成立的发启（起）人，他是其中的一个。曾任本区三届执行委员，热心耐苦，成绩卓著。"[1]

其次，虽然周恩来赴欧前已经是具有初步共产主义觉悟的进步青年，但他对采取什么主义来救中国还没有最后确定。旅欧时期经过比较选择，他变成了一个坚定的马克思主义者，从此他的信念再没有改变。周恩来初到欧洲的时候，当时欧洲正流行各种政治思潮。哪一种学说才是科学的，采用什么方法来改革社会，哪一种主义对中国是最合宜的？周恩来进行了严肃的思考。在各种主义和思潮中，哪一个更适合中国的国情呢？他经过对实际情况踏踏实实的考察、细心的反复比较，才最后确定自己的选择。他给国内觉悟社社友的信中，表达了他在成为共产党人后那种坚定的革命信念。信中还附了一首诗《生别死离》，里面有这样几句名言："没有耕耘，哪来收获？没播革命的种子，却盼共产花开！梦想赤色的旗儿飞扬，却不用血来染他，天下哪有这类便宜事？"[2]

再次，旅欧时期，周恩来结识和团结了一大批志同道合的革命同志，这为他回国后从事政党政治、领导革命斗争、建设新中国打下了组织基础。周恩来旅欧期间先后结识了赵世炎、蔡和森、朱德、邓小平、聂荣臻、陈毅、李富春、向警

---

① 《周恩来年谱（1898—1949）（修订本）》，中央文献出版社 1998 年版，第 67 页。

② 《周恩来早期文集（一九一二年十月——一九二四年六月）》下卷，中央文献出版社、南开大学出版社 1998 年版，第 454 页。

予、蔡畅、李维汉、王若飞、陈延年、陈乔年、李立三、陈公培、孙炳文、刘伯坚、何长工、张昆弟、萧三、熊雄等一大批进步青年，而且与他们中的许多人建立了深厚友谊。在组建欧洲党团组织、领导学生政治运动中，周恩来也与他们建立了亲密无间的友好关系。1922 年 10 月下旬，周恩来在柏林见到了朱德，同意了朱德的加入中国共产党申请，并在当年 11 月与张申府一道介绍朱德和孙炳文入党。[①] 1923 年，周恩来为赵世炎、王若飞、陈延年、陈乔年、熊雄等 12 人办理了去苏联的入境手续。周恩来还与旅欧的蔡和森、蔡畅兄妹，以及陈毅、李富春、邓小平等人建立了深厚的友谊。特别是邓小平，他是与周恩来在法国勤工俭学时相识并相知的，此后，在长达半个多世纪的漫长岁月里，他们一直保持着深厚的革命情谊。1980 年 8 月，邓小平接受意大利记者采访时谈起周恩来，深情地说："我们认识很早，在法国勤工俭学时就住在一起。对我来说他始终是一个兄长。我们差不多同时期走上了革命的道路。他是同志们和人民很尊敬的人。"[②] 旅欧学生回国后，很多人成为中国共产党的重要干部，成为党和国家卓越的领导人。周恩来得到这批志同道合的同志的尊重、支持和默契配合，使他在领导中国革命和发展中国共产党的力量中大展身手。

最后，周恩来在旅欧期间与国民党人进行的友好合作，是他成为中国共产党统战专家的开端，为中国共产党统一战线理论和实践奠定了初步基础。周恩来在旅欧时期的统战工作取得了显著成效。他不但成功帮助国民党建立了国民党巴黎通讯处，很好地完成了国民党中央交付的各项工作，真正落实了孙中山的思想主张，而且由于他所具备的良好素质及其与旅欧国民党员的默契配合，他与合作伙伴建立了深厚友谊。周恩来自 1922 年在欧洲与王京歧取得联系、帮助国民党组建国民党巴黎通讯处，到 1924 年回国，这两年的合作，是他成为中国共产党统战专家和外交家的开始。周恩来有兼容并蓄的胸怀、谦虚谨慎的态度、文质彬彬的气质、过人的才智、民主的作风。他能在每个合作伙伴身上找出可取之处，团结不同观念的人共同协作。他善于调和不同的政党、不同派别的矛盾，在分歧中寻找共同点。在与他人的合作中，周恩来的工作特点是通情达理、坦诚相待、求同存异、排解猜疑。正是周恩来在旅欧时期开启了国共合作的先声。这不但对国共两

---

① 《周恩来年谱（1898—1949）（修订本）》，中央文献出版社 1998 年版，第 57~58 页。
② 《邓小平文选》第 2 卷，人民出版社 1994 年版，第 348 页。

党在国内如何开展合作起到了良好的示范作用，而且为其今后从事统一战线和外交工作奠定了基础，积累了经验。1924 年 9 月初，周恩来到达广州后不久就任黄埔军校政治教官，11 月被任命为黄埔军校政治部主任。此后经过周恩来的积极工作，黄埔军校的政治面目焕然一新。可以肯定地说，没有旅欧经历，他就不会在回国后立刻被国民党委以重任，没有黄埔军校政治部主任的工作经历，日后他也不会在国共两党、两军中享有很高的威信。甚至从某种意义上讲，没有旅欧时期的打开眼界、联络各界，周恩来后来也很难成为中国共产党统战专家和世界杰出的外交家。

第二节 出色地领导党的早期军事工作和隐蔽战线工作

一、从任职黄埔军校到以黄埔军校政治部主任身份参加东征

1924 年，以国共合作为政治基础的国民革命迅猛发展。为了更好地推动革命发展和国共合作，中共中央决定抽调一批优秀的共产党员到广东参加工作。正是在这种背景下，旅欧中国共产主义青年团负责人周恩来接到了中央的回国指示，同时他接到邀请他到黄埔军校任教的信件。当年 7 月下旬，他和刘伯庄、周子君、罗振声等从法国启程，由海路回国。

1924 年 9 月初，周恩来回到广州。10 月，他就担任了中共广东区委委员长兼区委宣传部部长。1924 年至 1927 年是中国国民革命高潮汹涌澎湃的时期。这一时期，周恩来虽然刚刚旅欧归来，但风华正茂，在中国共产党领导的革命斗争中很快崭露头角。他回国后立即承担起党交付的领导武装斗争等工作，党的五大后，周恩来不但进入了中央委员会，而且很快成为中央政治局常委、中共中央军事部长，领导了上海工人第三次武装起义和著名的南昌起义，开始在军队和中国共产党内发挥重要作用。

在周恩来初到广东的这段时间，局势并不平稳，孙中山建立的革命政权所控制区域不及广东全省的 1/3。革命政权内部危机重重。周恩来对当时的革命局势进行了分析，认为现时之广东政府仍然处于受南方军阀挟持的窘境，对帝国主义及买办资本主义等反革命阵营亦表现出退让态度，在革命政府内部，损害工人、农民利益的情况时有发生。周恩来强调应首先整顿革命队伍内部，把那些反对革命

的部分清除出国民党，以此实现革命的目的。当时中共广东区委负责领导广东、广西、厦门及香港等地区党的工作。在担任中共广东区委委员长期间，周恩来一方面积极参加领导中共广东区委的工作，一方面参加了黄埔军校政治部的工作。他支持孙中山北上，在商得孙中山的同意后，开始建立由中国共产党掌握的革命武装。

就任黄埔军校政治部主任后，周恩来按照苏联创建红军的经验，建立健全政治工作制度和正常的工作秩序，在政治部内设立了指导、编纂、秘书三股，选调共产党员杨其纲、王逸常等到各股任职。政治部负责制订士兵政治训练计划；举行学生政治讨论，对学生进行政治教育；出刊物，办墙报，教歌曲。在第一次国共合作时期，周恩来为国共两党革命力量的发展和革命武装中政治工作制度的建立作出了重要贡献。他上任后，对黄埔军校的政治教学体制进行了全面的整顿，对政治教学的各种规章进行了完善，明确了政治工作的各项步骤。黄埔军校学生的政治思想水平很快得到了明显的提升。

在黄埔军校，周恩来除指导、落实政治部各项工作外，还代表中共广东区委直接领导了黄埔军校的中共党组织，发动党团员和进步青年开展工作，扩大中国共产党的影响。周恩来在黄埔军校中秘密建立了中共的党组织，即中国共产党黄埔特别支部。这个支部由中共广东区委领导，其任务是完善黄埔军校教学工作的同时，在黄埔师生中吸纳新的共产党员，宣传开展国民革命的重要性，鼓励爱国志士积极参与革命斗争。在周恩来等人的努力下，一批优秀的黄埔师生秘密加入中国共产党。到了1926年初，黄埔军校中的共产党员已经达到150多人。[①]

1924年11月，周恩来所主持的中共广东区委商得孙中山同意，组建了大元帅府铁甲车队。铁甲车队下属成员的配备与调动，都由广东区委和周恩来（及后来的广东区委书记陈延年）决定，主要工作和活动也直接向他们请示报告。队长、副队长、军事教官，由周恩来选调的黄埔军校特别官佐徐成章和第一期毕业生周士第、赵自选分别担任。党代表和政治教官由中共广东区委选派廖乾吾、曹汝谦分别负责。廖乾吾任队中中共党小组组长，直属中共广东区委领导。中共广东区委还从各地调来一批工人、农民、青年充当队员。这是中国共产党领导下的最早的一支革命武装。

---

① 梁莹：《中国共产党在黄埔军校建设中发挥的作用》，《黑龙江史志》，2015年第4期。

1924年11月至12月，黄埔军校组建了两个教导团，第一期毕业的共产党员曹渊、蒋先云、许继慎、张际春等分别担任教导团下属各连的党代表，统属政治部领导。为了进一步在师生中宣传中国共产党的革命思想，1924年末，在周恩来领导下，黄埔军校内部成立了由中国共产党党员和进步青年组成的"火星社"，成为中国共产党的外围组织。1925年，黄埔军校内部又成立了一个由中国共产党党员、进步青年、军校学生组成的进步组织，名为"中国青年军人联合会"。在中国共产党的领导和支持下，这一组织发展很快，影响力也逐渐增大，其组织的各项活动也获得了较好的效果。翌年1月，为准备东征，周恩来还布置政治部组织战时宣传队，建立以共产党员李之龙为社长的"血花剧社"，以适应战时鼓舞士气和宣传群众的需要。

1925年1月15日，广州革命政府决定出兵东征，消灭陈炯明的势力，进一步巩固广东革命根据地。当月，因准备参加第一次东征，周恩来在中共广东区委内改任常委兼军事部部长。当时，中共广东区委军事部主要负责领导国民革命军及黄埔军校中的中共党组织工作，这也是中国共产党内最早成立的领导军事工作的部门。黄埔军校师生组成"校军"，参加右翼作战。周恩来以黄埔军校政治部主任身份参加了第一次东征。他在东征期间主要做了如下工作。

其一，部队出发前，周恩来布置各级党代表，突击官兵的政治教育，提高官兵对东征作战的认识。许多中国共产党党员担任了"校军"营、连领导职务和政治部的相关职务。其中，严凤仪任教导第一团第三营营长，胡公冕任教导第二团第一营党代表，金佛庄任该团第三营营长，周逸群、吴明（陈公培）、陈作为、罗振声为国民党黄埔军校特别党部第二届执行委员，黄锦辉等为候补执行委员。周恩来直接领导中国共产党黄埔军校特别支部，他要求全体党员及"火星社"同志在东征中充分发挥先锋模范作用。

其二，周恩来布置政治部印制了《敬告士兵同志们》《告人民同胞》等传单，广泛宣传东征的目的和意义，申明由黄埔军校师生组成的革命军队，在东征中不横蛮无理强拉夫役；付价购物；不用军用票；切实保障人民四项规定，希望民众监督"校军"，如有违纪，可以报告，如经查实，必依法惩办。[①] 周恩来要求宣传

---

① 广东革命历史博物馆编：《黄埔军校史料（1924—1927）》，广东人民出版社1993年版，第246～247页。

队以开大会、演讲、散发传单等各种形式，在"校军"和群众间广造同仇敌忾的声势。

其三，周恩来要求政治部给每一参战官兵发一条红巾，系于颈上，以示"校军"与其他军队的区别，增强"校军"官兵的政治荣誉感和责任感。政治部在发布的《告人民同胞》中说明："我们国民党陆军军官学校的军队来了！我们的记号是颈系红巾"，"我们是打反叛，除奸贼，光明正大的军队，我们是保人民，安地方，公正和平的军队"，希望民众支持援助"校军"。[①] 这些措施扩大了中国共产党的影响。革命军每到一地，人民自愿帮助运输，做向导。政治工作产生了很大作用。

在周恩来领导下的强有力的政治宣传工作和严明的军纪，赢得了当地民众对"校军"的拥戴和支持，增强了"校军"官兵救国救民的政治责任感，极大地鼓舞了官兵的斗志。东征军以锐不可当之势，勇往直前。周恩来经常亲自在战前做战时动员演讲，及时派出政治部干部，支持农民运动，帮助组织农民协会和训练农民自卫军等。这些工作，不仅保证了"校军"的战斗力，而且使东江地区的工农运动迅速发展。东征之战，不仅检验了黄埔军校师生的军事素质，而且检验了黄埔军校政治工作的成就，展示了师生的革命爱国情怀和不怕流血牺牲的黄埔精神。这种精神的形成，与周恩来的政治工作的成效有密切关系。

东征期间，周恩来被国民党中央执行委员会任命为东江各地党务组织主任，并授权他委派各团、营、连、排党代表为组织员，在东征军队克复地区着手组织国民党党部。1925 年 6 月 2 日，在随军回师途中，周恩来向东征军作了题为《军队中政治工作》的讲演。他指出，阶级分为压迫与被压迫阶级，凡压迫阶级都是维护其自身利益的。军队"是工具不是一个阶级"，"压迫者拿这工具去压迫人"，被压迫阶级觉悟的时候"也可利用这工具去反抗他们的压迫者，推翻压迫者的势力"，"造成他本身的武力，达到世界革命的成功"。因此，"军队的组织更有重大的意义"[②]！

1925 年 9 月，广东国民政府决定进行第二次东征。在出发前，国民政府军事委员会任命周恩来为国民革命军第一军政治部主任，授少将军衔，后又任命他为

---

① 广东革命历史博物馆编：《黄埔军校史料（1924—1927）》，广东人民出版社 1982 年版，第 245 页。

② 《周恩来年谱（1898—1949）（修订本）》，中央文献出版社 1998 年版，第 79 页。

国民革命军第一军第一师党代表，当月 29 日，他又被任命为东征军总政治部总主任，全权负责前方政治工作。在总主任之下，分设秘书处和社会运动科，分别处理部务，指导社会各方面运动和宣传总队工作。周恩来就职后，从军队中抽调几十名共产党员到总政治部工作，领导总政治部组织 160 多人的政治宣传队，开展军内及对敌军、民众的宣传工作。[①]

在担任黄埔军校政治部主任期间，周恩来首次在中国军队中建立起一套政治工作制度。这套政治工作制度成为日后中国共产党建设革命军队的主要内容之一，为无产阶级政党发展壮大武装力量、在部队中进行政治教育作了可贵的探索。在革命军队建设中，周恩来把政治教育放在首位，强调军官和士兵要提高革命的自觉性，时刻明白"革命军"的使命是推翻帝国主义列强、反对军阀的压迫和解除人民痛苦。这是中国共产党在军队政治工作建设方面作的最早尝试。与此同时，周恩来还精心组建了叶挺独立团，为中国共产党培育了最早的一批军事骨干，这也是中国共产党领导的最早的正式革命武装，为日后夺取中国革命和武装斗争胜利奠定了较好的基础。

第二次东征胜利后，周恩来担任广东东江各属行政委员。这是第一次由中国共产党人担任地区行政的主要领导职务。1926 年 2 月主政东江后，周恩来为了改变之前浓重的官僚主义习气，召开东江各属行政会议。面对当时广州革命政府中右派、军阀、官僚仍然有相当大的势力，地方机关还残存不少旧官僚等问题，周恩来解散了军阀控制的旧议会，着手改革东江行政公署的政权体制。他在给国民政府和广东省政府的报告中说，他将"在汕举行行政会议，召集所属各县长、各教育局长，届时亲自出席，农工商学妇女各界之有组织者，每县得各派代表一人参加"[②]。从这个报告中可看出，他正思考如何改变旧制度，希望同各县负责人以及群众团体代表当面商议，一起解决东江地区的问题。他认为这样做是为了"引导人民参加政治""立潮梅革命之基础"。[③]1926 年 2 月 22 日，东江各属行政会议开幕。出席会议的农工商妇学代表及各县县长、教育局长共 124 人。大会收到提案及计划书 297 件，报告书及调查表 254 件。[④]2 月 23 日，周恩来在会上作政

---

① 《周恩来年谱（1898—1949）（修订本）》，中央文献出版社 1998 年版，第 82 页。
② 《周总理青少年时代诗文书信集》下，四川人民出版社 1980 年版，第 577 页。
③ 《周恩来年谱（1898—1949）（修订本）》，中央文献出版社 1998 年版，第 91 页。
④ 《中共汕头史上的早（上）》，《汕头日报》，2018 年 10 月 28 日第 7 版。

治报告。会议到 3 月 3 日闭幕。

东江行政会议打破了军阀时代地方行政长官制度，也区别于资本主义议会形式，是以具有广泛群众基础的人民代表组成的行政会议作为权力机构。"以后革命之普及，地方之建设，人民之福利，以及各种行政方针，均由此会议议决而执行。"① 周恩来明确指出："民主政治的怎样实施，是目前最迫切的工作"②，"旧式议会政治，已陷破裂之域""职业团体代表会议，方在代之而兴"。③ 东江行政会议之后，周恩来电请国民政府颁布"广东国民会议组织法"，主张"先由广东各地职业团体代表（依总理所规定）开人民代表会议，将来由县而省而国，得尽力推行，以促成全国国民会议之实现"④。国民政府十分重视这一提议，批示由法制委员会起草国民会议组织法，以便核定颁布。周恩来在新设立的行政公署内组织了一个新的工作班子：设秘书长一人，"受委员之命令，总理公署一切事务"，机要秘书、随从书记官各一人，下分三科办事；第一科"处理行政诉讼公文注册，及保管印信卷宗事宜"；第二科"处理行政计划调查及编辑事宜"；第三科"处理接洽交际收发人事会计庶务，及不属一、二两科之事务"。⑤ 同时，周恩来还主动取消行政委员独任制，主张以行政会议的形式，让首席行政长官与下属官员及农、工、商、学、妇等人民团体的代表，"齐集一堂，共论革命治理"。周恩来还主张东江各属行政会议以后，"革命之普及，地方之建设，人民之福利，以及各种行政方针，均由此会议议决而执行"⑥，一改旧政权行政长官独行专横的统治形式。

东江行政会议具有广泛人民性。从会议的代表构成来看，覆盖面比较广泛，不仅包含上文所提到的各类组织各派代表一人，还包括国民党人，以及恽代英、邓颖超等著名共产党人。从会议选举领导机构的过程来看，周恩来亲自主持了选举，并提名了候选人，这七名候选人也包含国民党人、共产党人、群众领袖等各类人员。从会议召开的过程上看，周恩来主持的这次会议，民主气氛浓厚，群众有很多发表意见的途径和机会，最大限度地兼收并蓄，广泛收集意见。

---

① 中共惠州市委统战部、中共惠州市委党史办公室编：《东征史料选编》，广东人民出版社 1992 年版，第 743 页。
② 《周恩来年谱（1898—1949）（修订本）》，中央文献出版社 1998 年版，第 99 页。
③ 中共惠州市委统战部、中共惠州市委党史办公室编：《东征史料选编》，广东人民出版社 1992 年版，第 748 页。
④ 广东省汕头市社会科学联合会编：《周恩来在潮汕》，中央文献出版社 2004 年版，第 124 页。
⑤ 中共广东省委党史研究室编：《广东党史研究文集》第 1 册，中共党史出版社 1991 年版，第 441 页。
⑥ 中共惠州市委统战部、中共惠州市委党史办公室编：《东征史料选编》，广东人民出版社 1992 年版，第 743 页。

在负责管理东江时期，周恩来还采取了一些措施废除苛捐杂税，减轻人民群众的负担。在他的积极推动下，东江各属行政会议通过了一系列废除苛捐杂税的提案，如禁止额外苛收及需索陋规，严禁驻防军队自由向人民团体借款。在实际工作中，军队自行向地方筹饷、派款、勒扣、发行军用票等盘剥敲诈百姓的政策被废除。此外，"禁止汕尾海关额外征收"的提案得以通过。这些措施大大缓解了人民的痛苦，有利于经济贸易的发展。东江作为中国共产党人首次执政的地区，周恩来负责管理的时间虽然很短，但已经初步建立起人民代表会议的雏形，对中国共产党领导的人民政权组织形式作了最早的探索。

二、进入中央领导核心，亲自领导南昌起义

1925年1月11日至22日，中国共产党第四次全国代表大会在上海闸北区横浜路6号召开，周恩来以中共留法组代表的身份出席。这是周恩来第一次参加党的全国代表大会。大会分析了中国社会各阶级在革命运动中的地位，总结了国共合作一年来的经验教训，批评了党内在统一战线工作中"左"和右的错误倾向，特别指出右倾错误是当时党内的主要危险，强调了大会的重要任务就是确定无产阶级在民主革命运动中的目的和地位。

党的四大后，周恩来回到广东领导党的军事工作。他在领导上海工人武装起义和南昌起义中表现出的优秀军事领导才能，为我们党建立自己的革命武装、走上武装夺取政权的道路立下了不可磨灭的功勋。1926年12月，周恩来离开广东，秘密前往上海，出任中共中央组织部秘书兼中央军委委员。此后，他多次听取陕西、山东、安徽、江苏、浙江等地中共党组织负责人汇报，并针对各地不同情况作了指示。1927年2月，周恩来担任中共上海区委军事委员会书记。3月21日，他亲自领导了上海工人第三次武装起义，担任起义的总指挥，赵世炎为副总指挥。在他们的指挥下，上海工人第三次武装起义取得了成功。

1927年4月27日至5月9日，中国共产党第五次全国代表大会在武汉召开。这是在蒋介石发动"四一二"反革命政变后半个月，汪精卫集团日趋反动，中国革命处于危急关头召开的一次党的全国代表大会。大会的主要任务是接受共产国际执行委员会第七次扩大会议关于中国问题的决议案，纠正陈独秀的机会主义错误，并决定党的重大方针政策。周恩来虽然没有出席这次党的全国代表大会，但

在会上被选为大会主席团成员，并当选为中央委员。随后，周恩来在党的五届一中全会上被选为中央政治局委员。这次党的全国代表大会虽没有承担起挽救革命的任务，但周恩来等一批有领导才能的党的优秀干部被选进了中央委员会，这为后来纠正陈独秀的右倾错误，为党组织的继续发展壮大奠定了基础。

1927 年 5 月，周恩来由上海秘密到达武汉。5 月 25 日，周恩来列席了中共中央政治局常委会议。"会议决定周恩来任中央军人部（军事部）长。并决定，军人部长必要时参加常委会议 ①"。同月 29 日，中共中央政治局常委会议决定由周恩来代理张国焘的中央常委职务，参加中共中央核心领导。此后一段时间，由于国民党右派纷纷暴露出本来面目，革命形势危急，周恩来几乎天天参加常委会议，处理各种紧急事务。也正是从此以后，在长达半个世纪里，周恩来一直是中共中央领导核心的主要成员之一。

周恩来领导党的军事工作后，以聂荣臻、王一飞、颜昌颐、欧阳钦等为助手，首先抓了革命军队中的组织、联络和政治保卫工作。他向国民革命军中派去了共产党员朱德、陈毅、刘伯承等重要干部，并亲自指导了武汉工人纠察队的相关工作和湖南、广东的农民运动。1927 年 7 月 12 日，周恩来出席了中共中央政治局会议，会议根据共产国际指示，停止了陈独秀的领导职务，决定改组中共中央领导机构，成立由张国焘、周恩来、李维汉、张太雷、李立三组成的临时中央常务委员会主持工作。当时，中国革命正处于危急时刻，蒋介石发动"四一二"反革命政变后，武汉的汪精卫政府也在暗中准备反共，国共合作全面破裂的局势已不可避免。这时，周恩来从客观局势出发，提出在湖南发动农民暴动，挽救革命的设想。他认为湖南的农民运动力量强大，并且拥有不少武装，在湘鄂边还驻扎着由叶挺领导的部队，湖南因唐生智北上而在武装上显得空虚，这一机遇稍纵即逝，湖南的力量足以支撑一场成功的暴动。但这一提议遭到共产国际代表的反对。

汪精卫政府"七一五"反革命政变后，为应付突然事变的发生，中共中央决定把处于公开状态的共产党组织迅速转入地下，周恩来在此时担负起这项任务，在险恶的政治环境里夜以继日地处理这项棘手的问题，出色地完成了把党转入地下的任务，使党避免了更多的损失。此时，周恩来和不少党的领导人都认识到，

---

①《周恩来年谱（1898—1949）（修订本）》，中央文献出版社 1989 年版，第 114 页。

只有掌握革命的军队，才能实现革命的事业，应以武装的革命反抗武装的反革命。针对汪精卫政府对共产党的屠杀政策，中共中央确立了武装反抗反革命的方针，一方面着手制定湘、鄂、赣、粤四省秋收起义计划；另一方面以中国共产党所掌握和影响的部分北伐军为基本力量，联合张发奎，重返广东，实行土地革命，建立新的革命根据地，举行第二次北伐。

1927 年 7 月中旬，周恩来出席中国共产党临时中央常委会议。会议初步决定以在"东征讨蒋"口号下云集九江、南昌一带的贺龙率领的国民革命军第二十军、叶挺率领的第十一军第二十四师和朱德原领导的第三军军官教育团等为基础，在南昌举行武装起义，周恩来为中国共产党前敌委员会书记。会后，周恩来指定以聂荣臻为书记的前敌军委，先去九江做准备，并交代何时发难要听中央命令。李立三、邓中夏、叶挺等于 7 月 20 日在江西九江举行谈话会。会议认为应该抛弃依靠张发奎的政策，独立采取一项军事行动。7 月 26 日，周恩来由陈赓陪同到九江，27 日到南昌。中国共产党临时中央常委会会议决定，由周恩来等在南昌领导贺龙率领的国民革命军第二十军、叶挺率领的国民革命军第十一军和朱德率领的国民革命军第九军一部分举行起义。根据中共中央决定，在江西大旅社成立由周恩来、李立三、恽代英、彭湃组成的中国共产党前敌委员会，代表中共中央负责筹备和领导此次起义。

作为前敌委员会书记，周恩来为起义做了大量的准备工作。他首先到第二十军指挥部会见了贺龙，向贺龙转达中共中央关于南昌起义的决定和具体行动计划。7 月 31 日，经过激烈的讨论，中共前敌委员会否定了张国焘的反对意见，起义的决定最终确定了下来。1927 年 8 月 1 日凌晨，周恩来和贺龙、叶挺、朱德、刘伯承等领导中共掌握和影响下的国民革命军两万余人，在南昌举行武装起义，打响武装反抗国民党反动派的第一枪，具有重大历史意义的南昌起义爆发了。

起义军队经过几个小时的激战，于拂晓占领南昌。8 月 1 日，周恩来出席有中国共产党人和国民党左派人士参加的联席会议，会议决定成立中国国民党革命委员会，宋庆龄任主席。会议指出，武汉与南京所谓党部政府，曲解三民主义，背叛革命，号召一切革命力量扫除国内新旧军阀与一切帝国主义、封建主义势力，继续完成国民革命。当晚，根据中共中央关于立即南下、占领广东的预定方针，周恩来主持会议讨论南下行军路线问题。8 月 2 日，中共前敌委员会在对起义部队初步整编后，决定仍沿用国民革命军第二方面军名义，下辖三个军。贺龙代第二方面军总指挥兼第二十军军长；叶挺代前敌总指挥兼代第十一军军长；朱德为第九军副军长。以刘伯承为参谋团参谋长，郭沫若为总政治部主任。从8月3日起，起义部队陆续撤离南昌开始南下。周恩来于8月5日离开南昌，他指挥起义军一路上打退了多次反革命军队的进攻。部队到达广东后，遭到数倍敌军的围攻，由于敌我力量悬殊，伤亡严重，军队向揭阳退却。而周恩来自9月底连续高烧，身患重病，时有昏迷，无法继续指挥战斗，只得在10月转香港治疗，再转移到上海。起义军余部在朱德、陈毅指挥下，转战湘南地区打游击。

作为起义的主要领导人之一，周恩来亲自指挥了这场英勇的武装斗争，表现出共产党人的坚定革命信仰和大无畏的英雄气概，在中国革命的危急时刻，他亲临前线，英勇杀敌，为革命不怕流血牺牲，不愧为中国共产党人的一面旗帜。他亲自领导的南昌起义虽然没有达到最初所预定的目标，意义却十分深远，它掀开了中国革命史上光辉的一页，标志着中国共产党独立地领导革命战争、创建人民军队和武装夺取政权的开始。广大共产党人认识到，只有武装的革命才能反抗武装的反革命，从此，中国共产党走上了武装夺取政权的道路。南昌起义还标志着土地革命的开端。在起义部队到达宜黄时，周恩来就指示起草《土地革命宣传大纲》，宣布起义的主要目的是实现土地革命，在起义后发布的《农民解放条例》中对土地革命政策作了具体的规定。以南昌起义为标志，中国革命从此进入中国共产党领导的土地革命战争时期。

三、负责中央军事工作，指导创建红色根据地

在领导上海第三次工人武装起义和南昌起义的过程中，周恩来的军事才能得到锻炼和展示，此后他在党内更多地负责起领导武装斗争的工作。1927年8月9日，中国共产党临时中央政治局会议决定由周恩来任中央军事部部长。8月10日南方局成立，周恩来任南方局成员和南方局军事委员会主任。从此以后，周恩来为革命军队发展和各革命根据地的建设做了大量工作。

在南昌起义和广州起义失败后，如何保存革命火种、继续发展革命武装是周恩来首先考虑的问题。在南昌起义部队遭受重大损失后，他没有灰心，而是有远见地提出，由朱德、陈毅率领的起义军余部要坚决留在湖南，就地开展暴动，

这就为后来朱德和毛泽东的会师、中央革命根据地的建立埋下伏笔。在率领起义部队南下的过程中，根据贺龙从南昌起义到会昌战役的表现和他本人的要求，周恩来和周逸群提出同意贺龙参加中国共产党。中共前敌委员会通过了这一提议，作为起义部队的总指挥，贺龙光荣地加入了中国共产党。起义失败后，贺龙主动要求回湘鄂西搞革命，周恩来同意并为他配备了七八个人与他同去。周恩来要求贺龙、周逸群等人去了湘鄂西后，要发动群众，建立工农革命军，开展武装斗争。在贺龙、周逸群的领导下，这一地区的局面很快打开，湘鄂西革命根据地和红二军团建立。

第一次国共合作破裂后，面对国民党的血腥镇压，我们党内一些人不顾自身的发展情况，采取盲目暴动的政策，给革命带来了巨大损失。为了扭转这一时期党内认识上的偏差和革命形势的危机，周恩来对各地党组织状况与革命的发展做了正确的分析，对土地革命时期我党的斗争目的、方针做了深入阐述。在对广东地区革命情况与党组织状况调查分析后，周恩来认为，目前党的组织已到极严重的时期，党的组织极弱，以党现有的力量绝难发动暴动。周恩来认为在党的组织基础薄弱、武装力量尚差的情况下不宜发动暴动。1928 年 4 月，中共中央收到共产国际作出的《关于中国问题的决议》，决议指出，中国革命运动的第一个浪潮已经过去，目前全国还未出现革命运动新高潮。中共中央接受了共产国际《关于中国问题的决议》。周恩来此时已经深刻认识到农村革命工作的重要性，他提出现时的革命需要加紧农村工作与城市工作的配合。

在莫斯科召开的中国共产党第六次全国代表大会上，周恩来的军事报告对第一次国共合作时期党的军事工作错误的原因进行了分析，他认为这一时期存在根本的错误观念，就是："为了联合战线，不能破坏国民革命军，而要帮助国民党巩固国民革命军的倾向。……这种巩固国民革命军的工作方针，事实上就是根本取消了中国共产党独立的军事工作的意义。"① 结果，中国共产党缺乏自己领导的武装部队，一旦有人叛变革命就无法组织起有效的抵抗，最终导致大革命的失败。为了吸取大革命失败的教训，周恩来专门对红军的建设提出了几点意见：一是改变旧军队的雇佣性质；二是要实现无产阶级化；三是红军一定要有政治工作。

---

① 《中国人民解放军通鉴》编辑委员会编：《中国人民解放军通鉴 1927—1996》上，甘肃人民出版社 1997 年版，第 59 页。

他还指出：红军一定要与工农群众打成一片，否则就"失去红军的阶级基础"。周恩来在军事报告中总结了中国共产党自从事军事活动以来的经验教训，批评了两种错误倾向：一是为了联合战线而仅帮助国民党巩固国民革命军，"事实上就是根本取消了中国共产党独立的军事工作的意义"[①]，"始终没有尽力发展工人纠察队，没有将农村中的农军发展起来，来做夺取乡村政权的力量"。二是南昌起义失败后，"抹杀一切军事工作，反对一切军事准备，军事技术的训练，都目之为军事投机。由那一极端直趋到这一极端，事实上将取消军事工作"。周恩来强调指出："目前任务在夺取成千成万工农群众，在军事方面，开始军事组织、军事技术工作，秘密组织工农武装，加强敌军工作，特别是士兵工作。"[②]他专门阐明了建立和发展红军的问题，指出红军的来源应包括游击队的扩大和军阀军队的倒戈，一定要建立地方苏维埃政权，方能有巩固的红军组织。他提出红军的建军原则应该是：改变雇佣性；军官要无产阶级化；一定要有政治工作。他强调："在现在中国军事新局面下，武装暴动准备是非常重要的。在准备武装斗争中，军事力量是主要原素。"[③]

党的六大选出中央委员 23 人，候补中央委员 13 人。[④]周恩来当选为中央委员。7 月 19 日，周恩来在中共六届一中全会上当选为中央政治局委员和常务委员会委员。翌日，他出席中共中央政治局会议，并且在会上当选为中央政治局常委秘书长兼中央组织部部长。这次大会后，周恩来继续在党内负责军事工作。10 月初，周恩来回国，在沈阳向中共满洲省委传达了党的六大精神。

党的六大前后，有些人对革命前途产生悲观失望的情绪，对红军的任务、革命的形势认识不清。1929 年 2 月，周恩来起草的中央致毛泽东、朱德并转湘赣边特委的指示信指出，目前红军的总任务是：分散武装力量，发动农民战争，深入土地革命。指示信中对认为革命高潮已经到来的错误认识进行了纠正，扭转了党内一些人对革命形势的认识。1929 年 3 月，蒋桂战争爆发，新军阀混战造成国民党后方军事力量空虚，在周恩来、毛泽东、朱德等人的正确领导下，红军和革命

---

① 《中国人民解放军通鉴》编辑委员会编：《中国人民解放军通鉴 1927—1996》上，甘肃人民出版社 1997 年版，第 59 页。

② 《周恩来年谱（1898—1949）（修订本）》，中央文献出版社 1998 年版，第 146 页。

③ 《建党以来重要文献选编（1921~1949）》第 5 册，中央文献出版社 2011 年版，第 362 页。

④ 中共中央党史研究室：《中国共产党历史》上卷，人民出版社 1991 年版，第 245 页。

根据地在此期间有较大发展。

1929 年 2 月 6 日，周恩来出席了中共中央政治局常委会议。会议决定组织秘密工作委员会，由周恩来、向思发、余泽鸿三人组成，周恩来为主席。会议通过周恩来修改提出的中共中央关于党员军事化的通告。通告针对大多数党员不懂军事的状况，强调军事工作对整个革命斗争的重要意义，提出"以实现党员军事化的口号，做整个军事工作的核心，整个军事工作能否做得有力，完全要视党员军事化的程度以为断"[1]。要求各地党组织在夺取工农群众的中心工作的同时，开始实行有系统的军事政治组织和军事技术的工作。通告还提出了实行军事化的具体方法。

这一时期，周恩来在党内的军事领导地位正式确定下来。1929 年 8 月 27 日，中共中央政治局会议决定，由周恩来兼中央军事部部长。1930 年 2 月 12 日，中共中央临时政治局会议决定，中央军事部与中央军事委员会合并，直属政治局。新组建的中央军委由九人组成，周恩来、关向应、曾中生三人为常委。1930 年 3 月，周恩来根据中共中央政治局的决定前往莫斯科，以中共中央代表身份，向共产国际报告中共的工作。行前他编写了《中国红军的数目与区域》和《中国赤色工会数目》，说明了红军人数、装备、分布等情况：当时我党领导的红军已有 62 700 余人，编为 13 个军，分布在八省 127 个县。[2] 行前他还指示李卓然等在上海秘密组办兵运训练班，训练投诚或被俘的国民党军官兵。学员结业后，派回国民党军队进行兵运工作。

1930 年 8 月 19 日，周恩来回到上海，继续负责中央军委的工作。1931 年 1 月 30 日，中共中央临时政治局会议决定，由周恩来、陈郁、聂荣臻、陈赓等七人组成新的中共中央军委，周恩来任书记，聂荣臻任参谋长。翌日，中共中央政治局常委会议讨论了中央分工等问题，决定由周恩来负责军委和苏区工作。

当时中共中央军事委员会主要负责对各主力红军重大决策的指导，以及白区的兵运、情报等工作，不直接指挥红军的作战行动。周恩来对毛泽东、朱德领导的红四军的发展给予了格外的关注。1929 年，周恩来亲自审定了《中共中央给红军第四军前委的指示信》。指示信分析了国际国内局势，指出："目前党正处在困

---

① 《周恩来年谱（1898—1949）（修订本）》，中央文献出版社 1998 年版，第 157 页。

② 《周恩来年谱（1898—1949）（修订本）》，中央文献出版社 1998 年版，第 184 页。

难的环境，但中国革命高潮仍是必不可免的要到来。"① 指示信强调，在革命向前发展的过程中，考虑到中国地域辽阔的条件，红军必定能够坚持和发展，在此基础上，"先有农村红军，后有城市政权，这是中国革命的特征，这是中国经济基础的产物。如有人怀疑红军的存在，他就是不懂得中国革命的实际，就是一种取消观念"②。指示信还对红军的任务进行了明确的规定："一、发动群众斗争，实行土地革命，建立苏维埃政权；二、实行游击战争，武装农民，并扩大本身组织；三、扩大游击区域及政治影响于全国。"③ 指示信要求朱德、毛泽东率领红四军"发动农民的日常斗争走入广大的土地革命"④，并要求朱德、毛泽东来中央，"将一年来万余武装群众斗争的宝贵经验，贡献到全国以至整个的革命"⑤。根据中央来信精神，红四军前委在古田会议上创造性地解决了红军的建军原则问题。

除关心红四军的发展外，周恩来对其他各地红军和革命根据地的建设也很重视。1929 年 3 月，周恩来以中共中央名义起草了给贺龙和湘鄂西革命根据地前委的指示信，指出在农村中发动群众、开展游击战争、深入土地革命、建立农村苏维埃的重要性。指示信指出："目前所应注意者，还不是什么占领大的城市，而是在乡村中发动群众，深入土地革命。故你们此时主要的任务，还在游击区域之扩大，群众发动之广大，决不应超越了主观的力量（主要的还是群众的力量，不应只看见武装的力量），而企图立刻占领中心工商业的城市。"⑥ 在指示中，周恩来强调湘鄂西的红军要学习朱毛红军的党建方法，党的组织以连为单位，把支部建在连上，同时介绍了朱毛红军"敌进我退，敌驻我扰，敌疲我打，敌退我追"的十六字游击战争指导原则。

1930 年初，鄂豫边革命根据地、豫东南革命根据地、皖西革命根据地蓬勃发展。周恩来认为这些地区处在鄂豫皖三省交界，战略地位很重要，应该建立起巩固的革命根据地。当年 2 月底，周恩来在听取中央巡视员郭述申对河南东南部的工作汇报后，代表中共中央召集郭述申、许继慎、熊受暄等开会。在会

---

① 《周恩来年谱（1898—1949）（修订本）》，中央文献出版社 1998 年版，第 157 页。
② 《周恩来选集》上卷，人民出版社 1980 年版，第 32 页。
③ 《周恩来选集》上卷，人民出版社 1980 年版，第 33 页。
④ 《周恩来年谱（1898—1949）（修订本）》，中央文献出版社 1998 年版，第 157 页。
⑤ 《周恩来年谱（1898—1949）（修订本）》，中央文献出版社 1998 年版，第 157 页。
⑥ 《周恩来选集》上卷，人民出版社 1980 年版，第 17～18 页。

上，周恩来讲述了目前的政治形势，强调湖北、河南、安徽边界地区战略地位的重要性，宣布了中央决定：统一鄂豫皖边区党的领导，建立鄂豫皖边区特委，郭述申任特委书记；统一三省边区军事指挥，建立红一军，许继慎任军长，徐向前任副军长，曹大骏任政委，熊受暄任政治部主任。在许继慎前往鄂豫皖苏区前，周恩来同他谈了话。1930 年上半年，鄂豫皖边特委和红一军军部正式成立，并逐渐发展成红四方面军，建立了鄂豫皖革命根据地。

在领导党的武装斗争过程中，周恩来越来越深刻地认识到："中国革命要胜利，必须要有红军，必须要有广大的苏维埃区域的帮助。"[①]1930 年 9 月 30 日，他主持召开中共中央军委扩大会议，并在会上作《目前红军的中心任务及其几个根本问题》的报告。报告回顾了自南昌起义、秋收起义和广州起义以来红军成长的过程和所分布的六大区域。他指出："目前红军的主要任务已不仅是发展游击战争生长红军，而要更进一步强固红军，集中红军的领导来担当组织革命战争的任务；强调在红军中党的领导要有最高权威，应反对只注意到发展而不注意巩固与加强的错误观念。"[②] 会后，中央军委制定了改编红军的计划。在周恩来、毛泽东、朱德、贺龙、许继慎、徐向前等红军领导人艰苦卓绝的奋斗下，红军与革命根据地的建设取得了显著的成绩。到 1930 年底，红军已拥有六七万人，建立了湘赣、赣南、闽西、湘鄂赣、闽浙赣、洪湖及湘鄂西、鄂豫皖、左右江等 15 个革命根据地，党所领导的革命游击战争扩展到 12 个省、几百个县，壮大了革命武装力量。

1931 年 12 月，党中央接连遭到破坏后，周恩来秘密离开上海，经汕头入福建进入中央苏区首府瑞金，就任中国共产党苏区中央局书记。他到苏区后，一方面努力纠正当时存在的肃反扩大化的错误；另一方面在军事上仍然信任正受排挤的毛泽东。1932 年 1 月，中共临时中央要求红军攻占南昌等中心城市。毛泽东找周恩来谈了自己的意见，认为以目前红军的力量不应打大城市。周恩来听取了毛泽东的意见，并致电中共临时中央领导人说明红军目前攻打中心城市有困难。3 月 30 日，率红军东路军行动的毛泽东根据敌我情况作出正确判断，他致电周恩来，提议攻打福建的漳州、泉州，开创革命根据地新局面。周恩来同意

①　金冲及主编：《周恩来传（1898—1949）》，人民出版社 1995 年版，第 199 页。
②　《周恩来年谱（1898—1949）（修订本）》，中央文献出版社 1998 年版，第 193 页。

毛泽东的提议，并留驻长汀，负责调动兵力，筹集给养，保障前线需要。4月，在毛泽东、朱德领导下，红军取得了漳州大捷，歼敌约四个团，缴获了大量物资。1932年7月21日，周恩来以中央苏区中央局代表的身份赶赴前方指挥作战，由任弼时代理苏区中央局书记，8月初召开的中共苏区中央局会议决定，在前方由周恩来、毛泽东、朱德、王稼祥组成最高军事会议，周恩来任主席，负责制定前方的行动方针和作战计划。

1932年10月上旬，宁都会议上，一些人提出要把毛泽东召回后方，专门负责中央政府的工作，而由周恩来负责军事。周恩来不同意这个意见，他在发言中维护了毛泽东。他提出："泽东积年的经验多偏于作战，他的兴趣亦在主持战争"，他"如在前方则可吸引他贡献不少意见，对战争有帮助"。周恩来坚持毛泽东应当留在红军中工作，为此提出了两种解决办法，"一种是由我负主持战争全责，泽东仍留前方助理；另一种是泽东负指挥战争全责，我负监督行动方针的执行"①。最后会议通过了第一种办法。

1932年10月26日，周恩来担任红一方面军总政治委员。宁都会议后不久，国民党准备对中央苏区发动第四次"围剿"。1933年2月底，蒋介石决定亲自指挥此次"围剿"，企图歼灭红一方面军主力。在第四次反"围剿"中，周恩来、朱德等人指挥红一方面军胜利完成了反"围剿"的任务，成功地扭转了战局。这次红军反"围剿"的胜利，使中央红军发展到十万人，中央革命根据地与闽浙赣革命根据地连成一片，革命声势得到壮大。红军在战斗中缴获了万余支枪械，以及子弹、电台等军用物资，红军的装备条件得到较大改善。此外，在此次反"围剿"中，周恩来、朱德首创大兵团伏击歼灭的作战方式，这种经验在红军历史上还不曾有过。第四次反"围剿"的胜利是周恩来、朱德等人坚决抵制"左"倾冒险主义的错误的军事路线，坚持采用正确的作战方针的结果，展现了周恩来杰出的军事才能。

四、最早建立和领导了中共隐蔽战线的工作

中国共产党隐秘战线的工作历来是党的组织工作中不可忽视的一部分。情报

---

① 《周恩来年谱（1898—1949）（修订本）》，中央文献出版社1998年版，第235页。

与保卫工作也是敌我斗争的一部分，情报工作对战争年代的党组织来说像耳朵和眼睛一样重要。保卫工作负责保卫党的重要领导人的安全，同样十分重要。在第一次国共合作破裂后，面对国民党反动派的疯狂屠杀，一部分革命立场不坚定的人吓破了胆，放弃了革命信仰，那些混入党组织内部的缺乏坚定信念的投机分子的投敌，给党的组织工作带来严重危害，党的领导人的安全保障面临很大危险。为此，中共中央决定由周恩来负责成立一个专门从事情报、保卫工作的组织，该组织就是中央军委特科（简称特科）。

中央军委特科自 1927 年至 1935 年一直在国统区从事隐蔽战线的秘密斗争，它是由周恩来亲自领导建立起来的。1927 年 5 月党的五大后，周恩来主持中央军委成立了特科，下设特务股、情报股、保卫股等，以情报工作为主。这是中国共产党在二十世纪二三十年代的一个情报和政治保卫机关，主要活动地域在上海。特科主要从事地下交通工作、通信工作，打入敌人内部做情报收集工作，党的领导人的保卫工作、营救工作，惩处党内叛徒工作，等等。特科首要工作是掩护好各类机关的工作，防范反动军警及其他势力的搜索与破坏。周恩来要求党的机关要秘密化、社会化，要千方百计利用各种社会关系，把特科联络点设立在各类店铺中。中共中央在上海召开重要会议时，会场的设置及保卫是十分重要的工作。特科的另外一项重要任务是情报工作，为了及时掌握敌人的动向，必须深入虎穴，打入敌人内部开展工作。为此，周恩来经常强调要广为选择，大胆使用，各尽其才，一方面要派人打入敌特机构，另一方面要设法利用可以为我所有的关系。

八七会议之后，中共中央机关从武汉迁往上海。当时上海处于白色恐怖的笼罩之中，环境十分险恶。国民党反动派四处搜索共产党人，追捕、杀害共产党人和革命群众。为了确保中央机关在白色恐怖环境下的安全，与反动势力作斗争，做好情报与保卫工作，1927 年 11 月到 12 月，周恩来对中共中央的政治保卫机关进行了整顿。将原有的特务股改为总务、情报、行动三科，后又增设无线电通讯科，并展开各方面工作：保证中共中央领导机关的安全，收集掌握情报，镇压叛徒，营救被捕同志，建立秘密电台。为使中国共产党适应严重白色恐怖的环境，周恩来着手改变党的各级机关的活动方式，实行"机关社会化""机关家庭化"，并逐步建立健全秘密工作制度。1928 年春，中央军委特科建立了第一个反间谍关系杨登瀛，杨登瀛原名鲍君甫，是陈立夫的亲信、国民党中央组织部调查科驻沪特派员、上海特务机关的负责人，早年加入国民党，属国民党左派，同情革命。特科利用这层关系，获得了许多重要情报。1929 年末，特科又派遣李克农、钱壮飞和胡底打入国民党党务机关，钱壮飞担任国民党中央组织部党务调查科主任徐恩曾的机要秘书，李克农和胡底分别在上海和天津掌握了国民党的一些重要情报。三人互相配合，成为中国共产党插入敌特机关的三把利刃，对保卫党中央作出了重要贡献。

在周恩来的领导下，特科还建立了地下无线电台。1928 年 10 月，特科在沪西极司非而路福康里九号租的一幢三层楼房里安装了发报机，经过一年的工作，到第二年 10 月又试制成了第一套收发报机，培训出第一批报务员，建立了党的第一个秘密无线电台，周恩来亲自为电台编制了第一本密码。不久，一批在苏联学成归来的电台工作者先后回国，他们与在上海接受培训的报务人员一起，先后被派往中央苏区、鄂豫皖苏区及湘鄂西苏区工作。特科开展的这些工作，有效保障了中共中央同共产国际之间的通信安全，加强了中共中央与各苏区的沟通，使红军能及时了解敌情，在革命活动中发挥了特殊作用。

除努力开展和加强情报工作外，特科的另一个重要任务就是营救被捕的革命同志，特别是党的主要领导人。蒋介石、汪精卫叛变革命后，国民党反动派利用各种特务手段，对共产党的机关进行穷凶极恶的破坏，在二十世纪二十年代末三十年代初，共产党的许多重要领导人先后被捕牺牲，在白色恐怖的情况下营救被捕同志的任务变得更为艰难。

在极其恶劣的政治环境中，一部分意志不坚定者叛变革命，给党的工作带来极大的损失。周恩来主张对出卖革命的叛徒采取严惩的手段，特科对出卖党的领导人罗亦农的何家兴夫妇，出卖彭湃的白鑫，妄图出卖周恩来而未得逞的黄第洪等都先后坚决予以铲除。当时在各类叛变革命的分子中，对党危害最大的是时任特科负责人之一的顾顺章。1931 年 4 月 24 日，特科负责人顾顺章在汉口被捕叛变，对中共中央领导机关的安全造成极大威胁。顾顺章叛变后出卖了党内许多同志。在他的指认下，在上海被捕的党的主要领导人恽代英因身份暴露而牺牲。据英国记者迪克·威尔逊称，顾顺章"供出了有关共产党领导人和组织的情报，其结果是 800 多共产党人遭逮捕"①。

周恩来在得到打入国民党中央组织部调查科的钱壮飞转来的情报后，立即紧急处理这一突发事件。周恩来临危不乱，在陈云等的协助下，当机立断地采取了几项紧急措施："（一）销毁大量机密文件，将党的主要负责人迅速转移，并采取严密的保卫措施；（二）将一切可以成为顾顺章侦察目标的干部，迅速转移到安全的地区或调离上海；（三）切断顾顺章在上海所能利用的所有重要关系；（四）废止顾顺章所知道的一切秘密工作方法。"② 当夜，中共中央、江苏省委和共产国际远东局的机关全部安全转移，使国民党企图一举破坏中共中央领导机关的计划未能得逞。

顾顺章叛变后，中共中央领导机关在上海的处境非常困难，相关工作一度陷入停顿状态。中央决定改变工作方式，尽可能少地召开会议，采取分头负责的办法。周恩来负责军事工作和中央苏区、赣东北苏区的工作。处理了顾顺章叛变事件后，周恩来主持了中共中央政治局会议，会议通过了他起草的《中央审查特委工作总结》。总结说：特委工作虽有许多成绩，给予党以不少保护作用，但终因顾顺章一个人的叛变，遂使全部工作发生动摇，这不能不说是特委工作本身的错误的结果，尤其是特委本身政治教育的缺乏，成为特委基础不能巩固的历史病源。周恩来在总结中作了自我批评，并规定了今后特委的组织方针、工作方针和纪律原则。③ 此后，中共中央对特科进行了改组，由陈云具体负责。

1931 年 6 月 22 日，隐蔽在周恩来寓所的向忠发擅自外出过夜后被捕。周恩来闻讯，立即组织营救。获悉向忠发叛变消息，他亲往寓所附近观察暗号，查实后迅速隐蔽，同中共中央其他领导人停止联系。此后周恩来基本上停止工作，等候前往中央苏区。12 月上旬，周恩来离开上海，经广东汕头、大埔，从福建永定转往中央苏区。12 月底，周恩来到达中央苏区首府瑞金，就任中国共产党苏区中央局书记。

1932 年 1 月 7 日　周恩来主持了中国共产党苏区中央局会议，检讨中央苏区肃反工作的历史和现状，并在会上作了报告。会议通过《苏区中央局关于苏区肃

---

① 迪克·威尔逊：《周恩来传 1898—1976》，李维周、竺际春、海林等译，中共中央党校出版社 1989 年版，第 104 页。

② 《周恩来年谱（1898—1949）（修订本）》，中央文献出版社 1998 年版，第 214 页。

③ 《周恩来年谱（1898—1949）（修订本）》，中央文献出版社 1998 年版，第 215 页。

反工作决议案》。决议案肯定"过去反 AB 团反社党斗争的正确和绝对必要",同时指出肃反工作中存在的扩大化、简单化的错误,"是在对反革命派的认识和估量的错误,是在对反革命派斗争的方法的错误"。周恩来强调:"中央局要以自我批评的精神,承认对于过去肃反工作中路线错误的领导责任","今后肃反工作,要执行彻底转变"。①

周恩来领导创建的中央军委特科,作为一个有战斗力的白区地下组织,起到了保卫党组织和中央机关安全的重要作用。在当时艰难的白色恐怖环境中,中央军委特科在情报获取、保障党中央安全等方面为党的革命事业作出了不可磨灭的贡献。周恩来以超凡的智慧、机警的才干,创建了党的最早的情报系统,开展了有效的工作,与敌人进行了艰苦卓绝的斗争,成为中国共产党发展和壮大历史中不可缺少的一个重要部分。

五、长征前后周恩来在党内军事地位的变化

红军长征前周恩来是中国共产党军事上的最高领导人之一。1933 年 1 月,中国共产党临时中央迁入中央苏区。1933 年 5 月 8 日,根据中共临时中央提议,中华苏维埃共和国临时中央政府人民委员会第四十一次常委会决定,在前方组建中国工农红军总司令部,朱德为中国工农红军总司令兼第一方面军总司令,周恩来为中国工农红军总政治委员兼第一方面军总政治委员。然而,情况很快发生了变化,共产国际派驻中国共产党的军事顾问李德到达中央苏区后,实际上成了红军的最高领导人。此后,红军前方军事行动的决定权,完全由中共临时中央的博古和军事顾问李德直接掌握。

1933 年 9 月 25 日,蒋介石调集约百万兵力,对中央苏区进行第五次"围剿"。中共临时中央,在前方组织野战司令部,又把周恩来放到远离前线的瑞金留守,由博古、李德直接指挥。此次蒋介石吸取了前几次的教训,不再长驱直入,而是企图一步一步蚕食根据地。面对蒋介石步步紧逼的战法,博古、李德却命令红军处处设防,节节抵抗,李德机械地搬用第一次世界大战的经验,用阵地战代替游击战和运动战,推行"以碉堡对碉堡"的阵地战和"短促突击"的战术,使

---

① 《周恩来年谱(1898—1949)(修订本)》,中央文献出版社 1998 年版,第 220 页。

红军完全陷于被动地位。在双方兵力和武器装备相差悬殊的情况下，尽管红军予敌重创，但自身也遭受了很大伤亡，第五次反"围剿"斗争失败，中共中央革命根据地被蒋介石突破东线与北线，西线与南线也面临困难，特别是在广昌失守后，国民党军开始逼近中央苏区腹地，红军内线作战已十分困难，不得不面临突围转移的困境。

1933 年 12 月 20 日，李德以统一前后方指挥为名，将"前方总部"撤回后方，并入中央革命军事委员会机关。1934 年 2 月 3 日，周恩来被选为中央革命军事委员会副主席。当年夏，为准备苏区主力红军战略转移，中共中央书记处会议决定由博古、李德、周恩来三人组成"三人团"，作为红军的最高领导机关。但此后一段时间内，由于党内"左"倾错误占了统治地位，政治上由博古负责，军事上由李德负责，周恩来只是负责督促军事计划的实行。

周恩来在第五次反"围剿"中曾与李德进行多次争论，表示不同意李德的某些军事主张和作战方案，但是，李德拒不接受周恩来的正确建议。在这段艰苦的岁月里，周恩来仍然做了一些有益的工作，首先，他力主与福建的厌恶内战、要求抗日的十九路军蒋光鼐、蔡廷锴部合作，共同反蒋，但这一正确建议被"左"倾领导人否决了。其次，他还主张红军主力要去建立新根据地，并为选择新根据地提出了几项标准；他建议让红二十五军西征，为此后的中央红军巩固和扩大陕北革命根据地创造了条件。再次，他在 1934 年 7 月 15 日，与毛泽东、朱德等联名发表了《中华苏维埃共和国中央政府、中革军委为中国工农红军北上抗日宣言》，坚决反对国民党政府出卖领土主权，反对"中日直接交涉"，反对承认伪满洲国，[①] 申言在有限条件下"同全中国一切武装队伍联合起来共同抗日"[②] 的要求；10 月上旬，周恩来派人与陈济棠的代表谈判，达成秘密停战的协议，为日后中央红军的长征突围创造了有利条件。

1935 年 1 月 15 至 17 日，周恩来出席了在贵州遵义召开的中共中央政治局扩大会议。会上，博古先作关于第五次反"围剿"总结的报告。周恩来作副报告，指出红军第五次反"围剿"失利的主要原因是军事领导上战略战术的错误，并主动承担责任，同时批评李德、博古的错误，表示完全同意毛泽东、洛甫、王稼祥

---

① 《周恩来年谱（1898—1949）（修订本）》，中央文献出版社 1998 年版，第 267 页。
② 《建党以来重要文献选编（1921~1949）》第 11 册，中央文献出版社 2011 年版，第 520 页。

提出的提纲和意见。会议最后作出下列决定:"(一)增选毛泽东为中央常委;(二)指定洛甫起草决议,委托常委审查后发到支部中去讨论;(三)常委中再进行适当分工;(四)取消三人团,撤销博古、李德对军事的领导,仍由最高军事首长朱德、周恩来为军事指挥者,而周是受党内委托在指挥军事上下最后决心的负责者。会后,中央常委分工以毛泽东为周恩来在军事指挥上的帮助者。"[①]

遵义会议在党的历史上具有重大历史意义,它是我党由危转安的历史转折点。这次会议虽然确立了毛泽东在党中央和红军中的领导地位,但毛泽东的威信和在军内权威的树立还有一个过程,在这个过程中仍少不了周恩来的积极辅助。遵义会议后,部队遇上敌人一个师盘踞的据点,大多数人主张打,毛泽东认为打了要吃亏,双方争执不下,最后毛泽东的意见被否决。毛泽东相信周恩来会支持他,半夜里提着马灯去找周恩来,要周恩来把进攻命令暂时压一压,考虑考虑再发出。周恩来同意了毛泽东的意见。第二天一早再开会时,周恩来、毛泽东终于把大家说服了,避免了红军一次不必要的损失。鉴于集体讨论作战部署不能适应变幻莫测的军事形势,毛泽东适时地建议成立三人团全权指挥军事行动。1935年3月,在渡乌江前,中共中央决定成立周恩来、毛泽东、王稼祥组成的三人团。新"三人团"是代表党中央领导军委工作的最重要的领导机构,是全权指挥军事的统帅部。新"三人团"的成立改变了领导方式,彻底清除了"左"倾冒险主义军事错误的影响,确保了党在遵义会议后确定的路线方针和政策的贯彻落实。在新"三人团"的领导指挥下,红军开始摆脱困境,开创了走向胜利的新局面。

1935年6月,经过长途艰难跋涉的红一方面军在川北地区与红四方面军胜利会师。这时,南面、东面敌军密集,西面是人迹罕至的高山地区,只有北面敌人的兵力尚未集结。两军会师后向何处去成为红军生死存亡的关键。6月26日,中共中央政治局在两河口召开会议,周恩来在会上作报告。他阐述了红军应立即北上建立川陕甘根据地的理由。这与毛泽东的想法不谋而合,绝大部分中央领导人也都同意这个意见。但是会后,张国焘仗着人多势众,一方面向中央施加压力,伸手要权;一方面以种种借口拖延北上。7月18日,中共中央政治局在芦花召开会议。为顾全大局、团结张国焘北上,周恩来辞去红军总政治委员职务,决定由

---

①　《周恩来年谱(1898—1949)(修订本)》,中央文献出版社1998年版,第276页。

张国焘任红军总政治委员，周恩来调中央常委工作，但在张国焘尚未熟悉工作前，暂时由周恩来帮助。会后，中央革命军事委员会主席朱德，副主席周恩来、张国焘、王稼祥发出通知："奉苏维埃中央政府命令：一、四方面军会合后一切军队均由中国工农红军总司令、总政委直接统率指挥。"①

1935 年 8 月上旬，周恩来积劳成疾，高烧不退，连续数日被担架抬着行军。8 月 20 日，中共中央在毛儿盖召开政治局会议，周恩来因病未参加。毛泽东在会上作报告，坚持了红军北上的方针。陕甘支队到达陕北后，与当地红军会合后，很快扩大了革命根据地，壮大了红军队伍。而被张国焘胁迫南下的部队受到了很大损失。

1935 年 10 月下旬，周恩来出席了中共中央常委会议。会议决定常委内部分工为：毛泽东负责军事；周恩来负责中央组织局，领导组织部、宣传部及后方军事工作。11 月 3 日，中共中央常委会议在陕西甘泉县下寺湾召开，再次研究了常委分工问题。张闻天主张军事方面由毛泽东负责，周恩来负责党的组织工作。但是毛泽东仍挽留周恩来作军事工作。毛泽东提出，中央军委主席由周恩来担任，自己可以当副手。周恩来则坚决拥护毛泽东的军事领导地位，他在会上明确表示自己是愿意从事军事工作的，但军事领导应以毛泽东为主。会议最后决定："成立西北革命军事委员会，毛泽东为主席，周恩来、彭德怀为副主席；周恩来负责组织局和后方的军事工作。"② 从此，毛泽东成为红军的实际上的最高领导人。

周恩来在中央领导机构的变化中起了至关重要的作用。遵义会议以后，毛泽东逐渐在党中央确立了军事上的领导权，周恩来在这个过程中全力支持毛泽东在军事上的领导地位。从最初的以周恩来为军事主要领导，到后来的以毛泽东为军事主要领导的变化中，周恩来不计个人私利，为了挽救党、挽救红军，坚决支持毛泽东的领导，而自己则承担更多的具体工作。在此后的革命与建设岁月里，两位伟人同舟共济、互信互助，为中国革命和社会主义建设事业付出了毕生的心血。遵义会议后，在毛泽东、周恩来的正确领导下，中国共产党和红军终于渡过难关，取得了长征的最后胜利。周恩来此后长期作为毛泽东的亲密助手，与毛泽东肝胆相照，风雨同舟，密切合作，共同领导中国共产党取得了新民主主

---

① 《周恩来年谱（1898—1949）（修订本）》，中央文献出版社 1998 年版，第 290 页。
② 《周恩来年谱（1898—1949）（修订本）》，中央文献出版社 1998 年版，第 299 页。

义革命和社会主义建设的伟大胜利，创造出举世瞩目的社会主义建设成就。

第三节　土地革命时期对党的组织建设发挥重要作用

一、土地革命初期努力恢复与重建各地党组织

在经历第一次国共合作失败、国民党残酷镇压共产党后，中国共产党及中国革命的发展一方面受到苏联和共产国际的影响，另一方面由于自身革命经验的不足，仍然推行城市中心政策。这种不顾实际的盲动蛮干使党所面临的困难加大。当时，周恩来在党内负责军事工作和组织工作，在指导各地革命武装和根据地创建的同时，为各地党组织的恢复和重建做了大量的工作。他将工作重点放在建立革命武装和农村根据地上，周恩来是最早认识到在农村地区进行工农武装割据重要性的党的领导人之一，他与毛泽东等人的正确认识促成了党的工作重心由城市转向农村。

在土地革命初期，周恩来已经认识到工人阶级的政党的先驱及向导作用，并且视工人阶级的利益为"工党"的唯一利益。在革命的实践中，他认为："工人阶级只愿大干，而没有可以大干的斗争力量和组织基础，尤其是没有党的坚强领导，大干是绝对不可能实现的。"[1] 在革命群众中间，如果失去了无产阶级政党对群众的领导，革命群众缺失了组织的力量，则断不能达成革命的胜利。[2] 唯有在一个坚强的领导力量与组织力量的带领下，无产阶级革命才能取得真正的成功。在党的组织工作上，除了注重党的阶级基础，周恩来还格外注重党的基层组织建设，注重以民主集中制原则来建立党的组织。长期的革命工作特别是在地区工作的经历使周恩来形成了一套在严峻的环境下建设党组织的方法与理论，这是周恩来对无产阶级政党思想的重要贡献之一。

周恩来强调党的基础组织工作的重要性，是基于对革命环境的正确认识，在国民革命失败后的严峻环境中，党组织一方面不可能脱离群众而存在，另一方面，党的工作高度依赖于基础组织。周恩来认为，支部是党内生活的基础，是群众的核心，同时是党的阶级基础得以发挥作用的重要机构。关于党支部生活的作用，

---

[1] 《周恩来选集》上卷，人民出版社 1980 年版，第 49 页。
[2] 《周恩来选集》上卷，人民出版社 1980 年版，第 49 页。

周恩来认为："政治的宣传鼓动，群众的组织，只有支部才能深入；日常的斗争，只有支部才能灵敏地领导。"① 支部组织有着中央组织不可替代的作用。因此，如何良好地开展党的支部生活是党密切联系群众、党员成为群众的领导者的关键。

1927年11月14日，周恩来出席中国共产党临时中央政治局常委会议。会议决定调整中央组织机构，在中央常委下设立组织局，领导组织、宣传、军事、特务、调查、交通、文书、出版分配、会计等科以及妇委，并决定组织局由罗亦农、周恩来、李维汉组成，罗亦农为主任。随后，因罗亦农代表中共中央前往武汉指导工作，由周恩来代理组织局主任。在白色恐怖的环境中，周恩来充分认识到党的活动不能脱离群众，党的支部要在群众中建立，党员要在群众中才能发挥作用。党的组织机关越脱离群众，越隔离社会，就越容易形成一个架空而不合实际需要的组织，这种危害是显而易见的。他明确指出，这些架空了的党的组织，"在社会中便极易为敌人发现，屡遭破坏"。地方各级党部的设立，"必须其所管辖区域的下层组织已经建立起来，工作已有开展，然后才能由此种下层组织成立上层组织"②。在党的地下工作开展和党的组织发展中，周恩来再三强调党的力量的发展离不开群众的支持，党必须发动群众以打造扎实的组织基础。

1928年4月底（或5月初），周恩来从上海经东北转入苏联境内，赶赴莫斯科参加中国共产党第六次全国代表大会。党的六大主要是总结大革命失败的经验教训，制定党在新时期的路线、方针及政策。1928年6月18日，党的六大在莫斯科正式召开。出席这次大会的正式代表有84人，候补代表34人，代表全国四万多名党员。③ 周恩来任主席团委员、大会秘书长和代表资格审查委员会委员，同时担任组织委员会和军事委员会的召集人。大会首先由瞿秋白致开幕词，并代表第五届中央委员会作《中国革命与共产党》的政治报告，周恩来作了组织问题报告及军事报告。周恩来还在会议上提出要争取群众，认清党与革命的任务，并转变以前对革命高潮的错误认识。周恩来在大会上的发言中指出：中国革命的性质，仍然是资产阶级性质的民主革命，革命的发展并没有达到直接进行社会主义革命的地步。他认为党的六大以前的革命工作中出现的激进的做法都是不了解革

---

① 《周恩来选集》上卷，人民出版社1980年版，第13页。

② 《周恩来选集》上卷，人民出版社1980年版，第19~20页。

③ 新华通讯社中国年鉴编辑部：《中国年鉴1990》，中国年鉴社1990年版，第72页。

命性质造成的，在对革命发展形势的判断上，周恩来强调高潮的可能性，但反对现时的对革命高潮的认识，认为革命的形势是向高潮前进的，是可以通过革命工作来促成的。周恩来对中国共产党今后的任务作出了正确判断，他认为，目前党的主要任务是"要夺取千百万群众，准备武装暴动，建立苏维埃，促进革命高潮的到来"①。

6月30日，周恩来向大会作组织问题报告。报告回顾了党的五大以来政治环境和党的组织状况，指出中国的白色恐怖可以说是全世界历史上所绝无而仅有的残酷，但革命并没有失败，共产党人在英勇的长期的反抗中重新得到新的力量的结合。报告指出目前组织工作存在的问题："（一）党的无产阶级化问题；（二）支部生活不健全；（三）组织上的错误倾向——命令主义、盲动主义、极端民主化、惩办主义、反知识分子倾向等；（四）不注意执行保密制度；（五）命令群众而不是说服群众，党代替了工会、农会。"报告提出今后党的组织任务是："我们必须在组织上巩固自己的政治影响，建立和发展工农革命的组织，并发展党的组织，使党真能成为群众的战斗的革命党。要求地方党对建立红军和乡村苏维埃的工作予以极大的注意。"②

7月3日，周恩来向大会作了军事报告。报告总结中国共产党自从事军事活动以来的经验教训，强调指出："目前任务在夺取成千成万工农群众，在军事方面，开始军事组织、军事技术工作"③，秘密组织工农武装，加强敌军工作，特别是士兵工作。报告专门论述了建立红军的问题，指出红军的来源应包括扩大的游击队和倒戈的军阀军队，一定要建立地方苏维埃政权，方能有巩固的红军组织。报告强调："在现在中国军事新局面下，武装暴动准备是非常重要的。在准备武装斗争中，军事力量是主要原素。"④

7月10日，大会选出中央委员23人，候补中央委员13人。周恩来当选为中央委员。⑤7月11日，中国共产党第六次全国代表大会胜利闭幕。7月19日，周恩来出席党的六届一中全会。会议选出中央政治局委员七人，候补委员七人和

---

① 《周恩来年谱（1898—1949）（修订本）》，中央文献出版社1998年版，第145~146页。
② 《周恩来年谱（1898—1949）（修订本）》，中央文献出版社1998年版，第146页。
③ 《周恩来年谱（1898—1949）（修订本）》，中央文献出版社1998年版，第146页。
④ 《建党以来重要文献选编（1921~1949）》第5册，中央文献出版社2011年版，第362页。
⑤ 《周恩来年谱（1898—1949）（修订本）》，中央文献出版社1998年版，第147页。

中央政治局常务委员会委员五人，候补委员三人。周恩来当选为中央政治局委员和常务委员会委员。[1]7月20日，周恩来出席中共中央政治局会议。会议决定中央组织机构的设置与常委分工，周恩来为中央政治局常委秘书长兼中央组织部部长。

党的六大在中国共产党历史上有重大意义，周恩来担任大会的秘书长，负责主持大会。此外，他参加了大会十个委员会中的八个。随后，周恩来参加了新成立的湖南问题、湖北问题、南昌暴动、广州暴动四个专题委员会。他工作负担繁重，但精力充沛，处事周到果断，给参会者留下了深刻的印象。周恩来在党的六大上对中国革命的性质与形势的认识，以及对党的任务的认识，经过实践证明都是正确的。他后来说："总起来说，'六大'关于革命的性质、动力、前途、形势和策略方针等问题的决定基本上是对的，所以说'六大'的路线基本上是对的。"[2] 党的六大的正式决议对党内在一定时期内的根本性问题进行了澄清，纠正了党内存在的错误认识，对此后中国革命的发展起了积极作用。

党的六大结束之后，周恩来回到了党中央所在地上海，负责领导党组织的恢复和重建工作。当时，如何正确地评估政治环境，如何在极端艰难的革命环境中制定出符合现实发展情况的工作方针与策略，如何继续领导革命向前发展等问题摆在了周恩来面前。对当时中国恶劣的政治环境，周恩来有清醒的认识，他认为："在帝国主义彼此间，在中国统治各阶级彼此间，矛盾虽然存在，冲突虽然加紧，未来的大战虽然必不可避免，但我们切不可忽视对于中国革命的一个更严重的问题，就是他们结合的力量现在还是比革命力量（工农兵士贫民）大，他们对革命的压迫和摧残现在还是一致。"[3] 在这种情况下恢复党的组织是十分困难的，许多党员与进步群众遭到杀害与监禁，工会、农会及其他群众团体也遭到严重破坏，各地的党组织工作陷入停顿，一些地区的党组织接连被破坏，失去了与党中央的联系，而幸存下来的党组织开展工作时也是困难重重，党员队伍内部状况很不稳定。面对这样的情况，作为中共中央组织部部长的周恩来在坚定的革命信念的支撑下，艰难地开展了党组织的恢复与发展工作。

在国民革命失败后白区党组织面临着极端困难的情况下，周恩来在分析党

---

[1] 《周恩来年谱（1898—1949）（修订本）》，中央文献出版社 1998 年版，第 147～148 页。

[2] 《周恩来选集》上卷，人民出版社 1980 年版，第 186 页。

[3] 《周恩来年谱（1898—1949）（修订本）》，中央文献出版社 1998 年版，第 154 页。

员成分的基础上一再强调加强无产阶级基础的重要性。国民革命失败后，一些党员在革命信念上消极动摇，悲观失望，以至于"公然叛党，投降敌人，陷害同志"①。面对国民革命失败后党组织出现的严重情况，周恩来把加强党的无产阶级基础作为当时的重要任务之一。周恩来认为，要加强党内的无产阶级认识，必须把扩大党的无产阶级基础放到首要的位置上来。为此，他强调党要把工厂支部建到产业工人中去，在党组织上加强工人的成分来扩大党的无产阶级基础，只有在工人群众之中，在工厂之中，党才能迎来真正的生命。他强调党要在产业集中的区域去发展党的组织，造成党新的生命②，完成党的布尔什维克化。

为加强党的阶级基础，周恩来还特别强调党员要深入工人农村社会，努力寻找职业，实现党员的职业化，并视之为恢复与建立党的组织的首要基础。为此，他要求没有职业的或者失业的党员要想方设法去寻找职业，同时各级党组织应协助党员寻求职业，有职业的党员要为无职业的党员谋求职业。他批评那些不与社会发生关系而又畏怯社会，不努力寻找职业的党员，对党组织已毫无作用，脱离了社会的党员会腐蚀党的阶级与社会基础。③他强调党员只有深入实际的工人农村社会，去经历工人农民的生活，了解群众的痛苦所在，并且在与社会的接触中完成锻炼，才能真正地加强党的阶级基础。

周恩来认为，要恢复与发展党的组织，首先，要恢复与发展党的阶级基础。他要求从中央到地方的各个层级党部必须深入群众，了解群众，实现社会化、职业化的要求。他要求下级党部必须接触工厂及农村这些党的阶级基础存在的地方，寻找职业，发展建立党的组织，而上级党组织必须在下级党组织的工作开展之后才能设立，以此来建立一个群众化、社会化的务实的党组织体系；其次，在对地方党组织进行整顿时，周恩来强调应遵循先中心后区域的方法，以中心带动区域的发展，巩固党组织存在的阶级基础；最后，周恩来十分强调要与影响当时党内的各种非无产阶级的意识作斗争，确立党的无产阶级意识统治地位。

在白色恐怖的重压之下，各地党组织几经破坏，一些党员干部或牺牲，或叛变革命，党的阶级基础有所削弱，党的组织有隔绝于社会的危险，使上层机关成

---

① 《周恩来选集》上卷，人民出版社 1980 年版，第 8 页。
② 《周恩来选集》上卷，人民出版社 1980 年版，第 12 页。
③ 《周恩来选集》上卷，人民出版社 1980 年版，第 21 页。

为空架子，大部分基层党组织被破坏，几乎停止了活动。因此，只有建立建全党的支部生活，恢复党的支部建设，才能打通党与群众的联系，使党成为一个无产阶级的政党。对此，周恩来要求："各级党部的设立，必须其所管辖区域的下层组织已经建立起来，工作已有开展，然后才能由此种下层组织成立上层组织。"①1929 年 3 月，周恩来在主持起草的《中央关于军阀战争中的士兵运动给各省委的指示信》中，明确指出："目前党的总的政治路线"就是"夺取群众"②。在大革命时期，党的工作重心并没有放到争取群众上来，南昌起义没有达到预定目标也与党组织没有及时和农民运动相结合有关。周恩来根据局势的要求及党的六大确定的路线，强调应该把工作的重心放在"争取群众"上来，而非放在以前的直接发动武装暴动上面，这一方针的提出是党的工作具有战略意义的重大转变。

1928 年至 1930 年，周恩来为党组织的发展做了很多工作。首先，他领导整顿了几乎被打散的党组织，恢复并发展党在国统区的秘密组织机构；其次，他指导了各地区的武装斗争，扩大红军和革命根据地；再次，他领导了白色恐怖下的保卫工作，保证了中共中央的安全；最后，他抵制了当时党内的错误思想。总之，在担任中共中央组织部部长期间，由于周恩来积极努力的工作，党的组织很快得到了恢复，革命根据地也得到了发展，为土地革命斗争的开展打下了组织基础。

为了恢复党在国统区的工作，作为中共中央组织部部长的周恩来亲自处理了中共顺直省委、中共江苏省委、中共满洲省委、中共广东省委等地方党委组织工作中的问题。他或者在工作上给予指示，或者亲赴各地整顿党组织。周恩来重视白色恐怖下党组织的职业化、社会化，注意党组织的隐秘化，强调党组织的革命性质，同时要求党员应认识到人民群众对维护党的生命的重要性。

在周恩来等一批杰出共产党领袖的领导下，中国共产党的组织和党员队伍在极端复杂和恶劣的环境中很快恢复发展起来，全国的党员人数从党的六大时的四万多人，到 1930 年 3 月发展到十万人。③ 在这段时间，周恩来不仅要承受来自各方面工作的压力，还要在极端恶劣的政治环境中作斗争。他沉着冷静，从容应

---

① 《周恩来选集》上卷，人民出版社 1980 年版，第 19~20 页。
② 《中共中央文件选集》第 5 册，中共中央党校出版社 1990 年版，第 107 页。
③ 胡绳主编：《中国共产党的七十年（简本）》，中共党史出版社 1992 年版，第 55 页。

对，体现出艰苦奋斗的革命精神与高超的领导才能。这一时期，周恩来在党内卓有成效的工作为中国共产党力量的壮大起到了重要作用。

二、妥善解决中共顺直省委问题，树立党内工作典范

第一次国共合作失败后，在恢复党组织、强化党的组织建设过程中，周恩来坚持民主集中制原则。他强调，党员及各级党组织都必须严格遵守党的纪律，服从党的决议，同时他批评建党初期在党的组织问题上的"家长制"作风，这表现为党的下级机关对上级机关只知机械地服从命令，党员之间没有共同的探讨与交流，没有活泼的党组织生活。周恩来批评有的党员不执行党的决议，没经过党的许可自由行动的无组织无纪律现象。他认为，错误的思想和行为足以摧毁以至于消灭党组织。在谈到党的领导工作时，周恩来强调，在领导方式上一定要注意"集中化与民主生活（讨论与分工）"[1]两方面因素，强调党内既要有民主的讨论，也要有集中的生活。周恩来强调，既要要求领导干部有高度的纪律性，同时要发扬民主，开展批评与自我批评，完善党的领导体系。

土地革命时期，在与党内的错误路线斗争时，周恩来坚持用正确的方式方法解决党内矛盾，处理党内问题。他在实际工作中努力纠正错误的思想和路线，显示了一个革命者实事求是、追求真理的精神。在解决各地党组织问题的过程中，周恩来对中共顺直省委问题的解决，给我们树立了一个正确处理党内问题、做好党内工作的典范。

中共顺直省委是党在华北地区的重要领导机关，中共顺直省委正式成立于1927年，1930年撤销。这是中国共产党和中国革命最艰难的时期。在这一时期，中共顺直省委经历了多次重大改组，"顺直问题是中央开始工作之第一个最严重的问题"，"当六次全国大会的时候，顺直问题便已经非常严重"。[2]由于中共顺直省委受到以张作霖为首的奉系军阀等的破坏，北方党组织的工作面临严重的困难，一些党员干部被捕被杀，党在这一地区的工作几乎完全停顿。同时，时任中共顺直省委领导人彭述之在党内推行家长制，漠视民主原则，党内纠纷不断，省委的威信难以建立。鉴于中共顺直省委的困难情况，1928年11月27日，中共中央决

---

[1]《建党以来重要文献选编（1921~1949）》第20册，中央文献出版社2011年版，第295页。
[2]《建党以来重要文献选编（1921~1949）》第6册，中央文献出版社2011年版，第250页。

定派周恩来赴顺直解决问题。

1928 年 12 月 11 日，周恩来到达天津。到达天津后，周恩来立即开始紧张的工作，他首先听取了省委几个领导人的汇报，参加区委和支部的会议，与各地党组织负责人谈话，还亲自到唐山分别召集矿山、铁路上的同志开会，做了许多深入的工作。12 月底，中共顺直省委在天津张庄大桥召开扩大会议。参加会议的有北方党组织参加党的六大的中央委员、省委全体委员及北平、天津、唐山、石家庄等地的代表共 43 人，会议由周恩来、陈潭秋、刘少奇主持。周恩来向会议成员传达了党的六大的主要精神，阐明了大革命失败后中国的社会性质和革命性质，批判了"不间断革命"的错误观点，指出目前中国革命的形势处于两个高潮之间，旧的高潮已经过去，而新的高潮还没有到来。党目前的总路线不是实施暴动，促成高潮，而是争取群众，准备暴动，防止盲动主义和命令主义。

周恩来是按照党内民主的方式处理中共顺直省委的问题的。

首先，他注意克服政治上单纯的命令主义，深入实际调查研究，听取党员意见。以往中央对中共顺直省委几次改组的指导中均有命令主义的倾向。周恩来到天津后立即进行了细致的调查研究。他先是听取了陈潭秋、张昆弟等省委领导人的汇报，决定恢复省委领导工作；随后他召开省委常委会，听取大家的意见和要求，耐心细致地给予解释；接着他又深入基层，连续召开和参加了一系列基层党组织会议，听取基层干部和党员对省委的意见和建议；最后，针对顺直党内分歧的难点，周恩来亲赴唐山，"分别召集负责同志会、矿山同志会、铁路同志会，并着重做'京东护党请愿团'成员的工作"[①]。

其次，周恩来避免组织上简单的惩办主义，注重党内民主教育。1927 年后，由于敌我斗争形势严峻，加上中国共产党党内出现"左"倾盲动主义的错误思想，一些领导人推行组织上的惩办主义，对党员随意处分、撤职，造成不良后果。这在中共顺直省委的工作中表现得十分突出。周恩来全面分析了顺直问题产生的原因，对党员进行说服教育。他本着"从积极工作的出路上解决过去一切纠纷"的精神，以与人为善的态度告诫中共顺直省委，必须反省过去的工作，立即改变工作方法，深入群众。他呼吁党员干部要历史地、辩证地看待中共顺直省委和当地

---

① 冯夏根：《顺直问题再认识——以党内分歧处理为视角》，《党的文献》，2011 年第 2 期。

党的基础，避免"走到你攻击我，我攻击你，互不信任，互相猜疑，谁都不服谁，谁也不切实去做群众工作的地步"①。

再次，周恩来提出了省委改造工作的基本精神，即要本着积极解决问题的态度来解决存在的纠纷。他指出中共顺直省委问题产生的历史根源，并告诫大家，只要能积极地开展整顿工作，中共顺直省委面临的问题就完全可以解决。周恩来召集顺直地区的党的领导人召开会议，传达党的六大精神，阐明革命的形势与前途，明确目前党的总路线，要求大家对革命抱有信心。同时，他对顺直党内存在的问题进行了科学的分析，指出了这些问题存在的原因和解决的办法。会议决定恢复顺直省委的组织职权，并对顺直省委进行了改组，从此顺直党组织的情况开始好转。周恩来认为，顺直党内政治路线上的问题主要是从"左"的角度看待革命发展，反对党的策略的转变。一些干部没有认清革命形势，固执地执行"左"倾的冒险路线，而把党的正确的"争取群众"的方针看作在革命形势严峻情况下的"机会主义"的妥协意识，在实际的工作中仍然执行盲动的暴动方针，给组织及革命工作带来极大的损失。因此，周恩来要求中共顺直省委改变"左"倾的盲动方针，认清革命形势，按照党的六大的要求建立革命的组织。会后，周恩来针对中共顺直省委的问题起草了一系列指导文件，指出了中共顺直省委及一定时期内党组织建设的方针。

最后，在主要防范"左"倾错误的同时，周恩来也注意到中共顺直省委中存在的右倾问题。他指出中共顺直省委内存在右倾问题，一些党员遇到革命事业遭受失败与挫折，便产生悲观失望的情绪。因此便在革命工作中心灰意冷，消极工作，实质上这些认识及做法都是因为看不到革命的前途，从右的方面来否定党的策略转变。周恩来指出，革命队伍里存在的"动摇不定、投机取巧"的消极倾向是错误的小资产阶级的"堕落倾向"，是对革命的妥协。②他为此教育中共顺直省委的党员要认清革命形势向前发展的事实，强调主观努力的作用。他引导大家认识革命形势向前发展和主观努力的辩证关系。他说："新的革命高潮不可避免的要到来，的确是客观条件的规定的明显的事实。但是新的高潮到来的迟早，与能否

①《中共中央北方局》资料丛书编审委员会编：《中共中央北方局　土地革命战争时期卷》下册，中共党史出版社2000年版，第183页。

②《建党以来重要文献选编（1921~1949）》第5册，中央文献出版社2011年版，第715页。

彻底的胜利，的确大半决定于革命的主观力量。"①

周恩来参加起草了《中国共产党中央执行委员会告全体同志书》等文件，指出了中共顺直省委及一定时期内党组织建设的方针。1928 年 12 月 18 日，周恩来在中共顺直省委机关刊物《出路》第二期发表《改造顺直党的过程中几个问题的回答》一文。文章分析了顺直党组织的历史及现状，指出："顺直党内固然存在着不少问题，但那是在一定历史条件下造成的，顺直党的旧基础还不是全要不得，也不须立即解散……正确的办法是要在现在还存在的旧基础上深入群众，积极工作，发展斗争，吸收新同志来继续不断的改造顺直的党，逐渐的产生新的斗争。"② 文章还针对顺直党组织内存在的模糊思想认识，具体分析了极端民主化与民主集中制、命令主义与说服群众、惩办主义与铁的纪律的区别。经过周恩来的努力，顺直党组织内终于形成初步的统一意见，党组织严重涣散的状态发生改变，整个顺直党组织的工作比以前有了很大进步，"经中共中央批准，会议恢复顺直省委职权，并改组省委常委和京东党组织，开始扭转顺直党组织的原有状况"③。

中共顺直省委问题的解决是中国共产党在土地革命初期自主解决自身问题的一个成功范例。周恩来对中共顺直省委问题的处理方法为党组织的自身建设和发展提供了可贵的经验。在解决中共顺直省委问题过程中形成的决议成为我们党内解决各地党组织问题的方针之一，在中国共产党发展史上有重要意义。周恩来妥善处理中共顺直省委问题的成功经验，为我们树立了正确解决党内纠纷，做好党内团结工作、思想工作、组织工作，坚持党的民主集中制原则的典范，搞好党内各项建设具有启示意义。

三、坚决反对并尽力纠正党内"左"倾错误

中国共产党领导新民主主义革命和社会主义革命都需要正确的政治路线，只有规划出适合于这一时期的正确路线，有了坚强有力的党的领导，才能保证中国革命的顺利进行。在土地革命时期，由于国内政治形势错综复杂，加之敌我力量悬殊，因此正确地评估革命形势，并正确地制定政治路线就显得尤为重要。党的

---

① 《建党以来重要文献选编（1921~1949）》第 5 册，中央文献出版社 2011 年版，第 714 页。
② 《周恩来年谱（1898—1949）（修订本）》，中央文献出版社 1998 年版，第 152~153 页。
③ 《周恩来年谱（1898—1949）（修订本）》，中央文献出版社 1998 年版，第 153 页。

五大后，周恩来进入中央领导核心，作为中共中央政治局常委，他在党内长期负责领导军事斗争和党的组织工作，在这一时期党的组织路线和政治路线的确立与纠偏工作中，周恩来付出了很多心血，他与各种错误的思想和政治路线开展了多种形式的斗争，努力完善和推进党的组织工作。

在南昌起义结束后的一段时间内，共产国际代表罗米纳兹错误地估计了中国革命的形势，认为中国的革命正处于"不断高潮"的情势之下，强调"无间断革命。他错误地提出了全国武装暴动的路线，命令仍处于弱势的党员与革命群众在全国组织地方起义，要求"使暴动的城市能成为自发的农民暴动的中心及指导者"①。这就使得"左"倾的错误路线短时间内在中共中央取得了统治地位。

当时周恩来是中央政治局常委，领导党的武装斗争工作和党的组织工作。在起义暴动前，周恩来要求各地党组织必须起草切实的起义计划，必须发动群众使土地革命深入，不能在革命暴动活动中犯盲动主义的错误。他还注重在暴动后发展党组织、建立农村革命政权，指出武装割据的革命局面的形成只有在坚强的党组织的领导下方有可能。在广州起义等相继失败后，中共中央已逐渐认识到纠正盲目暴动问题的重要性，先后作出《广州暴动之意义与教训》《中央政治局关于湖北党内问题的决议》两个决议案，提出要坚决地扫除"表面上革命的盲动主义"②。1928年2月，共产国际执行委员会第九次扩大会议通过的《关于中国革命问题的决议案》，也承认了目前中国的革命形势仍然是资产阶级的民主革命，那种以为现阶段中国革命已转变为社会主义革命的看法是错误的，决议指出，中国革命运动的第一个浪潮已经过去，新的革命高潮并未到来。③中共中央接受了这一决议，开始纠正实际革命工作中的"左"倾冒险主义错误。这与周恩来的努力是分不开的。

在1928年莫斯科召开的中国共产党第六次全国代表大会上，周恩来被选为中共中央政治局常委及中央组织部部长，负责党的组织工作。在担任中央组织部部长后，周恩来首先面临的是各地党组织受到破坏的问题。大革命失败后，各地党组织都遭到了严重的破坏。在"左"倾盲动主义的错误思想的支配下，不顾实

① 《建党以来重要文献选编（1921~1949）》第4册，中央文献出版社2011年版，第626页。
② 《建党以来重要文献选编（1921~1949）》第5册，中央文献出版社2011年版，第31页。
③ 《周恩来年谱（1898—1949）（修订本）》，中央文献出版社1998年版，第140~141页。

际的蛮干行为使党组织的情形雪上加霜，在 1927 年 11 月中央临时政治局扩大会议时，全国党员由近六万人骤减到一万多人。各地的党组织工作难以开展，一些地区的党组织与中央失去了联系，保存下来的组织涣散的状态十分严重。这种状态给处在白色恐怖下的党组织带来极大的危害，因此，作为中央组织部部长的周恩来所面临的首要任务就是解决这些问题。

在土地革命时期，周恩来坚持党的正确的思想和政治路线，坚持实事求是的精神，反对一切不顾中国革命实际的情况，盲目举行暴动、攻打大城市的错误思想和路线；同时，他反对革命中的消极意识和一切非无产阶级思想。在实际领导党的组织工作中，周恩来先后同李立三、王明的"左"倾错误路线进行了斗争，努力维护党的正确路线。他反对不顾一切进攻的主张和冒险主义，在力所能及的范围内避免"左"倾思想对党组织和革命的危害。在实际工作中，他尽力阻止错误路线对党的工作的影响，同时维护了党的团结。针对立三路线，周恩来在其起草的中共中央给长江局的指示信中嘱咐道："你们应坚决反对这一观念：'左'倾会比右倾好些，在现时只怕右倾不怕'左'倾。要知右倾会障碍革命与断送革命，而'左'倾也同样会障碍革命与断送革命的。"[1]

在"左"倾错误思想有较大影响时，周恩来也是受打击的对象，全党的处境也十分危险。这种情况下，周恩来"顾全大局，相忍为党"，在实际工作中尽量减少"左"倾冒险主义的影响，采取谨慎周全的做法，以保证党的事业和革命力量的发展，体现了一个共产党人崇高的革命风范和正确的政党观。在王明"左"倾军事路线造成红军遭受巨大损失的情况下，周恩来勇敢地站出来主持大局，保持自我批评的态度，承担责任，与毛泽东等人一道促成党的路线的伟大转折。

周恩来还对各种错误思想的性质进行了分析，并论述了这些错误思想产生的原因。周恩来认为，由于革命的对象成分复杂，敌人内部有分有合，而各敌对阶级的代表人物也在不断变化，这种代表性一发生变化，敌我情况随之变化，这常常使革命队伍产生认识上的错误。右的错误在于常常"把敌人当成朋友"，而"左"的错误则在于常常"把朋友当成敌人"。[2] 前者如在蒋介石一天天走向反动的情况下，党内投降主义者仍然主张放弃对领导权的争夺，把敌人当作朋友，继

---

① 《周恩来选集》上卷，人民出版社 1980 年版，第 52 页。
② 《周恩来选集》上卷，人民出版社 1980 年版，第 209 页。

续与叛变革命的蒋介石合作。后者如内战时期，中产阶级可以作为朋友，而"左"倾错误观点则把中产阶级视为最危险的敌人，这就破坏了革命的阶级基础。在统一战线工作中，右倾思想只注意可以联合的一面，而忘记了反动的一面，而"左"倾思想则在转变的关头看不到变化，只注意反动的一面，看不到可以联合的一面。周恩来指出，敌对阶级的营垒并非始终如一，时常发生变化。在抗日民族统一战线之下，国民党是合作的对象，而"左"倾思想则仍然将其视为敌人。

周恩来认为，错误思想路线在革命的阶级队伍里发生的原因在于"左"倾思想否定与小资产阶级的联合，而右倾思想则不把农民阶级视为革命力量，忘记农民，忘记工农群众。对革命领导权的重要性和如何争取认识不清，也是错误思想发生的原因之一。右倾思想往往以"天然领导权"的思想来否认争取领导权的重要性。"左"倾思想的错误在于"左"倾者不懂中国革命的性质，不了解革命的阶段而急于求成，过早地争取非资本主义前途，不了解革命发展的阶段性以及革命统一战线的性质，空喊无产阶级领导，排斥其他阶级参与革命的可能，不能真正地完成革命，最终导致党组织脱离群众，破坏党的无产阶级基础，给革命造成严重的损失。

周恩来在分析错误思想的基础上，告诫党员在革命的任何阶段都要注意现实的复杂性，要认清革命力量所依靠的阶级和所反对的阶级，要清楚地了解中国革命的性质，要在充分了解现实的基础上制定革命的方针和策略。在土地革命时期，特别是在主持中央组织工作时，周恩来实事求是的工作态度对纠正"左"倾思想是有一定成效的，他为党组织在白色恐怖的艰难环境中恢复和发展作出了重大贡献。在担任中央组织部部长期间，周恩来虽然在力所能及的范围内纠正了一些错误做法，党的组织与革命形势也一度得到了发展，但由于错误路线的影响，中国共产党的力量还是遭受到较大损失。

1931年1月，中共扩大的六届四中全会召开。以陈绍禹为代表的"左"倾教条主义统治了党中央，而周恩来等在此次会议上受到错误的打击。党的六届四中全会之后，原有的很多中央委员和中央政治局委员都离开了原来的职位。负责临时中央的秦邦宪（博古）推行"左"倾的错误路线，在政治上对党内同志采取残酷斗争、无情打击的政策，在军事上不顾实际而一味强调要采取"进攻路线"，要求红军攻打中心城市，促成革命高潮的到来。陈绍禹、博古的"左"倾路线将全国革命推向失败的边缘，党在白区的地下工作遭到大面积破坏，在苏区的军事斗争陷入不利局面，特别是第五次反"围剿"的失败，中央红军不得不放弃革命根据地而实施艰难的战略转移。

当时"左"倾的错误路线在对待党内同志时也犯了令人痛心的错误。不少地方在肃反运动中出现了扩大化，出现了一些极端的做法，造成一些冤假错案，产生了十分不好的影响。周恩来在力所能及的范围内尽力纠正了肃反扩大化的错误。1932年1月7日，周恩来主持召开中共苏区中央局会议，通过了《中共苏区中央局关于苏区肃反工作决议案》。周恩来认为，将一切地主残余富农分子都当作反革命的看法是唯心的做法，给党内工作造成极端的危险，致使"党内因此发生恐慌，同志间相互猜疑不安，甚至影响到指导机关"[1]，造成自己阶级阵线革命力量受到动摇和损害。周恩来指出："中央局要以自我批评的精神，承认对于过去肃反工作中路线错误的领导责任。"[2] 此次会议前后，周恩来和中共苏区中央局采取了一系列纠正的措施，肃反扩大化的问题基本得到解决。

四、对遵义会议的历史性转折发挥关键作用

1934年，在博古、李德的错误指挥下，红军第五次反"围剿"失败，大片革命根据地丧失，红军不得不进行艰难的战略转移。长征开始时，中共中央仍由博古负责，军事上由李德负责，周恩来只在军事上起辅助作用。在国民党军的围追堵截下，红军很被动，特别是强渡湘江时，全军将士浴血奋战，蒋介石在湘江东岸消灭红军的企图未能实现。在红军原定北上湘西的路上，蒋介石集中十几万兵力，布下了一个口袋，企图全歼红军。而这时博古、李德仍命令红军按原计划去湘西与红二军团和红六军团会合。在这危急关头，毛泽东审时度势地提出，部队应该放弃原定计划，改变战略方向，立即向敌人力量薄弱的贵州转移。毛泽东的正确主张得到周恩来、张闻天、王稼祥等人的支持。

1934年12月12日，中共中央负责人会议召开，讨论了战略行动方针问题。周恩来在会上提出应避免使红军与五六倍于我之敌作战，避免全军覆灭的危险，应采纳毛泽东的建议。会议根据大多数人的意见，通过了西进贵州的主张。

---

① 《建党以来重要文献选编（1921~1949）》第9册，中央文献出版社2011年版，第23页。
② 《建党以来重要文献选编（1921~1949）》第9册，中央文献出版社2011年版，第24页。

红军到达黎平后，1934 年 12 月 18 日，中共中央政治局会议召开。这次会议由周恩来主持，毛泽东阐述了他的改变行军方向的主张，周恩来继续支持毛泽东的意见，而博古仍坚持按原计划执行。会议经过争论最终采纳了毛泽东的意见，决定挥师抢渡乌江，然后向敌人统治力量相对薄弱的地区进军。会后，周恩来把会议决议告知没参加会议的李德，李德因争论失败而大怒。正是由于周恩来在关键时刻发挥了关键作用，黎平会议后，中央红军赢得了主动，挥戈西指，不仅打乱了国民党军的原有部署，而且连战连捷，重振了士气。

黎平会议是红军战略转变的开始，李德从此在军中失去权威，毛泽东、周恩来的正确意见在党内占了上风。周恩来、毛泽东、朱德等久经考验的无产阶级军事家重掌红军最高指挥权。这是在革命危急关头中国共产党和中国革命武装转危为安的第一步，周恩来为此作出了重要贡献。

1935 年 1 月，红军攻占黔北重镇遵义，1 月 15 日至 17 日，中共中央在遵义召开了具有重要历史意义的政治局扩大会议。会议除随中央红军长征的中共中央政治局委员、候补委员参加外，还请各军团主要负责人列席。在遵义会议上，周恩来和大多数人支持毛泽东的正确主张。会议批评了"左"倾军事路线和第五次反"围剿"以来博古、李德在军事指挥上的连连失误，检讨了红军战略战术上的失误。在这次会议上，周恩来对重新确立毛泽东在党中央的领导地位发挥了关键性作用。遵义会议改组了中央领导机构，选举毛泽东为中央政治局常委；决定常委中再进行适当的分工；取消在长征前成立的"三人团"，仍由最高军事首长朱德、周恩来为军事指挥者，而周恩来是党内委托的对于指挥军事下最后决心的负责者。

遵义会议的成功召开离不开周恩来的贡献。

首先，周恩来虽然在反"围剿"中曾执行博古和李德所制定的错误的军事方针，但周恩来对这种错误方针并不认同，在第四次反"围剿"中，在"左"倾思想对中央造成影响和毛泽东被排挤在领导层之外的情况下，周恩来仍能排除错误思想的影响，放弃脱离实际的指令，坚持客观实际的立场，与朱德一起指挥第四次反"围剿"并取得了胜利。在第五次反"围剿"中，周恩来曾就兵力部署、战略方针与李德进行过多次争论，据伍修权回忆："他对李德的错误最为了解，只是由于当时中央的主要领导坚持'左'倾错误，尤其是支持李德的独断专行，周恩来同志只能在自己的工作范围内，采取某些具体措施，进行适当的补救，尽量减少红军的损失。"① 正是因为周恩来对临时中央的错误有清醒的认识，当王稼祥最早提出召开中共中央政治局扩大会议的倡议时，周恩来毫不犹豫地支持了这个倡议，促成了遵义会议的召开。

其次，在遵义会议之前，周恩来排除了李德在军事上的指挥，支持毛泽东的正确主张，为遵义会议的召开打下了基础。在"左"倾思想的错误领导下，红军于长征初期蒙受了巨大损失，特别是在湘江战役中损失大量人员，造成队伍人心不稳。博古与李德面对这种严峻的局势，一筹莫展，面对全军情绪低迷、敌军前后围堵的不利情况，周恩来积极思考对策，苦撑危局，亲自布置各方面的作战行动。周恩来对李德从最初的尊重转变为怀疑和反对，转而支持毛泽东的正确主张，尊重并采纳毛泽东的正确建议。周恩来认识到了毛泽东的军事才能，正是周恩来的这种认识为遵义会议上确立毛泽东的领导地位奠定了基础。

再次，周恩来积极筹备遵义会议。1935 年 1 月 7 日，红二师占领遵义。1 月 9 日，中央纵队进驻遵义。中共中央政治局决定召开会议后，周恩来在思想上、组织上进行了认真安排。为了保证有充分的时间召开会议，周恩来与其他同志一起做了大量的工作。一是对各军团在此期间的行动与任务作了周密部署，以保证有一个稳定的军事环境。二是对参会人员进行了思想动员。1 月 13 日，周恩来电告刘少奇、李卓然参加将于 15 日召开的中共中央政治局会议。三是以严肃认真的态度对待即将召开的会议，对第五次反"围剿"中的军事指挥、战略战术上的得失，在会前做了认真的总结和准备。

最后，周恩来在会议中积极支持和推动毛泽东走到中央领导工作的前台，并在会议后与毛泽东更加紧密地合作。周恩来在会议上发言，全力主张由毛泽东出来领导红军今后的行动，他的倡议得到大多数与会者的支持，最后在决议中确定了毛泽东作为周恩来军事决策的协助者的身份。会议后，在军事指挥上，周恩来更是主动地让毛泽东来主持工作，给予毛泽东极大的信任。回顾中国共产党领导中国人民夺取政权、建立政权、巩固政权及进行社会主义建设的历程，周恩来和毛泽东的关系堪称楷模。这种长达几十年配合默契的关系的确立，遵义会议起了

---

① 伍修权:《生死攸关的历史转折——回忆遵义会议的前前后后》,《军事史林》, 2016 年第 8 期。

重要作用。会后，周恩来为确立毛泽东在红军和党中央的领导地位作出了更多努力和贡献。

遵义会议是中国共产党历史上的伟大转折点。这次会议结束了以博古、李德为代表的"左"倾冒险主义在军事上的统治，确立了毛泽东在党中央和军队中的领导地位，党内军事工作的路线也由此转到正常的轨道上来。遵义会议在最危急的关头挽救了党，挽救了红军，挽救了中国革命，中国共产党历史上这一伟大的历史性转折与周恩来的努力是分不开的。他是中国共产党最早的军事领导人之一，在党内和军内有举足轻重的地位和威望，周恩来不仅在会议前就反对错误的"左"倾思想，而且在长征途中坚决抵制"左"倾思想，有力支持了毛泽东的正确军事路线。周恩来是遵义会议的组织者之一，也是会议决议的坚定支持者，他在会议上对第五次反"围剿"以来军事战略战术与指挥上的错误进行了分析，并主动地进行自我批评，反映了一个伟大革命家的崇高精神风范。周恩来在这次会议中起了非常关键的作用。毛泽东对周恩来在遵义会议上起的作用有很高的评价："那时争取到周恩来的支持很重要，如果周恩来不同意，遵义会议是开不起来的。"①

周恩来在遵义会议上对党的正确路线、正确领导的确立发挥了重要作用。纵观整个土地革命时期，周恩来提出了许多关于共产党建立、发展和建设的正确思想主张，在周恩来等老一辈革命家坚持不懈的努力和艰苦卓绝的奋斗下，一些党组织在白色恐怖下秘密保存下来，而且得到了一定的发展，逐渐实现了组织形式及领导方式的转变，党隐蔽精干力量的工作初见成效，党组织不但在革命根据地得到了大发展，而且在国民党统治区基本站稳了脚跟。这一时期，周恩来在中国共产党内担任了重要领导职务，是党的领导核心的重要成员之一，对党组织的发展壮大发挥了重要作用。

总之，除在遵义会议这个党的历史发展的关键时刻发挥了特殊作用外，周恩来在民主革命时期特别是在土地革命时期，对中国共产党的组织建设和思想建设做了大量有效的工作，对中国政治发展及中国共产党的壮大产生了深远的影响。在艰难困苦的斗争环境中，周恩来要求党员要树立马克思主义的信仰，排除各种非无产阶级意识的影响，要求党的组织要完成布尔什维克化，深入工农群众

---

① 中共中央党史资料征集委员会、中央档案馆编：《遵义会议文献》，人民出版社1985年版，第66页。

去建立党的无产阶级基础，以此来巩固党组织，维护党的生命。在党的组织上，周恩来坚持民主集中制原则，反对家长制与极端民主化的倾向，强调党员要有强烈的纪律意识，同时要求党组织开展民主生活。周恩来强调共产党员要做无产阶级的先驱与社会革命的向导，在深入群众的同时也要领导群众，教育群众，做无产阶级的先锋。在党的思想路线上，周恩来反对"左"倾或者右倾思想，坚持实事求是、群众路线和批评与自我批评的优良作风，为保持党的革命路线方向的正确尽了最大努力。周恩来在党的建设方面提出了许多真知灼见，并且以身作则，严格自律，成为全党学习的光辉榜样。他在实践中形成的一套严格管理、严守纪律、隐蔽精干、深入基层做群众工作，坚持马克思主义与中国革命实际相结合，反对错误路线的正确思想主张，对新民主主义革命时期和社会主义革命与建设时期党的建设有重要的指导和启示意义。加强党员干部队伍建设，首先要确保党员在政治上的坚定性，在任何历史条件下，我们都要坚持马克思主义的指导地位，坚持人民利益至上，不断加强党的社会基础，使党的组织深深扎根于人民群众之中。

第四节　全面抗战和解放战争中为党的发展作出重要贡献

一、全面抗战时期积极恢复和重建南方地区党的组织

1937 年 12 月 9 日至 14 日，中共中央政治局在延安召开会议，讨论抗战方针问题。会议决定成立中共中央长江局，领导南方各省党的工作，同时决定成立中共中央代表团同国民党继续谈判，长江局由项英、周恩来、博古、董必武组成，中共中央代表团由周恩来、王明、博古、叶剑英组成。同年 12 月 23 日，周恩来出席中共中央代表团和中共中央长江局举行的联席会议。会议决定：鉴于中共中央代表团同中共中央长江局领导成员大致相同，为工作集中和便利起见，合为一个机构，对外叫中共中央代表团，对内为中共中央长江局。中共中央代表团和中共中央长江局由项英、博古、周恩来、叶剑英、王明、董必武、林伯渠组成，暂以王明为书记，周恩来为副书记。中共中央长江局下设六个机构：参谋处，以叶剑英兼参谋长；秘书处，李克农为秘书长；民运部，董必武兼部长；组织部，博古兼部长；党报委员会，以王明兼主席；宣传部，王明、凯丰先后任部长。

周恩来作为中共中央长江局副书记与中共中央代表团负责人主要负责统一战线方面的工作和南方各地党组织的恢复重建工作。

在全面抗战前，由于国民党的"围剿"和党内"左"倾思想错误统治，长江流域及南方各省的党组织普遍遭到破坏。全面抗战爆发后，一批参加过"一二·九"运动的爱国学生和经组织营救出狱的党员参加到革命队伍中，当时中共中央长江局面临的主要工作之一就是恢复和发展南方各地区党的组织。

全面抗战初期，在周恩来等中共中央长江局同志的努力工作下，南方各地方党组织迅速恢复和重建。1938年1月16日，中共湖南省工委在长沙秘密建立，高文华任书记；3月，中共广西省工委改组成立；另外，在安徽、浙江、江西、福建等省都建立了省级党组织，到1938年9月，中国南方已有13个省建立或恢复了省级党组织，党员人数发展到六七万人。南方十多个游击区也陆续成立了中国共产党特委，统一归中共中央长江局领导。

周恩来在南方各省党组织的恢复重建中发挥了重要作用，如对四川党组织的建设和发展就作了许多贡献。1938年1月，周恩来对四川在抗战中的重要地位进行了分析，以中共中央长江局名义向中共中央书记处致电，认为："四川已成为抗战最后根据地，成为联结西南和西北的枢纽，而且很快会变为全国各党派各实力派争夺的中心"，而目前党在四川的工作却极为落后，因此，为了日后在四川站稳脚跟，并夺得主动权，他建议"加强四川地区党的工作"。[①] 周恩来为此提出了一系列具体措施：建议中央迅速派得力的川籍干部赴川主持党的工作；请中央从延安抗日军政大学、中共中央党校、陕北公学中挑选一批川籍学生回川工作；在重庆设新华日报分社，筹办印刷厂；努力发展军事工作；运用上层统一战线，推动各方特别是川中实力派抗战等。这一系列建议和措施有力推动了四川党组织力量的发展和党的活动加强。

虽然中共中央长江局的工作在当时受到一些错误思想的影响，但周恩来在实际工作中坚持原则，在抗日民族统一战线中始终坚持独立自主，他率领的中共中央代表团先后在南京、武汉、重庆同国民党谈判，协商国共两党合作的各项具体事宜。他还在南方一些城市建立了党在国统区的公开机构——八路军办事处。他

---

① 《周恩来年谱（1898—1949）（修订本）》，中央文献出版社1998年版，第409页。

通过八路军办事处与国民党当局进行交涉，接待了许多人员，同时保护了一批党的干部和家属，为革命保存了重要力量。

1938 年 9 月 29 日至 11 月 6 日，中共中央召开扩大的六届六中全会，会议根据抗日战争形势的变化，决定撤销中共中央长江局，设立中共中央中原局和中共中央南方局，由周恩来任中共中央南方局书记，直接领导四川、云南、贵州、湖北、湖南、广东、广西、江苏、江西、福建以及，香港、澳门地区党组织的工作。

周恩来在中共中央南方局为党做了大量工作，包括南方各省党组织的恢复重建，党的干部的思想作风建设、干部队伍建设和领导方法、党的统战工作和宣传工作等。如在党的宣传工作方面，周恩来指导《新华日报》《群众》周刊开展抗日宣传工作，介绍八路军和新四军的抗战状况，《新华日报》成为国统区人民了解共产党政策主张和八路军、新四军抗战业绩的一个主要窗口。《新华日报》对中国共产党的抗日民族统一战线政策进行了广泛的宣传，对新四军和八路军等抗战部队的英勇作战事迹进行了大量报道，鼓舞了全国军民的士气，冲破国民党当局对言论的封锁，揭露了国民党亲日派对敌妥协投降，对内制造分裂、积极反共的阴谋，引导人民投入坚持抗战、维护团结和争取民主的斗争。《新华日报》等进步报刊还通过对国际形势的解剖和分析，对中国共产党领导的敌后抗日根据地的介绍，为国统区人民指出了中国的发展前途和方向。

在周恩来主持中共中央南方局工作期间，国民党始终试图消灭国统区内的共产党组织。在严峻的形势下贯彻党的"长期埋伏、积蓄力量、以待时机"[①] 的方针，成为中共中央南方局一项十分紧迫的主要任务。1941 年 5 月，《中共中央关于大后方党组织工作的指示》和《中共中央书记处关于隐蔽和撤退国民党统治区党的力量的指示》发出，后一个指示指出："要求国民党统治地方的党部坚决采取长期埋伏、蓄积力量、等待时机的工作方针，认真地决心地将党的力量有计划的隐蔽和撤退，把党和群众工作的中心放在利用所有可利用的社会习惯、政府法令与合法组织（如保甲联保等）的方面，去进行与群众联系的长期埋伏工作。"[②]

周恩来有丰富的地下斗争经验，接到中共中央的指示后，他立即召开中共中央南方局会议，研究各地党的工作，以及如何贯彻中央指示精神。会议制定了各

---

① 《建党以来重要文献选编（1921～1949）》第 18 册，中央文献出版社 2011 年版，第 314 页。
② 《建党以来重要文献选编（1921～1949）》第 18 册，中央文献出版社 2011 年版，第 314 页。

地方党组织与公开机关脱离联系、缩小各级领导机构、建立平等支部、实行单线联系、尽量深入社会、严格秘密工作制度等具体措施，使得国统区的党组织得以保存和发展，党的各项工作实现了有条不紊的转变。在这一时期，为了贯彻党的"长期埋伏、积蓄力量、等待时机"①的方针，周恩来提出、制定了一套完整的国统区党组织发展的指导思想和具体措施。

首先，中共中央南方局确定了把公开工作与秘密工作、上层活动与下层活动严格分开的措施。为避免基层秘密工作被国民党破坏，中共中央南方局在国统区设立了两套机构，一套是被国民党承认的机构，进行公开活动，一套是秘密的不为国民党所知道的机构。当时八路军驻重庆办事处是公开机关，中共中央南方局是党的秘密机关，但中共中央南方局的领导人和许多工作人员都具有公开的合法身份。为保护党的干部，一般公开机关的工作人员不同地下党发生关系，从事秘密工作的人员也不轻易与公开机关的工作人员联系。中共中央南方局确立了两种地下党同组织的联系方式，一是由省委或特委的负责人亲自到红岩去汇报工作并接受指示，少则一年一次，多则一年三四次；二是由中共中央南方局派交通员送去指示或接受报告。在工作范围上，地下党主要做一般群众的工作，而上层人物的工作则只能由中共中央南方局领导人或专门指定的人来做。周恩来在指导西南地区党组织的发展中，强调党组织要做到凡有群众的地方一定要去工作，要深入一切存在群众基础的地方工作，实现西南党组织成为真正的、彻底的"群众的党"②。

其次，周恩来建立了一套严格的组织联系系统，采取单线联系方式。当时中共中央南方局规定，党的上层组织可以知道下层组织的情况，不允许下层组织知道上层组织的情况，以避免下层组织被敌人发现，对上层党组织产生破坏性影响。在党组织内部，负责地下工作的党员与负责公开工作的党员，即便处于同一部门，相互之间也不得产生联系，党的横向组织之间也不得发生关系。党的各级组织研究和讨论工作，不采用开会的方式，而是个别进行，党员向组织汇报情况也如此。党的各级组织的领导人和机关地址常常变换，这些只有少数负责联系的人知道。在国统区的进步青年中，中共中央南方局还创造了一种叫作"据点"的比较灵活

①《周恩来年谱（1898—1949）（修订本）》，中央文献出版社 1998 年版，第 536 页。
②《周恩来选集》上卷，人民出版社 1980 年版，第 111 页。

的组织形式。"据点"是三五人组成的不定型的小组，以学习为主，附带研究时事问题和重要政治文献，并做调查与通讯工作。中共中央南方局青年组利用"据点"开展暑假调查活动，对留校学生进行启发教育等工作，同时加强同职业青年的联系，有计划地提高青年的觉悟，加强了党的青年工作。

再次，周恩来强调实现"职业化""社会化"要求的重要性。他提出，每个进行地下工作的党员都要在社会上寻找职业，避免暴露。从事公开工作的党员，除了少数不能职业化的人员，都必须投入社会，去谋求自身的生活。周恩来要求，凡在社会上寻找职业的党员，都要广泛联系社会，深入了解社会，与社会相交，与社会人物做朋友，要广泛地进入地方组织，如保甲、教育、经济、军事等团体，并争取在这些团体中取得较高的社会职务，为党掌握群众力量作出贡献，同时，进行地下工作的党员的一切言论、行动都要同本身的职业和地位相称，不到万不得已，反对党员暴露自己的党员身份。周恩来指示地下党："要使党员社会化，不仅不脱离社会，而且要更深入社会。"① 党员不仅要搞好自身的业务，还要广交朋友，深入社会，担任一定的社会职务，深入各行各业，实现隐蔽精干的要求，防止反动势力的破坏。周恩来强调："要在思想上组织上巩固党，使西南党成为真正的彻底的地下党，成为群众的党。"②

最后，采取调动或疏散等方法保护暴露身份的党员和进步人士。在国民党加紧迫害的情况下，中共党组织尽管采取了许多措施，在国统区的共产党员仍难以完全避免身份暴露。对已暴露或有可能被捕的党员和进步人士，周恩来采取了调动工作或疏散到各地等方式，保护党的骨干力量和进步力量免遭摧残。在华南各省党组织被破坏后，周恩来立即指示，除敌占区、游击区党组织照常活动外，国统区的党组织一律暂停活动；已暴露身份的党员干部一律转移；其余干部应利用职业隐蔽下来，执行勤学、勤业、勤交友的方针。

1941 年 12 月至 1942 年 1 月，中共中央南方局在重庆召开会议，总结两年来的工作。周恩来在会议最后作了主题为《建设坚强的战斗的西南党组织》的发言。周恩来强调："要使五千党员成为隐蔽的、坚强得力的、与群众有联系并善于影响

---

① 金冲及主编：《周恩来传 1898—1976》，中央文献出版社 2008 年版，第 560 页。
② 《周恩来选集》上卷，人民出版社 1980 年版，第 111 页。

和推动群众的干部。"①周恩来在发言中十分强调党与群众的联系，要做到凡有群众的地方一定要去工作。要在主要的群众集聚的单位（工厂、学校、农村、大机关等）建立起一个乃至数个巩固的平等的支部；要进入国民党、三青团、工人团体、学校中的合法组织，农村中的合作社及一切重要行政机关中去工作。周恩来强调，要在思想上组织上巩固党，要使党的领导机关有独立领导的能力和自信，使西南党组织成为真正的、彻底的地下党，成为群众的党。周恩来最后强调："这七点都做到了，我们西南党组织就是一个坚强的战斗的党组织，时机一到，立即可以起来战斗。"②

全面抗战时期，中共中央南方局领导下的党组织没有受到大的破坏，在恶劣的环境中恢复和发展起来，这与周恩来对时局、对国民党有清醒的认识，对党的组织、宣传、统战、思想建设等各项工作的正确领导密不可分。周恩来为了中共中央南方局党组织的发展付出了艰辛的努力，他一方面努力维护抗日民族统一战线的大局，另一方面对国民党的反共政策进行揭露，号召中共中央南方局工作人员到群众中去发展力量，打开了南方地区党组织的工作局面，宣传了党的抗日主张、培养了党的干部队伍，为党夺取抗日战争、解放战争的胜利奠定了思想基础和组织基础。

二、在中共中央南方局积极开展党的思想和作风建设

思想建设是马克思主义党建原则的核心内容之一，也是共产党保持队伍纯洁性、加强自身建设的优良传统。早在土地革命时期，周恩来就强调党的思想建设、组织建设和作风建设的重要性。国民革命失败后，党的组织遭到严重破坏，党的思想建设急需加强。针对这种情况，周恩来主持制定了《坚决肃清党内一切非无产阶级的意识》《在白色恐怖下如何健全党的组织工作》等一系列文件，指出在党内确立无产阶级意识的统治地位是党的组织建设的首要任务。他认为要使党布尔什维克化，就必须在加强无产阶级基础的条件下，改造党的组织，反对党内的小资产阶级意识。③为使党无产阶级化，加强党的无产阶级基础，扩大党的无产阶级

---

① 《周恩来选集》上卷，人民出版社 1980 年版，第 110 页。
② 《周恩来选集》上卷，人民出版社 1980 年版，第 111 页。
③ 《周恩来选集》上卷，人民出版社 1980 年版，第 9 页。

的组织基础，周恩来强调要重视党的政治教育，提高党的理论水平，强调党组织不能脱离群众，加强党组织同群众的联系是党的生命的基础，要"使党成为真正群众的党"①。

党员的自我修养和领导干部基本素质的提高是党的建设中十分重要的问题。能否建设一支高素质的领导干部队伍，不仅事关党的事业的成败，同时影响党的领导作用的发挥。早在二十世纪三四十年代，周恩来就已认识到加强党员党性修养、提高干部基本素质的必要性，他阐明了党员领导干部必备的基本素质包括：必须坚持党的群众路线，全心全意为人民服务；必须加强学习，思想不断与时俱进；必须坚持理论联系实际，努力做好党交给的一切工作；必须坚持批评与自我批评的作风，处处以身作则。

1943 年 4 月 22 日，周恩来给中共中央南方局干部作了《怎样做一个好的领导者》的报告，再次强调了党员干部的修养和素质提高问题。他对领导干部提出了六点要求："（一）要有确定的马列主义的世界观和革命的人生观；（二）要有坚持原则精神；（三）要相信群众力量；（四）要有学习精神；（五）要有坚韧的奋斗精神；（六）要有高度的纪律性。"②在这篇报告中，周恩来还要求领导干部抓紧思想政治的领导和组织领导，要不断提高自己的思想水平，加强自己的政治锻炼。

周恩来强调要坚持党的民主集中制原则，他阐明了领导人作出正确决策应注意如下四个环节："首先，要估计环境及其变动，并找出此地此时的特点。次之，要依此与党的总任务联系起来，确定一时期的任务和方针。再次，要依此方针，规定当前适当的口号和策略。又次，然后据此定出合乎实际的计划和指示。"③周恩来认为，一项决策的制定必须经过分析环境特点、确定决策框架、规定执行策略、形成具体决策四个环节，只有抓好了这四个基本环节，使决策制定建立在调查研究与联系党的原理原则的基础上，才能够作出正确的决定，形成正确的决策。在当时特定的政治条件下，周恩来阐述的制定正确决策的四个环节，要旨是启发一个领导者如何将党的总任务适时适地转化为一定时期内可供执行的决策。

周恩来还论述了领导者的任务。他认为，首先，"要求领导干部抓紧思想政

---

① 《周恩来选集》上卷，人民出版社 1980 年版，第 13 页。
② 《周恩来年谱（1898—1949）（修订本）》，中央文献出版社 1998 年版，第 565 页。
③ 《周恩来选集》上卷，人民出版社 1980 年版，第 129 页。

治的领导。这就是要不断提高自己的思想水平，加强自己的政治锻炼"，要注意大事，提高政治警觉性和理论水平；其次，"要求领导干部抓紧组织领导。有了政治路线，组织工作就决定一切"；再次，"慎重地挑选干部和分配工作。这也是组织工作之一，不过可以单独来说。挑选干部的标准，政治标准与工作能力，二者是缺一不可的，而政治上可以信任是先决问题"①。

在积极发展和扩大无产阶级政党队伍的同时，周恩来特别注重党的干部队伍的建设与培养。他要求建设一支在政治上与业务才能上皆能信得过的干部队伍，同时他把政治基础作为先决条件。周恩来把坚持马克思列宁主义的立场视为党员干部的首要政治要求，他提出，领导干部"（一）要有确定的马列主义的世界观和革命的人生观；（二）要有坚持原则精神"②。要站在马克思列宁主义、站在革命的立场，坚持无产阶级政党的阶级原则，这是领导干部首要考虑的事情。

对待党的干部队伍，周恩来强调政治与才干两方面的重要性，尤其注重政治的重要性："挑选干部的标准，政治标准与工作能力，二者是缺一不可的，而政治上可以信任是先决问题。"③没有一支在政治上信得过的干部队伍就没有信得过的无产阶级政党。在党与革命发展的紧要关头，干部队伍的政治素养是决定成败的关键因素之一。在强调政治信任的情况下，周恩来强调干部队伍必须有出色的工作能力，党组织应根据每个党员的才能适时适地适合条件地安排职务。

在党内领导干部的任务方面，周恩来首先注重思想政治上的任务，要求领导干部抓紧思想政治教育，不断提高思想水平，加强政治锻炼。他对领导干部提出要求："（1）注意大事；（2）提高政治警觉性；（3）提高理论水平；（4）加紧党内外思想斗争；（5）积极宣传党的政策和成绩。"④

除了努力在思想上提升自己，周恩来还要求领导干部要注意党的组织领导。在政治路线的规制下，党的组织工作就具有决定一切的特征，因此，领导干部就必须在党的工作中具有较强的政治灵敏性，要把工作与政治任务联系起来，一切工作以保证完成党的政治任务与工作计划为归依。在领导干部的日常工作中，周恩来强调要努力使党的组织靠近基层，使工作具体化，要努力动员组织与群众，

---

①《周恩来选集》上卷，人民出版社 1980 年版，第 130 页。
②《周恩来年谱（1898—1949）（修订本）》，中央文献出版社 1998 年版，第 565 页。
③《周恩来选集》上卷，人民出版社 1980 年版，第 130 页。
④《建党以来重要文献选编（1921~1949）》第 20 册，中央文献出版社 2011 年版，第 296 页。

同时反对一切实际工作中错误的思想及路线，如一切形式的机会主义以及思想蜕化或腐化等。周恩来要求："反对一切实际工作中的机会主义（如马虎主义，空谈家，妄自尊大者，官僚主义，形式主义，文牍主义，事务主义等）以及蜕化或腐化思想等等。"①

在任中共中央南方局书记期间，除党的组织建设外，周恩来还特别重视强化党员的思想建设和作风建设。在中共中央南方局整风学习时，他带头自我改造。1943 年 3 月 18 日，他在重庆红岩中共中央南方局办事处机关作了一场关于自我反省的报告。他简要回顾参加革命的经历，并谦虚地自我批评："理论修养不够，有些事务主义作风。"② 当晚他在自己的办公室，以更严格的党性标准剖析自己，写下了著名的《我的修养要则》，一共七条："一、加紧学习，抓住中心，宁精勿杂，宁专勿多。二、努力工作，要有计划，有重点，有条理。三、习作合一，要注意时间、空间和条件，使之配合适当，要注意检讨和整理，要有发现和创造。四、要与自己的他人的一切不正确的思想意识作原则上坚决的斗争。五、适当地发扬自己的长处，具体地纠正自己的短处。六、永远不与群众脱离，向群众学习，并帮助他们。过集体生活，注意调研，遵守纪律。七、健全自己身体，保持合理的规律生活，这是自我修养的物质基础。"③ 周恩来把《我的修养要则》贴在墙上，请同志监督他、帮助他进行思想改造。

实事求是和群众路线是中国共产党的优秀传统和优良作风，周恩来一贯强调要坚持实事求是的作风，反对一切实际工作中的官僚主义、形式主义、文牍主义、事务主义等。周恩来还特别重视教育党员发扬密切联系群众的作风。他认为共产党之所以能在艰苦的环境中生存下来，就是不与群众隔离，永远与群众在一起，替群众着想，为群众利益服务，群众路线思想是共产党长期生存的秘诀，也是与国民党反动派斗争的优势，因此要永远地发扬下去。他强调，每个党员"不仅要教育群众，还要向群众学习"。即使党的高级领导干部，也要坚持从群众中来，到群众中去。他认为："领导地位并不能使你得到知识和经验，所以面向群众，汲取群众经验，十分必要。"他要求党员领导干部做到四点："（1）与群众接近和

① 《周恩来选集》上卷，人民出版社 1980 年版，第 130 页。
② 王为衡：《从周恩来的生日箴言看如何转变作风》，《新湘评论》，2011 年第 5 期。
③ 《周恩来年谱（1898—1949）（修订本）》，中央文献出版社 1998 年版，第 562 页。

联系，在某种程度上要与他们打成一片；（2）倾听群众意见；（3）向群众学习；（4）教育群众，不做群众的尾巴。"①

周恩来提出："领导党的方式和领导群众的方式是不同的，领导群众的方式和态度要使他们不感觉我们是在领导。……领导群众的基本方法是说服，决不是命令。"② 领导干部要和群众结交朋友，领导者自己要起模范作用，要发扬民主，开展批评和自我批评。周恩来深刻指出："要想把领导者的觉悟、领导者的智慧变成群众的力量，需要经过教育的过程，说服的过程，有时需要经过等待的过程，等待群众的觉悟。"③ 群众的支持是党的最根本的力量来源，是无产阶级政党存续的根源，因此，领导干部不能脱离群众、有官僚主义的作风，而要到群众中去，在群众中学习，倾听群众的意见想法，向群众汲取经验。群众与领导干部的教育是相互的，不仅干部要接受群众的教育，也要以马克思列宁主义的立场去教育群众，发动群众。必须坚持党的群众路线，全心全意为人民服务，这是对共产党员和党的领导干部最起码、最基本的要求。

密切联系群众是周恩来一生保持的优良作风。他一生认定的信条就是：勤勤恳恳，全心全意为人民服务。他有着以民为本的公仆意识，时刻心系百姓，心里总牵挂着亿万民众，终身"以人民的疾苦为忧，以世界的前途为念"④。周恩来早在二十世纪四十年代就提出："对人民，我们要如对孺子一样地为他们做牛的。要诚诚恳恳、老老实实为人民服务。……应该象条牛一样努力奋斗，团结一致，为人民服务而死。"⑤

中共中央南方局整风期间，国民党反动派掀起了反共高潮，国统区党组织各项工作的开展十分困难。即便在如此恶劣的环境下，周恩来依然组织中共中央南方局机关的党员学习马克思列宁主义理论，注意用马克思列宁主义武装党员干部，坚定他们的理想信念，使他们经得起严峻的考验，增强他们分析问题、解决问题的能力。周恩来针对各个阶段中出现的思想认识问题，组织大家积极开展批评与自我批评，努力提高思想认识。周恩来在给中共中央南方局干部所作的报告中，

---

① 《周恩来选集》上卷，人民出版社 1980 年版，第 131 页。
② 《周恩来选集》上卷，人民出版社 1980 年版，第 131 页。
③ 《周恩来选集》上卷，人民出版社 1980 年版，第 337 页。
④ 《周恩来选集》下卷，人民出版社 1984 年版，第 427 页。
⑤ 《周恩来选集》上卷，人民出版社 1980 年版，第 241 页。

总结了自己在干部工作上的经验，强调领导干部必须坚持共产党员的立场，坚持马克思列宁主义的世界观和革命的人生观，同时要坚持无产阶级原则，相信群众，勇于学习，提升自己，有革命的奋斗精神。[①] 在强调领导干部的马列主义信仰与革命精神时，周恩来还指出，要坚持党的群众路线，抓紧学习、努力奋斗，坚持党的纪律性。

周恩来在主持中共中央南方局工作期间，为强化党的思想建设和作风建设做了许多工作，有力地促进了南方党组织的发展，提高了党员的理论修养、思想觉悟与领导能力，坚定了党员的马克思列宁主义信仰和革命信念，增强了党员的群众观念与组织观念。中国共产党在南方广大地区建立了一支信仰坚定、觉悟较高且具备一定领导能力的党员队伍，这是周恩来在艰苦的抗日战争中对中国共产党建设的重大贡献。

三、领导中共中央南方局整风，参加筹备党的七大

在毛泽东作了《改造我们的学习》的报告之后，周恩来立即组织中共中央南方局有关负责人学习，开始了中共中央南方局整风运动的准备工作。为加强对整风运动的认识，中共中央南方局发表了文章《整顿三风与思想革命》，文章指出："整顿三风是一个思想革命，一件很大的事情，一个严重的斗争。"[②] 思想革命有两个方面的意义，一是肃清过去某些时期统治过我们党，现在仍然残留在党内的错误的思想方法和实践方法，即主观主义、宗派主义和党八股，有利于改造党员的思想。二是用马克思列宁主义作为武器，去战胜不正之风。这篇文章的发表提高了国统区党员对整风运动的认识，为进一步开展整风运动奠定了思想基础。

1943 年 4 月 3 日，《中共中央关于继续开展整风运动的决定》发布。该文件指出："纠正错误思想与肃清内奸分子，是在整风过程中互相联系着。"[③] 该文件要求各地党组织在整风运动中，一定要严格审查干部、党员、肃清内奸。由此，整风运动进入审查干部阶段。根据中共中央的指示，周恩来出席中共中央南方局会议，阐明领导机关要学会怎样审查干部，他指出："审干不是清党，而是认识干

---

① 《周恩来选集》上卷，人民出版社 1980 年版，第 128 页。

② 陈伯达等：《人性　党性　个性》，潮汐社 1947 年版，第 17 页。

③ 《建党以来重要文献选编（1921~1949）》第 20 册，中央文献出版社 2011 年版，第 276 页。

部。做结论、鉴定都要慎重，要不怕麻烦地允许本人申诉。"① "对党员，要求他们肯说真话，敢于说一切话，即使是不满意的话也可以在审委面前讲，说错了也没问题，但是背后说是不对的。党员登记表送中央，因为大后方党员都有断绝联系的可能，登记后就有了保证。审干的方法，要抓住大处，同时要照顾全部，实事求是；发现问题，要追根究底，应负责解决；发生争执时，先弄清事实，然后再加以说服。"② 周恩来同时强调审查干部工作必须严肃认真而细致，要研究每个干部的社会关系、政治倾向、工作能力、历史经过；要从研究干部中懂得爱护、教育、培养、选择、引进、使用干部及纠正他的错误倾向，帮助他进步。审查干部最后应达到的目的是"使干部得到一定的适当的工作岗位，让他发展"③。

根据周恩来的讲话精神，中共中央南方局的干部审查工作由组织部门负责，以部门领导、支部、本人"三结合"的方式进行，不搞神秘化；政治审查结束后，根据本人表现作出组织鉴定，由负责人向本人宣布，审查结论报送中央。中共中央南方局相关领导对干部勤于考察，十分清楚干部的基本情况。在周恩来的领导下，中共中央南方局的审查干部工作进行得十分慎重和严肃。对干部的审查，由中共中央南方局组织部门统一布置，各单位负责人和支部共同进行，在审查过程中坚持实事求是的方针和稳妥的方法，既保持高度的警觉性，又注意不伤害自己的同志。

中共中央南方局的干部审查工作，还包括对失掉党的关系的党员和干部的审查。在紧急疏散和撤退过程中，有些党员失掉了组织关系，来到重庆找中共中央南方局。中共中央南方局组织部门问明（或让他们写材料）他们原在什么地方，隶属什么组织，干什么工作，由谁跟他联系，为什么会失掉联系，等等。情况说清楚后，组织部门进行初步核对，认为基本上可以相信，但又没有正式的组织证明，就暂时当成党员联系。想重新办理组织关系的人很多。对这类人，中共中央南方局组织部门的处理办法是：你说清了情况之后，我们就与你保持联系，同时认真审查，设法找他们原所在组织或联系人证明；原组织或联系人的证明出来了，就恢复组织关系。若一时找不到证明，组织部门继续保持联系；如果长时间找不

①　《周恩来年谱（1898—1949）（修订本）》，中央文献出版社1998年版，第565页。
②　《周恩来年谱（1898—1949）（修订本）》，中央文献出版社1998年版，第565~566页。
③　中共重庆市委党史研究室编：《中共中央南方局大事记》，重庆出版社2004年版，第238页。

到证明人，组织部门就把关系转到延安或转到中原解放区去审查，或等他们原来组织的领导人帮助弄清组织关系。

周恩来十分重视无产阶级政党的意识形态基础，强调马克思列宁主义在意识形态上对党的指导，"共产党里面的思想就只能是马列主义的思想。如果在共产党里面允许别种思想存在，共产党就不能成为国家的领导党，我们的国家就失掉前进的方向了"①。要建立一个坚强的战斗的无产阶级政党，就必须坚决反对一切非无产阶级意识。在国民革命失败后，周恩来指出，当前"党的组织还没有布尔什维克化"的一个重要原因就是"党内还存在许多非无产阶级的意识"②。

在领导中共中央南方局的整风运动时，周恩来强调，领导干部必须首先保持自身的立场，也就是作为一个共产党员的立场、无产阶级的立场，要坚持马克思列宁主义的世界观和革命的人生观，"反对一切实际工作中的机会主义，在目前，特别应反对马虎主义，空谈主义，自大主义，形式主义，事务主义，以及破坏党和军队传统的现象"③。周恩来把领导干部的马克思列宁主义世界观及革命的人生观放在第一位来考虑，是因为认识到了马克思列宁主义信仰及革命思想对领导干部的重要性，共产党员区别于其他人的首要之点就是坚强的马克思列宁主义信仰与革命精神，只有坚持了这两点，才能在时代洪流中保持自身的纯洁性、先进性和革命性。

周恩来分析和批评了党内的非无产阶级意识，包括：极端民主化的倾向；对反机会主义的错误认识；个人意气之争；小组织倾向；制造工学界限；怀疑党的路线；形式主义；雇佣革命的观念；救济会观念；消极怠工。周恩来指出，这十种意识主要概括为三个方面：一是阶级意识上的错误，包括制造工学界限、形式主义、雇佣革命、救济会等方面的内容；二是组织上的极端民主化的错误倾向；如个人的意气之争、小组织的倾向等；三是工作上的消极怠工。④

对知识分子和工人出身的干部，周恩来反对制造党内的工学界限。他明确指出："知识分子虽然有很多动摇的，但是能站在无产阶级的立场来奋斗的人亦不

① 《周恩来统一战线文选》，人民出版社 1984 年版，第 248 页。
② 《周恩来选集》上卷，人民出版社 1980 年版，第 8 页。
③ 《周恩来选集》上卷，人民出版社 1980 年版，第 132 页。
④ 《周恩来选集》上卷，人民出版社 1980 年版，第 8～10 页。

少。"[1] 在确认知识分子的阶级属性时，应主要从阶级立场来看，而不能盲目照搬阶级出身的标准。在党的六大上，党内存在一种不正常的认识，刻意提拔工人出身的干部，结果其中一些人并没有无产阶级的意识，也没有受过马克思列宁主义的教育，因而造成党的工作的失误，因此，周恩来反对形式主义地对待知识分子和工人，要加强对所有党员的无产阶级意识的教育，使其具有无产阶级的立场。周恩来还批评了部分党员把革命看作雇佣劳动的想法，他指出，这种雇佣革命的观念是严重的错误。对一些党员把党看作救济会或救济机关的认识，周恩来认为这种意识只会使党的组织愈加脱离群众，成为一个与群众没有联系的党，从而危害党的发展。[2]

周恩来还分析和批评了极端民主化、个人的意气之争及小组织的倾向。民主集中制本是党的组织的基本原则，但在实际工作中一度偏离了这个方向。周恩来十分注重这种倾向对党组织的危害，视之为"可以把党的组织打得粉碎，以至于消灭"[3] 的危险。周恩来还注意防范党组织内的个人主义、小组织的倾向，这些倾向都是由于私人感情的影响，或因自己的意气而攻击其他党员，不接受他人批评，甚至不站在党的立场上去考虑工作，从而造成纠纷与争斗，周恩来把这种不顾党的大局，而专心私利的行为视为破坏党的最恶劣的倾向。

此外，周恩来批评了党内存在的消极怠工意识，一些党员觉得找不到出路，对革命悲观失望，便心灰意懒，不愿积极工作。周恩来批评这种消极怠工意识是"小资产阶级的悲观主义"。这种消极观念是在面对艰难的革命形势时所产生的退却与堕落的意识。周恩来从现实革命发展的局势来告诫党员，要对革命形势保持乐观的心态，要知道"革命每天都在向前发展"，而党员只要能够找到正确的革命方向，采用正确的革命方针，相应群众的力量，到群众中去，了解群众的想法，便可以扭转这种悲观的情绪，走上积极的道路。周恩来最后号召全党："只要全党同志坚决地一致地奋斗，少数坏蛋断乎不能破坏党的组织。"[4]

在强调领导干部要具有马克思列宁主义信仰与革命精神的同时，周恩来还强调坚持原则、相信群众、学习、奋斗以及纪律性的重要性，党员必须在革命洪

---

① 《周恩来选集》上卷，人民出版社 1980 年版，第 10 页。

② 《周恩来选集》上卷，人民出版社 1980 年版，第 10 页。

③ 《周恩来选集》上卷，人民出版社 1980 年版，第 9 页。

④ 《周恩来选集》上卷，人民出版社 1980 年版，第 11 页。

流中把握住自己。为加强党的无产阶级意识，周恩来强调要扩大党的无产阶级的组织基础，党员要深入到产业工人中去，要到工厂里去建立强固的工厂支部，造成党的新生命，同时要发展党内政治讨论，提高政治水平线，引导每个同志尽可能地讨论一切党的政治问题，发表对政治问题的意见，造成活泼的氛围，加紧党内的政治教育，提高党员的政治素养与理论水平。最后，周恩来强调从党员的职业化及改善支部生活方面来加强党内的意识改造，使党员能在独立生活的情况下深入群众，在群众中扩大党的影响，使党成为真正群众的党。在支部生活上，周恩来强调支部要深入底层中去，去与群众接触，调查和了解当地的政治问题与工作问题，只有在这种情况下，"支部才能成为群众的核心，党员才能成为群众的领导者"①。

中共中央南方局领导的整风运动和审干工作，由于坚持实事求是，既弄清思想，又团结党员，不仅使人心情舒畅，而且使许多党员干部在思想上得到很大提高，作风上有了很大改进，从而激励了党员斗志，增强了党的凝聚力和战斗力，促进国统区党组织的思想统一。通过整风运动，党员的组织观念和群众观念大大加强，革命到底的信念进一步坚定。通过整风运动，全体党员克服了主观主义、宗派主义和党八股，进一步发扬了实事求是的精神和理论联系实际的学风，增强了党性，加强了党的团结统一，提高了党组织的战斗力，使广大党组织和党员能够经受起白色恐怖的考验，为建设思想统一、步调一致、组织坚强的中共中央南方党组织，为迎接革命新高潮的到来奠定了基础。这些对国统区党组织的建设以及取得抗日战争的胜利有重要的作用。

在领导中共中央南方局整风运动的同时，周恩来还参加了党的七大的筹备工作，并出席了党的七大，确定了其在党中央的领导地位。

自党的六大召开以来，中国共产党发生了巨大变化，走过了一段极不平凡的战斗历程。经历了土地革命和抗日战争的洗礼后，中国共产党的队伍有了很大发展，党员思想经过整风运动也得到较大提高，急需召开一次全国性的代表大会，总结党的六大以来中国革命和中国共产党的发展经验，确定夺取抗战胜利的各项方针以及抗战胜利后的发展道路。

---

① 《周恩来选集》上卷，人民出版社 1980 年版，第 13 页。

1941 年 1 月 29 日，周恩来致电中央书记处，请示大会会期、参会人员、工作安排等问题。周恩来还就党的七大开会是否绝对秘密，自己离开重庆以何种事由为好，并须注意掩护其他代表及工作人员回延安等问题向中央致电。最终，中共中央南方局所属党组织派出 58 名正式代表、26 名候补代表组成了大后方代表团，参加了党的七大。[①] 因为国民党反动派故意设置障碍，不同意放行，周恩来没有能及时回到延安，党的七大也没能按计划召开。直到 1943 年 6 月，蒋介石才同意周恩来可以离开重庆。周恩来一行于 7 月 16 日抵达延安。

周恩来到延安后参加了党的六届七中全会，全会主席团会议（扩大）听取周恩来关于同国民党谈判情况的报告。党的七大经过长时间准备，于 1945 年 4 月在延安召开。周恩来作为党的七大主席团常委之一，参与了大会筹备和中央日常事务的领导工作。历时一个多月的党的七大，周恩来全力以赴，和其他领导人、代表一起，保证了大会的圆满召开。毛泽东、朱德、刘少奇、周恩来、任弼时组成党的七大主席团常委会，实际上也是新一届中央领导集体的雏形。周恩来在党的七大期间两次担任会议主席。大会开幕式上，周恩来在毛泽东、刘少奇之后作大会致辞。他的致辞回顾了党的六大以来党的事业发展取得的成就，预测了未来革命的发展前途。他指出："从我党的第六次全国代表大会到现在，已经过了十七个年头。在这两个大会之间的十七年中，我们党经历了国际、国内、党内多次的重大事变，走过了千辛万苦，艰难曲折的道路，终于锻炼成不仅在中国而且在世界也是一个很强大的很有能力的共产党了。"[②] 周恩来充满信心地指出："这是快要胜利的党啊！我党的第七次全国代表大会，在毛泽东同志领导之下，将保证顺利地引导中国走向新民主主义的伟大胜利。"[③] 在党的七大上，周恩来作了《论统一战线》的长篇发言。

选举中央领导集体是党的七大的一项重要内容。周恩来针对代表在讨论中提出的若干具体问题，作了关于选举条例草案的解释说明。代表对选举的目的、方法等有了更多了解，保证了选举的顺利进行。党的七大选举产生了新一届中央委员，周恩来当选为中央委员、中共中央政治局委员。他和毛泽东、朱德、刘少奇、

---

① 李蓉：《周恩来与中共七大》，《中共党史研究》，2008 年第 3 期。
② 《周恩来政论选》下册，中央文献出版社、人民日报出版社 1998 年版，第 501 页。
③ 《周恩来政论选》下册，中央文献出版社、人民日报出版社 1998 年版，第 503 页。

任弼时组成书记处，成为新一届党的领导集体核心成员。

中国共产党第七次全国代表大会是建党以来十分重要的一次大会。这次大会使全党紧密地团结在毛泽东思想的旗帜下，为夺取新民主主义革命的胜利、建立新中国制定了正确的路线、方针和政策，使全党在思想上、政治上、组织上达到空前的统一和团结。周恩来之所以能为党的七大的成功召开作出重大贡献，与民主革命时期他在党的各项工作中发挥的重要作用分不开。从二十世纪二十年代起，周恩来就参加了旅欧共产党组织，参与组建旅欧少年共产党，积极落实了党的统一战线方针，参加了黄埔军校建设和北伐东征。在土地革命时期，周恩来领导了党的军事工作、组织工作和秘密工作。在抗日战争时期，周恩来深入国统区，在严酷的政治环境中出色地领导了南方党组织的发展工作、思想建设工作和统一战线工作，使党的队伍得到较大发展，党员干部的素质得到较大提高，为夺取抗日战争胜利和中国新民主主义革命胜利奠定了基础。解放战争时期，他协助毛泽东领导了党的军事工作，参与指挥了三大战役，为建立新的政治制度和新型国家政权作出了重大贡献。

四、在统战工作、隐秘战线和全国解放战争中作出新贡献

早在土地革命和抗日战争时期，周恩来作为党的第一代中央领导集体的重要成员，领导了党的武装斗争、统一战线和隐秘战线等工作。解放战争时期，随着中央城市工作部的建立，周恩来兼任部长。同时，他作为中央军委副主席和代总参谋长，协助毛泽东指挥了解放战争。

抗日战争胜利初期，经历艰苦抗战的中国百废待兴，全国人民都渴望过上和平、民主的新生活，反对内战。正是在这种情况下，周恩来代表中国共产党同国民党当局反复谈判，向国民党提出的主要要求是："一、承认中国解放区的民选政府和抗日军队。二、撤退包围和进攻中国解放区的国民党军队，避免危害全国人民和扰乱国际和平的内战。三、划定八路军、新四军及华南抗日纵队接受日军投降的地区。四、容许中国解放区抗日军队及其代表参加处置日本投降后的一切重要工作。五、容许中国解放区选出代表参加将来关于处理日本的和平会议及联合国会议。六、严惩汉奸，解散伪军。七、释放爱国政治犯。八、救济被难同胞。九、承认各党派合法地位。十、取消特务机关。十一、取消一切妨碍人民自由的

法令和对新闻出版物的检查条例。十二、在一切收复地区，组织地方性的民主的联合政府，容纳中共及各方面抗日民主分子参加。十三、公平合理地整编军队，办理复员。十四、立即召开各党派及无党派代表人物的政治会议，商讨抗战结束后的紧急措施，制定民主的施政纲领，结束训政，成立民主的举国一致的联合政府，并筹备自由无拘束的普选的国民大会。"①1945 年 8 月到 10 月，周恩来陪同毛泽东赴重庆谈判，促成国共双方签订了《双十协定》。1946 年 1 月，周恩来等七人代表共产党参加了由各党各派及社会贤达出席的政治协商会议，会议通过了《关于政府组织问题的协议》《和平建国纲领》《关于军事问题的协议》《关于国民大会问题的协议》《关于宪草问题的决议》。

但是，国民党坚持反共独裁政策，不愿同中国共产党及其他民主党派联合执政，《双十协定》与政协会议不过是国民党为获得喘息机会的一时之计，随着蒋介石宣布召开由国民党一手包办的"国民大会"，以及国民党在东北及中原地区发动进攻的事实，蒋介石发动内战、消灭共产党和民主势力的野心已昭然若揭。当时中国共产党的主要任务之一是广泛团结各民主党派、民主人士，争取民主与和平，揭露国民党假和平、真内战的阴谋，揭露国民党进犯解放区、挑起内战的真相，教育群众，争取更多的人站在中国共产党一边，建立广泛的人民民主统一战线，周恩来在完成党的这一任务中承担了重要任务。

1946 年 7 月，李公朴、闻一多惨遭国民党特务暗杀。惨案发生后，周恩来在记者招待会上揭露了国民党镇压和平民主运动及其代表人物的法西斯本质，严厉谴责国民党反动派连续制造血案的罪行，他指出："李、闻被杀，是和平民主运动中的一种反动逆流，是反动派想以这种卑鄙手段吓退民主人士。"②当国民党军队进犯解放区时，周恩来多次举行记者招待会，用无可辩驳的事实，揭露美国支持蒋介石挑起内战的罪行和阴谋，向中外人士阐明："国民党政府尚无美国援助，决不能进行如此大规模的内战。中国内战虽由政府军发动，而美国是共谋者。"③在揭露国民党内战独裁的同时，周恩来对文化界朋友和民主人士的安危和健康给予

---

① 《周恩来选集》上卷，人民出版社 1980 年版，第 221～222 页。
② 中共昆明市盘龙区委党史研究室编：《中国共产党昆明市盘龙区历史》第 1 卷，云南人民出版社 2014 年版，第 185 页。
③ 中共张家口地委党史办公室编：《张家口地区党史资料选编》第 3 集，中共张家口地委党史办公室 1986 年版，第 167 页。

了许多关怀，他曾发出《倘时局再恶化应设法安顿文化界朋友》《对进步朋友应多加关照》等指示电。在周恩来的引导和帮助下，许多民主人士明白了共产党维护民主、反对内战的立场，认清了国民党的真面目，站在了共产党一边。

为更好地领导党的统一战线工作，周恩来根据实际情况提出了一系列方针与策略。1947年2月，周恩来根据中国政治形势的发展提出，爱国民主运动总的策略应该是"扩大宣传，避免硬碰，争取中间分子，利用合法形式，力求从为生存而斗争的基础上，建立反卖国、反内战、反独裁与反特务恐怖的广大阵线"①。对在国统区的地下党员，周恩来指示："你们在蒋管区统治尚严的地方尤其是蒋管区大城市中的工作方针，就是要保护我党及民主进步力量，以继续加紧开展人民运动"②，在工作中要既坚定勇敢，又机警谨慎。要时时注意情势的发展，坚持放手动员群众，灵活利用合法与非法的斗争。

为了加强对统一战线工作的领导，1946年12月2日至16日，周恩来在中共中央书记处会议上报告了国统区党的情况，指出党在上海等城市中已经领导一些工会斗争取得了胜利。他还讲了南方各省新四军和游击队发展的情况与存在的困难。他指出："我们在华南发展条件目前很有利。香港地位日渐重要，不但对两广、南洋方面，对欧美联络方面亦日见重要。华南工作甚繁，领导机构需要适当解决，以使统一领导公开与秘密工作。"③会议研究了国统区的工作，决定周恩来兼任中共中央城市工作部部长，李维汉为副部长，还决定中共中央城市工作部最近对国统区的工作要做出指示。

为了做好中共中央城市工作部的工作，周恩来于1947年4月29日为中共中央起草了致各中央局、分局、区党委指示："中央城工部自去年年底改组后，其职务已定为：在中央规定的方针下，研讨与经管蒋管区的一切工作（包括工、农、青、妇），并训练这一工作的干部。"现在除各解放区中央局下设城市工作部外，各解放区的区党委内，如周围有国统区可进行工作的也要设立城市工作部。在国统区"上海局管长江流域及西南各省与平、津、青岛、台湾，香港分局管华南及南洋各地。……各解放区与蒋区地方党间，有互相重复及交叉之处，仍照旧进

---

① 《周恩来选集》上卷，人民出版社1980年版，第269页。
② 《周恩来选集》上卷，人民出版社1980年版，第270页。
③ 《周恩来年谱（1898—1949）（修订本）》，中央文献出版1998年版，第726页。

行，平行发展，不必打通”①。5月5日，周恩来起草了《中共中央关于蒋管区工作方针的指示》：“要保护我党及民主进步力量，以继续加紧开展人民运动。……放手动员群众进行反美反蒋的方针，灵活地既结合又分别合法与非法的斗争。……推动群众斗争，开展统一战线，如此，方能配合解放区胜利，推动全国新高潮的到来。”②5月23日，周恩来代表中共中央致电叶剑英、李维汉转上海局、香港分局并告朱德、刘少奇，提出要运用灵活的斗争策略，“使一切群众斗争都为着开辟蒋管区的第二战场，把人民的爱国和平民主运动大大地向前推进”。同日又发电提出：为了瓦解蒋介石镇压后方的力量，应赶紧进行青年军及宪警中的士兵工作，“使之由同情学生要饭吃、要和平的斗争，进到其本身要求加饷退伍的斗争”③。

鉴于国民党对民主党派及民主人士的压迫，周恩来为保护国统区民主人士做了大量的工作。1948年4月30日，中国共产党发布了纪念“五一”劳动节口号后，得到民主党派、无党派民主人士的热烈响应，周恩来指示地下党加快护送民主人士赴解放区的进程。在他的精心安排下，一大批民主党派领导人和著名的文化界爱国民主人士到达解放区，与中国共产党共商建国大计。这是我党统一战线和多党合作发展史上一件具有里程碑意义的事件，标志着各民主党派和无党派人士公开、自觉地接受中国共产党的领导，标志着中国的民主政治建设和政党制度建设揭开了新的一页。

周恩来在解放战争中卓有成效地开展统一战线工作，团结了一大批爱国民主人士，为人民民主统一战线争取了盟友，对解放战争胜利有重要作用。一大批知识分子在重要历史关头，不受国民党的蒙蔽和欺骗，毅然留在祖国大陆，为新中国的社会主义建设事业作出了重大贡献。

在领导党的统一战线工作的同时，周恩来还领导了党的秘密战线的工作。秘密工作是党的各项工作中不可缺少的一环，周恩来是党的秘密工作的创始人和领导者。

周恩来认为情报工作与统战工作要互相配合，他在给潘汉年的指示中指出：“在上海除抓好情报系统工作外，要积极开展统一战线的活动，利用他和社会各界

---

① 《周恩来年谱（1898—1949）（修订本）》，中央文献出版1998年版，第750页。
② 《周恩来年谱（1898—1949）（修订本）》，中央文献出版1998年版，第751页。
③ 《周恩来年谱（1898—1949）（修订本）》，中央文献出版1998年版，第753页。

人士熟悉的有利条件，为中共争取更多的朋友和同盟者。"①

周恩来在敌人内部建立并发展重要的情报关系时，很注重选派干练人员打进敌人重要部门，获取核心秘密和战略情报。早在土地革命时期，周恩来运筹帷幄，安排李克农、钱壮飞等杰出的情报人员成功打进国民党核心机构，在关键时刻挽救了党中央，成就了我党隐蔽斗争历史的一段辉煌。抗日战争和解放战争时期，周恩来在国民党重要实力派胡宗南、傅作义、白崇禧身边都安排了我党的情报人员，获取了许多关键情报。熊向晖作为负责进攻陕北的胡宗南部的机要秘书，早年秘密加入中国共产党，受周恩来直接领导。在胡宗南部进攻延安之时，熊向晖利用自身的职务，向延安传达了胡宗南进攻延安的详细计划，使党中央得以安全转移，周恩来称赞他在"关键时刻又一次保卫了党中央"②。曾任国民党政府国防部作战厅厅长郭汝瑰，第三绥靖区副司令官何基沣、张克侠，以及白崇禧机要秘书谢和赓等都是隐蔽战线的共产党员，都为我党提供了重要的情报。解放战争时期，傅作义的秘书、秘密共产党员阎又文提供的重要战略情报为平津战役的胜利及推动傅作义和平起义，发挥了重要作用，加快了解放战争的胜利进程。

在领导统战工作和秘密工作的过程中，周恩来还抽时间召开机要工作会议，指出秘密战线对敌斗争的性质。周恩来阐明："这种斗争，是政治与技术相结合的斗争。我们在技术上落后于国民党，但是我们可以学习，可以进步，总有一天能赶上他们；但在政治上，我们是先进的，我们的人员有高度的政治觉悟，有严格的制度，这是他们永远赶不上的。"③周恩来特别强调秘密工作中政治的重要性，并指出正是我们在政治上的先进性才得以使我们有可能战胜敌人在技术上的先进性，在实际的秘密工作中，也正是有着先进政治性的秘密共产党员的努力，在关键时刻为党着想，为人民的事业着想，才取得了这条战线的最终胜利。周恩来还指出："党与民主团体、群众组织及进步人士等关系，亦要多发展极端隐蔽党员及同情分子，成单线领导，居中工作，不要以党的公开面目经常来往，尤要避免书信文件来往，以防牵涉。"④周恩来还对党的组织工作提出了要求："党的组织要严守精干隐蔽，平行组织，单线领导，不转关系，城乡分开，上下分开，公开与秘

---

① 尹骐：《潘汉年的情报生涯》，中共党史出版社 2018 年版，第 140 页。
② 胡长明：《大智周恩来》，中共党史出版社 2008 年版，第 278 页。
③ 童小鹏：《风雨四十年：童小鹏回忆录》第 1 部，中央文献出版社 1994 年版，第 518 页。
④ 《周恩来选集》上卷，人民出版社 1980 年版，第 270 页。

密分开等原则"，避免各处人员相互牵连。同时，在对党的高级领导机关周恩来提出要求，"高级领导机关更须十分隐蔽，少开会，少接头，多做局势与策略指导的工作"。在此基础上，周恩来对蒋管区的城市工作总结道："蒋管区城市工作，一切要从长期存在打算，以推动群众斗争，开展统一战线，如此，方能配合解放区胜利，推动全国新高潮的到来。"①

争取和策动国民党高级将领率部起义是我们党统战工作和秘密工作的一个重要方面，何基沣、张克侠、廖运周的起义就是一个成功案例。1946年夏，周恩来在南京秘密会见了地下党员张克侠，对在国民党军队中如何进行工作给予了具体指示："要向国民党官兵，向那些高级将领和带兵的人，说明共产党的政策，指明他们的出路。……也要从敌人内部去打击顽固派。要争取策动高级将领和大部队起义，这样，可以造成更大声势，瓦解敌人的士气。"②遵照周恩来的指示，经过我党地下工作者的耐心工作，在淮海战役的第一阶段，何基沣、张克侠、廖运周率三个半师起义，为我军迅速歼灭黄百韬兵团，为淮海战役的胜利发挥了重要作用。

在辽沈战役中，周恩来亲自致信给曾经的黄埔学生、国民党东北"剿匪"总司令部副总司令郑洞国，陈述时局，晓以国家大利，希望他"回念当年黄埔之革命初衷，毅然重举反帝反封建大旗，率领长春全部守军，宣布反美反蒋、反对国民党反动统治，赞成土地改革，加入中国人民解放军行列"③。郑洞国率部放下武器，加速了长春的解放。在推动吴化文、韩练成、程潜、刘文辉、邓锡侯、潘文华以及、"重庆"号巡洋舰的起义工作中，周恩来都发挥了一定的作用。解放战争时期周恩来领导的党的统战工作与秘密工作取得了辉煌的成就。

在解放战争中，周恩来充分发挥了军事特长。他担任中共中央军委副主席、军委代总参谋长，是共产党革命武装的重要领导人，是毛泽东军事上的重要助手，协助毛泽东指挥了夺取全国最后胜利的战略决战。

胡宗南进攻延安时，为使中央军委便于指挥解放战争，同时能使中央机关能在安全地区正常工作，中央决定由毛泽东、周恩来、任弼时组成中央前委，留在

---

① 《周恩来选集》上卷，人民出版社1980年版，第270~271页。
② 中国人民解放军历史资料丛书编审委员会：《淮海战役回忆史料》，解放军出版社1988年版，第387页。
③ 《周恩来选集》上卷，人民出版社1980年版，第313页。

陕北。在转战陕北期间，作为毛泽东的主要助手，周恩来协助指挥了解放战争，促进了解放战争由战略防御向战略进攻的转变，还主持了党中央的日常工作，包括纠正土地改革中出现的问题、领导中共中央城市工作部及党的秘密战线的工作，他常常"工作到凌晨才去睡觉，到了九点又准时起床，一天顶多休息五个小时，其余时间便一直埋头在工作里"①。

随着中共中央迁往河北平山县西柏坡，中国人民解放军进入全面反攻的战略阶段。1948年4月30日至5月7日，中共中央在城南庄召开了书记处扩大会议，研究制订了歼敌主力于长江以北的战略计划。这次会议后，周恩来将工作重心转移到协助毛泽东指挥解放战争，不再兼任中共中央城市工作部部长。

在豫东战役与晋中战役后，为准备战略决战时期的军事部署与争取全国胜利早日到来，1948年9月8日至13日，中共中央政治局会议在西柏坡召开。周恩来在会上作了关于第三年军事计划与军队建设的发言，提出要"把战争继续引向国民党统治区"②，使战争负担加之于敌，同时"应准备若干次带决定性的大的会战"③的问题。此后不久，便爆发了解放战争中规模空前的战略决战。

三大战役是在毛泽东直接指挥下进行的，周恩来作为中共中央军委副主席和代总参谋长，是毛泽东的主要助手。毛泽东是三大战役的主要决策者，周恩来是参与决策并具体组织实施者。周恩来对敌我双方的战争态势、兵力部署、作战特点、战斗力对比，以至于国民党指挥将官的简历、性格等，都做了仔细研究，许多军事方面的文电都是经毛泽东决策后，由周恩来签发的。解放战争中，周恩来出色完成了党交付的军事指挥工作和参谋工作，对三大战役和中国新民主主义革命的伟大胜利发挥了十分重要的作用。

1949年3月，党的七届二中全会在西柏坡召开。会议确定了迅速夺取全国胜利的各项方针。周恩来在会上强调了提高党员思想素质的重要性，他认为："一个同志一旦入党，那只是他在组织上入了党，思想上还不一定完全入党。"④他要求党员干部要很好地学习，开展批评与自我批评，互相帮助，做与人民群众血肉相连的、信仰坚定的好党员。他还向全党提出了"学习毛泽东"的号召。他要求青

---

① 金冲及主编：《周恩来传 1898—1949》，中央文献出版社 1998 年版，第 884 页。
② 《周恩来年谱（1898—1949）（修订本）》，中央文献出版社 1998 年版，第 805 页。
③ 《周恩来年谱（1898—1949）（修订本）》，中央文献出版社 1998 年版，第 805 页。
④ 《周恩来选集》上卷，人民出版社 1980 年版，第 327 页。

年人要有毛泽东那样不怕困苦、勇敢前进的精神，要在实际工作中敢于克服困难，排除急躁、骄傲、气馁、灰心、丧气的情绪，学习毛泽东的学习作风和工作作风，老老实实，实事求是，脚踏实地，稳步而又勇敢地前进。

五、出色完成筹建人民政协和新中国政权的历史重任

随着解放战争临近胜利及中国政治、军事形势的快速变化，周恩来的工作重心逐渐转移到筹建人民政协和共产党领导的新型人民政权上来。周恩来在这方面的开创性贡献主要表现在三个方面。

（一）参与起草了《中国人民政治协商会议共同纲领》，并主持制定了许多重要规章制度

从 1948 年 10 月起，周恩来已同一些民主党派代表商讨筹建新的政治协商性组织，开始思考起草该组织的共同纲领问题。按照中共中央的最初设想，成立中央人民政府的步骤是先召开政治协商会议，讨论并组织召开人民代表大会，再由人民代表大会选举产生中央人民政府。在讨论过程中，民主人士章伯钧、蔡廷锴提出，新政协即等于临时人民代表会议，即可产生临时中央政府。中共中央赞成并接受了这一建议。同年 11 月 3 日，周恩来在为中共中央起草致李富春等的电文中指出："依据目前形势的发展，临时中央人民政府有很大可能不需经全国临时人民代表会议即径由新政协会议产生。"[①]

从 1949 年春天开始，周恩来加紧进行中央人民政府的组建工作。在西柏坡期间，他审阅修改了《关于新的政治协商会议诸问题的协议》《新政治协商会议筹备会组织条例（草案）》《参加新政协筹备会各单位民主人士候选人名单》《中华人民共和国政府组织大纲（草案）》《中国人民民主革命纲领（草案）》等重要文件，积极筹划着建立一个共产党领导下的多党合作的民主的新型国家政权。他和毛泽东等中央领导人精心绘制了新中国诞生和发展的蓝图。周恩来在起草《中国人民政治协商会议共同纲领》时，对如何界定新政协会议的性质与职权，临时中央政府产生后政协会议在国家政治生活中发挥什么作用等重要问题进行了认真思考。他在民主人士座谈会上谈道："我们希望从新政协产生出中央政府。……政协是中国

---

① 《周恩来年谱（1898—1949）（修订本）》，中央文献出版社 1998 年版，第 815 页。

人民的统一战线组织，可以作为组织形式长期保存下来，将来有些大问题可在政协会议谈。在没有召开全国人民代表大会之前，政协可存在，有了人代会，政协成为参谋部。"①

周恩来以毛泽东在党的七届二中全会上的报告和《论人民民主专政》一文为基本指导思想，花费了大量心血，起草了《中国人民政治协商会议共同纲领》，在纲领草拟过程中，他曾数易其稿，最初标题为《新民主主义纲领》，后改为《新民主主义的共同纲领》，最后定为《中国人民政治协商会议共同纲领》，后又进行了多次讨论和修改，前后用了近一年才得以完成和通过。1949 年 2 月，周恩来对《中国人民民主革命纲领草稿》第二稿进行修改后，把它同《新政治协商会议筹备会组织条例（草案）》《参加新政协筹备会各单位民主人士候选人名单》《中华人民共和国政府组织大纲（草案）》等相关文件汇编成册，定名为《新的政治协商会议有关文件》，送交政协筹备会全体会议讨论。《中国人民政治协商会议共同纲领》经过政协代表多次讨论和修改，广泛地吸收了各方面的意见。9 月 22 日，周恩来在政协会议上作了《关于〈中国人民政治协商会议共同纲领〉草案的起草经过和特点》的报告。

（二）筹建了人民政协和新中国政府的组织机构，并妥善安排了合适人选

第一届中国人民政治协商会议的成功召开和中华人民共和国中央人民政府的成立，与周恩来的辛勤付出密不可分。他不仅对人民政协和新的政府体制进行了思考，更重要的是他领导了第一届人民政协和中央人民政府的各项筹备工作。在中国人民政治协商会议正式召开之前，需要先召开筹备会议，就政协参加单位与代表、重要文献的起草等问题进行讨论。1949 年 6 月 11 日，新政治协商会议筹备会预备会议召开，周恩来与各方代表商定参加新政协筹备会的单位和人选。为加速新政协的筹备工作，在新政协筹备会召开期间，周恩来身兼数职，担任新政协筹备会常务委员会副主任，领导筹备会各项工作；担任新政协筹备会第三小组组长，负责主持起草《中国人民政治协商会议共同纲领》；担任新政协筹备会党组干事会书记，确保中共对筹备会的领导权。他是新政协筹备会上最繁忙、最辛苦的领导人。

---

① 中共河北省委统战部编著：《追忆李家庄》，华文出版社 2018 年版，第 132 页。

周恩来在设计新政协的组织机构和安排政协领导人选时主要注重以下三点。

其一，在安排新政协筹备会委员时，尽量多安排一些民主党派人士，但要使中共党员占有优势。1949 年初，周恩来安排的新政协筹备委员共 134 人，其中国共产党党员 43 人，进步人士 48 人，中间人士 43 人，其中中间偏右者只有 16 人，在进步人士中有 15 个秘密党员。①

其二，在新政协筹备会常委会及工作小组中都要有民主人士参加，但要使中共居于领导地位。新政协筹备会成立了由 21 人组成的常务委员会，毛泽东为常委会主任，周恩来、李济深、沈钧儒、郭沫若、陈叔通为副主任，李维汉为秘书长。常务委员中有中共党员七人。在下设的六个工作小组中，有三个小组的主要负责人是中共党员。②

其三，在新政协筹备会中专门成立了党组干事会及常委会，以确保中共在新政协筹备工作政策上的一致。周恩来亲自拟定了 21 人组成的党组干事会成员名单，具体分工如下：周恩来、林伯渠、李维汉、齐燕铭负责党派工作；陈云、薄一波负责财经工作；董必武、陈绍禹负责政法工作；聂荣臻、叶剑英、罗瑞卿负责军事工作；胡乔木、徐冰、周扬、钱俊瑞、廖承志负责文教工作；李立三、蔡畅、冯文彬负责工青妇工作；连贯、杨静仁负责农民、少数民族和华侨工作。干事会以周恩来、林伯渠、李维汉、徐冰、李立三五人为常委，周恩来为书记。按照规定：凡关于政治性及政策性的问题，必须事先向所属党组提出，经过党组讨论或经党组负责同志同意后始得向党外提出；对于党组的一切决定，应坚决执行；同时在工作中发现的各种问题，也应及时向所属党组报告。③

（三）主持召开了多次新政协筹备会，参与决定了一系列重大决策，推动了新中国政治制度的诞生

1949 年 6 月 15 日，新政治协商会议筹备会第一次全体会议在中南海勤政殿召开，周恩来担任大会临时主席并致辞。次日，周恩来在新政协筹备会第一次全体会议上作关于《新政治协商会议筹备会组织条例（草案）》的解释报告和草案第八条关于表决问题的说明，指出筹备会的主要任务是协商确定参加正式会议的各

---

①《中华人民共和国开国文选》，中央文献出版社 1999 年版，第 66 页。

②《中华人民共和国史稿简明读本》编写组：《中华人民共和国史稿　简明读本》，学习出版社 2015 年版，第 26 页。

③《建国以来周恩来文稿》第 1 册，中央文献出版社 2008 年版，第 111～112 页。

单位和代表人数，决定召开正式会议的时间、地点、议程，拟定新政治协商会议组织条例草案，起草共同纲领，起草成立政府方案，协商政府领导人选。会议修正并通过了《新政治协商会议筹备会组织条例》，通过了新政协筹备会常务委员会名单，周恩来当选为新政协筹备会常务委员。当天晚上，周恩来主持新政协筹备会常务委员会第一次会议，会议决定在常务委员会领导下设六个工作小组，分别完成以下任务：拟定参加新政协的单位及代表人数；起草新政协组织条例；起草共同纲领；起草政府方案；起草宣言和拟定国旗国徽国歌方案。

6月19日，周恩来主持新政协筹备会第一次会议，李维汉代表第一小组向会议报告关于参加新政治协商会议的单位及其代表名额规定的说明，会议通过了《关于参加新政治协商会议的单位及其代表名额的规定》。周恩来在会上就无党派民主人士的称谓与实质问题作说明，他指出，无党派民主人士是"没有党派组织的有党派性的民主人士"[1]。随后，第一次全体会议闭幕，筹备工作继续由筹备会常务委员会和它所领导的六个小组分别承担起来。6月21日，周恩来主持新政协筹备会常委会第二次会议。次日，周恩来在新政协筹备会党组会上作关于新政协筹备会的工作与统战工作的报告，他再次明确指出："新的政治协商会议的召开，就是人民民主统一战线的具体组成。中央政府成立后，政协便成为中共领导的各党派的协议机关。国家的一切大事都可以事前在此协商。人民民主统一战线是长期的。"[2]7月5日，周恩来主持新政协筹备会常委会第三次会议。会后，周恩来出席新政协筹备会召集的各民主党派、各人民团体代表座谈会。在会上作关于新政协统一战线、外交政策、各民主党派前途等问题的报告。8月26日、27日，他又主持召开了新政协筹备会常委会第四次会议。会议讨论了参加新政协会议的代表名单草案，修改并基本通过了政协会议组织法草案和中央人民政府组织法草案。在讨论政协组织法时，周恩来指出："在人民民主国家中需要统一战线，即使在社会主义时期，仍然要有与党外人士的统一战线。要合作就要有各党派统一合作的组织。如果形成固定的统一战线组织，名称也要固定，建议称为中国人民政治协商会议。"[3]

---

① 《建党以来重要文献选编（1921～1949）》第 26 册，中央文献出版社 2011 年版，第 483 页。

② 金冲及主编：《周恩来传》2，中央文献出版社 1998 年版，第 948 页。

③ 《周恩来年谱（1898—1949）（修订版）》，中央文献出版社 1998 年版，第 859 页。

9 月 13 日，周恩来主持新政协筹备会常委会第五次会议，修改并基本通过《中华人民共和国中央人民政府组织法（草案）》，讨论修改《中国人民政治协商会议共同纲领（草案）》，决定再将它们提交政协会议代表分组讨论。会议还对筹备会的其他工作做出安排。9 月 16 日，他主持召开了新政协筹备会常委会第六次会议。会议通过《中国人民政治协商会议组织法修改草案》《中华人民共和国中央人民政府组织法修改草案》《中国人民政治协商会议共同纲领修改草案》等。次日，他主持新政协筹备会常务委员会第七次会议。会议决定由承担起草大会宣言和拟定国旗国歌国徽这两项工作的两个小组直接向中国人民政治协商会议第一届全体会议主席团提出报告。根据周恩来的提议，新政治协商会议正式定名为中国人民政治协商会议。周恩来在政协会议上解释《中国人民政治协商会议共同纲领》时特意说明：共产党的目的是"建设一个独立、民主、和平、统一和富强的新中国"①。新中国"行使国家政权的机关就是各级人民代表大会和各级人民政府"。他进而阐述了中国共产党政权的主要制度和政策："新民主主义的政权制度是民主集中制的人民代表大会的制度"②，我们的军队是"人民的军队"；我们的经济政策要"达到发展生产繁荣经济的目的"，"国营经济是领导的成分"；我们的文化政策是"民族的形式，科学的内容，大众的方向"③；我们的外交政策为"保障本国独立、自由和领土主权的完整，拥护国际的持久和平和各国人民间的友好合作"④，我们的国家要"成为各民族友爱合作的大家庭"⑤。

1949 年 9 月 21 日，中国人民政治协商会议第一届全体会议隆重开幕。9 月 27 日，中国人民政治协商会议第一届全体会议一致通过了《中央人民政府组织法》《中国人民政治协商会议组织法》，确定了中华人民共和国国都、纪年、国歌、国旗等决议。会议决定：中华人民共和国国都定于北平，复名北京；改用公元纪年；国歌暂用《义勇军进行曲》；国旗为五星红旗。9 月 29 日，中国人民政治协商会议第一届全体会议一致通过《中国人民政治协商会议共同纲领》。10 月 1 日，中华人民共和国中央人民政府第一次全体会议，一致确定《中国人民政治协商会议

---

① 《周恩来选集》上卷，人民出版社 1980 年版，第 367 页。
② 《周恩来选集》上卷，人民出版社 1980 年版，第 369 页。
③ 《周恩来选集》上卷，人民出版社 1980 年版，第 370 页。
④ 《周恩来选集》上卷，人民出版社 1980 年版，第 371 页。
⑤ 《建国以来重要文献选编》第 1 册，中央文献出版社 1992 年版，第 12 页。

共同纲领》为中央人民政府施政方针。这样，在周恩来的领导和主持下，《中国人民政治协商会议共同纲领》和《中央人民政府组织法》等纲领性文件的起草、修改和通过，为新中国中央政府的成立奠定了法律基础。

中国人民政治协商会议第一届全体会议肩负着组建第一届中央人民政府的重任。1949 年 9 月 30 日，中国人民政治协商会议第一届全体会议胜利闭幕。会议选举产生了 180 人组成的中国人民政治协商会议第一届全国委员会和 63 人组成的中央人民政府委员会。会议选举毛泽东为政协主席，选举周恩来、李济深、沈钧儒、郭沫若、陈叔通为政协副主席。1949 年 10 月 1 日下午 2 时，在中央人民政府委员会举行的第一次会议上，中央人民政府主席、副主席和全体委员宣誓就职。毛泽东担任中央人民政府主席，朱德、刘少奇、宋庆龄、李济深、张澜、高岗任中央人民政府副主席，沈钧儒为最高人民法院院长，罗荣桓任最高人民检察署检察长，陈毅等 56 人为中央人民政府委员。[①] 周恩来当时担任党政军各项要职，他不但是中央书记处书记、中央军委常务副主席、中国人民政治协商会议第一副主席，还被任命为中央人民政府政务院总理兼外交部部长。中央人民政府责成他从速组织政府机构，执行政府各项工作。10 月 1 日下午 3 时，开国大典在天安门广场举行，中华人民共和国从此正式诞生。

中国共产党领导的多党合作和政治协商制度的建立及第一届中央人民政府的成立，是与周恩来付出的大量辛勤工作密不可分的。在民主革命时期，他为中国共产党的建立、发展、壮大作出了不可磨灭的贡献，特别是在中国民主革命临近胜利阶段，他担负起党赋予他的筹备人民政协和第一届中央人民政府的重任，成为中国共产党领导的新型国家政权和新型政治制度的伟大奠基者之一。

---

① 中共中央党史研究室：《中国共产党的九十年》，中共党史出版社、党建读物出版社 2016 年版，第 346 页。

第二章 周恩来在党的统一战线工作中发挥了特殊作用

　　周恩来长期参加和领导党的统一战线工作，取得了卓越的成绩，发挥了特殊的作用。早在 1923 年，他就帮助组建和参与领导国民党驻欧支部，在第一次国共合作时期担任黄埔军校政治部主任、东征军政治部主任。抗日救亡运动兴起后，他审时度势，坚决拥护并积极贯彻落实我们党的建立抗日民族统一战线方针，从和平解决西安事变，到八路军、新四军的改编，他为第二次国共合作的建立发挥了特殊作用。他积极投身统一战线的实际工作中，努力团结国内外各界各党派一致抗日，从出任国民政府军事委员会政治部副部长，到参加国共两党抗战筹划，再到妥善处理皖南事变，周恩来为建立、维护、巩固、发展抗日民族统一战线发挥了无可替代的作用。在长期同国民党和各民主党派联系的过程中，周恩来对党的统战方针、政策、策略有充分的认识和理解，并对党的统战理论问题进行了认真思考。1939 年，他给共产国际撰写了《中国问题备忘录》，备忘录第二部分就是介绍中国抗日民族统一战线的形势和特点。全面抗战时期，他一直领导着国统区的统战工作，代表共产党处理同国民党和各党派关系，对维护和扩大统一战线有深刻的体验和思考。1945 年，在党的七大上，周恩来对党的统一战线的建立和发展历程以及取得的经验教训做了系统总结。解放战争时期，他担任中央城市工作部第一任部长，在协助毛泽东指挥解放战争的同时，领导了国统区反蒋第二条战线的斗争。为了创建新中国，周恩来布置和安排了大批民主人士秘密前往解放区，一同协商召开政治协商会议等重大问题。新中国成立后，周恩来先后担任中国人民政治协商会议副主席、主席，在中国新型政党制度的建立、完善和发展过程中，在海峡两岸的沟通过程中，在贯彻执行社会主义时期党际关系的"长期共存、互相监督"①八字方针中，在团结帮助爱国知识分子为社会主义建设贡献力量中，均发挥了重要的作用。中国共产党成为执政党后，周恩来领导的社会主义革命和建设时期党的统战工作，不但成就斐然，而且影响深远。

在领导党的统一战线工作中，周恩来不但在实践上做出了探索和贡献，而且对统战理论进行了深入思考和总结。他对如何搞好党的统一战线提出了许多富有创新价值的见解和论断，是我们党宝贵的经验总结和精神财富。周恩来的统一战线思想是毛泽东思想中特别是毛泽东统一战线思想中不可或缺的组成部分。周恩来的统战思想，不仅发挥了重要历史作用，而且具有很强的现实意义。新时期的统战工作需要提高党的组织能力和社会整合能力，需要多元主体的参与，周恩来对统一战线中坚持无产阶级领导权问题的重视，对如何领导各派力量完成共同目标的论述，为我们在新的形势下团结不同阶层人士提供了宝贵的经验，值得我们深入研究、学习和借鉴。在中国特色社会主义进入新时代的今天，维护和继续扩大统一战线仍然是必须慎重处理好的问题，传承和弘扬周恩来杰出的统战思想、民主意识、团结精神，学习其高超的政治智慧和人际沟通艺术，对我们在新形势下继续发展爱国统一战线、最终完成祖国统一大业具有重要的启示和借鉴意义，对妥善处理新时代的党际关系、团结各界爱国人士、实现党的奋斗目标无疑是大有裨益的。

第一节　周恩来统战思想的来源、内涵与特色

一、周恩来统一战线思想的理论来源

统一战线是中国共产党克敌制胜的三大法宝之一，统战理论是共产党建设理论的重要组成部分。中国共产党的统一战线理论来源于马克思主义，统战实践的成功是周恩来等老一辈无产阶级革命家在长期革命实践中探索的结果。经过几代中国共产党领导人对马克思列宁主义统战理论的继承与发展，党的统一战线理论体系已经成熟，对指导我们党领导人民夺取新民主主义革命和社会主义革命与建设的胜利发挥了重要作用。

① 《周恩来统一战线文选》，人民出版社1984年版，第351页。

（一）马克思恩格斯提出建立无产阶级统一战线的思想

马克思恩格斯是无产阶级统一战线理论的创始人。他们的许多著作皆阐述了建立统一战线的思想，其主要内容包括以下几个方面。

首先，马克思恩格斯提出了无产阶级在革命进程中要联合其他阶级、联合其他政治派别的思想。马克思在《1848 年至 1850 年的法兰西阶级斗争》一文中，提出无产阶级要把争取同盟者放在重要地位。马克思认为无产阶级的革命起义能不能夺取胜利，关键在于能否团结广大的中间阶层，特别是占人口大多数的农民。马克思指出，在一切农民国度中，无产阶级的革命如果得到农民的支持就会形成一种合唱，如果没有得到农民的支持，那么，它的独唱是不免要变成孤鸿哀鸣的。在《共产党宣言》中马克思恩格斯提出，无产阶级要善于和各种政治派别，特别是资产阶级政治派别进行联合。当时的欧洲存在许多小资产阶级政治派别、资产阶级政治派别和空想社会主义派别，如何联合这些党派是无产阶级政党需要解决的问题。《共产党宣言》中还提出了一个著名论断："共产党人到处都支持一切反对现存的社会制度和政治制度的革命运动。"①

其次，马克思恩格斯提出了无产阶级政党在革命进程中要保持自己的独立性的思想。坚持无产阶级政党的独立性，保持党的高度统一，是无产阶级纯洁性、先进性的体现，也是维护无产阶级根本利益的必然要求。1889 年 12 月，恩格斯在写给格尔松·特利尔的信中指出，无产阶级在与其他阶级的政党联合行动时，"必须以党的无产阶级性质不致因此发生问题为前提"②。恩格斯认为保持无产阶级政党的独立性是不能变的。保持无产阶级政党独立性，还包含在统一战线中要掌握领导权的思想。马克思明确指出："在政治上为了一定的目的，甚至可以同魔鬼结成联盟，只是必须肯定，是你领着魔鬼走而不是魔鬼领着你走。"③马克思进一步明确指出，保持无产阶级政党的独立性，就是保持党的独立的思想、言论、纲领、政策、组织、行动，并保持对同盟者批评的权利。如果丧失了这种独立性，就丧失了对统一战线的领导权。

最后，马克思恩格斯阐述了关于统一战线的重要作用问题。马克思清楚地认

---

① 《马克思恩格斯文集》第 2 卷，人民出版社 2009 年版，第 66 页。
② 《马克思恩格斯文集》第 10 卷，人民出版社 2009 年版，第 578 页。
③ 《马克思恩格斯全集》第 11 卷，人民出版社 1995 年版，第 552 页。

识到，无产阶级要取得革命的胜利，必须团结一切可以团结的同盟者，组成广泛的革命统一战线，孤立和打击主要敌人，无产阶级如果放弃了应该团结和可能团结的力量，必然使自己陷于孤立，增加敌人的同盟者，招致革命的损失或失败。马克思恩格斯提出的一个重要主张就是："共产党人到处都努力争取全世界民主政党之间的团结和协调。"① 恩格斯还进一步指出："任何一个工人政党每当背离这个策略纲领的时候，都因此而受到了惩罚。"②

（二）列宁关于建立革命统一战线的思想和策略

列宁将马克思主义基本原理与俄国实际结合起来，领导十月革命取得了胜利，建立了世界上第一个社会主义国家，在革命实践中丰富和发展了马克思主义的统一战线思想。列宁的统一战线思想和策略主要包括以下几个方面。

首先，落后国家要想取得革命胜利必须建立最广泛的统一战线。列宁认为，在东方落后的殖民地半殖民地国家里，农民占人口的大多数。因此，无产阶级要建立统一战线，必须同农民建立巩固的联盟。无产阶级如果不同本国的农民运动发生联系，不支持农民运动，就不能推行自己的政策，也就不可能取得革命的胜利。列宁认为："这个联盟可以成为'真诚的联合'，真诚的联盟，因为雇佣工人和被剥削劳动农民的利益没有根本相悖的地方。社会主义完全能够满足两者的利益。而且只有社会主义才能满足他们的利益。因此，无产者同被剥削劳动农民之间的真诚的联合是可能的，也是必要的。"③ 列宁的统一战线思想无疑对包括中国在内的东方国家的革命运动有重要的指导意义。

其次，列宁认为无产阶级除与农民建立巩固的同盟之外，还要尽最大努力把其他阶级和阶层中赞成和同情革命的人团结在自己周围，充分利用一切有利于革命的因素，最大限度地壮大革命的力量。列宁指出："要战胜更强大的敌人，就必须尽最大的努力，同时必须极仔细、极留心、极谨慎、极巧妙地一方面利用敌人之间的一切'裂痕'，哪怕是最小的'裂痕'，利用各国资产阶级之间以及各个国家内资产阶级各个集团或各种类别之间利益上的一切对立，另一方面要利用一切机会，哪怕是极小的机会，来获得大量的同盟者，尽管这些同盟者可能是暂时的、

---

① 《马克思恩格斯文集》第 2 卷，人民出版社 2009 年版，第 66 页。
② 《马克思恩格斯文集》第 4 卷，人民出版社 2009 年版，第 4 页。
③ 《列宁选集》第 3 卷，人民出版社 2012 年版，第 360 页。

动摇的、不稳定的、不可靠的、有条件的。谁不懂得这一点，谁就是丝毫不懂得马克思主义，丝毫不懂得现代的科学社会主义。"① 正是在列宁这一思想的指导下，共产国际第四次代表大会对东方国家的反帝统一战线作出了指示，直接促成了中国共产党和国民党的第一次合作。

最后，列宁指出无产阶级政党在统一战线中必须采取正确的策略，必须坚持独立性。为了掌握统一战线的领导权，巩固和发展统一战线，最终取得革命的胜利，必须保持无产阶级政党在统一战线中的独立性。在统一战线中，除无产阶级及其政党之外，还有许多非无产阶级阶层及其代表。他们在加入统一战线的同时，也把各种非无产阶级意识和政治主张带进了统一战线。因此，无产阶级在和其他阶级和阶层建立统一战线时，必须保持思想上、政治上和组织上的独立性。列宁明确指出，为了推动落后国家的民族运动，"共产国际应当同殖民地和落后国家的资产阶级民主派结成临时联盟，但是不要同他们融合，要绝对保持无产阶级运动的独立性，即使这一运动还处在最初的萌芽状态也应如此"②。这就为东方落后国家的无产阶级政党在统一战线中如何保持独立性提供了行动指南。中国共产党成立后不久，共产国际就提出共产党应与国民党合作，并通过了《共产国际执行委员会关于中国共产党与国民党的关系问题的决议》。《共产国际执行委员会关于中国共产党与国民党的关系问题的决议》指出："只要国民党在客观上实行正确的政策，中国共产党就应当在民族革命战线的一切运动中支持它。但是，中国共产党绝对不能与它合并，也绝对不能在这些运动中卷起自己原来的旗帜。"③ 国共合作不能以取消中国共产党的独立性为代价，中国共产党必须保持原有的组织和严格集中的领导机构。

（三）中国共产党统一战线理论和方针的确立

民主革命时期，中国无产阶级的数量和力量很有限。中国共产党在领导无产阶级进行革命斗争时，明显感觉到，必须联合更大的力量。无产阶级政党为实现自己的目标要争取同其他政党建立广泛的联合。中国共产党建立初期，就已经认识到统一战线的重要性，经历了第一次国共合作和第二次国共合作，中国共产党

---

① 《列宁选集》第 4 卷，人民出版社 2012 年版，第 180 页。
② 《列宁选集》第 4 卷，人民出版社 2012 年版，第 221 页。
③ 《周恩来年谱（1898—1949）（修订本）》，中央文献出版社 1998 年版，第 60 页。

在实践探索中丰富完善了统一战线理论。

1922 年初，共产国际召开远东各国共产党和民族革命团体第一次代表大会，会上重申了建立反帝统一战线的思想。1923 年 2 月，京汉铁路工人罢工的失败，使得中国共产党深刻体会到联合各革命力量建立统一战线的重要性。"二七惨案"后，中国各地的工会组织大多遭封，工人运动陷入低潮。我党从罢工斗争失败中认识到，中国革命的敌人是异常强大的，社会环境极其复杂，要战胜强大的敌人，仅靠无产阶级孤军奋战是不可能取胜的，必须利用一切可能的机会，争取一切可能的同盟者，结成最广泛的革命统一战线才能夺取革命的胜利。

1922 年 6 月 15 日，中共中央发表《中国共产党第一次对时局的主张》，首次明确提出建立民主联合战线。1922 年 7 月，中国共产党第二次全国代表大会召开，会议通过《关于民主的联合战线的决议案》，对民主联合战线的任务，党在民主联合战线中应坚持的策略原则，以及党在民主联合战线中的活动方式和有关政策都作出了规定，这是中国共产党最早提出的关于统一战线的一系列政策主张。同年 8 月，中国共产党中央执行委员会在杭州西湖召开会议，根据共产国际的指示，作出了与国民党合作，共产党员以个人名义加入国民党的决定，这标志着我党开始了统一战线的实践探索。1923 年 6 月，中国共产党第三次全国代表大会召开，大会集中讨论了与国民党进行合作的问题，通过了《关于国民运动及国民党问题的议决案》，正式确立了中国共产党党员加入国民党，与中国国民党合作建立国民革命联合战线的方针。

民主革命时期，中国共产党在实践中逐渐提出和完善了统一战线方针和策略。

首先，共产党人逐渐认识到建立民主联合战线的必要性，日益明确统一战线是进行无产阶级革命斗争的基本战略。要实现党的奋斗目标，要推翻压在中国人民头上的帝国主义、封建主义和官僚资本主义三座大山，无产阶级就必须依靠广大工农群众，必须争取广大的同盟军，组成强大的革命队伍，才能战胜敌人，夺取革命胜利。

其次，无产阶级在统一战线中应该保持独立性，坚持共产党的领导权。党的二大通过的《关于民主的联合战线的决议案》明确指出："无产阶级加入民主革命的运动，并不是投降于代表资产阶级的民主派来做他们的附属品，也不是妄想民主派胜利可以完全解放无产阶级。"① 无产阶级只有联合民主派才能够打倒共同的敌人——本国的封建军阀及国际帝国主义。在民主革命时期，"无产阶级一方面固然应该联合民主派，援助民主派，然亦只是联合与援助，决不是投降附属与合并，因为民主派不是代表无产阶级为无产阶级利益而奋斗的政党；一方面应该集合在无产阶级的政党——共产党旗帜之下，独立做自己阶级的运动"②。

最后，统一战线不能脱离群众，要在建立巩固的工农联盟的基础上，广泛团结各行各界一切可以团结的力量，实现民众的大联合。没有牢固的工农联盟，就没有真正意义上的民主革命统一战线。然而，建立广泛的统一战线还包括工人阶级与非劳动者结成的联盟。共产国际给中国共产党的指示中明确要求："我们党应当尽力找到适当的形式（如行动委员会或民族委员会等等），把中国广泛的民主阶层联合在这个反帝的运动中。应当首先把国民党和革命大学生组织吸引到这个运动中来。"③ 在一定历史条件下，统一战线还包括与大资产阶级的联盟。这样做可以最大限度地孤立和打击最主要的敌人。

中国共产党统一战线的方针和策略丰富和发展了马克思主义的统一战线理论。马克思、恩格斯、列宁的统战思想和中国共产党的统战方针成为周恩来统一战线思想的重要理论来源，也是他投身党的统战工作的行动指南。

二、民主革命时期周恩来统一战线思想的核心内涵

民主革命时期，周恩来长期领导党的统一战线工作，积极推动统一战线的建立和发展。他不仅在实践上是党的统一战线工作的领导者、组织者、探索者，而且在理论上继承发展了马克思列宁主义统战理论，丰富完善了毛泽东的统战思想，提出了一套较完整的党在民主革命时期的统一战线思想。其核心内涵主要包括如下内容。

（一）明确指出统一战线对夺取中国民主革命胜利的重要性

在第一次国共合作期间，周恩来对在反帝反封建革命斗争中建立统一战线就有深刻的认识。他号召工、农、兵、学、商联合起来"打倒帝国主义""打倒南北

---

① 中共中央党校党史教研室选编：《中共党史参考资料（一）党的创立时期》，人民出版社 1979 年版，第 361 页。
② 《建党以来重要文献选编（1921~1949）》第 1 册，中央文献出版社 2011 年版，第 139 页。
③ 《中国共产党宣传工作文献选编：1915—1937》，学习出版社 1996 年版，第 486 页。

军阀"。他明确指出:"我们为要使辛亥革命彻底成功,我们必须团结起全中国的革命民众向反革命派进攻。"① "我们有工人可以武装,有农民可以自卫,有兵士可以作先驱,有学生可以作宣传,有商人可以作后盾,我们的实力便在此处。"②

"九一八"事变之后,由于日本帝国主义侵略中国,民族矛盾成为中国的主要矛盾。1935年12月,瓦窑堡会议通过了《中央关于目前政治形势与党的任务决议》。此时,周恩来对建立统一战线的重要性有了更深刻的认识,他认为这是我们党应长期坚持的关系全局的战略,而不是权宜之计。他号召:"一切抗日的同胞,不分阶级、党派、信仰、性别,均应联合起来。"③ 他在为中共中央起草的宣言中强调:"在民族生命危急万状的现在,只有我们民族内部的团结,才能战胜日本帝国主义的侵略。"④ 当国民党反动派发动反共高潮时,他坚持又团结又斗争的原则,尽力维护了抗日民族统一战线。

周恩来认为,党的统一战线是贯穿中国革命整个发展阶段的战略性规划,在中国革命的各个历史时期,统一战线都是带有全局性的长期的重要战略。至于一个时期统一战线的策略与方针,则要根据情况决定和灵活应用,临时性的策略方针是为总战略服务的,二者是整体和局部的关系,是辩证统一和并行不悖的。从国民革命时期到社会主义建设时期,虽然统一战线的形式和内容不尽相同,但都是为了中国革命和建设事业的发展与胜利,与革命的成败息息相关。他指出:大革命、"十年内战"和抗日战争三个时期的统一战线都属于新民主主义的统一战线,"因为新民主主义是我们三个时期统一战线的政治基础"⑤。这就清楚地阐明了统一战线贯穿于新民主主义革命全过程,具有重要的战略意义。

(二)深刻论述民主革命不同时期统一战线的不同性质和形式

周恩来认为,新民主主义革命时期形势是不断发展变化的,敌我关系和斗争营垒也时常发生变化。统一战线的性质和组织形式主要是由革命的形势和任务决定的,故不能用静止的、固定不变的观点观察和处理统一战线的问题。他要求人们要善于调查研究,保持清醒头脑,随时注意革命发展进程中的矛盾变化,正确

---

① 广州市文化局、广州市文物博物馆学会编:《羊城文物博物研究》,广东人民出版社1993年版,第236页。
② 《周恩来年谱(1898—1949)(修订本)》,中央文献出版社1998年版,第68页。
③ 周恩来:《今年抗战的新形势与新任务》,《国讯》,1939年第196期、197~198合期。
④ 《周恩来选集》上卷,人民出版社1980年版,第76页。
⑤ 《周恩来选集》上卷,人民出版社1980年版,第207页。

分析和估量形势，分清敌、我、友，才能认清不同时期统一战线的性质，确定适宜的组织形式，制定不同的斗争策略。

周恩来总结中国革命历史的发展变化，阐明了新民主主义各个历史时期统一战线的不同形式和性质。他指出："大革命时期我们有一个反帝反封建的民族统一战线，后来因为国民党反动集团背叛了革命，使这个统一战线破裂了。共产党——无产阶级的先进部队被打败了，不得不退入乡村，发动广大群众实行土地革命，建立工农兵代表会议形式的红色政权和工农红军。这个时期的统一战线，是反封建压迫、反国民党统治的工农民主的民族统一战线。'九一八'以后我们才转向抗日民族统一战线。"① 抗日战争结束以后，国共两党经过谈判，在重庆签订《双十协定》。但不久，国民党又背信弃义，推翻了《双十协定》，发动了大规模的内战。这次内战教育了人民，广大人民真心支持消灭反动派，拥护共产党的主张。周恩来指出：从解放战争开始，中国共产党团结国内各民主阶级、民主党派、各民族和国外华侨，结成了一个"反对帝国主义、封建主义和官僚资本主义，建设一个独立、民主、和平、统一和富强的新中国"的"伟大的人民民主统一战线"，"在整个新民主主义时期，这样一个统一战线应当继续下去，而且需要在组织上形成起来，以推动它的发展。……中国人民政治协商会议，就是它的最好的组织形式"。②

周恩来在从事统一战线的工作中还注意不断总结实践经验。他特别对抗日民族统一战线的性质作了深刻论述，提出：抗日民主统一战线有三重性质：第一，统一战线是民族的，包括全民族所有不同阶级、不同党派、不同军队、不同组织，是建立在全民族团结抗日、一致对外的基础之上的，具有非常广泛的群众基础；第二，统一战线是民主的，要正确处理抗战与民主的关系，一方面民主要服从抗战，另一方面，要实行民主政治，加强统一战线的民主性，抗战必须依靠民主来推动；第三，统一战线是社会的，它会对社会解放发挥初步的推动作用。

（三）强调在统一战线中必须坚持无产阶级领导权

周恩来在长期领导党的统一战线工作中得出的一个主要经验就是："领导权的

---

① 《周恩来选集》上卷，人民出版社 1980 年版，第 207 页。
② 《周恩来选集》上卷，人民出版社 1980 年版，第 367 页。

问题，是统一战线中最集中的一个问题。"[1] 他分析了中国社会各阶级的特点，正确分析了统一战线中敌、我、友各方面的情况，强调坚持无产阶级在统一战线中掌握领导权的重要性，明确提出"领导权要用力量来争"[2] 的著名论断，并探讨了争夺领导权的方法问题。

在第一次国共合作时期，周恩来科学地分析了统一战线中各阶级的地位和作用。1925 年，他明确提出："工人是国民革命的领袖"[3]；1926 年他又强调："只有无产阶级是最不妥协的革命阶级。要靠他携同农民、手工业工人督促小资产阶级、民族资产阶级不妥协地与敌人争斗，才能达到国民革命的真正目的——民族解放和民主政治的实现。"[4]

抗日战争时期，周恩来统一战线思想日臻成熟，他批驳了统一战线领导权问题上的错误思想，他形象地比喻说："右的是放弃领导权，'左'的是把自己孤立起来，成了'无兵司令'、'空军司令'。可以说右倾是把整个队伍送出去，'左'倾是把整个队伍推出去。"[5] 对如何争取统一战线中的领导权的问题，周恩来提出以下几点。

第一，共产党要积极发展壮大自己的力量，这是争取领导权的基础和前提条件。他指出："蒋介石就是怕一个东西，怕力量。"[6] 历史事实表明，共产党有力量是争取领导权的基础。他批评了在统一战线中不敢发展壮大自己力量、压制工农斗争、不发展工农革命武装、不重视敌后发展、不主张建立敌后政权的错误观点。

第二，共产党要尽量争取中间势力，团结一切可以团结的力量，这是争取统一战线领导权的重要环节。周恩来认为：在抗日民族统一战线中，不仅要依靠工农大众，团结一切可以团结的力量，还必须争取广大中间力量。中间力量包括民族资产阶级、民主党派部分成员、开明士绅和倾向抗日的地方实力派。周恩来非常重视争取中间力量的工作，认为团结中间力量可以扩大党在群众中的影响，对国民党政府施加压力，成为"推动南京向左之力量"[7]。周恩来指出，我们要用一

---

① 《周恩来选集》上卷，人民出版社 1980 年版，第 220 页。
② 《周恩来选集》上卷，人民出版社 1980 年版，第 216 页。
③ 《周恩来年谱（1898—1949）（修订本）》，中央文献出版社 1998 年版，第 80 页。
④ 《周恩来选集》上卷，人民出版社 1980 年版，第 2 页。
⑤ 《周恩来选集》上卷，人民出版社 1980 年版，第 220 页。
⑥ 《周恩来选集》上卷，人民出版社 1980 年版，第 200 页。
⑦ 《周恩来选集》上卷，人民出版社 1980 年版，第 75 页。

切办法激发中间力量的进步性，防止他们的妥协性，团结他们参加民族解放斗争。

第三，正确处理国共两党关系是争取领导权的关键。周恩来精辟地分析和总结了 1924 年至 1926 年国共两党的关系，批判了当时党内右倾路线在政治上、军事上、党务上三次错误，指出其中使革命遭到失败的惨痛教训。周恩来也批判了"一切通过统一战线"思想的错误，认为在国共两党的第二次合作中，中国共产党在力量上虽然暂时处于劣势，但同大革命时期相比，已经有自己领导的军队和根据地，有多年来领导国内革命运动的影响力。因此，我们要保持高度的政治觉悟，坚持统一战线中的独立自主立场，采取"有团结有斗争，在斗争中有理、有利、有节的策略原则"[①]。

（四）始终坚持统一战线中的独立自主原则

是否坚持独立自主是关系到统一战线成败的根本问题。早在 1926 年 12 月写的《现时政治斗争中之我们》一文中，周恩来就集中论述了坚持无产阶级在统一战线中的独立自主原则的重要性。他指出，为共同进行国民革命，我们共产党人可以加入国民党，"但这不是说中国共产党便失其独立性质而不应再有何种独立主张"[②]。他认为，工农阶级在民主革命中应提出政治和经济上的要求，并督促国民党政府逐步实施。

在长期的统战工作中，周恩来归纳总结出独立自主原则的确切含义："独立自主，就是指无产阶级的独立性，他有自己独立的政策、独立的思想。他是去联合人家，而不是同化于人家。……无产阶级在统一战线中的团结，是在坚持独立自主的条件下同人家讲团结，而不要受其他阶级的影响。"[③] 他认为，要做到独立自主，就必须取得革命的实际领导权。在第一次国共合作中，动员比较成熟的共产党员和共青团员加入国民党是"为左右革命的权力"，是站在共产党的立场上为了把国民党改造成为"整个的革命的国民党"[④]，使之成为推进新民主主义革命发展的力量。

周恩来认为，无产阶级在统一战线中不但要保持批评同盟者的权利，而且应积极发展壮大革命力量。在第一次国共合作中，周恩来担任黄埔军校政治部主任

---

① 《周恩来政论选》上，人民日报出版社、中央文献出版社 1998 年版，第 491 页。
② 《周恩来选集》上卷，人民出版社 1980 年版，第 3 页。
③ 《周恩来选集》上卷，人民出版社 1980 年版，第 215 页。
④ 《周恩来政论选》上，人民日报出版社、中央文献出版社 1998 年版，第 118 页。

和东征军总政治部主任，很早就着手对共产党军事干部的培养，组建了我党领导的第一支革命武装——叶挺独立团。在第二次国共合作中，周恩来为开辟抗日根据地、建立"三三制"政权、争取国统区人民民主权利付出了大量的心血。1937年10月，他在太原以中共中央代表的身份和中共中央北方局书记刘少奇联名向八路军及各地方党部发出了《独立自主地动员与领导群众》①的指示电，并提出了九条具体措施，充实了共产党的独立自主原则的内容。

（五）具体阐明党的统一战线方针和斗争策略

在统一战线中采取什么样的方针、政策，直接关系统一战线能否巩固和健康发展。周恩来认为，统一战线的队伍非常庞大和复杂，存在利益不完全相同的政治力量，必须根据不同情况区别对待，灵活运用又团结又斗争的策略。他具体阐明了中国共产党的统一战线的方针和政策。

第一次国共合作时期，周恩来主张采取具体分析、区别对待的态度，积极扩大左派，分化打击右派，"必须让中间分子打破'妥协的心理'"，要求他们"'断然离开不革命的右派'，听孙中山指挥，与革命的左派联成一气"②。抗日战争时期，周恩来进一步明确指出：统一战线队伍里的人"分作三类：一类是进步力量，就是工农小资产阶级；一类是中间力量，就是中间阶层；一类是顽固力量，或者反动力量，就是大地主大资产阶级。……根据这三种力量的分析，我们订出了发展进步力量，争取中间力量，孤立、分化和打击顽固力量，也就是联合大多数，反对少数，打击最顽固的力量的方针"③。

根据上述统战方针、策略，周恩来提出，把国共合作作为统一战线的基础；对以蒋介石为首的国民党政权，在抗战困难时要帮助它，在它搞反共阴谋活动时要揭露它、反击它。中国共产党要影响和团结进步分子，反对国民党反动分子，既不要对以蒋介石为首的国民党政权存有奢望，也不要把它看作一成不变的；要推动和赞助国民党中的进步分子，集中反对国民党中的反动分子及其特务机关之一切反共阴谋，应据实揭发，适时抗议，必要时给予打击。为巩固和发展统一战线，周恩来精辟地概括了我党在抗日民族统一战线中的斗争方针为"三个坚持，

① 《周恩来军事文选》第2卷，人民出版社1997年版，第50页。
② 《周恩来年谱（1898—1949）（修订本）》，中央文献出版社1998年版，第69页。
③ 《周恩来选集》上卷，人民出版社1980年版，第214页。

三个反对；三个争取，三个勿忘"。即坚持抗战，反对投降；坚持团结，反对分裂；坚持进步，反对倒退。[①] 争取好转，勿忘防御；争取合作，勿忘斗争；争取发展，勿忘巩固。[②] 这些精辟的论述把党的又团结又斗争的策略和"有理、有利、有节"等原则进一步具体化了，丰富了党的统一战线理论的内涵。

（六）系统总结统一战线的原则、策略、方法和守则

周恩来在长期从事和领导统一战线的工作中，积累了丰富的实际斗争经验，系统地提出了一套统一战线的原则、策略、方法和守则，不但是周恩来统一战线理论的重要内容，而且是对毛泽东思想的重要补充、完善和发展。

1939 年 8 月 4 日，周恩来在中共中央政治局会议上提出了统一战线的十条策略、四条方法和六条守则。

十条策略是：开展反对汪逆汉奸及其党羽的斗争，使国内阶级得到适当的分化，以巩固统一战线；帮助友党、友军进步，首先要给以适时的批评，具体的建议，并帮助其进步分子的发展；坚持我军在敌后游击战争的胜利与发展，树立模范作用，影响友党、友军；坚持民主政治，首先在陕甘宁、晋察冀等边区树立模范的民主政治，以推动全国；坚持全民的动员，首先在敌后游击区及边区做出各种动员的成绩，以影响全国；积极扶持同情分子，努力争取中间分子，尤其是知识分子及公正绅商参加抗战，以扩大统一战线；坚决进行反顽固分子的斗争——人不犯我，我不犯人，人如犯我，我必犯人，不过，对这种人仍是自卫的性质；对目前全国倒退的现象，必须给以严正的批评、适当的抗议与必要的压力，以促其进步；对国际关系，要联合各国朝野的同情人士，扩大国际影响，以集中火力反对国际法西斯及民主国家中的妥协派；正确地解释三民主义与共产主义的实质与关系，并宣传科学思想、民族解放思想、民主思想、社会主义思想以及民族美德与优良传统，以反对复古的反动的向后倒退的思想。[③] 这些策略既有坚定的原则性，又有灵活性，对巩固和发展抗日民族统一战线有重要的指导意义。

四条方法是：在斗争上，我们要不失立场，但不争名位与形式；我们要坚持原则，但方法要机动灵活，以求达到成功；我们要争取时机，但不操之过切，咄

---

① 《周恩来年谱（1898—1949）（修订本）》，中央文献出版社 1998 年版，第 510 页。

② 《周恩来年谱（1898—1949）（修订本）》，中央文献出版社 1998 年版，第 555 页。

③ 《建党以来重要文献选编（1921~1949）》第 16 册，中央文献出版社 2011 年版，第 564~565 页。

咄逼人。在组织上，要不暴露，不威胁，不刺激，以求实际的发展，但不能走向死路，也不要自投陷阱。在工作上，要使竞争互助让步相互为用，但竞争不应损人，克己互助不要舍己耘人，让步不能损害主力。在方式上，要讲手续，重实际，勤报告，重信义，守时间，以扩大影响，便利工作。[①] 很明显，这些方法是周恩来对中国共产党和他本人丰富的实践经验的总结，体现了他高超的斗争艺术和领导水平。

六条守则是：坚定的立场；谦诚的态度；学习的精神；勤勉的工作；刻苦的生活；高度的警觉性。[②] 这不仅是周恩来对全体统战工作人员的规范要求，而且是他自己的行为准则，是他多年从事党的统战工作的精心总结和理论思考，是他忠心耿耿从事党的统战工作的真实写照。

三、社会主义建设时期周恩来统战思想的核心内容

中国共产党夺取全国政权后，建立了中国共产党领导的多党合作和政治协商制度，党的统战工作进入了新时期。周恩来的统战思想随着形势发展不断与时俱进，为调动一切积极因素参加社会主义建设事业，他提出要坚持党在社会主义时期的统一战线，正确协调各阶级、各阶层、各党派、各民族和各界爱国人士在统一战线内部的关系。他指出，统一战线内部是有矛盾，有斗争的，要坚持统筹兼顾、适当安排、合理照顾的原则，正确地处理好统一战线内部的阶级、党派、民族和上下等四种关系。[③] 这是在中国共产党执政的新形势下，党的统一战线理论的新发展。社会主义建设时期，周恩来与时俱进地提出了一套完整的、适合中国国情的统一战线理论、方针和政策，其中有许多是民主革命时期尚未涉及的问题，其丰富的内涵主要包括以下内容。

（一）团结一切可以团结的力量进行社会主义改造和建设

新中国成立后，我国面临恢复被多年战争破坏了的经济、进行社会主义改造、实现工业化、重建国家的艰巨任务。周恩来认为：在我们这样一个贫穷落后的大国，要完成这样一个伟大的历史任务，靠少数人是绝对不行的，必须动员亿万人

---

① 《建党以来重要文献选编（1921~1949）》第 16 册，中央文献出版社 2011 年版，第 565 页。
② 《建党以来重要文献选编（1921~1949）》第 16 册，中央文献出版社 2011 年版，第 565~566 页。
③ 《周恩来统一战线文选》，人民出版社 1984 年版，第 160~165 页。

民群众，调动一切积极因素，共同努力。周恩来敏锐地把握形势的变化，提出统战工作要与时俱进。在具体筹组新政协的过程中，他非常重视团结一切可以团结的力量，十分注意安排各个方面的人士参加。除工人、农民代表外，还有妇女、青年、学生、文艺界、新闻界、教育界、科学界、宗教界、民族资产阶级、各民主党派、各少数民族、海外华侨的代表，甚至还包括一些起义将领，"使这次政治协商会议成为集中代表全国人民力量的大会"①。

周恩来认为，新中国成立后，中国共产党统战工作进入新时期，他根据形势发展的要求，提出要坚持党对社会主义时期统一战线工作的领导，正确协调统一战线内部各种关系。他强调："中国共产党是处于领导地位的，应该主动地和各方面搞好关系。"②"应该全党来进行统战工作。"③ 他要求中国共产党的组织部、宣传部、统战部和青年团、妇女会都要分别教育、训练和组织共产党员、青年团员和广大妇女，"各方面都要共同配合做好这个工作"④。团结一切可以团结的力量，调动一切积极因素进行社会主义建设是社会主义时期周恩来统战思想的核心，他一直在实践中坚持执行。我国进入社会主义建设阶段后，周恩来强调指出，这个阶段，"人民民主统一战线的任务就更重了，就要负起新的任务（当然，同时还有社会主义改造的任务），就要有新的发展。……要团结一切可以团结的力量，动员更多可以动员的因素，来参加社会主义建设，扩大我们的民主生活"⑤。

（二）坚持执政党与参政党长期共存、互相监督的方针

在中国共产党建立的新型政党制度中，中国共产党是执政党，民主党派是参政党，二者不是竞争的关系，而是合作的关系。新中国成立后，中国共产党根据中国革命历史发展的特点，以"长期共存、互相监督"作为共产党处理与各民主党派关系的基本方针。对此，周恩来在理论上和实践上都作出了卓越的贡献。

新中国成立初期，周恩来公开宣布：中国共产党与各民主党派，包括资产阶级要"长期合作，共同建设新中国"⑥。周恩来精辟地分析了党的"长期共存、互

① 《周恩来统一战线文选》，人民出版社 1984 年版，第 133 页。
② 《周恩来统一战线文选》，人民出版社 1984 年版，第 162 页。
③ 《周恩来统一战线文选》，人民出版社 1984 年版，第 204 页。
④ 《周恩来统一战线文选》，人民出版社 1984 年版，第 205 页。
⑤ 《周恩来统一战线文选》，人民出版社 1984 年版，第 431~432 页。
⑥ 《周恩来统一战线文选》，人民出版社 1984 年版，第 178 页。

相监督"的方针，他指出，中国和苏联的具体历史条件不同，苏联实行一党制，是由其历史发展决定的。在我国，"既然我们在民主革命时期和社会主义改造时期，都能和民族资产阶级、各民主党派共同合作，团结在一起，那么，怎么能够设想进入社会主义建设时期，就不能同民主党派、党外人士继续合作下去呢"[①]？

周恩来明确指出，长期共存是指"我们党的寿命有多长，民主党派的寿命就有多长，一直要共存到将来社会的发展不需要政党的时候为止"[②]。他认为："互相监督，首先应该由共产党请人家监督。因为共产党是领导的党"[③]，必须自己真正做到。"反过来，民主党派也应该愿意接受共产党的监督。"[④]他主张共产党与民主党派要互相成为"诤友"，不能成为"佞友"，真正做到肝胆相照、荣辱与共。周恩来这些精辟深刻的论述表达了中国共产党真诚合作的愿望，对巩固和扩大民主统一战线有深远的影响。

（三）坚持民族团结和平等，实行民族区域自治，促进民族地区繁荣发展

我国是一个统一的多民族国家，协调好各民族之间的关系是社会主义时期统一战线工作的一项重要内容。周恩来对这个问题非常重视，曾多次深入少数民族地区考察和处理各种民族问题，一贯强调加强民族团结的重要性，他指出："我们想到将来强大的祖国，就必须在今天强调各民族的团结，为建设社会主义共同努力。"[⑤]他强调："一定要处理好民族问题。在民族地区，处理任何事情都要考虑到民族问题，都要和少数民族干部商量，因为他们比汉族干部更懂得本民族的心理。他们点头，我们再干。他们不点头，我们就不要干。"[⑥]他特别指出，我们的共同目标是建设社会主义的现代化国家，这个社会主义国家，不是哪一个民族专有，而是五十多个民族所共有，是中华人民共和国全体人民所共有。

在民族工作中，他提出要反对大汉族主义和地方民族主义两种错误倾向。他深刻地分析到，要把我国建成一个现代化的社会主义国家不能单靠汉族。汉族人口多，经济、文化比较发达，但是可开垦的土地已经不多，地下资源也不如兄弟

---

① 《周恩来统一战线文选》，人民出版社 1984 年版，第 348 页。
② 《周恩来统一战线文选》，人民出版社 1984 年版，第 350 页。
③ 《周恩来统一战线文选》，人民出版社 1984 年版，第 350 页。
④ 《周恩来统一战线文选》，人民出版社 1984 年版，第 351 页。
⑤ 《周恩来选集》下卷，人民出版社 1984 年版，第 253 页。
⑥ 《周恩来统一战线文选》，人民出版社 1984 年版，第 326 页。

民族地区丰富。"但是，兄弟民族地区的资源还没有开发，劳动力少，技术不够，没有各民族特别是汉族的帮助，也不可能单独发展。因此，各个民族必须互相帮助，互相支持，在共同发展的目标下建设社会主义祖国。"[①] 周恩来还指出："在民族问题上的这两种错误态度、两种倾向问题，是人民内部矛盾的问题，应当用处理人民内部矛盾的原则来解决，就是运用毛主席提出的公式，从民族团结的愿望出发，经过批评或斗争，在新的基础上达到我们各民族间进一步的团结。"[②]

为了真正落实民族区域自治制度，周恩来提出了许多具体政策措施，如积极培养少数民族干部，并委以重任；民族自治区机关应以该民族人员为主；充分尊重少数民族的语言文字、风俗习惯和宗教信仰；发展民族经济，健全民族立法。周恩来一贯坚持各民族共同繁荣的根本立场。他认为要达到各民族共同繁荣的目标，根本一条在于发展民族的经济、文化和科学技术。周恩来明确指出："我们对各民族既要平等，又要使大家繁荣。各民族繁荣是我们社会主义在民族政策上的根本立场。"[③] 周恩来提出："我们社会主义国家，是要所有的兄弟民族地区、区域自治的地区都现代化。全中国的现代化一定要全面地发展起来。我们有这样一个气概，这是我们这个民族大家庭真正平等友爱的气概。我们不能使落后的地方永远落后下去，如果让落后的地方永远落后下去，这就是不平等，就是错误。"[④]

（四）阐明共产党对宗教的基本政策，号召宗教界人士加入社会主义统一战线

中国是一个有多种宗教的国家，宗教对国家安全、民族团结和国际交往都有不可忽视的意义。周恩来非常重视宗教问题，他曾多次与宗教界人士谈话，结合中国实际，阐明党的宗教政策。周恩来客观评价宗教界人士在中国革命历史上所起的作用。他指出："我们同宗教界朋友的长期合作是有基础的，这一点我们毫不怀疑。我们希望宗教界朋友也有这个信心。"[⑤] 周恩来号召各宗教和教派之间也应该加强团结，一同加入社会主义建设时期的爱国统一战线，成为爱国的宗教团体。

周恩来还具体阐述了中国共产党对宗教的基本政策：第一，宗教信仰自由的政策。目的就是使全体信教和不信教的群众团结起来，共同建设社会主义新中国。

---

① 《周恩来选集》下卷，人民出版社1984年版，第252页。
② 《周恩来选集》下卷，人民出版社1984年版，第248页。
③ 《周恩来选集》下卷，人民出版社1984年版，第263页。
④ 《周恩来选集》下卷，人民出版社1984年版，第266页。
⑤ 《建国以来重要文献选编》第1册，中央文献出版社1992年版，第224页。

第二，在承认信仰自由的同时，中国共产党也决不隐讳同信教者之间的不同观点。他认为承认不同，以诚相待，才能更好地团结宗教界的朋友，"不信教的和信教的要互相尊重"①。第三，社会主义制度下的宗教要割断同帝国主义的联系。周恩来指出，我们只要求宗教团体摆脱帝国主义的控制，肃清帝国主义的影响，并不搞反宗教运动。只有这样，中国的宗教团体才能独立地建成自治、自养、自传的教会。第四，实行政教分开政策。周恩来指出："中国不是政教合一的国家。在中国，宗教同政治一向是分开的。"②他认为，宗教要同社会主义社会相协调，我们实行信教自由政策，但是决不允许宗教干预国家行政、司法，更不允许利用宗教反党反社会主义，破坏国家的统一和民族团结。我们实行的是宗教同政治、法律相分离的政策。

（五）团结海内外广大华侨，肯定他们的爱国之心和积极作用，关心他们的切身利益

中国共产党执政后，周恩来对归国华侨、海外侨胞和港澳台同胞一直非常关怀，充分肯定了广大华侨的爱国之心和对社会主义建设发挥的积极作用，领导制定了一系列侨务政策。他指出，华侨中百分之九十以上是劳动人民，他们是属于我国人民民主统一战线中工人阶级同劳动人民的联盟的。华侨中的民族资产阶级"是属于我国人民民主统一战线中工人阶级同非劳动人民的联盟"③。"我们侨胞本身有许多事情，常常要找大使馆、领事馆，我们应该尽力帮助诸位解决困难。有的愿意回国参观，有的愿意回国学习，凡是我们能够做的，我们都要做。"④周恩来多次接见华侨代表，鼓励他们扩大团结，打破界限，爱国一家，爱国不分先后；要求华侨尊重侨居国的法律和风俗习惯，不参加所在国的政治活动，建立同侨居国政府和人民的友好关系。他语重心长地叮嘱华侨："在海外要注意团结。不仅要团结侨胞，还要跟所在国家的人民团结在一起，跟他们友好相处。要尊重他们。要得到人家尊重，首先要尊重人家。……要提倡互相学习，互相尊重。如果发生了一些困难和纠纷，我们应该首先批评自己，这样就会更加团结，就会得

① 《周恩来统一战线文选》，人民出版社 1984 年版，第 308 页。
② 《建国以来重要文献选编》第 1 册，中央文献出版社 1992 年版，第 220 页。
③ 《中共中央文件选集（一九四九年十月～一九六六年五月）》第 40 册，人民出版社 2013 年版，第 248～249 页。
④ 《周恩来统一战线文选》，人民出版社 1984 年版，第 316 页。

到所在国政府和人民的尊重。"①

周恩来非常关心广大华侨的切身利益，信任广大华侨。在负责筹组政治协商会议时，他坚持邀请华侨代表参加；对归侨的所谓"海外关系"总是具体分析，正确对待，一再强调对归侨要"一视同仁"，满腔热情地从政治上给予关怀。他先后主持制定了一系列保护华侨合法权益的具体政策，如《土地改革中对华侨土地财产的处理办法》，等等。在某些国家发生大规模排华恶浪时，他把无法生活的华侨接运回国并妥善给予安置。这些正确的政策措施解决了许多归侨、侨眷的实际困难，团结了广大海内外华侨，使许多华侨心向祖国，也调动了他们参加或支持祖国社会主义建设的积极性。

（六）正确处理社会主义时期民主统一战线中的各种关系

新中国成立以后，统一战线进入新的历史时期。为巩固和发展民主统一战线，周恩来根据新形势发展的需要，就如何协调阶级关系、党派关系、民族关系、上下关系、政权中的党政关系提出了一系列方针、政策。周恩来认为："中国共产党是处于领导地位的，应该主动地和各方面搞好关系。"②

1956年，毛泽东发表了《论十大关系》的重要讲话，对社会主义建设时期党和非党的关系、汉族和少数民族的关系等重要问题做了明确阐述。周恩来根据"统筹兼顾、适当安排、合理照顾、正确处理人民内部矛盾"的原则，对这一时期如何处理各方面的关系也作了深入论述。他指出，阶级关系包括工农关系、劳资关系和公私关系等方面。首先，在工农关系上，要坚持以城市领导乡村来发展工农业生产，提高农村的物质生活水平和文化生活水平，巩固工农联盟。在劳资关系上，既要保护劳动者的利益，又要保护正当的私人资本的活动，不利于国计民生的私人资本则要加以限制。对公私关系，则要"以公为主，国营经济居于领导地位，同时又要允许有利于国计民生的私营经济的发展"③。总之，要贯彻《中国人民政治协商会议共同纲领》规定的"公私兼顾，劳资两利，城乡互助，内外交流"④的方针，达到发展生产、繁荣经济的目的。关于上下关系，即领导和

---

① 《周恩来统一战线文选》，人民出版社1984年版，第317页。
② 《周恩来统一战线文选》，人民出版社1984年版，第162页。
③ 《周恩来统一战线文选》，人民出版社1984年版，第161页。
④ 《建党以来重要文献选编（1921~1949）》第26册，中央文献出版社2011年版，第311页。

群众的关系，特别"要反对官僚命令主义和自流主义"①。关于政权中的党政关系，周恩来强调："我国的人民民主专政是共产党领导下的人民民主统一战线的政权。"② 周恩来提出，在政权各级机关中要重视统战工作，处理好党政关系，避免以党代政现象。他指出："党政有联系也有区别。党的方针、政策要组织实施，必须通过政府，党组织保证贯彻。党不能向群众发命令。"③"一切号令应该经政权机构发出。"④ 要使各级政权机关中的非党人士真正"有职、有权、有责"，充分发挥他们的积极性。周恩来对新中国成立之初统战工作中遇到的各种问题作了深刻、正确的分析，对纠正实际工作中可能出现的偏差、统一思想、提高认识有重要作用，对巩固和加强新时期的人民民主统一战线、促进新中国建设事业有重大的指导意义。

四、周恩来统一战线工作的风格和特色

周恩来是公认的中国共产党统一战线的一面光辉旗帜。他在长期从事和领导党的统一战线的工作中，形成独特的统战风格和特色，在中国共产党领导中国新民主主义革命和社会主义建设过程中，都显示了强大的活力，发挥出了重要作用。

（一）风格与特色之一：团结多数

胸怀宽广，团结多数，是周恩来统战风格的一个突出特征。早在五四运动时期，他在斗争实践中就体会到要进行反帝反封建的革命，必须团结各阶层广大群众。他不仅积极努力团结广大学生，团结工人、店员，还赴天津总商会做争取团结民族资产阶级代表人物的工作。他公开号召推翻反动军阀政府，明确指出："我们所恃的是群众运动。"⑤ 当他参加了中国共产党、树立了马克思主义的世界观之后，更坚信无产阶级只有解放全人类才能解放自己的真理，在革命实践中，更加自觉地团结大多数。他强调："我们必须团结起全中国的革命民众向反革命派进

---

① 《周恩来统一战线文选》，人民出版社 1984 年版，第 165 页。
② 《建国以来重要文献选编》第 1 册，中央文献出版社 1992 年版，第 186 页。
③ 《建国以来重要文献选编》第 1 册，中央文献出版社 1992 年版，第 187 页。
④ 《建国以来重要文献选编》第 1 册，中央文献出版社 1992 年版，第 186 页。
⑤ 《周恩来早期文集（一九一二年十月——一九二四年六月）》上卷，中央文献出版社、南开大学出版社 1998 年版，第 433 页。

攻。"①要"先划一个最大的圈子,把亿万人民群众团结在一起"②。他严肃批评党内"摆架子、摆资格"的错误态度和不愿或不敢与党外不同意见人士交往的现象,指出:"应该在千军万马中敢于与人家来往,说服教育人家,向人家学习,团结最广大的人们一道斗争,这样才算有勇气,这种人叫做有大勇。"③

在长期领导党的统战工作中,周恩来正是以尽一切可能团结最大多数人的思想作为指导,以不屈不挠的精神,平等相待、求同存异的态度去从事统战工作的。他不仅一贯重视中国共产党内的团结,而且一贯重视团结广大党外人士,团结各阶级、各党派、各民族和各界人士。对那些过去镇压革命、屠杀共产党的人,因其从敌人营垒中分化出来,政治态度有改变,或阵前起义的将领,为了国家的利益,周恩来也不计前嫌,努力改造他们、团结他们。他甚至亲自指导了管理改造战犯和特赦战犯的工作,使他们中的大多数人转变了政治立场,为社会主义建设尽了他们的一份力量。

(二)风格与特色之二:广交朋友

周恩来是中国共产党内交友最广的一位领导人,他在国内外、党内外都有很多朋友,并在朋友中享有很高的威信。善于交朋友是周恩来统战风格的又一突出特征。这种性格特征在他青年学生时期就已显露出来。他在南开学校时写的一篇文章中说:"余性恶静,好交游,每得识一友,辄寤寐不忘。既入南开,处稠人广众中,所交益多,惟人品不齐,何敢等视。"④1917年的《毕业同学录》对周恩来有如下评语:"性温和诚实,最富于感情,挚于友谊,凡朋友及公益事,无不尽力。"⑤当他树立了马克思主义的世界观之后,这种善交友的性格特征上升到更高的境界,自觉地把它与党的统战理论与实践联系起来,作为统一战线工作的一个基本方法。

抗日战争时期,周恩来针对当时的斗争情况,提出了"勤学、勤业、勤交

---

①　中国人民政治协商会议广东省委员会文史资料研究委员会编:《广东文史资料》第23辑,广东人民出版社1979年版,第13页。

②　《周恩来选集》上卷,人民出版社1980年版,第327~328页。

③　《周恩来选集》上卷,人民出版社1980年版,第330页。

④　《周恩来早期文集(一九一二年十月—一九二四年六月)》上卷,中央文献出版社、南开大学出版社1998年版,第240页。

⑤　《周恩来年谱(1898—1949)(修订本)》,中央文献出版社1998年版,第23页。

友"① 的"三勤"方针，以此来发展和巩固抗日民族统一战线。他不仅有进步的、中间的朋友，而且主动交往国民党人士，做他们的工作。他认为广交朋友是出于中国共产党密切联系群众、团结广大群众一道前进、争取革命胜利的需要。他要求每个党员都要多交几个党外朋友，并且要交畏友、净友。为了做好党的统一战线工作，周恩来一生结交了无数国内外和党内外的朋友。他对朋友真诚相见、平等待人、宽厚谦和、关怀尊重。他十分珍视友情，与许多党内外朋友结下了深厚友谊，并与民主党派的朋友肝胆相照、患难与共。国内外许多朋友对他十分尊敬和爱戴，把他当作知心人和引路人。

（三）风格与特色之三：民主协商

周恩来一贯保持虚心听取不同意见、发扬民主的优良作风，特别是在革命取得胜利、新中国成立以后，他反复强调中国共产党是处于领导地位的执政党，必须谦虚谨慎，尊重党外人士，发扬民主，虚心听取正反各方面的意见，搞好合作共事关系。二十世纪五十年代中期，他根据当时情况和革命形势的发展提出"专政要继续，民主要扩大"② 的号召。二十世纪六十年代初期，他针对"左"倾错误使党和国家民主遭到破坏，"一言堂"和假话、空话、大话盛行的实际情况，大声疾呼："要提倡讲真话，即使是讲过了火的也要听。……唐代皇帝李世民，能听魏征的反对意见，'兼听则明'，把唐朝搞得兴盛起来。他们是君臣关系，还能做到这样，我们是同志关系，就更应该能听真话了。……要大家讲真话，首先要领导上喜欢听真话。"③ 在统战工作中，他大力提倡发扬民主，提倡民主协商，指出民主协商是做好统战工作必须遵循的原则和方法，它不追求多数表决通过和形式上的一致，而强调充分发扬民主，认真听取党外朋友的各种意见，"会前经过多方协商和酝酿，使大家都对要讨论决定的东西事先有个认识和了解，然后再拿到会议上去讨论决定，达成共同的协议"④。他在领导统战工作的过程中一贯坚持这种民主协商的方法，使统一战线不断巩固和发展。

（四）风格与特色之四：自我改造

在领导统一战线工作中，周恩来把引导各界爱国人士进行自我教育和自我改

---

① 《周恩来年谱（1898—1949）（修订本）》，中央文献出版社1998年版，第548页。
② 《周恩来选集》下卷，人民出版社1984年版，第207页。
③ 《周恩来选集》下卷，人民出版社1984年版，第349页。
④ 《建党以来重要文献选编（1921~1949）》第26册，中央文献出版社2011年版，第693页。

造放在非常重要的位置，他指导各级政治协商会议成立学习委员会，组织和推动各界人士学习，促使共同进步。他认为帮助各界爱国人士进行自我改造是我们党长期的政治任务之一，也是做好统战工作的必然要求。

周恩来认为，人总是有缺点的，世界上没有完人，只有不断学习、改造，才能更好地为人民服务，他指出："所有的人包括共产党员在内都要自我改造。"[1] 他认为自我改造要靠自觉，绝不能采取任何简单粗暴的方式。他从不板起面孔，讲空道理训人，而是常以自己参加革命几十年的思想改造经历启发别人。他经常说："人生有限，知识无限，到死也学不完，改造不完。"[2] 他认为：人们的世界观和人生观的改变，不是轻而易举的，"不是短期就可以解决的，而是要和风细雨地进行长期的思想改造。……活到老，学到老，改造到老"。他强调指出："我自己也是这样做的。停顿就是落后，落后就要思想生锈。共产党员也是一样。"[3] 他勉励大家："我们应该很好学习，努力改造，只有不断地学习、改造，才会不断地前进。"[4]

周恩来的统战风格和特色不仅反映在上述几个方面，像他提出的原则坚定、策略灵活、求同存异、平等待人等，都可被视为其统战风格的重要特征。这些特征不仅体现在统战工作中，亦反映在他领导的外交等工作中。周恩来统战风格在其长期的革命实践和领导艺术中明显表现出来，亦发挥着特殊而重要的作用。

第二节　为第一次国共合作的建立和发展作出重要贡献

一、早年对统一战线的认识及对孙中山的高度评价

统一战线是中国共产党进行革命斗争的基本战略。中国共产党在领导新民主主义革命和社会主义建设的过程中，除依靠广大工农群众外，还努力争取广大的同盟军，组成强大的革命队伍。

周恩来是党的统一战线思想最早的宣传者和执行者之一，也是国共第一次合作的主要缔造者和积极实践者之一。对中国革命中建立统一战线的重要性他认识

---

[1] 《周恩来选集》下卷，人民出版社1984年版，第367页。
[2] 《周恩来选集》下卷，人民出版社1984年版，第368页。
[3] 《周恩来统一战线文选》，人民出版社1984年版，第360页。
[4] 《周恩来统一战线文选》，人民出版社1984年版，第361页。

很早。1919 年 4 月，周恩来从日本回到天津后，积极参加了天津学生联合会的工作。他不仅广泛发动和联合天津各个学校的进步学生，支持天津学联派代表赴沪，推动组织全国学联，而且十分重视与工人、市民和商人联合，参与组织了天津市各界联合会。他与天津总商会代表联络，动员各界联合，共同进行革命斗争。

在五四运动中，周恩来发表文章，号召打倒反动政府，打倒安福派，在中国近代革命史上较早使用了"群众运动"这一概念。周恩来明确指出："推倒安福派所凭藉的军阀，推倒安福派所请来的外力。"[①] 用什么办法来实现这一目标呢？就是发动各阶层、各行业民众，成立各种组织，特别是各种工会、同业公会。为广泛动员工人、商人、学生联合起来，共同进行斗争，他鼓动和号召工人罢工，商人罢市，学生罢课，并明确指出，这些"种种的举动，那才真足以致安福派的死命"[②]。

旅欧时期，周恩来一边领导旅欧支部的工作，一边分析了当时中国革命的形势和敌我友各方面的情况，总结了辛亥革命失败的经验教训，从理论上阐明处在帝国主义列强和封建军阀残酷统治下的中国欲完成民主革命任务，必须建立广泛的革命联合战线。他论述了建立革命统一战线的重要意义，深刻认识到中国的新军阀、旧军阀都不足恃，要救中国，只能促进全中国的工人、农民、商人和学生等各界联合起来，"实行国民革命"[③]。他还分析了孙中山领导的国民党 20 年革命不能成功的主要原因是"因为忽略了革命势力真实的存在和各派的经济地位"，致使各种革命力量不能够集中到国民党旗帜之下，这是"国民党至大的失计"。根据中国当时的情况，他考察了中国工人、农民、知识界、新兴工商业家、海外华侨五派革命势力的特点之后指出，如果能将这五派的革命力量联合起来，统一在一个革命政党的领导之下，"则国民革命的成功，必不至太为辽远"[④]。

在积极推动旅欧的国共组织合作的同时，周恩来还在《赤光》杂志上发表

---

① 《周恩来早期文集（一九一二年十月——一九二四年六月）》上卷，中央文献出版社、南开大学出版社 1998 年版，第 426 页。

② 《周恩来早期文集（一九一二年十月——一九二四年六月）》上卷，中央文献出版社、南开大学出版社 1998 年版，第 433 页。

③ 《周恩来早期文集（一九一二年十月——一九二四年六月）》上卷，中央文献出版社、南开大学出版社 1998 年版，第 433 页。

④ 《周恩来早期文集（一九一二年十月——一九二四年六月）》上卷，中央文献出版社、南开大学出版社 1998 年版，第 537 页。

了《酝酿革命的各团体联合会》等宣传建立革命统一战线的文章。他阐述了在中国民主革命的过程中，为打倒封建军阀势力、打倒帝国主义列强，必须发动各阶层民众参加，必须进行国共合作的重要意义。周恩来还分析了孙中山领导的国民党现在正处于国民革命的领导地位上，当前"全中国中真能集实力与北洋军阀抗的实仅此一支孤军"①。1924年6月1日，为反击《先声报》发表的反对国共合作的文章，解答一些人的疑问，周恩来发表《再论中国共产主义者之加入国民党问题——答胡瑞图、吴樵甫、威重三君》一文，再次阐明："中国共产主义者更能以国际的关系促进国民革命成功。这又是中国共产主义者在国民党中特负的使命了。"②

在轰轰烈烈的国民革命中，周恩来对革命统一战线重要性的认识进一步深化。他一再号召工、农、兵、学、商联合起来，一同进行"打倒帝国主义""打倒南北军阀"的斗争。他强调：为使中国民主革命取得彻底成功，我们要下团结的决心，"必须团结起全中国的革命民众向反革命派进攻"③。他清楚地认识到，应该武装工农力量，学生应积极去做宣传工作，商人可以做后盾，革命战士应为革命的先驱，"我们的实力便在此处"④。

统一战线曾被许多人误解为策略问题，各种反动势力也常以此攻击中国共产党的统战政策。但周恩来认为统一战线是中国共产党长期坚持的关系全局的战略，不是权宜之计的策略。他认为党的统一战线是贯穿中国革命整个发展阶段的战略性规划，在中国革命的各个历史时期，统一战线都是全局性的，党派的合作是长期的，不是为争一党之利而施行的权宜之计。

孙中山在革命活动屡遭失败后陷入巨大的痛苦之中。他开始与中国共产党人建立联系，真诚地欢迎共产党员同他合作。周恩来对孙中山是很尊敬很推崇的。从二十世纪二十年代初开始，在半个多世纪中，周恩来不断地宣传孙中山的革命精神和伟大业绩。正是基于对统一战线的正确认识，周恩来从三个方面高度评价了孙中山的丰功伟绩。

---

①　《周恩来早期文集（一九一二年十月—一九二四年六月）》上卷，中央文献出版社、南开大学出版社1998年版，第528页。

②　《建党以来重要文献选编（1921~1949）》第2册，中央文献出版社2011年版，第81页。

③　中共广东省委党史研究室编：《广东党史资料》第19辑，广东人民出版社1991年版，第219页。

④　中共广东省委党史研究室编：《广东党史资料》第19辑，广东人民出版社1991年版，第220页。

首先，充分肯定辛亥革命的伟大意义及孙中山所发挥的重要作用。周恩来指出："辛亥革命，推翻了清朝统治，结束了我国二千多年来的君主专制制度，使人们在精神上获得了空前的大解放，为以后革命的发展开辟了道路。这是一个伟大的胜利。辛亥革命是在孙中山先生的号召下发生的。他在这次革命中起了重大的作用。"① 他一再强调："他领导的辛亥革命，具有伟大的历史意义。这场革命没有完成反帝反封建的民主革命任务，但结束了中国两千多年的封建帝制，推动了民主精神的高涨。中国人民将永远纪念孙中山先生在这个革命中所起的作用。"②

其次，高度赞扬孙中山与时俱进的精神及其促成第一次国共合作、发展新三民主义的历史贡献。周恩来阐明："孙中山先生的一个重要特色，就是能够通过革命实践，吸收经验教训，使自己的思想不断地向前发展和进步。在伟大的俄国十月社会主义革命以后，中国发生了五四运动，产生了工人阶级先锋队的组织中国共产党，进入了无产阶级领导的新民主主义革命时期。孙中山先生不顾反动势力的阻挠，毅然接受了中国共产党人的帮助，采取了联俄、联共和扶助农工的三大政策，把旧三民主义发展为新三民主义。这是一个伟大的不朽的功绩。"③ "孙中山先生，作为中国资产阶级民主革命时期的一个伟大革命家，他领导的辛亥革命，具有伟大的历史意义。"④

最后，阐明中国共产党继承孙中山的遗志，正在完成孙中山未竟的事业。周恩来指出："我们不仅完成了辛亥革命的英雄们未完成的事业，实现了一百多年来中国许多仁人志士梦寐以求的伟大理想，而且已经使我们这样一个六亿五千万人口的伟大国家，走上了社会主义发展的康庄大道。"⑤ 周恩来认为：时代不断前进，中国人民不但完成了孙中山没有完成的民主革命，并且把这个革命发展为社会主义革命，在社会主义建设事业中取得了伟大的成就。"中国共产党人继续高举革命的大旗，同一切忠于孙中山先生革命事业的人们团结一起，同全国各民族、各阶级、各阶层的一切革命力量团结一起，把中国的革命事业进行到底。"⑥

---

① 《周恩来年谱（1949—1976）》中卷，中央文献出版社 1997 年版，第 438～439 页。
② 《周恩来年谱（1949—1976）》下卷，中央文献出版社 1997 年版，第 89 页。
③ 《周恩来一统战线文选》，人民出版社 1984 年版，第 405 页。
④ 《周恩来年谱（1949—1976）》下卷，中央文献出版社 1997 年版，第 89 页。
⑤ 《周恩来一统战线文选》，人民出版社 1984 年版，第 405 页。
⑥ 《周恩来一统战线文选》，人民出版社 1984 年版，第 405 页。

　　周恩来对三民主义有科学的认识，他指出："共产主义是我们的信仰，三民主义是统一战线的政治纲领。"① "三民主义与共产主义不仅在世界观、人生观、社会观及哲学方法论上有基本的不同，即在民族、民主及社会政策上也有许多差异。"② "我们的态度，应该赞助真正了解和实行孙中山真正的革命之三民主义的人去发展三民主义，同时我们自己也应将孙中山三民主义的革命政策实行和发展起来，使它能与我们的民族解放政纲配合起来前进。"③ 孙中山逝世后，周恩来对其伟大业绩给予了高度评价，并呼吁各界人士学习和发展孙中山的革命精神，完成其未竟的事业。1925 年 3 月，周恩来出席了在兴宁举行的追悼孙中山大会，并在会上以东征军总政治部主任身份宣读祭文。1926 年 3 月，周恩来在孙中山忌日发表了《纪念总理》和《孙文主义（一）》两篇文章。在后一篇文章中，他论述道："孙中山的遗嘱是历史的产物，是孙文主义成熟的结晶，亦即是孙文主义。驳斥戴季陶主义、国家主义和西山会议派对孙文主义的歪曲。"④ 孙中山逝世以后，周恩来继承并发展了其革命精神，并和毛泽东等其他共产党人一道完成了其未竟的事业。

　　周恩来在第二次国共合作时期提出："三民主义的政纲，应该成为全国各党各派建立抗日民族统一战线的基本纲领。"⑤ 抗日战争期间，周恩来本人和他直接领导下的《新华日报》陆续发表了数篇纪念孙中山的文章。1938 年 3 月 12 日，周恩来在《新华日报》上发表了《怎样纪念孙中山先生的伟大》一文。他指出："纪念中山先生最好和最真诚的办法不在于隆重的仪式，不在于空洞的悲哀，不在于盲目的膜拜，不在于冲动的情感。要学习他对国共两党合作所具有的一个伟大的现代政治家所应有的诚挚和亲密的态度。"⑥ 周恩来阐明："孙中山先生的伟大在于他是三民主义的创造者，是中国国民党的创立者，是中国革命的领导者，我们全中国的同胞要学习孙先生的伟大并实行孙先生的伟大遗志，争取抗战胜利，建立独立自由幸福的新中国。"⑦

---

① 《周恩来统一战线文选》，人民出版社 1984 年版，第 46 页。
② 《周恩来统一战线文选》，人民出版社 1984 年版，第 46 页。
③ 《周恩来统一战线文选》，人民出版社 1984 年版，第 46 页。
④ 《周恩来年谱（1898—1949）（修订本）》，中央文献出版社 1998 年版，第 93 页。
⑤ 周恩来：《怎样纪念孙中山先生的伟大》，《新华日报》，1938 年 3 月 12 日第 4 版。
⑥ 《周恩来年谱（1898—1949）（修订本）》，中央文献出版社 1998 年版，第 416 页。
⑦ 周恩来：《怎样纪念孙中山先生的伟大》，《新华日报》，1938 年 3 月 12 日第 4 版。

中国共产党成为执政党后，作为党的领导人，周恩来并没有降低对孙中山的评价，而且组织了孙中山先生诞辰 90 周年纪念大会、辛亥革命 50 周年纪念大会、孙中山先生诞生 100 周年纪念大会等几次大规模的纪念活动。自 1954 年起，周恩来担任了 20 余年全国政协主席，每年到孙中山忌日，都由全国政协出面和统战部、中国国民党革命委员会一起举行纪念活动。1956 年 11 月 11 日，周恩来参加孙中山先生诞辰 90 周年纪念大会并致开幕词，他满怀深情地评价说，孙中山先生是近代民主革命的卓越先驱，"是领导推翻封建帝制、为建立民主共和国而奋斗的英勇战士，是反对帝国主义侵略、为祖国的独立自由而斗争的爱国者"[①]。1966 年 11 月，周恩来在万分艰难中主持召开了孙中山先生诞生一百周年纪念大会。

二、国共合作的先声——帮助国民党筹建驻欧支部

第一次国共合作正式建立的标志是 1924 年 1 月中国国民党第一次全国代表大会的召开。在首次国共合作的筹建阶段，周恩来不仅在理论上阐明了革命团体和党派大联合的主张，而且将其正确的主张积极落实到革命行动中。1922 年至 1923 年，他在欧洲积极协助国民党员王京岐筹建了国民党旅欧支部，使之成为国共合作的先声。

关于国共两党合作的酝酿，最早起于 1921 年底孙中山与马林在桂林的会谈。十月革命的成功和列宁领导的苏俄政府两次发表对华宣言，使中国民主革命的先驱孙中山受到鼓舞，他经历了屡次挫折后逐步转向"以俄为师"。1921 年 12 月，孙中山在桂林见了共产国际代表马林后，开始与苏俄政府建立友好合作关系，并接受了马林和苏俄政府的建议，同意与中国共产党合作。1922 年 6 月，陈炯明的叛变促使孙中山下决心改组国民党。孙中山认识到，欲以三民主义的理想改造中国，"必赖乎有主义、有组织、有训练之政治团体，本其历史的使命，依民众之热望，为之指导奋斗，而达其所抱政治上之目的"[②]。此后，他多次召集有共产党人参加的改组国民党会议，并委派廖仲恺、李大钊等人为改组委员，负责办理国民党改组事宜。国民党当时在海外虽有不少党员，但是组织机构并不健全，孙中山在同意国共合作的同时，还决定派曾留学法国的国民党党员王京岐，赴欧洲筹建

---

① 《周恩来年谱（1949—1976）》上卷，中央文献出版社 1997 年版，第 637 页。
② 《孙中山选集》下卷，人民出版社 2011 年版，第 558 页。

国民党支部。在国共两党的革命历程中，这个支部的组建和运作成为最早的国共合作的范例，周恩来功不可没。

周恩来是 1920 年 11 月赴欧洲勤工俭学的，1921 年春，他在张申府、刘清扬介绍下加入巴黎共产主义小组。当时，旅欧中国学生正兴起大规模的争取"生存权"和"求学权"的斗争，周恩来积极参加了这场斗争，并写了《留法勤工俭学生之大波澜》《勤工俭学生在法最后之命运》等多篇通讯，对马克思提出的全世界无产阶级联合起来的号召有了深切体会，发出了"全体勤工俭学的同志们，赶快团结起来啊"①的号召。为了团结广大旅欧进步青年，周恩来多次往返于巴黎和柏林，开始与赵世炎等人商议和筹备组建旅欧共产主义组织之事。经过半年的努力，1922 年 6 月，旅欧中国少年共产党在巴黎正式成立，翌年更名为中国共产主义青年团旅欧支部，周恩来当选为书记。

在周恩来等人积极团结和领导旅欧进步青年从事革命斗争的同时，中国国内的革命形势也发展很快。1922 年 6 月，中共中央发表了《中国共产党对于时局的主张》，提出中国共产党要与国民党等革命的民主派"共同建立一民主主义的联合战线"②。1923 年党的三大，通过了《关于国民运动及国民党问题的议决案》，会议决定共产党员以个人名义加入国民党，实现国共合作。根据中共中央的指示精神，周恩来在欧洲很快与国民党旅欧负责人王京岐取得了联系。

为了贯彻中央指示精神，统一旅欧共产主义者对国共合作问题的认识，1923 年 3 月 10 日，周恩来等人在巴黎召开了中国共产主义青年团旅欧支部大会，专门讨论了与国民党合作问题，与会者大多数赞同共产党员和共青团员以个人身份加入国民党。此时，在欧洲的国民党负责人王京岐也是愿意携手合作的，他在向国民党本部汇报工作时，专门汇报了旅欧中国共产主义青年团意欲加入国民党之事，并赞扬周恩来领导的旅欧中国共产主义共青团"组织颇称完善，而其行动亦与吾党相差不远"③。

党的三大后，周恩来在欧洲加紧推进国共合作的进程。1923 年 6 月 16 日，周恩来等三位旅欧中国共产主义青年团的负责人在法国里昂与王京岐会商，双方

---

① 《周恩来年谱（1898—1949）（修订本）》，中央文献出版社 1998 年版，第 52 页。
② 《建党以来重要文献选编（1921~1949）》第 3 册，中央文献出版社 2011 年版，第 258 页。
③ 金冲及主编：《周恩来传 1898—1949》，中央文献出版社 2009 年版，第 45 页。

商谈了国共合作的一些具体问题，最后决定旅欧的 80 余位共青团员以个人身份加入国民党。[①] 这样，在国民党第一次全国代表大会召开前，旅欧中国共产主义青年团就与国民党旅欧组织实现了合作。

周恩来在欧洲积极开展统一战线工作，赢得了国共两党绝大多数同志的信任。1923 年 8 月，王京歧回国述职。他在给孙中山和国民党中央党务部的工作报告中，请求委任周恩来、尹宽为巴黎中国国民党通讯处筹备处筹备员。孙中山和国民党总部立即予以批准："委任王京歧为里昂中国国民党分部筹备处筹备员，方棣棠为比国中国国民党通讯处筹备处筹备员，周恩来、尹宽为巴黎中国国民党通讯处筹备处筹备员。"[②] 当年秋，国民党中央党部委任周恩来为国民党驻欧支部特派员。

由于周恩来等人积极执行党的统一战线方针，在欧洲的中国共产党党员和共青团员纷纷加入国民党，使国民党在欧洲的党员队伍很快得以扩大，除法国外，德国、比利时、英国等国都有了国民党党员，原来的国民党旅法支部需要改扩为旅欧支部。1923 年 11 月，孙中山发表了《中国国民党改组宣言》，同月，国民党驻欧支部成立大会在法国里昂召开，旅欧的国民党代表和中国共产主义青年团代表出席了大会。周恩来以其对统一战线理论的深刻理解和积极实践，赢得了国共两党有识之士的一致认可，会上，王京歧当选为执行部部长，周恩来当选为执行部总务科主任，另一共产党员李富春当选为宣传科主任。王京歧回国期间，由周恩来代理执行部部长，主持国民党驻欧支部的工作。这样，此时的周恩来不仅是中国共产主义青年团旅欧支部的主要领导人，还是国民党在欧洲党组织的主要负责人之一。

在国内如火如荼的革命形势带动下，欧洲的国共合作也迅速发展。1924 年 1 月 17 日，国民党巴黎通讯处成立大会召开，周恩来为这次会议的召开和这个组织的成立做了大量工作。他在会上向与会者介绍了通讯处筹备和成立的经过，并在会后亲自执笔了《致中国国民党中央总务长彭素民的报告》《中国国民党巴黎通讯处第一次大会纪要》等文件。周恩来向国民党有关方面报告说："现时巴黎通讯处

---

① 《周恩来年谱（1898—1949）（修订本）》，中央文献出版社 1998 年版，第 62 页。

② 中国人民政治协商会议天津市委员会文史资料研究委员会编：《天津文史资料选辑》第 20 辑，天津人民出版社 1982 年版，第 18 页。

所属党员人数日渐增加，迄至昨日已有三十六人，里昂方面亦日有起色。"① 他还汇报了巴黎通讯处的规约和选举情况，并表示："恩来所受我总理中山先生及总部之组织巴黎通讯处的使命已告结束。"②

周恩来认真贯彻执行了中国共产党的统一战线方针，在他的积极组织和领导下，不但旅欧的共产党员、共青团员的队伍不断发展壮大，国民党的党员队伍也迅速壮大。共产党人朱德、刘鼎、熊锐、高语罕等分别以个人身份加入欧洲的国民党组织。为了扩大反帝反封建的革命统一战线，周恩来除了积极在旅欧华人中积极发展国共两党组织，还写了大量文章宣传被压迫阶级和各阶层民众团结起来，一起反对帝国主义、封建主义的道理。关于这段时期旅欧的共产党人在国民党中开展的工作，周恩来在一封致王京歧的信中谈道："我们能和国民党人合作的，在现时在欧洲大约不外下列三件事：一、宣传民主革命在现时中国的必要和其运动方略；二、为国民党吸收些留欧华人中具有革命精神的分子；三、努力为国民党做些组织训练的工作。"③

1924 年 6 月，王京歧由广东返回巴黎。为团结不断增多的旅欧国民党员，他召集有关人员开会研究，决定将原来的驻法支部扩充为中国国民党驻法国总支部，下辖巴黎分部、里昂分部、马赛分部、比利时支部、德国支部，由王京歧任总支部主席（后又补选中国共产党党员施益生为副主席）。"驻法总支部是国共合作的国民党海外党部之一。它的成员，小部分是交叉的共产党员，大部分是一般的国民党员。"④ 在派系林立的国民党海外组织中，该支部又被称为"广州派总支部"，因为"它是尊奉广州中央的政策、方针办事的"⑤。

1924 年国共合作正式建立后，国内革命形势发展迅猛，急需大批革命骨干回国工作。根据中共中央的指示，周恩来出席了在巴黎举行的中国国民党驻法国总支部第二次代表大会后，与刘伯庄等人于 1924 年 7 月下旬从法国启程回国。同

① 《周恩来早期文集（一九一二年十月——一九二四年六月）》下卷，中央文献出版社、南开大学出版社 1998 年版，第 520 页。

② 《周恩来早期文集（一九一二年十月——一九二四年六月）》下卷，中央文献出版社、南开大学出版社 1998 年版，第 523 页。

③ 中国革命博物馆党史研究室编：《党史研究资料》第 1 集，四川人民出版社 1980 年版，第 280~281 页。

④ 中国人民政治协商会议全国委员会文史资料研究委员会编：《文史资料选辑》第 78 辑，文史资料出版社 1982 年版，第 51 页。

⑤ 中国人民政治协商会议全国委员会文史资料研究委员会编：《文史资料选辑》第 78 辑，文史资料出版社 1982 年版，第 52 页。

时，由于周恩来在欧洲推动国共合作方面取得的卓越成绩，当时在黄埔军校任教的张申府曾向黄埔军校党代表廖仲恺积极推荐过周恩来，得到了廖仲恺的认可。周恩来勤勤恳恳、任劳任怨、亲和待人、民主协商的工作作风给曾经与他一起工作的同志留下良好印象。周恩来在国民党驻法国总支部初创阶段卓有成效的工作，得到了王京歧及以孙中山为首的国民党中央的赞赏。王京歧在给父亲的信中对这位挚友的工作能力给予高度评价："同志恩来（坐当中者）与儿协同办党可说两年之久了。素来他——专门对外，我——惟理内，本其过去工作判他的智力、魄力——与夫将来之事业不在汪（精卫）、胡（汉民）诸老同志之下"，他认为周恩来回国，对"全欧党务影响非浅"，当时的感觉是有一种"说不出的痛苦"。①

三、努力致力于黄埔军校和革命军队的政治建设

黄埔军校是第一次国共合作的产物，是孙中山接受共产国际代表建议，在苏俄政府帮助下建立起来的。中国共产党在政治教育工作、组织工作、招生工作、学员训练等方面给予了积极的协助，周恩来担任黄埔军校政治部主任期间，加强了黄埔军校的政治工作建设，黄埔军校的政治气象焕然一新，他为国共两党制定了一套军队政治制度，为革命武装的发展壮大奠定了政治基础。

从1924年初起，孙中山决定在广州筹建"中国国民党陆军军官学校"。经过数月的筹备，当年6月16日黄埔军校正式成立，孙中山亲任总理，除了任命蒋介石、廖仲恺为校长和党代表，还邀请中国共产党人共同承担教学工作，并聘请加仑等几十名苏俄军官担任顾问或教员。校本部设有政治部、教练部、教授部、管理部、军需部、军医部和总教官室。许多黄埔学生是共产党从各省进步青年中动员和选拔来的，在第一期中，共产党员和团员五六十人，占学生的十分之一。② 黄埔军校教官中亦有一批以周恩来为首的共产党员，他们为该校政治工作的开展作出了杰出的贡献。

周恩来是1924年9月初抵达广州的，10月就担任了中共广东区委委员长兼区委宣传部部长。10月10日，周恩来出席了广州各界群众为纪念武昌起义举行的警告反动商团大会，并在会上发表了演说。会后举行示威游行，反动商团开枪

---

① 王永祥、孔繁丰、刘品青：《中国共产党旅欧支部史话》，中国青年出版社1985年版，第167页。
② 《周恩来选集》上卷，人民出版社1980年版，第116页。

射击。孙中山成立革命委员会，抽调军队镇压商团叛乱。周恩来参加了临时军事指挥部的工作，他布置共产党掌握的广东工农武装，协助革命军队平叛。10月15日，按照孙中山的命令，周恩来与澎湃、阮啸仙等人指挥广东工团军、农团军与广东革命武装一起展开了平定商团叛乱的战斗，并取得了决定性胜利。叛乱平息后，孙中山电令嘉奖参与平叛的各军，并于10月30日从韶关返回广州。周恩来写了《最近二月广州政象之概观》一文，总结了平叛的意义，指出国民党当务之急是"肃清内部"①。

　　周恩来到达广州后不久，就担任了黄埔军校政治教官，负责讲授政治经济学。孙中山希望将黄埔军校办成一个培养革命武装的新式军校，所以在开办之初就实行了军事教育与政治教育并重的办学方针。政治部的职责是在校党代表和校长领导下，负责学生的政治教育和全校的政治工作、组织工作、宣传工作等。

　　当时，周恩来不仅担任黄埔军校政治部主任，还代表中共广东区委直接领导黄埔军校中的共产党支部。他身兼国共两党的要职，坚决贯彻执行中国共产党的统一战线方针和孙中山制定的联俄、联共、扶助农工三大政策，在黄埔军校中建立了一套政治工作制度。他在黄埔军校期间，为国共两党所领导的革命武装的发展主要做了以下几方面工作。

　　一是建立健全政治部的组织机构和正常的政治工作秩序。周恩来担任政治部主任后，一手抓组织工作，一手抓政治宣传工作。针对政治部内无下设机构的状况，他决定在部内成立三个机构，分别为：指导股、编撰股、秘书股，每个股配备一定编制的干部。周恩来明确规定了各股的工作任务和办事细则，并从学生中选调了一批共产党员到各股任职。针对当时学校没有自己的政治刊物的情况，周恩来指示政治部编印了《士兵之友》《黄埔日刊》等刊物，积极开展政治宣传工作。

　　二是努力搞好政治课教学，加强对全校师生的政治教育。周恩来担任政治部主任后，经常邀请国民党和共产党的领导人到黄埔军校来发表政治演讲，中国共产党领导人邓中夏、苏兆征、毛泽东等都曾应邀到黄埔军校发表演讲。在周恩来的主持下，黄埔军校增加了政治课的内容，除主讲"三民主义"外，还增开了

---

① 　伍豪：《最近二月广州政象之概论》，《向导》，1924年第92期。

"国民革命概论""社会进化史""各国革命史"等课程。政治教官还经常组织学生讨论时事问题和革命军人的使命问题，目的是使学生认清中国社会的主要矛盾、革命目标和革命军人肩负的责任。周恩来经常给学生讲课，主要讲国内外革命形势等内容，学生很爱听。当年的学生回忆说：周恩来的讲演"博而能约，条理成章，易于笔记，也容易背诵"①。

三是加强并坚持对革命武装的政治领导和组织领导。周恩来担任政治部主任期间，广东革命军队中各级党代表皆由政治部领导。黄埔军校成立教导团时，周恩来亲自制订了该团的政治训练计划，并抽调黄埔一期的共产党员曹渊、蒋先云、许继慎等到教导团各连担任党代表。当时，在广东革命根据地内，除黄埔军校外，还有其他军校，为了广泛团结各军校、各军队中的进步军人，黄埔军校政治部支持成立了中国青年军人联合会。1925年2月1日，以黄埔学生为主，联合粤、滇、桂各军进步军人的中国青年军人联合会在广州正式成立。该组织的负责人是共产党员蒋先云等，人数最多时达到两千余人，并出版了《中国军人》等刊物。曾加入该组织的黄埔一期学生王逸常评论说：这个组织实际上是周恩来领导的政治部"联系青年军人的桥梁"，是"对青年军人进行革命思想教育的组织形式"。②

正是源于周恩来对党的统一战线理论和方针的认真贯彻执行，黄埔军校中的国共合作在周恩来任职政治部主任期间得到稳步发展，而且，在周恩来的努力工作下，该校的政治气象也焕然一新。王逸常回忆说，在周恩来的领导下，黄埔军校的政治工作蓬勃开展。在任期间，周恩来除了读书看报、批阅文件，把大量时间都花在找人谈话和抓工作落实上。王逸常高度评价周恩来的工作能力："思考事务周密，处理问题敏捷，原则性和灵活性掌握适度。"③周恩来以出色的组织才干和勤勤恳恳的工作业绩赢得了广大黄埔军校师生的爱戴。

在黄埔军校任职期间，除积极从事政治工作外，周恩来还参与了革命军队的建设工作。1924年11月，周恩来商得孙中山的同意，筹建了大元帅府铁甲车队，这支武装的主要干部皆是周恩来及陈延年亲自决定和选调的，从队长、副队长到

---

① 中国人民政治协商会议广东省委员会文史资料研究委员会、广东革命历史博物馆合编：《广东文史资料》第37辑，广东人民出版社1982年版，第172页。

② 广东革命历史博物馆编：《黄埔军校史料1924—1927》，广东人民出版社1982年版，第343页。

③ 广东革命历史博物馆编：《黄埔军校史料1924—1927》，广东人民出版社1993年版，第181页。

党代表都由共产党员担任，中共广东区委还从各地调来一批工人、农民、青年充当队员。

在第一次国共合作的建立和发展过程中，周恩来与孙中山直接接触并不多。但是，他对孙中山的联俄、联共、扶助农工的政策理解十分深刻，坚持贯彻始终。1924 年 11 月 3 日，孙中山北上前夕视察黄埔军校，周恩来与全校师生聆听了孙中山作的告别演讲。十天后，孙中山偕夫人宋庆龄等乘永丰舰北上，周恩来与全校师生列队欢送。孙中山逝世后，周恩来为巩固和扩大第一次国共合作继续做了大量工作。

四、在第一次国共合作后期发挥的重要作用

在第一次国共合作的后期，周恩来参加了国民革命军的北伐，曾任北伐第一军副党代表。他还领导了上海工人第三次武装起义，领导组织了上海总工会。在国民党右派叛变革命后，他主张立即出师讨伐，还参加了处置叛变的一系列工作，为弥补和挽救国共合作破裂、打倒封建军阀势力、维护统一战线、反击国民党右派进攻作出了努力和贡献。

东征胜利后不到一年，国共两党领导了打倒军阀的北伐战争，周恩来积极投身其中。虽然由于国民党右派的反共阴谋活动，周恩来等共产党人在黄埔的工作受到限制，但是他还是做了大量工作。他在广州以中共广东区委军事部部长身份主持了共产党员参加北伐的准备工作，为北伐战争的胜利进行作出了贡献。

第一，周恩来培养了一批参加北伐战争的得力的政治干部。据聂荣臻回忆："当时的黄埔军校，为北伐培养了大批军官。这其中，恩来的历史功绩是不可磨灭的。"[1] 中山舰事件后，周恩来等共产党员被迫退出了国民革命军第一军。周恩来为北伐做了许多准备工作，包括加紧为北伐军培养政治工作干部。1926 年 5 月下旬，周恩来带领 200 多名革命军人在广州大佛寺举办特别政治训练班，周恩来担任训练班的班主任。他积极组织学员学习革命理论，研究如何开展革命斗争。结业后，该班大部分学员被派往国民革命第四军叶挺独立团。周恩来为国民革命军政治训练部举办的特别政治训练班讲了《反吴与反帝国主义》《中国政治军事的观

---

[1] 《不尽的思念》，中央文献出版社 1987 年版，第 13 页。

察》《政治工作的设施及运用》等课程。6月，周恩来出席了北伐军总政治部主任邓演达主持的北伐军战时工作会议。他在会上报告战时宣传训练班计划，并被推举为宣传员训练及补充委员会主席和总政治部编制委员会主席。他还应邓演达之邀为该班作了《国民革命军及军事政治工作》的著名讲演，总结了前一时期政治工作的经验，进一步论述了革命军队的政治工作与实现革命政党的民主革命纲领的密切关系，阐明了军队政治工作的目的、范围、任务与方法。这对北伐军战时政治工作的开展具有指导意义。学员毕业后，被分在总政治部宣传大队和国民革命军第八军工作。在周恩来和中国共产党其他同志开展的有效的政治工作的领导下，北伐军将士英勇作战、革命斗志高昂。

第二，周恩来做了大量政治工作和组织工作，中国共产党党员在北伐战争中发挥了重要作用。北伐战争的胜利进军，是共产党和国民党合作奋斗的结果。中国共产党在北伐军中的政治工作起了重要作用。北伐的先头部队是叶挺为团长的国民革命军第四军独立团，这个团从团长、副团长到营长，都由周恩来精心挑选的共产党员来担任。1926年5月，国民革命军第四军独立团首先由广东肇庆、新会出师北伐，途经广州时，周恩来向连以上共产党员干部讲话，分析了国内外形势和北伐的有利条件，介绍湖南、湖北的工、农、学生运动情况，说明党决定让独立团担任北伐先遣队的重要意义。他指出："我们是党直接领导的军队，同任何别的军队有原则区别。号召大家要英勇作战，不怕牺牲，要起先锋模范和骨干作用。"[①] 周恩来的讲话对独立团是很大的鼓舞，这个团在北伐战争中屡建战功，被誉为"铁军"。周恩来还派遣一批共产党员到国民革命军第一、第二、第三、第四、第六军做政治工作，使北伐战争中各个军的共产党员的力量均有一定的增强。至1926年初，国民革命军中的共产党员已达1 500人[②]，并掌握了一部分军队。他还常召集各军和黄埔军校中的共产党负责人开会，听取汇报，检查工作，布置任务，向各军中的共产党员宣传党的方针政策。在此期间，周恩来还常召集各部队的共产党员布置北伐任务。

第三，组织和整合了各地武装力量，配合北伐战争。为使北伐军所到之处，都能够出现里应外合、速战速决的局面，周恩来在北伐出师前派遣一些黄埔军校

① 《周恩来年谱（1898—1949）（修订本）》，中央文献出版社1998年版，第96页。

② 任娟、林闵馨：《大革命时期中国共产党的军事实践》，《商品与质量》，2011年第5期。

学生和革命干部回到他们各自的家乡，动员和争取当地武装和地方官员，响应北伐战争。在湖南、湖北、河南、江苏、浙江、福建、安徽等省，周恩来均派人去执行这一任务。例如，黄埔军校第三期学生黄铁民奉周恩来之命回到安徽，促使当地军阀马济的部下陈雷团长率部起义。1927 年 3 月，周恩来与赵世炎、罗亦农一起成功领导了上海工人第三次武装起义，解放了上海，配合了北伐军在江浙一带的进军。周恩来协助苏联军事顾问加仑制定了北伐蓝图，向邓演达推荐共产党员朱代杰任北伐军总政治部秘书处处长。北伐开始后，周恩来派聂荣臻为军委特派员，到北伐军中从事联络工作，密切沟通两广区委、各地党组织与北伐军中国共产党党员之间的联系，加强了中国共产党在北伐中的领导作用。

第四，重视发动和组织工农群众支持和参加北伐。周恩来这一时期连续写了《国民革命及国民革命势力的团结》《现时政治斗争中之我们》《现时广东的政治斗争》等文章，驳斥国民党右派对国共合作与工农运动的污蔑，阐明现在是"与一切半封建势力作政治斗争，面积遍及全省，这非靠民主势力的扩大和充实，决难致胜。故民众的组织力和武装战斗力之发展，民主政治的怎样实施，是目前最切迫的工作"①。为了发动工农群众，1926 年 5 月，周恩来对到黄埔军校参观的第三次全国劳动代表大会代表发表演说："代表们返回原地要防止反革命的阴谋，要团结广大群众打倒军阀。响应北伐军，迎接北伐胜利。"②北伐战争正式打响后，周恩来指示各地党组织要发动工农群众支持北伐，警惕北伐中国民党右派压迫工农和破坏革命的反革命活动。他积极支持中国共产党两广区委组织省港罢工，支援北伐。他同中国共产党两广区委的其他委员研究决定，从黄埔军校第四期学生中选调了几十人，到广州农民运动讲习所经过短期培训后，派到广东各县担任领导武装农民的工作，这对保证北伐的胜利进军起到了一定作用。

正当北伐军取得连连胜利之时，蒋介石却日益暴露出反共的面目，1927 年发动了"四一二"反革命政变，使国民革命和第一次国共合作出现重大危机。周恩来力主迅速出师讨伐蒋介石，但是他这一正确建议没有被共产国际代表和当时的党中央所接受。

1927 年 4 月 16 日，面对危机的形势，周恩来果断地提出："我们致电武汉应

---

① 《建党以来重要文献选编（1921～1949）》第 3 册，中央文献出版社 2011 年版，第 521 页。
② 《不尽的思念》，中央文献出版社 1987 年版，第 40 页。

指出两点：一、政治上，要指明上海暴动后有右倾错误，如继续，非常危险。我们在此次屠杀中可以看出老蒋只是对我们表面和缓，实际是准备整个打击，但我们事前太和缓，以致无好好反蒋宣传，以致在民众中有不好影响……二、军事上，武汉方面对于老蒋无积极对付的方策，而主张先北伐，并怕老蒋军事力量太大，自己完全站于弱点，是很不好的。照我们观察，对于老蒋军队并不无法，且应先解决老蒋然后可以北伐。现在我们应打一电报给武汉方面提出抗议，要求赶快决定打东南的方策，马上派得力人员来东南准备军事活动。"[①] 为了反击蒋介石的反革命活动，周恩来根据自己对形势的判断，很快给中共中央写了《迅速出师讨伐蒋介石》的意见书，阐明了迅速讨伐蒋介石的必要性、可能性及总的行动方案。

马日事变后，周恩来力主发动湖南暴动，打击许克祥，阻止局势继续恶化。汪精卫叛变前夕，周恩来常召集武汉军校的共产党员、共青团员，告诫他们要提高警惕，随时准备应付可能出现的突发事变。他委派刚从四川省回来的共产党员陈毅到军校工作，协助恽代英进行各种应变准备。虽然周恩来做了不少努力，但是由于蒋介石、汪精卫先后叛变革命，第一次国共合作还是破裂了。1927 年 8 月 1 日，周恩来根据中共中央指示领导了南昌起义，共产党独立领导中国革命的新时期开始了。

综上所述，周恩来无疑是中国共产党统一战线理论的奠基者之一，也是第一次国共合作最早的实践者之一。他很早就提出民众大联合的主张，认真贯彻执行党的统一战线方针，为第一次国共合作和两党力量的壮大、为国民革命的发展作出了卓越贡献。从 1922 年秋开始，他就在欧洲与国民党合作，帮助国民党组建旅欧支部，共同开展革命斗争，开启了第一次国共合作的先河。周恩来与国民党人在欧洲的良好合作，证明了国共两党在反帝反封建的共同目标下合作的必要性与可行性，有力地促进了国共两党革命事业的开拓。1924 年 9 月后，周恩来在黄埔军校继续贯彻执行党的统一战线方针，积极推动国共合作的发展。他出色的政治工作对革命武装的建设起到了重要作用。在东征和北伐过程中，周恩来做了大量政治动员和民众组织工作，鼓舞了东征军和北伐军的士气，保证了东征和北伐的胜利。1927 年，当国民党右派叛变革命时，周恩来主张进行坚决的反击。不可否

---

① 《建党以来重要文献选编（1921～1949）》第 4 册，中央文献出版社 2011 年版，第 166 页。

认，周恩来为第一次国共合作的筹建和发展作出了突出贡献，他不愧为我党统一战线理论和实践的先驱者之一。

第三节　在促成和维护抗日民族统一战线中发挥特殊作用

一、为促成第二次国共合作而多次与国民党谈判

1935 年 12 月，中国共产党在陕北瓦窑堡召开政治局会议，确定了建立抗日民族统一战线的方针。会后，周恩来认真贯彻瓦窑堡会议的精神，开始同国民党地方军队合作。这个工作首先是从东北军开始的。中共中央决定成立由周恩来任书记的东北军工作委员会，专门开展对东北军的工作。1936 年，周恩来与张学良举行会谈，双方达成"逼蒋抗日"的共识。

在当时的环境下动员全民族组成抗日的统一战线，一个首要的任务就是要求国民党停止剿共，一致抗日。瓦窑堡会议后，毛泽东、周恩来多次致信沈钧儒、邹韬奋、陶行知、章乃器、宋庆龄、蔡元培等民主人士，表达对他们爱国行动的敬佩和赞赏，向他们宣传中国共产党建立抗日民族统一战线的主张，同时，把蒋介石及其政府同亲日派汉奸区别开来，积极向国民党呼吁合作抗日。

在 1936 年 3 月召开的中共中央政治局会议上，周恩来提出，中国共产党同国民党建立统一战线的原则是：不放松准备建立，但又不麻痹群众；在抗日讨逆、停止内战原则问题上决不退让，并要求国民党有实际行动；我党保持批评的自由；在同国民党上层谈判的同时，不放弃争取下层群众官兵的工作。[①] 根据周恩来的意见，会议不排除蒋介石允许与共产党建立联系的可能，决定不再公开谈反对蒋介石，也不再做这方面的宣传。

1936 年 8 月 10 日，中共中央政治局会议召开。会议专门研究国共两党的关系和建立统一战线问题。周恩来在发言中主张放弃抗日必反蒋的口号。[②] 会后，周恩来根据政治局会议的决定，采取了与蒋介石及其亲信通信、做国民党地方实力派的工作等方法，促使蒋介石转变态度。周恩来分别致信陈果夫、陈立夫和胡宗南。在致陈果夫、陈立夫的信中，周恩来重申了中国共产党实现国共两党

---

① 《周恩来年谱（1898—1949）（修订本）》，中央文献出版社 1998 年版，第 309 页。
② 《周恩来年谱（1898—1949）（修订本）》，中央文献出版社 1998 年版，第 322 页。

合作抗日的诚意，希望他们敦劝蒋介石"立停军事行动，实行联俄联共、一致抗日"①，同时希望他们直接参加国共两党的谈判。

1936年9月22日，周恩来直接致信蒋介石，重申"共产党今日所求者，唯在停止内战、建立抗日统一战线与真正发动抗日战争"②，指出"大敌在前，亟应团结御侮"③，表明共产党与红军亟望他能"从过去之误国政策抽身而出，进入于重新合作共同抗日之域"④。为促成两党再次合作，周恩来派潘汉年携带他致蒋介石、陈果夫、陈立夫的信由西安赴南京，与国民党接触。根据潘汉年与陈立夫会谈的情况以及对国内局势发展的研究，周恩来及其领导下的东北军工作委员会决定加强对东北军的工作，同时，积极开展对国民革命军第十七路军的统战工作。

1936年12月12日，张学良、杨虎城发动了西安事变，扣留了蒋介石，中共中央决定派出周恩来以和平方式解决西安事变。经过艰苦的谈判与协商，周恩来终于说服蒋介石、张学良、杨虎城，使西安事变得以和平解决。西安事变的和平解决成为从内战向合作抗战转变的一个重要转折点，促进了抗日民族统一战线的形成和发展，第二次国共合作的新阶段开始了。周恩来受中共中央的重托，在极其复杂而紧张的历史时刻来到西安，一直置身于这个巨大风暴的中心，在充满惊涛骇浪的险恶环境里，他临危不惧，沉着机智，忘我工作，力挽狂澜，为挽救国家危机发挥了关键作用。

西安事变和平解决之后，周恩来为尽早建立抗日民族统一战线，1937年上半年，先后在西安、杭州、庐山和南京等地同国民党方面进行了多次谈判。整个谈判过程历时7个月，国共两方围绕军队数量和指挥权、边区政府地位、承认各党派合法地位等问题进行了艰苦的谈判。最终扫清了重重障碍，第二次国共合作正式建立。

周恩来与国民党的第一次谈判，地点在西安。1937年2月9日，中共中央政治局常委会议通过了《中共中央给中国国民党三中全会电》，提出了著名的五项要

---

① 《建党以来重要文献选编（1921~1949）》第13册，中央文献出版社2011年版，第278页。
② 《建党以来重要文献选编（1921~1949）》第13册，中央文献出版社2011年版，第278页。
③ 《建党以来重要文献选编（1921~1949）》第13册，中央文献出版社2011年版，第279页。
④ 《建党以来重要文献选编（1921~1949）》第13册，中央文献出版社2011年版，第297页。

求和四项保证。① 这是中国共产党第一次公开提出的实现国共合作的条件。周恩来根据中共中央的指示同国民党方面的代表张冲等人进行了谈判。这次谈判虽然没有达成共识，但代表了国共两党开始了初步的接触，对一些问题的看法在互相接近。

3 月下旬，周恩来前往杭州。途经上海时，他与宋美龄会晤，请她将根据中共中央十五项谈判条件拟成的书面意见转交蒋介石。一到杭州，周恩来便在潘汉年的陪同下，与蒋介石进行谈判。周恩来首先阐明中国共产党对国共合作的立场，是维护民族解放、民主自由、民生改善的共同奋斗的纲领，所以，绝不能忍受"投降""收编"的诬蔑。周恩来重申中共中央的十五项谈判条件，并提出几点具体的要求。周恩来杭州之行的一个成效是，蒋介石总算在口头上答应红军保持 4 万多人，承诺陕甘宁为一个统一的行政区。

1937 年 6 月 4 日，周恩来抵庐山。当时，蒋介石正在庐山筹办暑期训练团。从 6 月 8 日到 15 日，周恩来同蒋介石进行了多次会谈。对原则问题，周恩来与蒋介石争执很激烈，分歧很大，虽经宋子文、宋美龄、张冲等往返磋商，蒋介石仍然固执己见，谈判难以进行。

1937 年 7 月中旬，周恩来再抵庐山。周恩来将《中共中央为公布国共合作宣言》交予蒋介石，表明重开谈判的诚意和务实的态度。在这次谈判当中，蒋介石将中心放在了领导权问题上，蒋介石对周恩来提出的谈判意见，没有答应的意愿和表示，仍坚持红军改编后不设统一的军事指挥机关，按照蒋介石的想法，红军改编后没有统一的军事指挥机关，一切听命于他的"行营"。周恩来当即严正表示，蒋介石对红军改编后的指挥与人事的意见，我党绝不能接受。谈判再次陷入僵局。周恩来等离开庐山到达上海。7 月 20 日，张闻天、毛泽东致电周恩来、林伯渠："日军进攻形势已成，抗战有实现的可能。……我们决定采取蒋不让步不再

---

①　中共中央给国民党三中全会电提出的五项要求是："（一）停止一切内战，集中国力，一致对外；（二）保障言论、集会、结社之自由，释放一切政治犯；（三）召集各党各派各界各军的代表会议，集中全国人才，共同救国；（四）迅速完成对日抗战之一切准备工作；（五）改善人民的生活。"电文明确表示，如果国民党三中全会将这五项要求定为国策，中国共产党为了达到全国一致抗日的目的，愿意作出如下四项保证："（一）在全国范围内停止推翻国民政府之武装暴动方针；（二）苏维埃政府改名为中华民国特区政府，红军改名为国民革命军，直接受南京中央政府与军事委员会之指导；（三）在特区政府区域内，实行普选的彻底民主制度；（四）停止没收地主土地之政策，坚决执行抗日民族统一战线之共同纲领。"见《毛泽东年谱（1893~1949）（修订本）》上册，中央文献出版社 2013 年版，第 653 页。

同他谈判的方针。"① 电文要求周恩来和林伯渠暂留上海,以观察形势的发展变化,等待重开谈判。

1937 年 8 月 9 日,周恩来同朱德、叶剑英飞抵南京。在南京期间,他们多次与部分国民党代表会晤,对国共再次合作问题产生了积极的影响。淞沪抗战爆发后,蒋介石不得不同意中共中央的条件,国共谈判中久拖不决的问题终于解决。8 月 25 日,中共中央革命军事委员会主席毛泽东,副主席朱德、周恩来发布命令,主力红军改编为国民革命军第八路军,朱德为总指挥,彭德怀为副总指挥。9 月 22 日,国民党中央通讯社正式播发了《中共中央为公布国共合作宣言》。次日,蒋介石在庐山发表讲话,承认中国共产党在全国的合法地位。这次南京谈判历时十余天,一些根本问题得到了解决。

红军主力的改编刚一落实,周恩来便考虑与蒋介石讨论南方红军游击队的改编问题。何应钦代表国民党同周恩来具体商谈,他同意中国共产党派人到南方各游击区传达中共中央指示,并协助将红军游击队改编为国民革命军新编第四军。通过这次谈判,国民党允许在南京、上海等地设立中国共产党代表团和八路军办事处,后来,又在武汉、长沙、兰州等地设立中国共产党代表团办事处、八路军办事处、新四军通讯处等。在谈判中,周恩来强烈要求国民党释放被关押的共产党员。周恩来还提出中国共产党在南京公开出版发行《新华日报》,并请国民党元老、监察院院长于右任为《新华日报》题写报名。

经过艰难的谈判,第二次国共合作的局面终于正式形成。周恩来为建立抗日民族统一战线做的努力终于取得了突破性成果,他为促成第二次国共合作的实现作出了特殊的贡献。

二、在国民党统治区开展卓有成效的统战工作

在国共两党第二次合作的背景下,中国共产党驻国统区总负责人周恩来应邀参加了国民党政府的抗日宣传工作。周恩来担任国民政府军事委员会政治部副部长,负责领导第三厅的工作。周恩来在国统区领导了抗日爱国宣传等工作,还帮助国民党训练游击干部,代表共产党参加了国民参政会。他在国统区卓有成效的

---

① 《周恩来年谱(1898—1949)(修订本)》,中央文献出版社 1998 年版,第 380 页。

统战工作，对维护抗日民族统一战线、推动全国抗战发展产生了积极影响。

（一）周恩来与政治部第三厅的成立

以国共合作为基础的抗日民族统一战线建立后，国民政府内部的军事机构有所调整，在原军事委员会内增设政治部，陈诚任部长，黄琪翔任副部长。为表示与中国共产党合作抗战的诚意，国民党邀请周恩来担任政治部副部长。中国共产党对国民党邀请周恩来出任政治部副部长进行了慎重考虑。1938 年 1 月 11 日，王明、周恩来、博古、董必武、叶剑英致电中共中央书记处："国民政府军委会改组，蒋以陈诚任政治部长，要周恩来任副部长，周曾再三推辞。请中央考虑具体意见。"① 但是蒋介石、陈诚仍坚持要周恩来出任政治部副部长。王明、周恩来、博古等再次致电中共中央书记处，提出新意见："政治部属军事系统，为推动政治工作，改造部队，坚持抗战，扩大共产党的影响，可以担任此职。……如果屡推不干，会使蒋、陈认为共产党无意相助，使反对合作者的意见得到加强。"② 周恩来从抗战大局考虑，认为我们利用这一公开、合法的机构，便于宣传中国共产党的抗日主张，便于动员一切力量争取抗日战争的胜利。他曾经对参加第三厅工作的中国共产党党员说："我们到第三厅去，不是去做官，而是去工作，去斗争，去坚决斗争，而且是一种非常尖锐复杂的斗争。"③

正是基于加强国共合作、推动全面抗战的考虑，中共中央同意周恩来就任国民政府军事委员会政治部副部长。1938 年 2 月 6 日，国民政府军事委员会政治部正式成立，陈诚任部长，周恩来和黄琪翔任副部长，周恩来主管第三厅，即宣传工作。

周恩来担任政治部副部长后面临的首要任务是确定第三厅干部人选，制定第三厅的工作方针。上海成为"孤岛"以后，武汉成为国统区抗日救亡运动的中心。全国各地涌入武汉的文艺界知名人士、爱国知识青年很多，很多人没有基本的生活保障，但他们的抗日热情都很高。周恩来考虑如果把他们收揽进第三厅，就能够壮大抗日阵营的宣传队伍，推动全国抗战的广泛开展，同时可以让他们了解中国共产党团结一致、共同抗日的主张。因此，政治部建立后，周恩来同陈诚、黄

---

① 《周恩来年谱（1898—1949）（修订本）》，中央文献出版社 1998 年版，第 408 页。

② 《周恩来年谱（1898—1949）（修订本）》，中央文献出版社 1998 年版，第 410 页。

③ 金冲及主编：《周恩来传》上，中央文献出版社 1998 年版，第 497 页。

琪翔等国民党政要及中国共产党代表团的博古、董必武等人多次商议第三厅的组织机构、人员安排、宣传方针、活动方式等问题，对民主党派人士和社会贤达做了大量的说服动员工作。

在第三厅筹组过程中，郭沫若因学识、才能及在知识分子中的影响力，成为国共两党共同想到和接受的厅长人选。为促成郭沫若、阳翰笙等人参加第三厅的工作，周恩来于 1938 年 2 月 17 日致信郭沫若，希望他来武汉就职，并"敦劝田、胡诸友来汉"①。郭沫若自日本回国后，对到第三厅工作存在顾虑，因为他考虑到政治部其他各厅厅长都是国民党骨干分子，很难合作。他曾提出："让我处在自由的地位说话，比加入了不能自主的政府机构，应该更有效力一点。"②经过周恩来推心置腹地解释，郭沫若才同意出任第三厅厅长。周恩来还于 2 月下旬"致电在重庆的阳翰笙，催他速至武汉筹组政治部第三厅"③。阳翰笙到武汉后，周恩来向他解释了参加第三厅工作的重要性，他动员阳翰笙说："第三厅是个政权组织，政权组织的作用是很大的，我们不能小看它。……我们拿着三厅这个招牌，就可以用政府的名义，组织团体到前线去，也可以到后方大大小小的城市乡村去，公开地、合法地、名正言顺地进行宣传，既可以宣传民众，也可以宣传士兵。政权机构的重要性就在这里，我们的工作意义就在这里。大家应该热情地又很清醒、很有警惕地去参加第三厅的工作。"④

国民党方面也希望郭沫若出任第三厅厅长，据阳翰笙分析，蒋介石的如意算盘是：有周恩来、郭沫若这样众望所归的人物，可以延揽大批文化、学术、文学艺术各界著名人士，同时将第三厅掌握在自己控制之下。⑤国民党为控制第三厅，任命复兴社的刘健群为第三厅的副厅长。周恩来领导郭沫若等人与国民党展开了巧妙的斗争，他们均未出席前几次部务会议。2 月 24 日，周恩来致函郭沫若，说明在与陈诚的谈话中得知第三厅副厅长人选问题出现转机，"认为郭可以回武汉任职"，但嘱其"速将宣传纲领起草好，以便依此作第三厅工作方针"⑥。刘健群离

---

① 《周恩来书信选集》，中央文献出版社 1988 年版，第 140 页。

② 《郭沫若选集》第 1 卷下册，四川人民出版社 1979 年版，第 120 页。

③ 《周恩来年谱（1898—1949）（修订本）》，中央文献出版社 1998 年版，第 414 页。

④ 金冲及主编：《周恩来传》上，中央文献出版社 1998 年版，第 493~494 页。

⑤ 上海市当代人物研究会、萌芽杂志社主编：《献给后代的报告：采访老一辈报告文学集》第 2 辑，中国工人出版社 1995 年版，第 170 页。

⑥ 《周恩来年谱（1898—1949）（修订本）》，中央文献出版社 1998 年版，第 415 页。

开武汉后，郭沫若按照周恩来的安排回到政治部第三厅。"为确保该厅工作的顺利进行，郭沫若向陈诚提出了人事、经费自定、工作计划三项条件，在获得陈诚首肯后才正式出任第三厅厅长，阳翰笙被任命为第三厅主任秘书"[①]。

为确保第三厅的实权掌握在抗日派手中，周恩来多次与郭沫若、阳翰笙等人商讨第三厅的具体人事安排。周恩来希望把第三厅组建成为团结社会上各民主党派和人民团体的机构，广泛吸收思想界、文化界、学术界的著名人士、社会贤达加入这个抗日大本营。第三厅内各处、科干部人选一般是阳翰笙先同郭沫若商量，然后请示周恩来，由周恩来最后决定。经过反复协商，他们最终确定了第三厅内三个处及各科的干部人选。

政治部第三厅干部的配备过程，体现出周恩来积极推动国共合作、团结各种社会力量共同抗战的思想，该厅成为当时国共两党及与民主党派和社会贤达人士合作的一个重要纽带。在该厅各处、科干部中有共产党员徐寿轩等，有救国会的张志让等，还有国民政府军事委员会政训处中国电影制片厂的厂长郑用之。在周恩来和郭沫若等人的努力下，政治部第三厅招揽了田汉、阳翰笙、洪深、杜国庠、冯乃超、应云卫、冼星海、张署、马彦祥等一大批文化界的知名人士加入，同时还联络到了日本进步人士鹿地亘参与抗日宣传，组成了一个强大的宣传阵容。

由于中国共产党党员是在国民党的军事机关里工作，工作环境十分复杂，共产党的组织和活动全是秘密的，党组织的活动方式也非常特殊。为坚持共产党独立自主的原则，周恩来在第三厅内建立了两个党组织：在厅一级的主要干部中成立了一个秘密党小组，成员有郭沫若、阳翰笙、杜国庠、冯乃超、田汉、董维键，该小组直接由周恩来领导；在处一级和处级以下的党员中，另外成立一个共产党秘密特别支部，运用灵活巧妙的方式宣传中国共产党抗日救国十大纲领。处级以下党员成立特别支部，特别支部设干事会，冯乃超任书记，刘季平任组织干事，张光年任宣传干事。为保密起见，秘密党小组和特别党支部互相不发生联系，以防万一发生问题不致相互影响。

（二）周恩来积极领导国统区的抗日宣传活动

在国民党统治区，周恩来以政治部副部长身份积极领导开展了抗日宣传工作，

---

① 熊爱军：《"动员起千千万万的群众"——周恩来领导国统区文化抗战轶事》，《世纪风采》，2015 年第 9 期。

其突出业绩主要体现在以下五个方面。

其一，努力筹建和扩大了抗日宣传队伍。在周恩来的领导下，政治部第三厅着重做了筹建和扩大抗日宣传队伍的工作，他们先后接收和改组了孩子剧团、十个抗敌演剧队、四个抗敌宣传队、四个电影放映队和一个电影制片厂。① 其中一些文艺团体有一定实力，但在战乱年代难以维持生计，周恩来指示将这些团体改组重建后直接隶属于第三厅，使他们在抗战宣传中发挥了巨大作用。

孩子剧团的收编是在政治部第三厅的筹备过程中完成的。该剧团是淞沪抗战后由聚集在上海难民收容所里的一群孩子在国难教育社领导下组成的一个宣传抗日的儿童团体，成立时 20 余人，年纪自八九岁至十五六岁不等，男女都有。上海沦陷后，他们四处奔波，1938 年初来到武汉，曾先后向市政府、市党部和抗敌后援委员会请求收编，但均被拒绝，国民政府一些官员甚至还主张把他们送到各处的难童收容所。② 周恩来得知了这种情况后，对他们表示了极大的关注。1938 年 2 月 9 日，他邀请孩子剧团到八路军武汉办事处，为他们举行了招待会。周恩来高度赞扬了孩子剧团冲过敌人封锁线的勇气和不怕艰难困苦的精神，充分肯定他们边流亡边做抗日救亡工作的坚强意志。他送给孩子剧团六个字：救国、革命、创造！并希望他们"一手打倒日本强盗，一手创造新中国"③。周恩来的讲话使孩子剧团深受鼓舞，并为该团的生存和发展带来生机。不久，该剧团被纳入第三厅的编制，第三厅专门派了指导员给他们上政治课、文化课，派助理员协助他们管理生活。在归属第三厅后，孩子剧团人数最多时达 60 余人，成为抗战时期一支重要的宣传力量。

抗敌演剧队和抗敌宣传队等进步文化团体亦是在周恩来的领导下编入政治部第三厅的。这些队伍的前身是一些流亡到武汉的救亡团体，主要是以上海文化界救亡协会组织的民间团体为主。他们抵达武汉以后，国民党一度欲将其解散。周恩来认为："抗日救国是全国人民的共同事业，国共两党都有庄严的责任，可是国民党对抗敌宣传消极怠工，那么这份工作只能由我们担负起来了，让这些演剧队有一块'政治部第三厅'的招牌，用他们的钱，演我们的戏，唱我们的歌。"④

① 裴玉辉、朱戈：《周恩来领导第三厅战时宣传活动的启示》，《军事记者》，2016 年第 5 期。
② 赵凯：《郭沫若与"孩子剧团"初次见面时间考》，《郭沫若学刊》，2007 年第 1 期。
③ 《周恩来年谱（1898—1949）（修订本）》，中央文献出版社 1998 年版，第 412 页。
④ 中国戏剧家协会研究室编：《周总理与抗敌演剧队》，上海文艺出版社 1979 年版，第 7~8 页。

周恩来和郭沫若经过同国民党的交涉，最终把他们改组为隶属政治部第三厅的机构。1938 年 8 月，在周恩来的领导下，政治部第三厅成立抗敌演剧队。当年 9 月，阳翰笙遵照周恩来的指示和洪深一起，以政治部第三厅艺术处的名义，举办了留汉歌剧演员战时讲习班。参加讲习班的各剧种演员约七百人，包含京剧、汉剧、楚剧、湘戏、崩崩戏等。[①] 经过一段时间学习、训练，戏曲艺人的艺术水准和思想觉悟都有了提高。

其二，领导发动了大规模的抗敌宣传周活动。"政治部为了增强人们抗战的决心，决定邀请全国文艺界、电影界、戏剧界、各抗敌协会、国民外交协会、国际反侵略中国分会、中国青年救亡协会、中国妇女慰劳总会等 30 余个团体组成筹备会委员，共同举办第二期抗战扩大宣传周。"[②] 1938 年 4 月 4 日，周恩来主持了政治部部务汇报会，郭沫若和政治部第三厅各处负责人汇报了第二期抗战扩大宣传周的准备工作。此后，周恩来多次就如何开展第二期抗战扩大宣传周的活动做了具体指示。为扩大宣传规模和影响，周恩来与第三厅干部研究决定："这次扩大宣传，一要扩大宣传的对象，二要扩大宣传的范围。要深入到劳动阶层中去，要到工厂农村里去，到前线，到战壕里去，去提高扩大工农的抗战意识和鼓舞激励战士们的杀敌情绪。"[③] 他还在《新华日报》上发表了《怎样进行二期抗战宣传周工作》一文，阐明抗战宣传工作的任务是"动员全国民众实行参战和拥护抗战建国纲领，巩固国民党与共产党及其他抗日党派的团结，以保证和争取更大的胜利"[④]。

1938 年 4 月 7 日，第二期抗战扩大宣传周开幕。这是抗战以来各抗战团体团结起来在国统区举行的第一次大规模的抗战宣传活动。一周内每天设一个宣传重点：第一天是开幕大会和文字宣传日；第二天是口头宣传日；第三天是歌咏日；第四天是美术日；第五天是戏剧日；第六天是电影日；最后一天是武汉三镇游行日。[⑤] 在抗战宣传周的第一天，周恩来、陈诚等政治部官员及各团体代表出席了开幕大会并致辞。这一天由政治部发送特刊五万份，说明第二期抗战形势及国人目

---

① 裴玉辉、朱戈：《周恩来领导第三厅战时宣传活动的启示》，《军事记者》，2016 年第 5 期。

② 张玉荣：《中国共产党，湖北抗战的中流砥柱》，《小康》，2015 年第 22 期。

③ 金冲及主编：《周恩来传》上，中央文献出版社 1998 年版，第 498 页。

④ 《周恩来文化文选》，中央文献出版社 1998 年版，第 5 页。

⑤ 秦川：《文化巨人郭沫若》，中国青年出版社 1992 年版，第 306 页。

前应有之工作等；由政治部发送通俗唱本及歌词唱本一万份；由武汉市各报纸出版特刊，各杂志撰述专文。发送告将士书、告同胞书、告战区民众书、告日本民众书、告伪军书等七种传单，每种一万份；国际宣传方面，政治部发送国际联锁信及国内联锁信各一万份 ①；在第二期抗战扩大宣传周期间，政治部第三厅领导所有歌咏团体在武汉主要街道上游行，沿途进行大合唱及化装歌咏等表演。武汉20多个剧团联合大公演，"分于伤兵医院、难民所、街头、室内等处表演"②，《岳飞》《杀妻犒军》等富有抗敌意义的剧目演出。武汉各电影院及中国电影制片厂实行总动员，为民众放映了许多抗战新闻片和故事片。周恩来指示第三厅"除了发动歌咏队、演剧队、放映队、化装表演车在街头里弄、码头、工厂、伤兵医院及武汉近郊宣传以外，还举行抗战画展和木刻画展"③，这次由第三厅领导的第二期抗战扩大宣传周活动取得了很大成效，大大增强了广大民众的抗战决心，鼓舞了前线将士的斗志，有力推动了全国抗日新高潮的兴起。

其三，在武汉三镇组织开展了群众性献金活动。1938年7月，抗战形势严峻，徐州失守后，再战必亡的论调出现。周恩来认为有必要继续扩大抗日宣传、鼓舞士气、振奋人心，他与政治部第三厅干部商议举办了大规模的献金运动。7月7日这一天，政治部第三厅工作人员在武汉三镇分别设置了献金台，从"上午9时起，各献金台前不断有人演讲唱歌，各阶层市民纷纷来到献金台踊跃捐献"④。蒋介石夫妇、国民政府行政院所属各部和参政会全体参政员皆参加了献金活动，中共中央和八路军总部专门拨出一笔费用，"分别委托中共驻武汉代表团及武汉八路军办事处，请代献作救助受伤将士、抗敌军人家属及难民同胞之用"⑤。7月9日，周恩来同中国共产党代表团、八路军办事处全体人员组成"中国共产党献金团"，王明代表中共中央将1000元党费献上，周恩来"献上在政治部7月份的薪金240元"，他还"鼓励著名演员金山、王莹等到南洋各地进行抗日宣传演出并募捐，取得了很大成绩"。⑥

①　涂文学主编：《武汉老新闻》，武汉出版社2002年版，第382页。
②　中共湖北省委党史资料征集编研委员会、中共武汉市委党史资料征集编研委员会编：《抗战初期中共中央长江局》，湖北人民出版社1991年版，第770页。
③　阳翰笙：《第三厅——国统区抗日民族统一战线的一个战斗堡垒〔二〕》，《郭沫若研究》，1981年第2期。
④　韩信夫、姜克夫主编：《中华民国大事记》第4册，中国文史出版社1997年版，第310页。
⑤　韩信夫、姜克夫主编：《中华民国大事记》第4册，中国文史出版社1997年版，第311页。
⑥　童小鹏：《风雨四十年：童小鹏回忆录》第1部，中央文献出版社1994年版，第144页。

献金活动轰动了武汉三镇，短短五天内，"参加献金的达五十万人以上，献金总额超过一百万元"①。起初对献金活动有顾虑的陈诚也被民众的抗日热情感动了，亲率省府官员献出了一万元。不仅武汉民众纷纷参与这次运动，而且全国各地以及海外的侨胞都汇来大量的捐款，甚至一些外国友人也纷纷捐款。《新华日报》报道："此次武汉及全国各地民众热烈献金运动，表现了我全国同胞的忠勇及拥护政府长期抗战的伟大力量。"②

其四，为鼓舞士气，发动文艺工作者深入前线宣传和慰问。在大后方宣传固然能起到鼓舞民众的作用，但深入部队，到前线去宣传更能鼓舞士气。周恩来鼓励各种艺术团体和文化界人士到前线去，利用合法身份，积极开展抗日宣传工作。关于宣传情况，政治部第三厅在呈送政治部的工作报告中说："共发动各团体每日出发宣传队八百余队，在武昌汉口汉阳一带宣传，尤侧重附近乡间。至五月九日，并有干部训练团一百队入乡宣传。此外尚有抗战西洋镜宣传队在武昌及乡间表演宣传。"③

当时除成立了抗敌宣传队外，还成立了抗敌演剧队。经过短期培训，抗敌演剧队的政治觉悟和演出水平都有了提高。周恩来和政治部第三厅的领导人考虑到整个抗战形势的需要，要求他们到前线各个战区进行抗战宣传。结合各地战况，这些奔赴前线的文艺宣传团体，既受政治部第三厅的指导监督，也受所在地各级政治部的指导监督。抗敌演剧队遵循"巩固部队，动员民众，坚持抗战"的宗旨，运用戏剧、音乐、文字、美术、演讲等艺术形式，反映人民真实的生活，宣传全民抗战的思想。他们为前线将士演唱了大量救亡歌曲，这些节目鼓舞和振奋了敌占区和国统区军民的抗日热情。

在周恩来的领导下，一大批爱国文艺工作者克服困难，深入前线，创作出一批优秀的文艺作品。当时中国电影制片厂归政治部第三厅领导，在资金、演员困难的情况下，拍摄了一批反映抗战生活的故事片，如《保卫我们的土地》《热血忠魂》《八百壮士》等。中国电影制片厂还派摄影师前往各抗日战场，拍摄新闻纪录片，编辑了《抗战特辑》，并制作了《抗战卡通》等教育民众、鼓舞士气的作品。

---

① 金冲及主编：《周恩来传》上，中央文献出版社 1998 年版，第 501 页。
② 《民众献金运动——〈新华日报〉社论》，《武汉文史资料》，1998 年第 3 期。
③ 《第三厅工作报告》，《郭沫若学刊》，2011 年第 3 期。

周恩来还指导政治部第三厅做了大量犒军和战地服务工作。他们建立了战地文化服务处，把大量的抗日宣传品输送到各个部队。1938 年七八月征得书报杂志"共计五百余万件，九月份征集之数，竟达八百一十九万七千五百二十五件"；他们"派了四路工作人员出发前线分发书报，每路两三人，携手在一百包以上"①。战地文化服务处还编印了《前敌》和《士兵》两种期刊。第三厅建立了全国慰劳总会，购置了大量药品和医疗器材，支援各战区在前线浴血奋战的将士。1938 年 9 月，郭沫若等人携带数万袋慰问袋亲赴前线慰劳将士。第三厅组织的深入前线宣传工作和犒军慰问工作，帮助前方的将士了解了国内外政治及军事发展形势，提高了前线将士的政治觉悟，鼓舞了士气，增进了军民关系，坚定了中华民族同仇敌忾、抗战到底的决心。

其五，进行国际宣传，扩大国际影响。周恩来在国统区的另一贡献就是卓有成效地开展了对日宣传活动和国际宣传活动。开展这项工作的目的在于利用敌人政治上的弱点打击敌人，增加敌人的恐惧、顾虑、怀乡、厌战情绪，在敌人内部发展、积蓄反战力量，从而瓦解敌军，帮助我军胜利。

周恩来领导的政治部第三厅第七处专门负责国际宣传工作。"第三厅第七处还开设了外语广播，每天用日、英、法、俄、世界语等对外广播宣传，印制《中国报道》寄给 50 多个国家的组织和个人，并每周召开一次记者招待会，将中国抗战情况介绍给外国通讯社记者。"②政治部第三厅还编印了《敌情研究》宣传资料，印制了向日本官兵散发的日语传单、投降通行证，并播放日本歌曲，开展感化俘虏等工作。

1938 年 5 月，两架中国空军的轰炸机飞临日本长崎等地上空，投下 100 多万份传单，在日本引起震惊。③5 月 22 日，周恩来代表中共中央向胜利归来的空中英雄进行慰问并向他们献旗。周恩来当场发表了讲话，赞扬他们说："我国空军，确是个新的神鹰队伍。正因为他们历史短而没有坏的传统，所以民族意识特别浓厚，而能建树了如此多的伟大战绩，这更增加了我们的敬意。"④

---

① 徐晓红主编：《周恩来生平研究资料》，中央文献出版社 2013 年版，第 236 页。
② 裴玉辉、朱戈：《周恩来领导第三厅战时宣传活动的启示》，《军事记者》，2016 年第 5 期。
③ 许金生：《无声的炸弹：传单上的抗日战争》，复旦大学出版社 2017 年版，第 253 页。
④ 《中国抗日战争军事史料丛书》编审委员会编：《中国抗日战争军事史料丛书·八路军新四军驻各地办事机构》9，解放军出版社 2016 年版，第 86 页。

周恩来领导的国际宣传工作收到了两方面的效果：一是动员广大海外侨胞和各国人民纷纷伸出援助之手，支援中国抗战。二是使一些日本士兵逐渐觉醒，产生厌战反战情绪，瓦解日军的军心。在苏黎世举行的国际工会联合会第八届代表大会，通过了朱学范提出的《加紧制裁日本、援助中国》案。[①] 各国工人共向中国捐款 55.6 万法郎[②]，一些国家还派遣医疗救护队来华。在政治部第三厅的抗日宣传下，海外华侨也纷纷以各种方式开展抗日救国活动。许多人参与了抵制日货、认购国内公债和募捐活动。1938 年秋至 1939 年夏，华侨捐赠的寒衣、暑衣、军用蚊帐等便有 1 000 多万套。[③] 据统计，在太平洋战争爆发前，海外华侨月捐款达到 1 350 万元。从 1937 年到 1942 年，华侨认购救国公债达 11 亿元之巨。[④]

（三）帮助国民党成立南岳游击干部训练班

抗战时期，国民党虽调集重兵与疯狂进攻的日寇展开激战，但因敌强我弱和战略战术不够灵活机动等原因，在正面战场上连遭败绩。相反，中国共产党及其领导的八路军、新四军，在敌后广泛运用游击战战术，成功阻击了日军，建立了抗日根据地。1938 年 10 月武汉失守后，中国的抗战进入相持阶段，国民党方面总结第一期抗战的经验和教训，一些国民党将领初步认识到对日作战中阵地战的不足与游击战的重要性。

为争取抗战早日胜利，周恩来等共产党人多次向国民党提出共同举办游击干部训练班的建议。1938 年 10 月 22 日，周恩来在武汉陪同朱德见蒋介石，与蒋介石谈了八路军扩充编制、增加经费和派部队到华中开展游击战以及联合举办游击干部训练班等问题。[⑤] 11 月 8 日，周恩来同郭沫若等到湖南衡山见蒋介石，再次提起此事，"蒋答允速办游击干部训练班"[⑥]。11 月 25 日至 28 日，国民党召开南岳军事会议，会议检讨了前一时期的抗战工作并展望第二期抗战形势，提出第二期抗战实行"游击战重于正规战"的方针，决定效仿解放区战场的经验，广泛开展敌后游击战，"积小胜为大胜""以空间换时间"。会上，周恩来、叶剑英就举办

---

① 《朱学范文集》，团结出版社 1992 年版，第 445 页。
② 李蓉：《抗日民族统一战线史》，团结出版社 2015 年版，第 267 页。
③ 黄修荣：《国共关系七十年》下卷，广东教育出版社 1998 年版，第 1172 页。
④ 军事科学院军事历史研究部编：《中国抗日战争史》中卷，解放军出版社 1994 年版，第 314~315 页。
⑤ 《周恩来年谱（1898—1949）（修订本）》，中央文献出版社 1998 年版，第 433 页。
⑥ 《周恩来年谱（1898—1949）（修订本）》，中央文献出版社 1998 年版，第 434~435 页。

西南游击干部训练班事同国民党方面达成协议。[①] 由于训练班开设于南岳衡山，因而被称为"南岳游击干部训练班"。该班由蒋介石兼任主任，叶剑英任副教育长，周恩来担任国际问题讲师。

周恩来为南岳游击干部训练班的筹建付出了很多心血，他和叶剑英等人商议了教官人选和学员组成等。为抓好教官队伍的建设，周恩来抽调了李涛、边章伍、薛子正、吴奚如等共产党人作为培训班的教官人选，对他们作思想上的动员，并同他们探讨教学方式、教材的编写、班级的管理等问题。他还抽调刘澄清、徐天宝、陈宛文、李蕴玉等人做南岳训练班的工作人员，同时配备了一个武装警卫班。在周恩来等人的积极工作下，1939 年 2 月 15 日，南岳游击干部训练班正式开学。

训练班实行政治、军事并重的教学原则，军事教育以游击战的战略战术为主要内容，政治教育以民众运动和游击战政治工作为主要内容。除有国共两党的教官进行讲解、指导课外演习，还邀请中外名人前来讲课、演说、作报告。中国共产党教官负责游击战的战略战术和游击战的政治工作两门课程的教授和训练。各教官的分工是：叶剑英讲授"游击战争概论"，边章伍、李伯崇、薛子正讲授"游击战的战略战术"，吴奚如讲授"游击战的政治工作"。在教学中，中国共产党教官把中国共产党长期以来形成的政治工作理念和毛泽东、周恩来的军事思想贯彻在日常的讲解中，强调军队的建设"首先便是保证自己军队与人民最亲密的关系"[②]。军民团结是游击战成功的基础，军民团结和游击战好比鱼和水的关系，在敌后开展的游击战争，一刻也离不开群众。中国共产党教官的论点不但合情合理，也符合国民党《第二期抗战之要旨》提出的"政治重于军事，民众重于士兵"[③] 的原则，为多数受训学员所接受。

周恩来十分关心南岳游击干部训练班的发展情况。1939 年 4 月中旬，周恩来亲赴湖南衡山，视察南岳游击干部训练班，了解训练情况。4 月 18 日、19 日，他为训练班学员讲授了《中日战争之政略与战略问题》。他回顾了日军侵华的历史及其政策和战略上的变化，针对日军的新政策，提出目前抗战的政略和战略重心是："（一）动员全国人民，展开全面抗战。（二）重视敌后，斗争的重心在敌后，不让

---

① 《周恩来年谱（1898—1949）（修订本）》，中央文献出版社 1998 年版，第 436 页。
② 《新华日报论评集》第 1 辑，顽强社 1938 年版，第 83 页。
③ 《中共中央南方局历史文献选编》上，重庆出版社 2017 年版，第 55 页。

敌人利用我之人力物力财力来打我们。敌后工作，政治重于军事，精神重于物质，游击战重于正规战，宣传重于作战，民众重于士兵，节约重于生产。"①

南岳游击干部训练班每期三个月，参加训练班的学员军衔大部分为少校，一部分为上校、中校、上尉。第一期招收学员 1 046 人，第二期招收学员 530 人，第三期招收学员 1 459 人。② 通过培训，多数学员开始了解共产党军队的游击战略战术，对游击战的战略地位有了一些认识，同时改变了对共产党领导的敌后游击战的看法。学员在训练班学到的技能，于抗日战场上得到施展的机会。南岳游击干部训练班办完第三期后，由于国共关系的恶化，1940 年 3 月，中国共产党教官全部撤出。

（四）周恩来代表中国共产党参加国民参政会

抗战时期国民参政会的成立，为抗日民族统一战线提供了新的合作方式，周恩来代表中国共产党参加了国民参政会的有关活动，他充分利用这个平台，团结民主人士，阐明共产党的方针，巩固和维护抗日民族统一战线。

1938 年 3 月 1 日，中国共产党向国民党临时全国代表大会提出了巩固抗日民族统一战线、扩大党派间合作、拟定统一战线纲领和组织形式、健全民意机关等建议。随后召开的国民党临时全国代表大会，通过了《抗战建国纲领决议案》，初步接受了共产党的提议。4 月 12 日，国民政府公布了《国民参政会组织条例》，规定参政会有听取政府施政报告、向政府提出询问案和建议案的权力。1938 年 6 月，国民政府公布汪精卫为国民参政会议长，张伯苓为副议长，同时公布 200 名参政员名单。③ 中国共产党参政员有毛泽东、王明、博古、董必武、吴玉章、林伯渠、邓颖超。7 月 6 日，国民参政会首次会议在汉口开幕，到会参政员 160 余人。④ 会议听取了政府各部部长关于内政、外交、教育、财政、交通等方面的施政报告，通过了《具体规定检查书报标准并统一执行案》等提案，选举张君劢、董必武等 25 人为驻会委员⑤，宣告国民参政会正式成立。

在当时国民党一党专政的情况下，国民参政会的成立为中国共产党和民主党

---

① 《周恩来年谱（1898—1949）（修订本）》，中央文献出版社 1998 年版，第 448 页。
② 李蓉：《抗日民族统一战线史》，团结出版社 2015 年版，第 127 页。
③ 中国大百科全书总编辑委员会：《中国大百科全书》，中国大百科全书出版社 2002 年版，第 286 页。
④ 全国政协文史资料委员会编：《从国内战争到共同抗日》，安徽人民出版社 2000 年版，第 732 页。
⑤ 四川大学马列教研室编：《国民参政会资料》，四川人民出版社 1984 年版，第 267 页。

派提供了公开的政治舞台，中共中央希望借此建立统一战线组织和扩大统一战线范围。

在国统区，周恩来是党的主要领导人之一，国民参政会的中国共产党党团也在他的领导下开展工作。许多关于国民参政会的事务都由周恩来具体负责。

皖南事变发生之后，中共中央马上向全国和国际社会公布了事件真相，提出了解决事件的十二条善后办法，并决定组织各种力量、利用各种平台进行反击，其中重要的方面就是在国民参政会上与国民党进行斗争。就在皖南事变发生前的1940年底，国民政府公布了第二届国民参政会参政员名单和开会时间。皖南事变后，中国共产党代表拒绝出席国民参政会。1941年2月10日，周恩来同黄炎培、沈钧儒、邹韬奋等民主人士商量对国民参政会的态度，向他们解释中国共产党拒绝参加国民参政会的原因，民主人士表示谅解和同情。

1941年2月15日，周恩来致电毛泽东并中共中央书记处，反映国民党当局的政治压迫仍然日益加紧，提议以书面形式向国民参政会声明，如不答复中国共产党提出的"十二条"，中国共产党参政员便不出席参政会。因为国民党拒绝接受中国共产党提出的皖南事变善后办法，所以中国共产党参政员最终拒绝出席国民参政会第二届第一次会议。此举不仅有力回击了国民党顽固派，而且使全国民众更加深入地认识到皖南事变的真相和中国共产党为国内团结和平所作的努力。

在周恩来的领导下，中国共产党利用国民参政会这个政治平台，发展了进步势力，争取了中间势力，孤立了顽固势力，维护了抗日民族统一战线。

三、同国民党顽固派展开有理有利有节的斗争

在国共两党的第二次合作中，周恩来时刻警惕国民党顽固派的反共言行。皖南事变是一起国民党一手制造的破坏抗日民族统一战线的突发性事件。在事变前，周恩来就对国民党顽固派消极抗日、积极反共的政策有所警惕和防范。皖南事变发生后，在坚持统一战线不破裂的大前提下，他采取了紧急应对措施，在政治、军事、组织、宣传等各方面周密部署、果断处置，同国民党的反共言行作了有理有利有节的斗争，全力化解了国共合作破裂的危机，维护了抗日民族统一战线。

自第二次国共合作建立以来，周恩来认为国民党在合作中对共产党和新四军是有戒备的，因此要求共产党在保持统一战线稳固的同时也要保全自我、壮大实

力。1939 年 3 月，他在皖南新四军军部干部大会上讲话时指出："友党友军不会放弃江南，这个重要地区是他们誓死必争的"①，我们要坚持统一战线工作，"要坚持帮助友党友军。我们采取帮助的方法，影响的方法，使友党友军感到我们是可以合作的朋友"②。针对国民党不断制造的摩擦和冲突，周恩来认真分析了国共合作以来的形势走向，认为"抗战中存在妥协性"③，要求党中央清醒地认识到合作中存在的危机，在积极抗战的同时要警惕国民党顽固派的反动活动。在团结中求发展，在发展中求更好的生存，是周恩来对新四军领导人的提醒。

1939 年 6 月中旬，国民党制造了河北事件和平江惨案，周恩来连续两次发电文给当时国民政府军事委员会政治部部长陈诚，要求陈诚转告蒋介石查明真相。随后，周恩来在答《新中华报》记者问时再次指出："平江惨案完全出于反共分子的预定阴谋，是投降活动的实际准备。"④他清楚地认识到，国民党不会轻易放弃对中国共产党的破坏活动，因此在维护统一战线稳定的前提下，领导中共中央南方局在政治上开展"有理、有利、有节"的反抗斗争，压制国民党的反共活动。

国民党于 1939 年 1 月召开的国民党五届五中全会通过了"溶共、防共、限共、反共"的方针。1940 年 7 月，国民党提出一个"中央提示案"，其中第二条划定第十八集团军及新四军作战地境。将冀察战区取消，其河北、察哈尔两省及山东省黄河以北，并入第二战区。第三条规定第十八集团军及新四军于奉令一个月内全部开到前条规定地区之内⑤，以此来达到限制新四军规模，并将新四军转移到黄河以北地区，从而退出江南领域的目的。

周恩来时刻警惕着统一战线中的这种防共反共倾向，他虽然同意国民党对作战区的划分，但对国民党要求新四军转移到黄河以北提出严正抗议。他提出以后与国民党的谈判应该一概移至重庆，对新四军的战略部署不能完全听国民党的。他随后对新四军的发展做了具体的规划，根据中共中央的指示精神，他指出新四军今后的行动方针是，坚持江南，发展江北；发展方向，主要中心是江北；军部

---

① 《周恩来选集》上卷，人民出版社 1980 年版，第 104 页。
② 《周恩来选集》上卷，人民出版社 1980 年版，第 105 页。
③ 《周恩来年谱（1898—1949）（修订本）》，中央文献出版社 1998 年版，第 451 页。
④ 《周恩来年谱（1898—1949）（修订本）》，中央文献出版社 1998 年版，第 455 页。
⑤ 《周恩来年谱（1898—1949）（修订本）》，中央文献出版社 1998 年版，第 470 页。

争取移苏南；1940 年新四军扩军二十万。①

　　1940 年 10 月 19 日，何应钦、白崇禧致电朱德、彭德怀和叶挺（即"皓电"），强令黄河以南的新四军和第十八集团军各部于电到一月内，全部撤至黄河以北。②11 月 9 日，朱德、彭德怀、叶挺、项英电复何应钦、白崇禧（即"佳电"），驳斥了国民党顽固派的无理要求，同时表示，为了顾全大局，可以将皖南新四军移至长江以北。周恩来在对形势进行分析之后认为，国民党逼新四军渡江的决定"决不会取消"，因此急应抢渡一部，并指出在安徽无为渡江有危险，"宜在无为以东地区渡江"③。为了确保新四军安全转移，他认为军事上可将新四军主力北移，一部分皖南部队秘密转苏南渡江，一部分准备就地打游击。

　　为预防国民党军队在新四军转移的过程中实施"剿共计划"，周恩来分析了国民党此举的用意并告知党中央，争取战略上的重视和安全保障。当 1940 年 12 月 8 日何应钦、白崇禧电复朱德、彭德怀、叶挺、项英（齐电）："迅即遵令"将黄河以南的八路军、新四军"悉数调赴河北"④ 时，周恩来也主张将政治斗争和军事行动合在一起，主张给国民党军事上的压力，力保新四军安全转移。

　　周恩来深知，历经多年内战，国共两党为抗战再次合作实为不易，因此在与国民党交涉时总是以巩固抗日民族统一战线的大局为重，采取中共中央制定的"有理、有利、有节"的斗争策略和"又团结、又斗争"的方针。1939 年 8 月，周恩来在中共中央政治局会议上作报告，专门阐述了中国共产党关于统一战线的策略。他明确指出，要坚决进行反顽固分子的斗争——人不犯我，我不犯人；人如犯我，我必犯人。但是，要将这种反击界定为"自卫"的性质，还是先要给友党、友军以适时的批评、具体的建议，并帮助其进步分子的发展。⑤ 周恩来在报告中引用大量历史资料，对两年来抗战时局和国内外形势作了分析，他指出："中途妥协与内部分裂是目前的两大主要危险"，"克服危险的主要任务便是坚持抗战到底，反对妥协投降；坚持全国团结，反对内部分裂；力求全国进步，反对向后倒

---

① 《周恩来年谱（1898—1949）（修订本）》，中央文献出版社 1998 年版，第 471 页。
② 《周恩来年谱（1898—1949）（修订本）》，中央文献出版社 1998 年版，第 482 页。
③ 《建党以来重要文献选编（1921~1949）》第 17 册，中央文献出版社 2011 年版，第 603 页。
④ 《毛泽东年谱（1893~1949）（修订本）》中卷，中央文献出版社 2013 年版，第 239 页。
⑤ 《周恩来统一战线文选》，人民出版社 1984 年版，第 43~44 页。

退"①。周恩来的报告，充分阐明了中国共产党联合国民党抗日的诚意，以及维护统一战线的必要性。

1941年1月4日，新四军军部等九千余人北移。1月7日，当部队到达茂林地区时，遭到国民党七个师约八万人的突然袭击。新四军奋起自卫，激战七昼夜，终因众寡悬殊，弹尽粮绝，除三千余人突围外，其余大部被俘、失散和牺牲，军长叶挺在与国民党军队的谈判中被扣押，副军长项英、参谋长周子昆、政治部主任袁国平牺牲。②这就是震惊中外的皖南事变。

皖南事变的第二天，周恩来接到中共中央转来新四军军部在北移途中被围的告急电，愤慨万分，立即领导中共中央南方局迅速对该事件进行周密的安排，做了大量的工作，包括争取舆论上的支持、对国民党采取政治军事上的压制、做好国统区党组织的转移与保护工作，并积极开展国民党开明人士以及众多民主人士的统战工作，及时揭露国民党破坏统一战线、阴谋反共的行为，争取为新四军讨回公道，争取国内国外的友人和反法西斯主义人士的支持，宣扬中国共产党抗日的决心，提高中国共产党在国际上的信任度。周恩来就皖南事变问题，在与国民党顽固派进行"有理、有利、有节"的斗争中，主要采取了以下斗争策略和方法。

首先，争取国内、国际舆论上的支持，声讨国民党顽固派。

在应对皖南事变时，周恩来非常重视舆论的作用，他及时掌握并分析各方动态，卓有成效地运用国内外新闻媒体，向广大民众、社会各界说明皖南事变的真相，揭露国民党反共内战的阴谋，争取了国内国际各方人士的同情与支持，为今后共产党采取政治上和军事上的反攻政策奠定了舆论基础。

1941年1月11日，周恩来指示新华日报社在次日的报纸上报道新四军北移中受到包围袭击的消息，之后又指示新华日报社撰写关于皖南事变真相的报道和抗议国民党制造皖南事变的社论。当得悉《新华日报》关于揭露皖南事变真相的报道和社论被国民党扣压，又得知国民党污蔑新四军为"叛军"、取消了新四军的番号、将叶挺交付军事法庭审判、并通缉项英等一系列反共行径后，周恩来立即为《新华日报》题写"为江南死国难者志哀"和"千古奇冤，江南一叶，同室操

---

① 《周恩来年谱（1898—1949）（修订本）》，中央文献出版社1998年版，第455~456页。

② 《皖南事变》，http://cpc.people.com.cn/GB/33837/2534539.html，2021年1月31日。

戈，相煎何急"的题词①，并要报馆将题词手迹制版登在被扣去的稿件位置上，加快编排和制版印刷，组织好发行力量，抢在次日各大报发出之前，送到广大读者手中。第二日，载有周恩来题词的《新华日报》销量由 1 000 份增加到 5 000 份，有力揭发了国民党发动皖南事变的阴谋。②1 月 19 日，周恩来指示秘密散发由中共中央南方局军事组起草并经自己修改的传单《新四军皖南部队惨被围歼真相》，再次揭露了国民党顽固派的反共阴谋，让更多人了解到皖南事变的真相。

皖南事变发生后，周恩来认为应该向国际社会披露国民党制造的这一反共事件，使国外人士对皖南事变有正确的认识，认清国民党顽固派的阴谋，进而争取国际舆论的同情和支持。为此，周恩来组织力量准备有关皖南事变的真实材料，动员和支持外国记者将这些材料分别带往世界各地发表。此外，他亲自接受国外记者的采访并与他们进行交谈，皖南事变后不久，他对德国友人王安娜说："你在这里认识许多外国人，特别是外国记者和外交官，你必须尽快让他们知道国民党袭击新四军的事件。炳南、龚彭和其他同志，也应该去访问自己认识的外国人。"③周恩来到英国驻华大使的寓所，向其揭露国民党顽固派的阴谋。他还亲自会见一些外国记者。1 月 22 日《纽约先驱论坛报》刊登了斯诺在 21 日由香港发出的消息，同时发表了评论《不适时之中国奋斗》。斯诺等人关于皖南事变真相的报道，引起了美英两国政府的关切。几天后，英国大使把他从周恩来处得到的消息发了回去，反映了皖南事变的真实情况。周恩来对国内国际舆论的争取，使得国民党制造皖南事变，阴谋反共的企图大白于天下，使共产党在与国民党的斗争中取得了舆论优势，回击了国民党的反共行为。

其次，采取政治上反攻为主、军事上做好应对准备的政策。

中共中央在获取皖南事变的消息后，对国民党这种破坏抗日民族统一战线的行为十分气愤，立即作出了在政治上和军事上迅速反攻的指示。1941 年 1 月 15 日，毛泽东在中共中央政治局会议上指出："对于皖南事变，我们要实行全国的政治反攻，像前年我们反对第一次反共高潮时那样的非常强硬的态度。只有不怕决裂，才能打退国民党的进攻"，并致电周恩来、叶剑英，告诉他们中央决定"发动

---

① 《周恩来年谱（1898—1949）（修订本）》，中央文献出版社 1998 年版，第 497~498 页。

② 《周恩来年谱（1898—1949）（修订本）》，中央文献出版社 1998 年版，第 498 页。

③ 王安娜：《中国——我的第二故乡》，李良健、李希贤校译，生活·读书·新知三联书店 1980 年版，第 360 页。

政治上的全面反攻，军事上准备一切必要力量粉碎其进攻"，"只有猛烈坚决的全面反攻，方能打退蒋介石的挑衅与进攻，必须不怕决裂，猛烈反击之，我们'佳电'的温和态度须立即终结"①。

得知皖南事变消息后，周恩来在政治上对国民党坚决回击。他立即找国民党谈判代表张冲提出抗议，他还分别打电报谴责顾祝同、何应钦、白崇禧，并直接写信给蒋介石，要蒋介石命令国民党军队撤围、让路。1月17日，周恩来当面质问张冲，并打电话怒斥何应钦："你们的行为，使亲者痛，仇者快，你们做了日寇想做而做不到的事。你何应钦是中华民族的千古罪人！"②

1941年1月15日，中共中央作出决定，立即救援新四军，粉碎反共高潮。周恩来对当时国内外政治军事形势做了细致分析，他认为单纯的大规模的军事反攻是不可取的。他不反对报复作战，但基于曹甸战役的教训，他认为不宜打韩德勤、沈鸿烈，而应打李品仙和李仙洲。打韩德勤、沈鸿烈在军事上为攻坚，消耗弹药，容易为敌增援，且可引起胡宗南在西北进攻的借口。如准备打李品仙或李仙洲，则政治上为自卫，军事上为以逸待劳，易于求得速决的运动战，且可获得补充，使韩德勤、沈鸿烈更孤单，使顽固派军队更胆寒，更可教训一下国民党。中共中央听取了周恩来的意见，认为目前的形势还不明朗，国共合作未完全破裂。因此，当前的策略仍然应当是政治上坚决反攻，而军事上需取守势。从此，政治上采取全面反攻成为中国共产党处理皖南事变的主要策略。

再次，做好党的组织转移和防备国民党迫害的工作，积极营救被俘新四军将士。

因为周恩来领导的中共中央南方局是在国民党统治核心区重庆开展工作，所以即使在皖南事变发生之前，周恩来也一直特别注意组织工作的隐秘性。1939年6月，周恩来在中共中央南方局会议上谈形势，指出在力争局势好转的同时应准备应付突然事变，强调党的工作方式和斗争方式需作必要的改变。6月29日，根据周恩来讲话精神，中共中央南方局发出《关于组织问题的紧急通告》，"要求各地党组织从半公开的形式转到基本是秘密的形式，并实行与此相适应的工作方法，

---

① 《毛泽东年谱（1893～1949）（修订本）》中卷，中央文献出版社2013年版，第258页。

② 军事科学院军事历史研究部：《中国抗日战争史》中，解放军出版社2005年版，第588页。

建立完全的秘密机关"①。这为以后国统区内的党组织全面转入地下作了初步准备。

皖南事变发生之后，党中央担心中共中央南方局的安全，连下指示要求中共中央南方局做好组织上的准备，撤销各办事处，党的主要干部迅速撤退，非党干部迅速秘密转移。按照中共中央的指示，在国统区领导大后方抗战的周恩来，立即领导中共中央南方局研究布置应付国民党突然袭击的措施，其中包括组织上的转移、疏散、隐蔽等应急措施。

为了防备国民党的突然袭击，周恩来遵照中共中央指示，全面部署国统区的应变对策：第一，紧缩机构，疏散人员，建立应付突然事变的交通线；第二，准备在国民党搞全面破裂时，争取在最坏条件下让中共中央南方局等机构的同志突围出去，转移到川陕边境，创建根据地；第三，周恩来指定童小鹏、袁超俊等成立一个工作委员会，制定一套应付突然袭击的制度和措施。委员会成立后，制定了保密工作条例，对内部文件的保管使用、工作人员的外出行动和应付突然事变的安全措施等作了明确规定。为保证在遭到袭击后中共中央南方局同中共中央的联络不致中断，除交给川东特委一部电台外，周恩来又派人到成都，在社会关系的掩护下建立起秘密电台。在周恩来的精心部署下，叶剑英率蒋南翔、李涛、边章五等返回延安，一大批在国统区已经暴露或即将暴露身份的党员和进步人士被秘密转移。转移出去的同志都安全到达目的地，许多同志建立起新的据点，积极开展工作。

中共中央南方局遵照党中央指示精神，结合国统区实际所采取的一系列措施，安全转移、撤退、隐蔽了一大批党内外的干部，保存了党的骨干，并对留下的同志作气节教育，要求留下的同志安心工作。在此期间，周恩来领导的中共中央南方局对时局的判断和应对能力、组织能力是正确且有效的，有力地牵制了国民党进一步的军事进攻，并使其陷入共产党舆论、政治、军事、组织上的包围之中。

自皖南事变发生后，周恩来多次同国民党交涉，要求无条件释放新四军被捕人员，对关押在集中营的新四军指战员的英勇斗争，给予了极高的赞赏和鼓励。为了解救和帮助皖南事变中被俘及失散人员，1 月 25 日，周恩来将中共中央解决皖南事变、挽救时局危机的"十二条"办法面交张冲转国民党中央。其中包括恢

---

① 《周恩来年谱（1898—1949）（修订本）》，中央文献出版社 1998 年版，第 452 页。

复叶挺自由，让其继续担任军长；交还皖南新四军全部人、枪；抚恤皖南新四军全部伤亡将士；释放全国一切被捕的爱国政治犯等内容。[①] 此后，周恩来多方设法营救新四军军长叶挺、政治部组织部部长李子芳、政治部敌工部部长林植夫等人，努力为新四军保存革命力量。

最后，把握有利时机团结民主党派，宣传共产党主张，继续巩固统一战线。

皖南事变对中国政治局面产生的影响巨大，引起了国内外人士的极大关注，他们对皖南事变本身的性质及此后国共两党关系的走势有很多的猜测。由于中国共产党在皖南事变发生初期对真相做了大量宣传，在舆论上占据了有利地位，国民党中的开明人士以及党外的民主人士因此对共产党有了更为清楚的认识，他们通过各种报道知道国民党背信弃义的暴行之后，对国民党进行强烈的指责。周恩来利用这一契机，加大在国统区的统战力度，联合更广泛的抗日力量。

针对皖南事变，国民党内部存在较大的意见分歧。何应钦、白崇禧主张坚决反共，而冯玉祥表示反对进攻新四军，张冲觉得有点对不起共产党。周恩来注意到国民党的内部分歧，积极团结国民党内的进步力量，努力影响中间力量，争取统一战线的不破裂和稳定发展。他分别于 2 月 6 日和 2 月 21 日，两次与冯玉祥见面，商谈时局问题，赢得了国民党内部开明人士对共产党的同情与支持。

皖南事变发生后，中共中央及周恩来本人对民主人士实施的保护措施，为这一时期周恩来开展统战工作奠定了良好的基础。在将国统区党外人士秘密转移的过程中，周恩来设法将郭沫若、何香凝、章伯钧、柳亚子等一批知名人士秘密转移到香港和延安。皖南事变后，章伯钧、左舜生等拟发起成立民主联合会，以团结各党各派无党无派和国民党左派，与我党合作，共同进行民主和反内战运动。在香港的国民党进步人士宋庆龄、何香凝、柳亚子等也致电蒋介石及国民党，要求："撤销剿共部署，解决联共方案，发展各抗日实力，保障各种抗日党派。"[②] 经过周恩来的细致工作，民主党派及中间人士对共产党的抗日决心更加信任，这为今后抗日统一战线的长期稳定发展打下了基础。

皖南事变是抗日战争时期影响较大的一次事件。它发生在民族矛盾成为国内主要矛盾的形势下，国共两党合作抗日期间，针对国民党顽固派不计后果发动的

---

① 《周恩来年谱（1898—1949）（修订本）》，中央文献出版社 1998 年版，第 500 页。
② 胡绳主编：《中国共产党的七十年》，中共党史出版社 1991 年版，第 174 页。

这场事变，周恩来在中共中央的指示和领导下表现出了超强的危机应对与处理能力。他以卓越的才智和领导能力领导中共中央南方局在国统区进行各方面的准备和应对，及时开展舆论、政治、军事、组织和统战工作，力求"化险为机"。皖南事变的发生，将继续团结抗战还是立即分裂内战的问题推到了风口浪尖，对这一问题的回答直接关乎中华民族的命运和前途。周恩来认为，在对国民党顽固派进行反击的同时，要稳定团结抗战的大局，因此他主张集中精力解决中国共产党与国民党在新四军问题上的主要矛盾，把皖南事变造成的危机和创伤转变为揭露国民党破坏抗日统一战线、阴谋反对共产党的一个宣传机遇，并以此争取各民主党派和爱国人士以及国际的舆论支持，促成了团结抗战的发展新机遇。周恩来对皖南事变的应对和处理，创造出许多成功的经验，是很值得我们在党的统一战线工作中学习和借鉴的。

四、周恩来在党的七大上对统战经验的系统总结

1945 年春季，中国和世界反法西斯战争形势迅速发生变化。中国的抗日战争转入战略反攻阶段，国民党顽固派加紧了反共步伐，企图争夺抗战胜利果实。国共合作的形式虽然尚存，但内部存在尖锐的矛盾和不确定性。为争取中国人民抗日战争的最后胜利，此时更需要我们党努力做好统一战线工作，需要在党的全国代表大会上对建党以来的统战经验教训进行系统总结，认清以蒋介石为代表的大地主大资产阶级的本质，认清坚持无产阶级领导权和团结争取统一战线中大多数的重要性和必要性，对时局变化下党的统战方针、政策和策略及时进行调整。虽然世界反法西斯战争形势有所好转，中国也开始转入战略反攻，但艰苦卓绝的抗日战争仍未取得最后胜利，国民党顽固派不断制造反共摩擦，国共两党仍需继续团结合作，国际国内反法西斯统一战线皆需巩固和发展。正是在这样的时代背景下，在党的七大上对统一战线的发展历程和经验教训作系统总结的重任，就落在了先后担任过中共中央白区工作委员会书记、中共驻国统区的总负责人，中共中央长江局副书记、中共中央南方局书记，具有丰富的统一战线工作经验的周恩来肩上。

1945 年 4 月 30 日，作为中共中央政治局常委、中央军委副主席、中共中央南方局书记的周恩来在党的七大上作了《论统一战线》的讲话。他在这一重要讲话中主要阐明了两个问题。

一是详细阐述了抗日民族统一战线的形成发展历程。

周恩来在《论统一战线》中首先阐明，自我们党提出抗日民族统一战线的主张，到 1944 年我们提出联合政府的主张[①]，国民党对我们的主张总是反对的。他分析了国民党反对的原因："因为他是站在极少数人的利益的立场上，反对我们代表的极大多数中国人民的利益。"[②] 接着，周恩来阐明从"九一八"事变到党的七大召开，抗日民族统一战线从酝酿到形成和发展，可以分为五个阶段。他指出了每个阶段国共双方的斗争中心，阐明了国共两党在各个阶段的不同主张和各自的行动，论述了每个阶段发生的重大事件和政治影响。

关于周恩来对五个阶段的具体划分与核心内容如表 2-1 所示。

表 2-1　抗日民族统一战线形成和发展的历史沿革[③]

阶段划分	国共双方斗争中心	本阶段重大政治事件	重要政治影响
第一阶段：1931 年至 1936 年，从九一八事变到西安事变。	共产党提出"停止内战，一致抗日"；国民党坚持"攘外必先安内"的政策。	九一八事变、华北事变、七君子事件、瓦窑堡会议、西安事变。	全国抗日高潮掀起，内战被迫停止，共产党从反蒋抗日转为逼蒋抗日。
第二阶段：1936 年 12 月至 1937 年 7 月，从西安事变到七七事变。	共产党积极推动抗战，提出四项诺言、五项要求；国民党同意谈判，但拖延抗战。	周恩来多次与国民党谈判、七七事变爆发、蒋介石在庐山发表谈话承认中共的合法地位。	推动了全民族全面抗战，抗日民族统一战线初步形成。共产党逼蒋抗日方针初步实现。
第三阶段：1937 年 7 月至 1938 年 10 月，从七七事变到武汉撤退。	共产党提出全面抗战路线，主张打持久战、游击战，人民战争；国民党制定片面抗战路线，主张打速决战，实行"溶共政策"。	八一三事变爆发，苏联援助中国抗战，国共合作抗日，国民党发动数次大规模的抗日战役，共产党坚持敌后游击战、开始建立抗日根据地。	共产党全面抗战路线取得初步战果，国民党片面抗战损失惨重，日本速胜论失败，抗日战争进入相持阶段。

---

① 周恩来认为："联合政府就是抗日民族统一战线在政权上的最高形式。"见《周恩来选集》上卷，人民出版社1980 年版，第 190 页。

② 《周恩来选集》上卷，人民出版社 1980 年版，第 190 页。

③ 本表系作者根据周恩来在党的七大上所作《论统一战线》讲话内容编制。

续表

阶段划分	国共双方斗争中心	本阶段重大政治事件	重要政治影响
第四阶段： 1939 年至 1944 年，从国民党五届五中全会到国共两党在国民参政会上公开谈判。	共产党坚持抗战、团结、进步，坚持有理、有利、有节的斗争方针；国民党顽固派则妥协、分裂、倒退。	国民党召开五届五中全会；国民党开始消极抗战积极反共；共产国际解散；国民党掀起三次反共高潮；皖南事变发生；国共进行了三次谈判。	共产党在敌后创建了 19 个抗日根据地，发展了几十万抗日武装；国民党在抗战中仍坚持反共和内战，使得国内外舆论同情共产党。
第五阶段： 1944 年至 1945 年，从共产党提出建立联合政府主张到党的七大召开。	共产党主张成立联合政府；国民党要继续一党专制。共产党坚持民主和团结；国民党是另搞一套。	美国总统特使赫尔利到延安与共产党谈判，同意联合政府方针；周恩来两次与蒋介石谈判建立联合政府均遭拒绝；党的七大胜利召开。	共产党扩大了解放区，振奋了中国人民，联合政府的主张获得各界响应；抗日民族统一战线中的斗争仍在继续；抗日战争即将取得胜利。

周恩来在阐述了抗日民族统一战线的发展历程后，明确指出了共产党统战工作的成绩和今后应注意的问题。他认为："从'九一八'以来的国共关系发展到今天，一般地是停止了大规模的内战，发动了抗战，这是统一战线的成功。我们创造和扩大了解放区，振奋了中国人民，推动了中国的民主运动。"同时，他清醒地看到国共两党在抗日战争与民主问题上，还存在原则分歧和严重斗争，"在抗战之下还是有局部的内战，还是充满了反共、反人民、反民主的行动，这是国民党所实行的。这个对立斗争现在还是继续着"。他提出我们的对策是"一方面反对这种反动的消极抗战的路线，另方面还是留有余地，不关谈判之门"[①]。他认为谈判和斗争都是为了民主，为了团结，为了巩固和发展抗日民族统一战线。他的这些正确主张充分展示了其杰出的统战思想和高超的统战艺术。

二是系统总结了共产党在统一战线中的经验教训。

周恩来对党的统一战线工作经验教训的总结，不仅围绕抗日战争，而且联系十年内战时期甚至国民革命时期的一些问题进行说明。他阐明："大革命时期我们

---

① 《周恩来选集》上卷，人民出版社 1980 年版，第 206 页。

有一个反帝反封建的民族统一战线，后来因为国民党反动集团背叛了革命，使这个统一战线破裂了。"随后，共产党在农村领导土地革命，"这个时期的统一战线，是反封建压迫、反国民党统治的工农民主的民族统一战线"。九一八事变以后我们才转向抗日民族统一战线。他认为："大革命、十年内战和抗日战争三个时期的统一战线，是有不同的形式和性质的。但是这三个时期的统一战线又都是属于新民主主义的统一战线，因为新民主主义是我们三个时期统一战线的政治基础。"[1] 周恩来谦虚地做自我批评说："我自己在三个时期特别是后两个时期中，犯了不少的错误。"[2] 他完全赞同毛泽东的观点："要建立一个巩固的新民主主义的统一战线，就是要认清楚敌人、队伍和司令官这三个问题。"[3] 周恩来根据自己多年的实践经验和毛泽东所指出的三个方面，全面认识和总结了我党统一战线的经验教训。

经验教训之一：认清不同时期革命的敌人，防止犯错误。

周恩来认为，在建立革命统一战线的工作中，我们所面对的敌人是复杂的，认清敌人和朋友不是一件简单的事。统一战线的敌友阵营会经常变化，因为帝国主义不止一个，国内的大地主大资产阶级又分成不同派别和集团，敌人内部矛盾重重，所以敌人营垒亦随形势变化而变化。在整个新民主主义革命过程中，我党会因为分不清敌友而犯错误。他指出，右的错误常常把敌人当成朋友，而"左"的错误常常把朋友当成敌人。如在第一次国共合作时期，中山舰事件后蒋介石已经走向敌人阵营，特别是北伐军到武汉后蒋介石已经向共产党举起屠刀，而陈独秀还主张与之合作，从而犯了右倾错误。又如九一八事变之后，本应认清小资产阶级中的一些人是我们的朋友，是可以联合的，但是"左"倾观点将他们看成最危险的敌人。

周恩来总结的我们党统一战线中的第一个教训就是："我们所遇到的统一战线的变动是这样多，这样大，又这样复杂，因此就要求我们有一个清醒的头脑，善于调查研究，分析问题。……有些敌人在一定条件下是有两面性的。在同他们结成统一战线的时候，有持右倾错误观点的同志，只注意他们可以联合的一面，忘记了他们的反动性。"[4] 而持"左"倾错误观点的人，不知道敌人的营垒会变化，

---

① 《周恩来选集》上卷，人民出版社 1980 年版，第 207 页。
② 《周恩来选集》上卷，人民出版社 1980 年版，第 220 页。
③ 《周恩来选集》上卷，人民出版社 1980 年版，第 207 页。
④ 《周恩来选集》上卷，人民出版社 1980 年版，第 209 页。

"在转变的关头看不到变化，只注意这些敌人的反动性，看不到他们可以联合的方面。"① 周恩来认为："以毛泽东同志为代表的思想，能够正确地认识历史发展进程中的矛盾变化，能够随时地认识敌人、分析敌人，能够提出战胜敌人的正确方针。"② 他告诫党内同志："运用毛泽东同志的利用矛盾、争取多数、反对少数、各个击破的方针，才不会犯'左'的右的错误。"③

经验教训之二：在统一战线的复杂队伍中，要分清楚左中右，采取不同的政策和策略。

周恩来认为："新民主主义统一战线，有无产阶级，有农民，有小资产阶级，有自由资产阶级，甚至有时有些大地主、大资产阶级也来参加，所以这个队伍很大，很复杂，力量不平衡，不容易统一。"④ 统一战线的同盟者越多，彼此的分歧矛盾就越多，也就不容易统一。对参加统一战线的各个阶级、阶层、党派、团体等，要分析其在统一战线中的政治地位，认清哪些是可依靠的力量，哪些是可团结争取的力量，哪些是应该孤立的力量，分别采取不同的政策和策略。不弄清这一点就要犯错误。

首先，周恩来分析了工农大众在统一战线中的地位。他阐明："无产阶级是这个队伍的骨干。"⑤ "无产阶级在这个队伍里是带队的，起领导作用的，其余的阶级都同他有区别。"⑥ 同时他指出："无产阶级的觉悟高，本事大，可是人数少，力量小，在新民主主义革命中必须依靠一个最可靠的同盟军——农民。"⑦ 他进一步分析说："农民是这个队伍的主要力量，象毛泽东同志说的，五个指头占四个。……'左'倾的也好，右倾的也好，恰恰都是不认识农民，忘记了农民。'左'倾的错误是不依靠农民，只凭无产阶级打冲锋，结果使自己孤立。右倾的错误是依靠资产阶级，甚至依靠大资产阶级。"⑧

其次，周恩来阐明了城市小资产阶级在统一战线中的地位。他认为这个阶级

---

① 《周恩来选集》上卷，人民出版社 1980 年版，第 209~210 页。
② 《周恩来选集》上卷，人民出版社 1980 年版，第 209 页。
③ 《周恩来选集》上卷，人民出版社 1980 年版，第 210~211 页。
④ 《周恩来选集》上卷，人民出版社 1980 年版，第 211 页。
⑤ 《周恩来选集》上卷，人民出版社 1980 年版，第 211 页。
⑥ 《周恩来选集》上卷，人民出版社 1980 年版，第 215 页。
⑦ 《周恩来选集》上卷，人民出版社 1980 年版，第 211 页。
⑧ 《周恩来选集》上卷，人民出版社 1980 年版，第 211 页。

在新民主主义革命的队伍中也是一个基本的力量，这个力量也需要与工人农民相结合，而城市小资产阶级的典型代表是知识分子，认为知识分子没有作用的观点也是不对的。他批评右的观点以为依靠城市小资产阶级和工人就可以取胜，这是不对的；"左"的观点认为连城市小资产阶级都不要了、孤军奋战，也是不对的。他指明统一战线的正确政策是："工农小资产阶级结合起来才能有力量。"①

再次，周恩来阐明了我们在统一战线中对民族资产阶级的政策。他指出："新民主主义的统一战线队伍里面，还有一个自由资产阶级，我们叫他中间力量。……毛泽东同志告诉我们，这是个软弱的动摇的阶级，无产阶级应该争取他，联合他，至少可以使他中立，但是不能依靠他。"②

最后，周恩来分析了部分大地主大资产阶级的政治立场和我们的政策。他认为中国的大地主大资产阶级更为复杂，"大地主大资产阶级的一部分，有时也会参加到统一战线队伍里来，但是他们带着很明显的两面性。资产阶级有他的两面性，小资产阶级也有他的两面性，但是大地主大资产阶级的两面性是更明显的，他们的反动性的那一面是根深蒂固的。因此，在与他们合作时，要随时提防他们，反对他们的反动性，绝不能依靠他们"③。

根据对上述主要阶级的分析，周恩来阐明我们党应把这个庞杂的队伍分作三类："一类是进步力量，就是工农小资产阶级；一类是中间力量，就是中间阶层；一类是顽固力量，或者反动力量，就是大地主大资产阶级。"根据对这三种力量的分析，我们党的统战方针和策略是："发展进步力量，争取中间力量，孤立、分化和打击顽固力量，也就是联合大多数，反对少数，打击最顽固的力量的方针。"④周恩来强调光分左中右不够，还要坚持统一战线中的独立自主原则，我们要有自己独立的政策、独立的思想。我们是去联合别的力量，而不是同化于他人。这也是我党的一个重要经验教训。

经验教训之三：在统一战线中一定要争取和坚持无产阶级的领导权。

周恩来始终重视统一战线中的领导权问题，他首先阐明："无产阶级比别的阶级先进，是应当领导别的阶级的，这就是毛泽东同志说的'司令官'。"他深知无

---

① 《周恩来选集》上卷，人民出版社 1980 年版，第 212 页。
② 《周恩来选集》上卷，人民出版社 1980 年版，第 212 页。
③ 《周恩来选集》上卷，人民出版社 1980 年版，第 212~213 页。
④ 《周恩来选集》上卷，人民出版社 1980 年版，第 214 页。

产阶级的领导地位不是天赋的，而要靠自己的力量来争取，认为共产党在统一战线中一定要争取领导权。他进一步分析了哪些力量要和无产阶级争夺领导权的问题，他认为："不但大资产阶级争，自由资产阶级也争，小资产阶级也争。他们总要照他们的思想来领导这个队伍。但是和我们争领导权最主要的力量，还是代表大地主、大资产阶级的国民党这个统治集团。所以在统一战线当中，互争领导权的主要是国共两党，大资产阶级就成为我们斗争的主要对象。"①

根据多年的统战经验，周恩来深切体会到，在领导权的问题上，无产阶级领导农民、小资产阶级，可以合作得很好。对自由资产阶级，虽然他有独立性，也还可以领导。然而，"对大地主大资产阶级，一般地说不能领导。但大地主大资产阶级有时是不是可以被我党领导一下呢？从历史的经验看，一时的或一个问题上的领导也是可能的。一般地说，当他们的力量小的时候可以受我们领导。譬如蒋介石在一九二六年三月二十日以后，就不愿受我们的领导了，但他没有力量北伐，就叫我们帮助他，叫苏联帮助他。这时还受我们领导，但这是靠不住的，因为他表面上受你领导，实际上他准备和你分裂。又如那一天朱德同志报告中讲的，当华北敌人九路围攻的时候，国民党的军队处在很困难的地位，他就要我们朱总司令领导。但那是一时的，一旦他和他的后方打通，就要跑掉，反而来打我们。所以我们应该时常警惕。在要不要抗战的问题上，蒋介石受了我们的领导，就是我们推动了他抗战。但是如何抗战，他要按他的办法，不愿意照我们的办法，不受我们的领导。大地主大资产阶级仅在不得已时、在某一个问题上能受我们领导，他们一旦有了力量，有了外援，就会立刻和我们分裂。……对大地主、大资产阶级，一般地说不能领导，只能在某个问题上、某个时期内领导"②。所以，在领导权的问题上，周恩来总结我党的宝贵经验教训就是：无产阶级要在统一战线中争取和坚持对农民阶级、小资产阶级、自由资产阶级的领导权。周恩来认为："大地主大资产阶级有时是不是可以受我们领导一下呢？从历史的经验看，一时的或一个问题上的领导也是可能的。"③"对大地主、大资产阶级，一般地说不能领导，只能在某个问题上、某个时期内领导。"④

① 《周恩来选集》上卷，人民出版社 1980 年版，第 216 页。
② 《周恩来选集》上卷，人民出版社 1980 年版，第 217~218 页。
③ 《周恩来选集》上卷，人民出版社 1980 年版，第 217 页。
④ 《周恩来选集》上卷，人民出版社 1980 年版，第 218 页。

周恩来严肃指出共产党历史上各种错误思想在争取领导权上都有问题。他批评"左"倾、右倾的错误思想都不懂得领导权的重要性，不懂得去争取领导权。右倾的观点是不要领导权。如大革命后期的陈独秀，如抗日战争时期王明提出的一些观点，都是在争取领导权上犯了右倾错误。"左"倾机会主义是不懂中国革命的新民主主义性质，只要斗争，不要团结，把自己孤立起来，成了"无兵司令"。周恩来高度概括说："可以说右倾是把整个队伍送出去，'左'倾是把整个队伍推出去。"①

1945 年召开的党的七大，是党在民主革命时期一次十分重要的大会。周恩来在这次大会上作的《论统一战线》的专题讲话是我党统一战线史上一篇珍贵的历史文献。这篇珍贵的党的文献，总结了经验，分析了现状，预测了未来，指导了实践，完善和丰富了我党统一战线理论，对当时巩固和发展抗日民族统一战线，指导我党领导中国人民夺取抗战胜利具有重要的历史意义。在抗日战争即将取得胜利的时刻，国内阶级矛盾即将上升为中国社会的主要矛盾，中国面临两个前途、两种命运的选择和斗争。周恩来对坚持统一战线的必要性、坚持领导权的必要性的深刻论述，以及对党内"左"倾、右倾错误的深入分析和批评，对在人民解放战争中组成人民民主革命统一战线、夺取中国新民主主义革命的彻底胜利发挥了重要指导作用。周恩来在发言中对敌我友的精辟论述，对各个阶级阶层的性质和特点的准确分析及对统一战线曲折历程和经验教训的系统总结，对中国共产党执政后继续团结各界人士建设社会主义新中国，继续巩固和扩大爱国主义统一战线，具有很强的指导意义和深远影响。

第四节　中国共产党执政后周恩来为党的统战工作作出新贡献

一、努力调动一切积极因素扩大社会主义时期统一战线

中国共产党成为执政党后，周恩来继承了中华优秀传统文化中求同存异的理念，发挥了统一战线的包容协调功能，努力调动一切积极因素，积极扩大社会主义时期的统一战线。他充分认识到党的统战工作与社会主义科技文化建设相互促

---

① 《周恩来选集》上卷，人民出版社 1980 年版，第 220 页。

进的作用，为了迅速恢复和发展国民经济，他特别重视巩固和扩大文化科技领域的统一战线。

首先，他提出为发展和繁荣社会主义事业，要团结一切可以团结的力量。

社会主义建设时期的统一战线范围涵盖很广，不仅包括政治、军事、经济界著名人士，还包括文化、艺术、科学、技术、教育、卫生、体育、新闻、出版等方面的民主人士和爱国知识分子。周恩来认为新中国的建设需要各行各业的专家发挥作用，应广泛吸收一切热爱祖国、愿意为社会主义建设效力的爱国人士参加建设，给他们创造条件，让他们加入社会主义统一战线的阵营，鼓励他们发挥特长、学以致用。周恩来清楚地认识到："我们要又多、又快、又好、又省地发展社会主义建设，除了必须依靠工人阶级和广大农民的积极劳动以外，还必须依靠知识分子的积极劳动，也就是说，必须依靠体力劳动和脑力劳动的密切合作，依靠工人、农民、知识分子的兄弟联盟。"[1]

周恩来认为，要做好社会主义建设时期的统一战线工作，需要调动各行各业的一切积极因素。当然，在统一战线中存在阶级、阶层、民族、宗教信仰等具体性的差异，但是差异不等于对立，在爱国、民主、拥护共产党的领导，共同建设社会主义这个大前提下，这些差异往往是可以调和的，正是差异的存在保证了统一战线的广泛性和普遍性。新中国成立之初，为了消除各行各业爱国人士心中的疑虑，周恩来提出："凡是为新中国努力服务的科学家都是朋友，都应该团结。为了实现和巩固这个团结，我们必须破除门户之见"[2]，凡是愿意为新中国的建设、为人民利益服务的，都会得到共产党和人民的支持和尊重。应该看到，各个阶级、阶层、民族都有进步的一面，对其中的落后分子，我们可以帮助、教育、改造。"我们不但应该改造落后分子，而且对于中间分子也应该尽可能地教育他们脱离中间状态，变为进步分子"[3]，为发展和繁荣社会主义事业，要广泛团结一切爱国人士，全力促成一切有利于社会主义建设的力量的凝聚。

其次，妥善安排民主人士参加政协和政府工作，搭建民主党派参政议政的平台。

---

① 《周恩来选集》下卷，人民出版社1984年版，第160页。
② 《周恩来选集》下卷，人民出版社1984年版，第28页。
③ 《周恩来选集》下卷，人民出版社1984年版，第176页。

在中国共产党的统一战线政策和"五一口号"的感召下，从 1948 年下半年起，大批民主人士在周恩来的精心安排下，被秘密护送到解放区，共同协商筹建新政协和新的人民政府。中国共产党成为执政党后，民主党派成为参政党，周恩来为民主党搭建了参政议政的制度平台。仅以中国人民政治协商会议第一届全体会议参会代表为例，在参加会议的 662 名代表中，共产党员约占 44%，工农和各界无党派代表约占 26%，各民主党派成员约占 30%①，新政协广泛吸收了各民主党派、各行各界爱国人士和著名知识分子参加，扩大和强化了建设新中国的队伍和统一战线的政治基础，我国社会主义建设事业的各种积极因素被充分调动起来。新中国成立后，民主党派和各行各界爱国人士纷纷以各种形式参与社会主义政治、经济、文化、科技建设。

为了贯彻党的统一战线方针政策，周恩来在组建中华人民共和国第一届中央人民政府时，妥善安排大量民主人士和著名知识分子进入各部门，使他们得以为新中国贡献自己的力量。第一届中央政府是一个容纳了许多爱国民主党派和各界进步人士的政府。从当时中央人民政府最高领导层看，六名副主席中就有三人（宋庆龄、李济深、张澜）是党外人士。在 56 名中央人民政府委员中，党外人士 27 名，所占比例近 50%。在政务院四名副总理中，党外人士两名（郭沫若、黄炎培），占比达到 50%；在 15 名政务委员中，党外人士九人（谭平山、章伯钧、马叙伦、陈劭先、王昆仑、罗隆基、章乃器、邵力子、黄绍竑），占比达到 60%。

吸收民主人士参加共产党领导的人民政府，不仅是我们党在新时期坚持和发展统一战线的要求，也是为民主人士搭建参政议政制度平台的必然要求，周恩来为此做了大量的协调工作。有关民主人士的任职名单，大多是由周恩来提出，同各民主党派反复协商后报中共中央决定正式任命的。经慎重酝酿、仔细斟酌，各民主党派主要领导人和无党派民主人士的代表人物，大都被安排进了中央政府及其所属各机构。政务院的人事安排即充分体现了这一特点。在政务院的部级机构中，担任正职的党外人士 15 人，占比达到 44%。②关于政务院的这一人事安排，周恩来曾指出："根据中央人民政府委员会的意见，三个指导委员会扩大了。这样可以容纳各方面的人士，以便集思广益，并且还可以将政府的方针政策宣传到各

---

① 童小鹏：《风雨四十年：童小鹏回忆录》第 2 部，中央文献出版社 1996 年版，第 35 页。
② 徐行：《周恩来与人民政协》，https://m.sohu.com/a/299606971_120025204，2021 年 3 月 9 日。

方面去。政法委，国民党革命委员会的人士参加的较多；中财委，民主建国会的人士参加的较多；文教委，民主同盟及无党派民主人士的人参加的较多。"①

最后，提倡为促进文化事业发展应坚持"百花齐放，百家争鸣"的方针。

"百花齐放，百家争鸣"是中国共产党在具体研究了科学技术和文学艺术领域发展特点后提出的一个重要方针，体现了社会主义建设时期统一战线的内涵和精神。新中国的科学文化建设的实践也证明这一方针是有利于科学和文教事业的繁荣发展的，是有利于团结广大知识分子的。周恩来在贯彻执行党的统战政策时，积极提倡和坚持"双百"方针。

周恩来认为，要实现新中国农业现代化、工业现代化、国防现代化和科学技术现代化的目标，必须坚持"百花齐放，百家争鸣"的方针，同时要做到"博古厚今，推陈出新"。他指出："我们对旧的文化遗产要批判继承，但只是批判继承还不够，现在世界上各方面的事业都在飞跃发展，我们要迎头赶上，就要着重研究现代的问题，就要厚今。二十世纪六十年代的今天，与十八世纪末叶、十九世纪的时代不同，世界的科学技术日新月异，第二次世界大战以后就比战前有了很大的发展。因此，我们要发展，就要努力实现四个现代化，要一代胜于一代，做出比前人更大的贡献。"② 这一时期需要知识分子发挥自身作用，把掌握的先进的科学文化知识通过建设实践转化为现实生产力，缩小我国与发达国家的差距，致力于新中国"四化"建设的实现。周恩来坚持"百花齐放"和"推陈出新"并重，重视新时期国内涌现出来的新气象，关注世界上其他国家出现的新兴事物，强调在既有的基础上不断创新，利用文学、电影、音乐等各种表现形式创作出贴近人民生活、反映时代形象的新作品。

为调动一切积极因素建设社会主义，迅速发展新中国的科学和文化事业，周恩来倡导在艺术问题上要百花齐放，在学术问题上要百家争鸣，要保障科学和文化事业有自己的发展空间和学术自由。他反对一花独放，反对在学术问题、文艺问题上动不动就打棍子、戴帽子的行为。周恩来认为，社会主义建设要以自力更生为主，这就需要培养高水平的科研队伍，需要良好的科教文卫事业的发展环境，这样才能使我国的科学技术尽快赶上世界先进水平，适应大规模现代化经济

---

① 马永顺:《周恩来组建与管理政府实录》，中央文献出版社 1995 年版，第 5~6 页。

② 《周恩来统一战线文选》，人民出版社 1984 年版，第 447 页。

建设的需求。他要求："把过去的追求数量转到重视质量、重视科学技术水平的提高，真正使我们在文教科学方面的'百花齐放、百家争鸣'能够做得更好，不仅是形式，而且是有内容的。"[①]

二、正确看待、关心信任、团结帮助爱国知识分子

新中国成立后，社会主义建设事业蒸蒸日上、蓬勃向前，知识分子成为科技、教育、文化、卫生各项事业发展的急需力量，也是社会主义建设时期党的统战工作的主要对象。如何看待和利用知识分子，不仅关系国家建设事业，也关系党的统战政策，周恩来对此有清醒和正确的认识，他关心信任、团结帮助各领域的知识分子，与他们结下了深厚的友谊并长期保持和谐友好的关系。中国共产党执政以来，周恩来针对爱国知识分子主要做了如下工作。

首先，正确评价和帮助知识分子，充分发挥知识分子的力量。

周恩来向来对知识分子有清楚和正确的认识。新中国成立初期，他明确指出："大家是从旧社会来的，不管现在如何，过去都属于资产阶级知识分子类型。"他们带有旧社会的思想烙印是可以理解的。"应该看到中国绝大多数知识分子受帝国主义、封建主义、官僚资本主义的统治和压迫，因而有一部分人参加了革命，一部分人同情革命，多数人开始时对革命观望、中立，以后逐渐靠近革命。"[②]他们"接受中国共产党的领导，并且愿意继续进行自我改造的。毫无疑问，他们是属于劳动人民的知识分子"[③]。

基于对知识分子的客观分析和评价，周恩来强调对知识分子要进行思想帮助。他认为："搞精神生产的文艺工作者要尤其注意。肃清旧的思想、作风是长期的。我们从旧社会来，受过旧学校的教育，今天的青年也会受家庭、社会旧思想残余的影响，所以旧思想旧作风在人们的脑子里或多或少地存在。思想是先驱，但真正肃清旧思想残余，要在新的基础全部完成之后才有可能。思想问题，世界观问题要慢慢改造，不能急。"[④]思想上的帮助要从团结出发，并且在新的基础上达到新的团结。他提出，对待知识分子应预防和纠正两种倾向，既不能把知识分子排

---

① 《周恩来选集》下卷，人民出版社 1984 年版，第 399 页。
② 《周恩来选集》下卷，人民出版社 1984 年版，第 357 页。
③ 《建国以来重要文献选编》第 15 册，中央文献出版社 1997 年版，第 309 页。
④ 《周恩来选集》下卷，人民出版社 1984 年版，第 332 页。

除在工人阶级队伍之外，低估他们在政治上和业务上取得的进步，也不能看不到他们的缺点，不对他们进行帮助、教育和改造。周恩来指出这两种倾向虽然在形式上是相反的，但都表现为对知识分子放弃政治领导，实际上都是右倾保守主义，不利于社会主义科学文化事业的发展。

在 1956 年 1 月中共中央召开的关于知识分子问题会议上，周恩来阐明："革命需要吸收知识分子，建设尤其需要吸收知识分子。特别是由于解放前的我国是一个文化落后科学落后的国家，我们就更必须善于充分地利用旧社会遗留下来的这批知识分子的历史遗产，使他们为我国的社会主义建设服务。"① 他相信："经过我们的工作，知识分子将更进一步地团结在党的周围，并且在伟大的社会主义事业中更积极地贡献他们的力量。"② 为充分动员和发挥知识分子的力量，周恩来提出三点主张：第一，应该改善对他们的使用和安排，使他们能够发挥自身对国家有益的专长。第二，应该对所使用的知识分子有充分的了解，给他们以应得的信任和支持，使他们能够积极工作。党外的知识分子除了需要应得的信任，还需要应得的支持。这就是说，应该让他们有职有权，应该尊重他们的意见，应该重视他们的业务研究和工作成果，应该提倡和发扬在社会主义建设中的学术讨论，应该使他们的创造和发明能够得到试验和推广的机会。第三，应该给知识分子以必要的工作条件和适当的待遇。③

其次，充分尊重和信任知识分子，尽量争取和团结知识分子。

周恩来对知识分子一贯是尊重和信任的，也重视发挥知识分子自身价值，鼓励他们积极投身新中国的建设。在与各界知识分子交流时，他总是保持平等的姿态，让他们消除困惑，不背思想包袱。周恩来在争取和团结知识分子时，把信任问题放在了重要位置。他明确指出："他们承认和接受党的领导，愿为社会主义服务，愿意自我改造，党就要信任他们。你信任他，他也就信任你，彼此有了信任，就可以团结在一起工作。"④ 除信任之外，对知识分子还要有帮助，需要共产党以真诚的态度帮助知识分子解决他们遇到的难题，改善与他们的关系，用实际行动争取知识分子的信任，从而巩固不断扩大的文化统一战线。

①《周恩来选集》下卷，人民出版社 1984 年版，第 161~162 页。
②《周恩来选集》下卷，人民出版社 1984 年版，第 189 页。
③《周恩来选集》下卷，人民出版社 1984 年版，第 168~170 页。
④《周恩来选集》下卷，人民出版社 1984 年版，第 366 页。

周恩来把爱国、爱社会主义的知识分子看作国家建设的中坚力量，积极争取、广泛团结。他对知识分子的尊重与理解，赢得了知识分子对党和政府的信任。新中国诞生前，他千方百计地争取一批知识分子留下工作，如国民党资源委员会的专家孙越崎、钱昌照等都留了下来。新中国成立后，他还通过做大量的工作争取海外的爱国知识分子回国贡献自己的力量，其中包括李四光、钱学森等著名科学家。1950 年 8 月，周恩来在中华全国自然科学工作者代表会议上指出："为了有效地工作，科学家必须团结。"[①]"我们反对甘心为帝国主义服务的少数堕落的科学家，但有一些科学家是被动的、盲目的，或者是在非常不得已的条件下跟着敌人走的，我们很愿意争取他们回来，欢迎他们回来。科学家最易于接受真理，我们可以用事实说服他们。"[②]同时他鼓励大家："我们有信心在这一辈子能看到光明、幸福、富强的新中国。"[③]

再次，尊重科学文化的发展规律，帮助知识分子开展工作。

为了使知识分子更好地发挥他们的力量，服务于社会主义现代化建设。周恩来在帮助知识分子取得思想进步的同时，还帮助知识分子解决工作中遇到的问题，给他们创造良好的环境以利于他们的工作。如周恩来提出要给文学艺术家创作的自由空间，不要给他们"套框子、抓辫子、挖根子、戴帽子、打棍子"[④]。"艺术家要面对人民，而不是只面对领导。……要政治挂帅，但政治挂帅主要是看它是香花还是毒草，是否反党反社会主义。"至于艺术方面，"我们懂得少，发言权很少，不要过多干涉。"只要是为人民群众服务的，是人民群众喜闻乐见的作品，都应该得到赞许，而不是处处设置障碍。作为领导，"第一，要负责任；第二，要干涉少些"[⑤]。这样，就正确处理了党的领导和知识分子业务工作之间的关系。

为确保知识分子能够安心从事业务工作，周恩来还帮助解决了一些知识分子遇到的具体困难。如他曾安排把作家臧克家从人民出版社调入中国作家协会专心从事文艺工作和写作。周恩来对老舍十分关心，不仅老舍写的戏几乎全看过，还

---

① 《周恩来选集》下卷，人民出版社 1984 年版，第 27 页。
② 《周恩来选集》下卷，人民出版社 1984 年版，第 28 页。
③ 《周恩来选集》下卷，人民出版社 1984 年版，第 30 页。
④ 《周恩来选集》下卷，人民出版社 1984 年版，第 325 页。
⑤ 《周恩来选集》下卷，人民出版社 1984 年版，第 337 页。

帮老舍修改作品，提出自己的建议。老舍对周恩来的高尚情操和杰出才华敬佩不已，受益匪浅。又如化学家杨石先、历史学家顾颉刚都曾因为大量的行政事务占据个人时间而向周恩来反映过情况，周恩来要求有关部门要保证知识分子业务工作的时间，还要尽量满足他们所需的工作条件，如必要的图书资料和工作设备，尽力帮助他们完成创作和科研工作。

最后，对知识分子生活上、身体上十分关心和爱护。

周恩来对知识分子的关心爱护，不仅表现在对他们的尊重，对他们思想、工作的帮助上，还表现在对知识分子生活和身体的照顾上。周恩来在与知识分子交往过程中自然流露出来的对他们的关切，深深打动了知识分子的心，使他们视周恩来为良师益友。如1959年的一天，周恩来到老舍家与之谈话时得知老舍前些日子得了一场严重的气管炎时，批评了老舍夫人胡絜青没有及时向他汇报，并且说："以后，不管老舍得了什么病，你都要马上向我汇报。"[1]1961年冬，著名演员舒绣文由于工作过度劳累，心脏病犯了，躺在家中休息，周恩来不顾一整天工作的辛苦，晚上11点多钟亲自去慰问她，他严肃而亲切地说："绣文同志，你一定要注意休息。你要明白，你的身体不单身是你的，而且是党和人民的。人民需要你，你一定要战胜病魔"，临走时还关照她的儿子说，"她对人民是有功的。你一定要好好照顾她，有什么困难和需要可以给我打电话。"[2]困难时期舞蹈家赵青的膝盖坏了，周恩来知道后，马上把夏衍找去，当着众多文艺工作者说："我们死了梅兰芳、欧阳予倩感到十分可惜，可活着的艺术家我们却不去关心，爱护！"[3]

周恩对知识分子的工资待遇很关心，他知道新中国成立后知识分子的待遇得到了一定的改善，但仍存在不合理的升级制度、工资平均主义倾向等问题。他要求政府部门要切实了解知识分子的需求，帮助他们解决住房、孩子入学及休息娱乐等现实问题，以此来保证广大知识分子能够更好地安心工作。正是周恩来无微不至的关怀、团结、教育和帮助，调动了广大爱国知识分子投身社会主义建设的积极性。他们积极发挥自身所长，为建设繁荣富强的新中国而努力奋斗。

周恩来认真贯彻执行党的统一战线方针，他对知识分子的正确认识和评价，

---

① 《肝胆相照见真情：老一辈无产阶级革命家与民主人士的交往》编委会编著：《肝胆相照见真情：老一辈无产阶级革命家与民主人士的交往》，中国文史出版社1999年版，第241页。

② 中国国家博物馆编著：《周恩来》，上海教育出版社2006年版。

③ 陈荒煤编：《周恩来与艺术家们》，中央文献出版社1992年版，第185页。

对知识分子的高度重视和大胆使用，使得知识分子的向心力和凝聚力大大增强，他们兢兢业业在各自的工作岗位上为社会主义建设事业奋斗的同时，积极向党组织靠拢。周恩来也不失时机地提出打破党内的关门主义倾向，在知识分子中大量吸收党员，"计划在一九六二年做到党员占高级知识分子总数三分之一左右"[①]。在党的统战政策感召和周恩来的帮助教育下，许多知识分子的思想进步很快，坚定了跟着共产党的信念，程砚秋、李四光等先后加入中国共产党，他们不但增强了新中国科技文化的建设力量，而且发展壮大了我党在社会主义时期的统一战线。

周恩来在执行党的知识分子政策和统一战线方针中体现出的协商民主精神、兼容并蓄精神、洋为中用的开放精神，启迪我们不但要传承中华民族宝贵的文化遗产，而且要重视文化建设的多元性，吸收借鉴各民族各国的优秀文化元素。1964年在第三届全国人民代表大会第一次会议上，周恩来明确提出："要采用先进技术，必须发挥我国人民的聪明才智，大搞科学试验。外国一切好的经验、好的技术，都要吸收过来，为我所用。……学习外国必须同独创精神相结合。采用新技术必须同群众性的技术革新和技术革命运动相结合。"[②] 当前我国正处在社会转型时期，经济体制、社会结构、利益关系正发生深刻变化，对外开放程度和范围不断加大，外来文化通过各种途径涌入，人们的思想活动日趋活跃，新的观念、新的意识不断生成，这为社会主义事业注入新的活力的同时，考验着党的执政能力、领导改革开放的能力。社会主义科技文化建设此时更应该发挥统一战线的功能，充分调动知识分子的积极性，积极吸收中外文化的精华，努力促进我国社会主义建设事业的繁荣昌盛。

三、参与制定并执行了对台湾的政策

中国共产党执政后对台湾的政策，大致经历了三个阶段：1949年至1955年为第一阶段。在这一阶段，中国共产党对台湾保持武力进攻的态势，提出"一定要解放台湾"[③] 的口号，对香港、澳门则制定了"暂不收回，维持现状"[④] 的政策，为以后"一国两制"政策的形成与实施奠定了基础。1955年至1978年为第二阶

---

① 《周恩来选集》下卷，人民出版社1984年版，第180页。
② 《周恩来选集》下卷，人民出版社1984年版，第441页。
③ 《建国以来重要文献选编》第9册，中央文献出版社1994年版，第166页。
④ 中共中央文献研究室周恩来研究组编著：《周恩来1898—1976》，四川人民出版社2009年版，第104页。

段。中国共产党对台湾的政策调整为"中国人民愿意在可能的条件下，争取用和平的方式解放台湾"①，由"战争"一种方式变为"战争"与"和平"两种方式；对香港和澳门进一步提出了主权要收回，而资本主义制度可保留的方针，已初显"一国两制"的端倪。1979 年以后至今为第三阶段。中国共产党采取的是"一国两制"政策，坚持一个中国原则的基础和"九二共识"。在中共执政后对台湾政策的前两个阶段，周恩来既是中共对台政策的制定者之一，也是政策的主要执行者，他丰富、发展和实践了中共执政后的统一战线方针和政策。

中国共产党在执政之初，尚无"一国两制"的概念。但在中国人民解放军解放中国的同时，中国共产党已开始考虑用不同的方式解决香港、澳门和台湾地区的问题。1949 年，毛泽东在西柏坡会见米高扬时提出："目前，还有一半的领土尚未解放。大陆上的事情比较好办，把军队开去就行了。海岛上的事情就比较复杂，须要采取另一种较灵活的方式去解决，或者采用和平过渡的方式，这就要花较多的时间了。在这种情况下，急于解决香港、澳门的问题，也就没有多大意义了。相反，恐怕利用这两地的原来地位，特别是香港，对我们发展海外关系、进出口贸易更为有利些。……台湾是中国的领土，这是无可争辩的。现在估计国民党的残余力量大概全要撤到那里去，以后同我们隔海相望，不相往来。那里还有一个美国问题。……台湾问题比西藏问题更复杂，解决它更需要时间。"②在这段谈话里，毛泽东实际上已阐明共产党的几个原则立场：一是解决海岛问题需采取灵活的方式，花较多的时间；二是利用香港、澳门的地位，发展中国共产党的海外关系；三是强调了台湾是中国领土的一部分。

中国共产党关于"一定要解放台湾"的最早文献，见于 1949 年 3 月 15 日由新华社发表的《中国人民一定要解放台湾》的评论。根据毛泽东、周恩来当时的设想，解放台湾可以分三步走：第一步，迅速组建海军、空军，掌握制海权、制空权；第二步，尽快解放东南沿海各岛，扫清外围，建立攻台前沿阵地；第三步，发起对台湾岛全面作战，完成时间不超过三年。1950 年 5 月 17 日，中国人民解放军第三野战军前委发出了《保证攻台作战胜利的几点意见》，并成立了以粟裕为总指挥的前线指挥部，以三个兵团、12 个军，共 50 万人的兵力，投入对台湾的

---

　　①《建国以来重要文献选编》第 8 册，中央文献出版社 1994 年版，第 398 页。

　　②　师哲口述、李海文：《在历史巨人身边：师哲回忆录》，九州出版社 2014 年版，第 276 页。

作战准备。①

中国共产党一贯认为台湾问题与港澳问题的性质不同，后者是恢复行使主权的问题，前者是如何统一、用什么方式统一的问题。1949 年 5 月，中国人民解放军解放上海后，毛泽东便责成粟裕组织中国人民解放军第三野战军部队，做进攻台湾的准备。1950 年 3 月，海军司令员肖劲光同粟裕共同拟定了攻台的初步计划，设想投入 50 万兵力用于渡海作战。

1950 年 6 月 25 日，朝鲜战争爆发。美国在挑起朝鲜战争的第三天，即 1950 年 6 月 27 日，杜鲁门对外发表声明，支持蒋介石踞守台湾，鼓吹"台湾地位未定"②，并命令美国海军第七舰队在台湾海峡游弋，美国空军第十三航空队进驻台湾，形势突变，中国共产党要重新考虑和调整已定的战略部署。1950 年 6 月 30 日，周恩来批示海军司令员肖劲光："形势变化给我们打台湾增添了新的麻烦，因为有美国挡着"，所以中央决定"打台湾的时间往后推"。③ 1950 年 10 月 19 日，中国人民志愿军入朝鲜作战。至此，我军战略重点由东南转向东北。

1953 年《朝鲜停战协定》签订不久，中共中央再次决定将军事斗争的重点由抗美援朝转到解放台湾上来。在周恩来的具体指挥下，中央军委很快制定了"从小到大、由北向南、逐岛进攻"④的作战方案。1954 年 8 月，中央军委批示华东军区，向参战部队下达了准备同国民党军作战的命令，并批准成立了以张爱萍为司令员兼政委的浙东前线指挥部。

1954 年至 1955 年，台海局势紧张。1954 年 9 月 3 日，福建前线部队对金门发动炮击，摧毁敌炮兵阵地九处，击沉、击伤国民党军舰七艘。⑤ 台湾派出飞机轰炸福州、厦门及前沿炮兵阵地。10 月 10 日，周恩来致电联合国大会，列举大量确凿的事实，控诉美国武装侵占中国台湾，要求联合国大会第九届会议促使安理会制止美国的侵略行为，并责令美国自中国台湾、澎湖列岛和其他中国岛屿撤走其全部武装力量和一切军事人员。

美国以增强对中国台湾保护承诺的方式回应金门炮击和中国政府解放台湾的

---

① 何立波：《毛泽东对台决策转变的台前幕后》，《领导文萃》，2010 年第 24 期。

② 《周恩来外交文选》，中央文献出版社 1990 年版，第 486 页。

③ 汤应武主编：《中国共产党重大史实考证》第 4 卷，中国档案出版社 2001 年版，第 2295 页。

④ 汤应武主编：《中国共产党重大史实考证》第 4 卷，中国档案出版社 2001 年版，第 2296 页。

⑤ 刘统：《历史的真面目》，华夏出版社 2015 年版，第 122 页。

宣传。美国政府不断干涉台湾问题，1954 年 12 月，美国和中国台湾签订了《共同防御条约》；美国参议院和众议院通过了《美国国会授权总统在台湾海峡使用武装部队的紧急决议》。美国第七舰队在我国东南沿海集结了五艘航空母舰、三艘巡洋舰、40 艘驱逐舰[1]，对共产党领导的新中国实行赤裸裸的"炮舰政策"。

对《共同防御条约》，中国政府持坚决反对的立场，做出了强硬的反应。1954 年 11 月 23 日是该条约草签的时间。这一天，中国最高人民法院军事审判庭以间谍罪判处偷越中国国境的 11 名美国飞行员有期徒刑，判处两名美国间谍无期徒刑和 20 年徒刑。[2] 从 12 月 21 日起，中国人民解放军多次轰炸大陈岛，击沉、击伤多艘国民党海军军舰，使国民党海军不敢进入大陈海面。解放军取得了战场制空权和制海权。1955 年 1 月 18 日，中国人民解放军发动了对大陈岛外围一江山岛的进攻。经过激烈的战斗，我军完全占领了一江山岛，使大陈岛暴露在我军的炮火射程内。对中国的攻势，美国感到震惊。同年 2 月，美国派出大量舰只到大陈，在飞机掩护下，撤走了大陈岛上的一万多人。2 月 13 日，我军解放了大陈岛、渔山列岛、披山岛等岛屿。至此，江沿海岛屿全部解放。

美国干涉中国收复台湾，是新中国成立初期外交中遇到的严重问题之一。如何处理这一问题不仅关系到新生政权的巩固，关系到中华人民共和国的声誉，也是对中国共产党的挑战和考验。周恩来在处理这一问题时表现出卓越的外交才能和统战水平。

首先，周恩来代表中国政府公开发表声明，宣布"美蒋'共同防御条约'根本是非法的、无效的。它是一个出卖中国主权和领土的条约，中国人民坚决反对。如果美国政府不从台湾、澎湖和台湾海峡撤走它的一切武装力量，仍然坚持干涉中国内政，美国政府必须承担由此产生的一切严重后果"[3]。当中美两国在台湾海峡的对抗加剧，并有可能走向战争时，周恩来在参加亚非会议期间发表声明，表示中国愿意同美国谈判。这个声明传递的信息为美国接受，从而缓和了紧张局势。周恩来还会见相关人士，利用中间人传递消息。中国人民解放军解放一江山岛后，周恩来在回答联合国秘书长提出的台湾海峡停火及中国判决美国飞行员等问题

---

[1] 何立波：《毛泽东对台问题的历史决策》，《廉政瞭望》，2008 年第 7 期。

[2] 王玉龙：《周恩来如何处置 11 名美国间谍惊震联合国》，《晚霞》，2012 年第 24 期。

[3]《中华人民共和国外交部长周恩来关于美蒋"共同防御条约"的声明》，《新华社新闻稿》1954 年 12 月 9 日，第 6 页。

时，希望联合国秘书长"把中国在会谈中的立场和意见告诉那些关心东方问题的国家"①。

其次，周恩来严厉驳斥"台湾地位未定论"。周恩来利用各种外交场合，从历史、法律和事实的角度出发，指出中国的情况不同于德国、朝鲜及越南。台湾自古以来就是中国神圣不可侵犯的领土。中国共产党已下决心要打倒蒋介石，解放台湾，解放全中国。如果不是美国干涉，台湾问题很快就解决了。

再次，周恩来阐明中国政府的立场，划清内政问题和国际争端的界限。周恩来在亚非会议上指出："中国人民解放台湾是中国的内政问题。美国侵占台湾造成了台湾地区的紧张局势，这是中美之间的国际问题。这两个问题不能混为一谈。"② 以此阻止美国将台湾问题国际化，搞"两个中国"。周恩来明确提出，台湾问题是中国的内政，这个问题的处理，首先应由代表中国的中华人民共和国政府决定。周恩来代表中国政府所表示的立场和态度，有力地打击了美国的嚣张气焰，遏制了事态的进一步恶化，受到了爱好和平的人民和国家的赞誉。

1955年后，中共中央研究后认为，我军完成了浙东沿海作战任务，已达到战役目的和部分战略目标。从目前形势看，如继续进攻，很可能会引起中美之间直接的武装冲突。为了中华民族的长远利益，从祖国统一的大计着想，中共中央决定在不改变武力攻打台湾及附近岛屿的同时，探求其他解决办法，并由周恩来在统战方面和外交战线寻找机会，争取和平解放的可能。二十世纪五十年代中期，国内外形势发生了许多新变化。国内各项社会改革取得伟大成绩，第一个五年计划正在加紧完成，经济建设已成为主要任务，人民迫切希望在和平安宁的条件下建设祖国。在中国台湾，国民党于1955年前后完成了"党改""土改"工作，岛内政局趋于稳定，民众不希望看到新的战争发生。在国际上，朝鲜停火得以维持，一系列国际会议的召开，增加了相互对话的机会。美国虽与中国台湾签订了《共同防御条约》，其目的是要借助中国台湾的战略地位，搞"两个中国"，并不想过深地卷入与中国的对抗。毛泽东、周恩来等经过对形势的正确分析，决定暂停武力攻打台湾，开始探索用其他方式即和平解放台湾方式的可能性和途径。

二十世纪五十年代中期，中国共产党对台湾的政策由单一的武力解决调整为

---

① 《周恩来年谱（1949—1976）》上卷，中央文献出版社1997年版，第439页。
② 《中华人民共和国对外关系文件集（1954—1955）》第3集，世界知识出版社1958年版，第308页。

和平谈判与军事进攻并行，更多地表达了和平统一的意愿。中国共产党这一政策的调整，主要出于两方面考虑：一是朝鲜战争已结束，日内瓦会议、亚非会议连续召开，世界大多数国家和人民表示了和平意愿，中美两国从 1955 年 8 月开始大使级会谈，国际形势趋于缓和，人心思定，中国政府当然愿意顺应世界潮流；二是国内国民经济恢复工作已顺利完成，第一个五年计划业已制定，中国即将进入全面建设时期，急需和平安定的国内外环境。基于这种考虑，中国共产党首先倡导与国民党重开谈判，和平解决台湾问题。在对台湾政策的调整和周恩来的具体实践中，"一国两制"实际上已开始孕育，这丰富了我党社会主义时期统一战线的新内容。

在 1955 年 4 月的亚非会议上，周恩来向全世界阐明了中国政府关于台湾问题的立场，强调台湾是中国的领土，解放台湾是中国的内政，同时表示"中国愿就台湾地区问题同美国进行谈判"[①]。同年 7 月，周恩来明确提出："只要美国不干涉中国的内政，和平解放台湾的可能性将会继续增长。如果可能的话，中国政府愿意同台湾地方的负责当局协商和平解放台湾的具体步骤。"[②] 1956 年 1 月，毛泽东在最高国务会议上也指出："凡是能够团结的，愿意站在我们队伍里的人都要团结起来。不管他过去是做什么的，比如台湾，那里还有一堆人，他们如果是站在爱国主义立场，如果愿意来，不管个别的也好，部分的也好，集体的也好，我们都要欢迎他们为我们的共同目标奋斗。"[③]

根据这一讲话精神，周恩来在政协第二届全国委员会第二次会议上代表中共中央正式宣布了对台方针："除了用战争方式解放台湾以外，还存在着用和平方式解放台湾的可能性。凡是愿意回到大陆省亲会友的，都可以回到大陆上来。凡是愿意到大陆参观学习的，也都可以到大陆上来。"[④] 周恩来号召台湾同胞："同祖国人民一起，为争取和平解放台湾，实现祖国的完全统一而奋斗吧！"[⑤] 1956 年 6 月，周恩来进一步阐明了中国共产党解决台湾问题的具体政策："中国人民解放台湾有两种可能的方式，即战争的方式和和平的方式；中国人民愿意在可能的条件

---

① 《周恩来外交文选》，中央文献出版社 1990 年版，第 134 页。

② 《建国以来重要文献选编》第 7 册，中央文献出版社 1993 年版，第 54 页。

③ 中央文献研究室科研部图书馆编：《领袖人生纪实丛书：周恩来人生纪实》下，凤凰出版社 2011 年版，第 600 页。

④ 《周恩来年谱（1949—1976）》上卷，中央文献出版社 1997 年版，第 543 页。

⑤ 《谢南光的发言》，《新华社新闻稿》1956 年 2 月 7 日，第 16 页。

下，争取用和平的方式解放台湾。毫无疑问，如果台湾能够和平解放，那么，对于我们国家，对于我们全体中国人民，对于亚洲和世界的和平，都将是最为有利的。"①

1956年6月28日，在第一届全国人民代表大会第三次会议的报告中，周恩来就和平解放台湾问题进一步阐明了中国政府的原则立场。他严正指出："中国人民一定要解放台湾，这是我国六万万人不可动摇的共同意志。"②但周恩来同时提出，和平解放台湾的可能性正在增长，国际形势趋向缓和，祖国更加壮大和巩固；台湾人民希望早日回到祖国怀抱：台湾和海外的国民党军政人员中，愿意促成台湾和平解放和祖国完全统一的人必然会一天天增加，这将是不可抗拒的趋势。③周恩来在这个报告中第一次正式提出争取实现国共第三次合作，实现和平统一的主张。他说："我们是一贯主张全民族团结、一致对外的。为了我们伟大祖国和人民的利益，中国共产党人和国民党人曾经两度并肩作战，反对帝国主义。在抗日战争结束以后，我们也曾经努力争取实现国内的和平。中国人民即使在被迫拿起武器进行国内解放战争期间，甚至在大陆解放以后，也没有放弃和平谈判的努力。尽管这些年来，由于美国的武装干涉，我们和台湾的国民党军政人员走上了不同的道路，但是，只要大家以民族和祖国的利益为重，我们仍然可以重新携手团结起来。我们相信，我们久经忧患的伟大民族一定能够依靠我们自己的努力，实现祖国的完全统一。"④周恩来代表中共中央和新中国政府表示："我们愿意同台湾当局协商和平解放台湾的具体步骤和条件，并且希望台湾当局在他们认为适当的时机，派遣代表到北京或者其他适当的地点，同我们开始这种商谈。"⑤为了团结一切爱国力量，早日实现祖国的完全统一，他还代表党和政府提出了一系列新政策：对台湾军政人员和一切爱国人士都将本着"爱国一家"、爱国不分先后的原则，既往不咎，欢迎为和平解放台湾立功；随时欢迎台湾同胞参加祖国社会主义建设，允许台湾军政人员同大陆亲友通讯，回大陆省亲会友，来大陆考察，"我们保证他们来去自由"；希望台湾的军政负责人员在和平解放台湾的事业中发挥重

① 《周恩来选集》下卷，人民出版社1984年版，第200页。
② 《周恩来选集》下卷，人民出版社1984年版，第200页。
③ 《周恩来选集》下卷，人民出版社1984年版，第201页。
④ 《周恩来选集》下卷，人民出版社1984年版，第201～202页。
⑤ 《周恩来选集》下卷，人民出版社1984年版，第202页。

要作用，"他们将来的地位就会得到肯定的保证"；希望广大海外侨胞"为促进和平解放台湾的爱国事业作出贡献"①。

中美大使级会谈于 1955 年 8 月 1 日正式开始。在亚非会议后长达 15 年的中美大使级会谈中，周恩来始终坚持以解决台湾问题为前提。和平解放台湾的政策是以毛泽东同志为核心的党的第一代中央领导集体制定的，正式对外宣布、第一个公开提出的是周恩来。周恩来对台湾问题进行了认真的考虑，1956 年 1 月，周恩来在全国政协二届二次会议上提出和平解放台湾问题，并将实现祖国统一与党在社会主义时期的统一战线方针和内容紧密联系起来。1956 年 6 月，周恩来提出："中国人民解放台湾有两种可能的方式，即战争的方式和和平的方式；中国人民愿意在可能的条件下，争取用和平的方式解放台湾。"②

1957 年 4 月，毛泽东和周恩来会见伏罗希洛夫时，周恩来介绍国共两党过去已经合作了两次，毛泽东紧接着说，我们还准备进行第三次合作。③ 随后，周恩来提出："（一）台湾归回祖国后，除外交必须统一于中央外，所有军政大权人事安排等悉由台湾领导人全权处理；（二）所有军政及建设费用，不足之数，悉由中央拨付。"④ 周恩来在这个讲话里已阐明中共中央今后争取和平解放台湾的方针，初步确定了台湾"高度自治"的权限，即允许保留军队，原有的政治、经济体制和权力架构基本不变。

四、为促进海峡两岸统一所开展的工作初见成效

中共中央的对台政策由单一的武力解决调整为和平谈判与军事进攻并行的政策后，特别是毛泽东确定了争取用和平方式解放台湾的方针后，周恩来认真付诸实施，并作出了重大贡献。周恩来明确提出了和平解放台湾的方式、方法和条件，以及祖国统一后台湾的法律地位、管理权限。他在不同场合提出并解释了许多关于和平解放台湾的具体原则和做法，如"爱国一家""爱国不分先后""不咎既往""立功受奖""省亲会友""来去自由""对等谈判""高度自治"等。在提到对蒋介石的安排时，周恩来在 1956 年一次对记者谈话中专门谈道："如果蒋介石在

---

① 《周恩来选集》下卷，人民出版社 1984 年版，第 203 页。
② 《周恩来选集》下卷，人民出版社 1984 年版，第 200 页。
③ 《建国以来毛泽东文稿》第 6 册，中央文献出版社 1992 年版，第 431 页。
④ 《周恩来年谱（1949—1976）》中卷，中央文献出版社 1997 年版，第 524 页。

统一问题上进行合作，他便可以根据自己的意愿留在中国的任何地方，如担任公职，这个职位将要高于部长级。"① 周恩来还分析了当时和平解放台湾的有利条件。一是国际形势趋于缓和，美国武力侵台和干涉中国内政的行为受到越来越多国家的反对；二是中美关系出现松动，两国会谈已经开始；三是台湾岛内要求摆脱美国控制、不愿再过寄人篱下生活的呼声越来越迫切；四是祖国日益强盛，中国政府和人民欢迎和平统一；五是和平解放台湾、实现祖国统一是台湾同胞和海外国民党人士的共同愿望，许多人已表示愿意为此而出力。

　　二十世纪五十年代后期，国共两党的接触开始增多，周恩来就一些实质性问题与台湾方面进行了探讨。1956 年春，周恩来安排章士钊带着中国共产党给蒋介石的信到香港，会见了国民党驻香港负责文宣工作的许孝炎。许孝炎亲手将中国共产党的信交蒋介石，并将他与章士钊的会谈情况向蒋介石作了详尽报告。蒋介石经过一年的考虑，于 1957 年初突然召许孝炎回台北，在总统府与他进行了长谈。蒋介石让许孝炎推荐赴大陆的人选，反复权衡后，选中了宋宜山。宋宜山曾任国民党中央候补委员，其胞弟宋希濂是国民党高级将领。1957 年 4 月，宋宜山抵达北京。周恩来和中央统战部部长李维汉先后与宋宜山会面，就第三次国共合作、祖国统一的一些具体问题进行协商。周恩来在接见宋宜山时，提出了关于和平解放台湾的具体方案。

　　1956 年，周恩来和毛泽东还先后会见了从香港来的新闻界人士曹聚仁。毛泽东在中南海接见曹聚仁时表示了他准备再次与蒋介石握手的想法。周恩来在颐和园宴请曹聚仁时，请陈毅、邵力子、张治中等出席作陪。他向曹聚仁表明："我们对台湾，绝不是招降，而是要彼此商谈。"② 回到香港后，曹聚仁立即将他和中国共产党领导人接触的详细情况转告了台湾方面。此后，周恩来还分别会见了一些与台湾有关系的人士，如准备赴台的李济深的前卫士长马坤。周恩来还指示有关部门对蒋介石、陈诚的祖坟加以保护，对其家属注意照顾，"要做争取台湾、香港的工作"③。1958 年和 1960 年，章士钊两次赴香港向台湾当局转达信息之前，毛泽东、周恩来均就上述设想作了交代与说明，并提出了两岸暂不举行正式谈判，

---

①　中共中央党史研究室编：《中共党史资料》第 53 辑，中共党史出版社 1995 年版，第 71 页。

②　《周恩来年谱（1949—1976）》中卷，中央文献出版社 1997 年版，第 598 页。

③　《周恩来年谱（1949—1976）》中卷，中央文献出版社 1997 年版，第 638 页。

但可先做有限接触，如互访、通邮、通航、通商的建议。

二十世纪五十年代，周恩来在统战工作方面的另一个重要成绩是成功争取卫立煌回国。自新中国成立后，周恩来就在多种场合表示，希望无论在大陆还是在海外的国民党军政人员，都要为促进祖国的和平统一而努力。早在第二次国共合作期间，周恩来就与卫立煌交往很多，他们曾几次商讨过合作抗日问题。1955 年 1 月 18 日，中国人民解放军一举解放了一江山岛。1 月 24 日，周恩来总理代表中国政府发表了《周恩来总理兼外交部长关于美国政府干涉中国人民解放台湾的声明》，郑重向全世界宣布："台湾是中国领土的不可分割的一部分。解放台湾是中国的主权和内政，决不容许他人干涉。"① 张治中、傅作义、蔡廷锴等纷纷发表谈话，支持周恩来提出的正义主张。卫立煌也发表了和张治中等人基本相同的意见，他表示完成统一大业有什么不好！周恩来得知这个情况后，赞同卫立煌的观点。他认为："卫立煌的爱国心思很好，现在是回来的时候了。"② 周恩来委托卫立煌亲人给卫立煌写信，希望卫立煌能够返回大陆。卫立煌见到此信，下定了回大陆的决心。于是，在周恩来的细心安排下，1955 年 3 月 15 日，卫立煌夫妇终于回到大陆。周恩来很快亲自接见了卫立煌夫妇，同卫立煌重叙了两次国共合作时期的旧谊，鼓励他努力学习，为解放台湾、统一祖国贡献力量。卫立煌返回大陆，充分体现出共产党的统一战线政策的感召力。据卫立煌子女回忆，影响卫立煌一生的两位重要人物，第一位是周恩来，第二位是朱德。

1958 年，台海局势再次紧张。当年 7 月，中国台湾以美国出兵黎巴嫩、中东地区局势紧张为由，发布特别戒严令，宣布台湾、澎湖、金门、马祖全线处于"紧急戒备状态"，而美国亦中断了三年前开始的与中国共产党的谈判。这使得中国共产党不得不重新使用武力对抗的政策。8 月 23 日，中国人民解放军大规模炮击金门。由于三天内连续遭到十余万发炮弹的攻击，国民党军队在金门的机场、油库、弹药被毁，人员伤亡超过三万。在双方进行了长达 50 天的交火后，中国共产党决定采取"边打边谈"的新方针，一方面继续对金门开炮，一方面恢复中美大使级谈判。

毛泽东、周恩来从战略的高度将炮击金门这一军事行动和外交斗争结合起来。

---

① 《中华人民共和国对外关系文件集（1954—1955）》第 3 集，世界知识出版社 1958 年版，第 226 页。
② 民革中央宣传部编：《民革领导人传》第 2 辑，团结出版社 2007 年版，第 509 页。

9月6日,《中华人民共和国国务院总理周恩来关于台湾海峡地区局势的声明》发表,表明了中国对台湾地区问题的严正立场。该声明指出:"中国政府准备恢复两国大使级会谈。"①周恩来亲自领导了这次会谈。他根据毛泽东的意图,指示我方代表王炳南"应采取积极主动的方针"②,即在美国不正面回答我方提案而继续主张停火的情况下,提出坚决要求美国从台湾、澎湖列岛和台湾海峡撤出一切武装力量,停止向中国领海领空的一切军事挑衅和干涉中国内政的行动,以缓和、消除目前台湾海峡紧张局势的建议。

9月22日,周恩来致信毛泽东,请示关于军事斗争的最新方针,建议"在目前形势下对金门作战方针,仍以打而不登、断而不死,使敌昼夜惊慌、不得安宁为妥"③。下午,毛泽东回复予以肯定。周恩来将美国对我国的干涉和我们收复台湾这两种性质不同的事件做了严格的区分,明确指出"我们对沿海岛屿上的蒋军必须惩罚,解放台湾的主权不能放弃"④;而"美国政府提出停火""是想扩大侵略","我们决不能接受,我们不能再容忍它的武装力量在台湾地区,要他们撤走"。⑤周恩来指出:"我们的态度是你打我不怕,我准备打,但我们首先争取和平谈判解决。"⑥

1958年10月,《人民日报》登出了毛泽东起草的以国防部长彭德怀名义发表的《告台湾同胞书》和《再告台湾同胞书》,重申了中共中央的对台政策,他指出"一时难于解决,可以从长商议"⑦。此后,周恩来将中共对台湾政策和毛泽东对台湾主张归纳、概括为"一纲四目"。一纲是台湾必须回归祖国;四目包括:(一)台湾归回祖国后,除外交必须统一于中央外,所有军政大权人事安排等悉由台湾领导人全权处理;(二)所有军政及建设费用,不足之数,悉由中央拨付;(三)台湾之社会改革,可以从缓,必俟条件成熟,并尊重台湾领导人意见协商决定,然后进行;(四)双方互约不派人进行破坏对方团结之事。⑧

---

① 《建国以来重要文献选编》第11册,中央文献出版社2011年版,第420页。
② 中央文献研究室科研部图书馆编:《周恩来人生纪实》下,凤凰出版社2011年版,第1223页。
③ 《周恩来年谱(1949—1976)》中卷,中央文献出版社1997年版,第173页。
④ 《周恩来年谱(1949—1976)》中卷,中央文献出版社1997年版,第176页。
⑤ 《周恩来年谱(1949—1976)》中卷,中央文献出版社1997年版,第172页。
⑥ 《周恩来年谱(1949—1976)》中卷,中央文献出版社1997年版,第172页。
⑦ 《建国以来重要文献选编》第11册,中央文献出版社1995年版,第514页。
⑧ 《毛泽东文集》第7卷,人民出版社1999年版,第427页。

二十世纪六十年代后，中共中央对台湾继续执行"和"与"战"并举的政策，周恩来为促进海峡两岸统一尽了最大努力。当时大陆一方面克服经济困难、加紧备战备荒和三线建设，另一方面积极争取国民党高层人士，希望实现和平统一。毛泽东和周恩来为此做了长远打算。他们的想法是："台湾宁可放在蒋氏父子手里，不能落到美国人手中。"① 对蒋介石可以等待，解放台湾的任务不一定要他们这一代完成，可以留交下一代去完成。为了使蒋介石了解中国共产党的对台政策，周恩来于二十世纪六十年代初会见张治中、傅作义、屈武等人，委托他们致信台湾军政负责人。周恩来还多次表示："台湾归还祖国以后，可以行使更大的自治权利，除外交以外，军队、人事都可由台湾朋友自己来管。台湾的经济建设完全可以依赖内援，凡仰仗于外者，都可仰仗于内，和祖国大陆互通有无，财政、资金不敷者统由国内供给。……过去送去的信件，虽然是一些朋友个人写的，但政府是支持的。我们个人在政府中担负的工作可以变更，但对台工作是不会改变的。"②

二十世纪六十年代，周恩来为党的统战工作做出的另一大成绩是争取李宗仁于 1965 年返回祖国。实际上从二十世纪五十年代起，周恩来就为争取李宗仁归国做了大量工作。1956 年 5 月，周恩来会见了李宗仁的原秘书程思远，高度评价李宗仁对台湾问题的建议，并向程思远表示："我们一贯主张全民族团结，一致对外。为了祖国和人民的利益，我们共产党和国民党在北伐战争以来有过两次合作，并肩作战。今天，虽然彼此处境不同，但只要大家以民族和祖国的利益为重，国共两党仍然可以重新携手团结起来，争取第三次合作，实现祖国的完全统一。"③ 周恩来在谈话中着重指出："和为贵""爱国一家""爱国不分先后""相见以诚"，"欢迎一切爱国人士参加到争取和平解放台湾和统一祖国的事业中来"。④ 此后，周恩来又几次在北京接见程思远，具体安排了李宗仁回国的一些细节问题。1965 年 7 月 18 日，李宗仁夫妇飞抵上海，周恩来、陈毅等中共领导人亲自到机场迎接，当晚在上海文化俱乐部设宴招待李宗仁夫妇。7 月 20 日，李宗仁夫妇飞抵北京首都机场时，再次受到周恩来、彭真等中共领导人的热烈欢迎。李宗仁在机场

---

① 《周恩来年谱（1949—1976）》中卷，中央文献出版社 1997 年版，第 321 页。

② 金冲及主编：《周恩来传》3，中央文献出版社 2008 年版，第 1303 页。

③ 《周恩来年谱（1949—1976）》上卷，中央文献出版社 1997 年版，第 577 页。

④ 《周恩来年谱（1949—1976）》上卷，中央文献出版社 1997 年版，第 577 页。

宣读了声明，对中国共产党和国家领导人的多方照顾和热烈欢迎表示感谢。他希望在台湾的国民党人凛于民族大义，毅然回到祖国怀抱，团结抗美，一致对外，为完成国家最后统一作出贡献。7 月 27 日，毛泽东接见了李宗仁夫妇。毛泽东对李宗仁归来表示欢迎，并说："跑到海外的，凡是愿意回来，我们都欢迎。他们回来，我们都以礼相待。"谈到台湾问题时，毛泽东说："不要急，台湾总有一天会回到祖国来的，这是不可逆转的历史潮流。"①周恩来对接待李宗仁回国非常重视，指定中央统战部成立接待办公室，整个接待工作是在周恩来直接领导下有计划、有步骤地进行的。

　　然而，正当两岸和平统一有所进展之际，"文化大革命"开始了，国共两党重开谈判之事只得暂时搁浅。在"文化大革命"中，当周恩来得知浙江奉化蒋介石母亲王采玉以及原夫人毛福梅的墓被破坏的消息，立即让时任中共中央办公厅副主任的童小鹏打电话给省委第一书记江华，要他对红卫兵做说服工作，说明中国人历来对"挖祖坟"看成最不得人心的事，我们不能那样做。当获悉还有一部分红卫兵在"四人帮"的指挥下继续偷偷地进行破坏时，周恩来要求浙江省委立即把墓修好，并将修好后的墓地照片送到北京。后周恩来请章士钊先生把照片带去香港，转交给蒋介石。

　　1972 年，为了适应对台湾工作新发展的需要，周恩来亲自指示，将人民大会堂中一个已被别的省使用的较大的厅改为台湾厅，并邀请台湾同胞参加台湾厅的筹建；他对从海外归来的台胞说，把那个较大的厅改为台湾厅，让台湾同胞用，是很有意义的。1973 年，根据毛泽东的指示，经过周恩来的周密安排，92 岁高龄的著名民主人士章士钊从北京乘专机启程赴香港，周恩来亲自到机场送行。虽然章士钊此行出师未捷身先死，但他在香港的活动产生了一定影响。而且从 1973 年起，在周恩来的积极努力下，台湾民主自治同盟恢复工作，这是自"文化大革命"中各民主党派被停止活动后，最早恢复工作的民主党派之一。

　　第四届全国人民代表大会召开之前，周恩来抱病去湖南长沙向毛泽东汇报工作时，毛泽东提出要清理在押的一批国民党战犯。周恩来回京以后，立即通过密电通知时任总理办公室副主任的罗青长，要他立刻着手开始整理在押犯的名单。

---

① 《毛泽东年谱（1949—1976）》第 5 卷，中央文献出版社 2013 年版，第 515 页。

周恩来在重病当中审阅了这个名单。后来根据毛泽东的指示，将所有战犯全部释放，并保障其生活和医疗。病中的周恩来要求有关部门对特赦释放的所有在押战犯做好组织、安置等各项准备工作。1975 年 3 月 19 日，最高人民法院宣布将在押的 293 名战犯全部特赦释放。

1975 年 9 月 4 日，重病中的周恩来看到《参考消息》转载的一篇《访蒋经国旧部蔡省三》文章，当即批示：请罗青长、钱嘉东找王昆仑、屈武等对有关蔡省三的材料"进行分析"，"弄清真相"。批语最后，周恩来用颤抖的笔迹连写下四个"托"字，[①] 表明了其对解决台湾问题、实现祖国统一的殷切期望。1975 年 12 月 20 日，病危中的周恩来发烧三十八度七，仍约罗青长来病床前谈对台湾工作问题，他询问台湾近况及在台老朋友的情况，嘱咐不要忘记对人民做过有益事情的人。这是周恩来最后一次约中央部门负责人谈话。

由于主客观等方面的原因，毛泽东、周恩来关于和平解决台湾问题的设想，没有能够在他们生前得以实现。历史留下了遗憾，但是周恩来为海峡两岸和平统一所作的贡献是有目共睹的。他积极贯彻执行党在社会主义建设时期的统一战线政策，使我党在海峡两岸关系上获得了政治上的主动权，中国共产党的和平统一倡议虽然未被国民党当局接受，但使海外爱国人士坚定地保持了一个中国的政治立场，并且争取到一些原国民党领导人返回祖国。

历史是具有连续性的，二十世纪五十年代中期毛泽东、周恩来就提出了和平解决台湾问题的设想，二十世纪六十年代初周恩来提出的"一纲四目"主张已具有了"一国两制"的雏形。由周恩来科学概括的"一纲四目"与"一国两制"具有内在的必然联系，把我党高度的原则性与政策的灵活性结合起来，既坚持了一个中国的原则立场，又提出了灵活对待蒋介石集团的政策。它符合中华民族的利益，顺应两岸人民的愿望，表明了以毛泽东同志为核心的党的第一代中央领导集体为祖国统一所作的不懈追求和努力。经过以邓小平同志为核心的党的第二代中央领导集体的丰富和发展，党的十一届三中全会后我们逐渐把"一国两制"方针定为最终解决台湾问题、完成祖国统一大业的基本国策。尽管在祖国统一的道路上还会有障碍，但是国家统一是历史发展的必然趋势。总有一天，海峡两岸拥护

统一的各界人士，会共同完成几代人的统一梦想。

五、周恩来为党的统战工作作出杰出贡献的成因与影响

周恩来是我党统一战线工作的奠基者和卓越领导人之一，民主革命时期他参与建立了两次国共两党的合作。中国共产党执政后，周恩来长期负责党的统战工作、全国政协工作和海峡两岸的统一工作。为中国共产党统一战线的建立和发展作出了重要贡献。作为党的统一战线工作的奠基者和卓越领导者，是什么因素使周恩来能够在几乎贯穿其一生的党的统战工作中取得卓越的成就、发挥特殊重要的作用呢？主要基于以下原因。

首先，作为一个坚定的马克思主义者，周恩来对党的统一战线理论、方针、政策理解透彻，他能将马克思主义的理论中国化，对中国革命的目标、任务和国情变化了解深刻，对统一战线的重要性和必要性有清醒的认识。

在第一次国共合作中，他就提出共产党"自应与国民党密切的合作才有打倒我们共同敌人的可能"[1]的正确主张。在第二次国共合作中，他对党的统一战线理论有了更深刻的认识。在党的七大上，他系统阐述了第二次国共合作建立和发展的过程，总结了统一战线工作的经验教训，明确指出统一战线中的核心问题，就是要认清楚敌人、队伍和司令官这三个问题，司令官的问题就是领导权的问题。正因为周恩来对党的统战理论和政策理解透彻、认识深刻，所以他才能在国共合作和统一战线中发挥特殊作用。因为他深知统一战线是中国共产党长期坚持的关系全局的战略，不是权宜之计的策略。党的统一战线是贯穿中国革命整个发展阶段的战略性规划，在中国革命的各个历史时期，统一战线都是带有全局性的、长期的战略方针，正如习近平所说："统一战线是中国共产党夺取革命、建设、改革事业胜利的重要法宝。"[2]

其次，周恩来对党忠诚，坚定不移地贯彻执行党的统战方针政策，无论艰苦的战争年代，还是复杂的社会主义改造和建设时期，总是想方设法，尽最大努力完成好党交付的建立、巩固和发展统一战线的重任，将党的统战方针、政策、策略、措施、方法很好地贯彻到理论的思考和具体的实践中。

---

① 《周恩来政论选》上，人民日报出版社、中央文献出版社1998年版，第114页。
② 《习近平关于社会主义政治建设论述摘编》，中央文献出版社2017年版，第126页。

周恩来不但是中共统一战线政策的主要制定者之一，也是国共合作的具体策划者、主要促成者和坚定维护者。他为新民主主义时期和社会主义时期统一战线的建立和发展，多方奔走、艰辛谈判、竭尽全力，克服了无数困难、动员了各方力量、说服了各界政要，取得的成绩是众所周知、有目共睹的。无论环境如何险恶，为了民族大业，他都能殚精竭虑地完成党中央交办的一切任务。1946 年他在离开重庆前夕，很有感慨地说："差不多十年了，我一直为团结商谈而奔走渝、延之间。谈判耗去了我现有生命的五分之一，我已经谈老了！……民主事业的进程是多么艰难啊！"① 正是这种鞠躬尽瘁、死而后已的精神，才使他在党的统一战线工作中发挥出无人替代的特殊作用。也正是他的这种对党和人民事业的忠贞不移、勤勤恳恳的工作态度和革命精神，让所有与他打过交道的人都留下良好的印象，有利于共产党与国民党和各民主党派的协商与合作。郭沫若曾回忆道："我对于周公向来是心悦诚服的。他思考事物的周密有如水银泻地，处理问题的敏捷有如电火行空，而他一切都以献身的精神应付，就好像永不疲劳。"②

再次，周恩来具有民主协商、团结协作精神。他总能以大局为重，团结各方力量实现党的目标。他的团结与协商精神是他能够在复杂环境中出色完成党赋予的统战重任、能够在几次国共合作中皆发挥出特殊作用的主要原因之一。

党的统一战线主要任务是团结一切可以团结的力量去完成党的奋斗目标。我党根据各个时期的不同目标，制定了不同的统战政策和策略。无论民主革命时期，还是社会主义革命和建设时期，周恩来都为联合一切可以联合的力量、调动一切积极因素、组成最广泛的统一战线倾注了极大的精力。坚持团结和民主协商是周恩来统一战线思想与实践的核心内涵和基本特点之一。他提出："凡有可以谋团结之道者，同人等无不惟力是赴。"③ 无论在第一次国共合作时期，还是在第二次国共合作时期，面临多种质疑和反对的声音，面对共产党员加入国民党的目的是要吞并国民党的污蔑，甚至是国民党顽固派搞的各种摩擦，周恩来总是从维护统一战线不破裂的大局出发，从求团结的愿望出发，坚持与各爱国民主党派协商，坚持对反共言行进行有理有利有节的斗争，并在坚持原则的前提下，审时度

---

① 《周恩来年谱（1898—1949）（修订本）》，中央文献出版社 1998 年版，第 677 页。
② 中共中央党史研究室、中央档案馆编：《中共党史资料》第 73 辑，中共党史出版社 2000 年版，第 129 页。
③ 《建党以来重要文献选编（1921~1949）》第 18 册，中央文献出版社 2011 年版，第 153 页。

势，根据形势的发展和党的需要，不断调整共产党的政策和口号。共产党执政后，周恩来更明确地指出："新民主主义议事的特点之一，就是会前经过多方协商和酝酿。"[①]"新民主主义的议事精神不在于最后的表决，主要是在于事前的协商和反复的讨论。"[②]正是周恩来具备团结与协商的精神，才让他能在党的统一战线工作中发挥重大作用。

最后，周恩来具有处理复杂矛盾、驾驭局势、善于谈判的特长和技巧，且有超人的智慧、敏锐的洞察力和随机应变的能力，同时还有坚韧不拔的性格和不屈不挠的意志，这也成为帮助他在统一战线中发挥特殊作用的一个重要因素。

周恩来长期在党内负责统战工作，积累了丰富的经验。他对时局的变化，对国民党不同派别和各民主党派不同的政治态度的变化有敏锐的判断能力。他能够根据原则性和灵活性相结合的原则及形势的变化迅速果断地处理统一战线中出现的各种复杂问题。从建党初期到新中国诞生后，周恩来几乎参与了国共关系方面所有重大决策，是统一战线工作的重要决策者之一，他替中共中央起草了许多这方面的文件和指示，在长期的统战工作中积累了丰富的经验，营造了良好的人脉关系。这些成绩也决定了他在党际关系中的重要地位。此外，高尚的品德和良好的修养、对中华优秀传统文化的认识和对现代民主思想的汲取，以及自身的人格魅力等，均是周恩来能够在统一战线中发挥特殊作用的成功因素。他是将中华优秀传统文化和现代民主意识结合的典范，具有温文尔雅、为人谦和、谨慎周密、善于协调的绅士风度。他将党的方针政策的原则性和统战方式方法的灵活性很好地统一起来，既注重大局，又清醒务实，遇事不走极端，善于协调，想方设法化解矛盾。这种待人宽容、讲信修睦、彬彬有礼、温文尔雅的风范，十分有助于他出色地完成党交付的统战工作。

周恩来杰出的统战思想和成功的实践，对我国的新民主主义革命和社会主义革命与建设发挥了巨大作用，至今仍有重要影响。在进入新时代新征程的今天，如何继续扩大统一战线仍然是我们必须要思考的问题。认真学习周恩来统战思想的丰富内涵，以及从周恩来统战思想和实践中反映出的民主意识、团结精神、高超的政治智慧和人际沟通艺术，对我们今天积极推进社会主义协商民主建设，发

---

① 《建党以来重要文献选编（1921~1949）》第 26 册，中央文献出版社 2011 年版，第 693 页。
② 《建党以来重要文献选编（1921~1949）》第 26 册，中央文献出版社 2011 年版，第 697 页。

展新时代统一战线并最终完成祖国统一大业具有深远的启迪和借鉴意义。深入研究和分析周恩来在党的统战工作中发挥的特殊作用，对新时代处理好中国共产党与其他各党派的关系、团结各界爱国人士、实现"两个一百年"的奋斗目标无疑是大有裨益的。

中国共产党统一战线工作的主要任务是团结一切可以团结的力量去完成党在各个时期的奋斗目标。我党根据各个时期的不同目标，制定了不同的统一战线政策，目的都是为了扩大进步势力、争取中间势力、孤立顽固势力，实现我们党在各个时期的历史使命。在周恩来身上，我们可以看到，无论在民主革命时期，还是在社会主义革命和建设时期，他都为联合一切可以联合的力量，调动一切积极因素，组成最广泛的统一战线，倾注了极大的精力和努力，取得了很大的成功和成就。而取得这些成就的关键是周恩来身上所具备的坚持党性原则、坚持团结与民主协商的精神。当今我国正处在经济体制深刻变革、社会结构深刻变动、利益格局深刻调整、思想观念深刻变化的改革发展关键阶段，加强团结、凝聚共识，积极推进社会主义协商民主建设，发展新时代统一战线就显得尤为重要。我们今日仍应学习和弘扬周恩来的团结与民主精神，努力做好新时代党的统战工作，继续巩固和完善中国共产党领导的多党合作和政治协商制度，继续推进社会主义协商民主建设。

第三章　周恩来卓有成效的政党外交产生了深远影响

周恩来是中华人民共和国外交的创始人和领导人，也是中国共产党党际外交的开创者和奠基者。他的党际外交生涯，早在新民主主义革命时期就已经开始，他是最早处理中国共产党与共产国际关系及中国共产党与苏联共产党关系的党的高级领导人之一。

早在第一次国共合作时期，周恩来就认识到中国民主革命是世界无产阶级革命的一个组成部分。1924年他就认识到："与我们立在同一境地下的殖民地半殖民地的弱小民族和无产阶级之国的苏联俄罗斯。这些，我们是要与他们以统一前敌的国际联合来企图世界革命而促成我们国民革命成功的。"[①] "但我们心中却不容丝毫忘掉与我们受同样苦痛的全世界无产阶级和弱小民族，亦即是全世界的被压迫阶级。……我们也非与全世界被压迫阶级联合一致，来打此共同敌人不可。故我们救国运动乃必须建立在国际主义上面。"[②] 基于这样的认识，周恩来在长期的革命斗争中正确处理了中共与共产国际和苏共的关系，争取它们对中国革命的支持。抗日战争时期，周恩来为建立抗日民族统一战线和建立世界反法西斯战线作出了重要贡献，表现出卓越的党际外交才能。他积极联系国际上支持中国抗战的人士，向他们介绍中国共产党团结抗战的主张，宣传中国共产党的各项政策主张，为开辟和发展中国共产党的对外联络工作奠定了基础，也为其日后的外交生涯拉开了序幕。在周恩来的直接领导下，中共中央长江局在武汉设立了国际宣传组。周恩来领导国际宣传组开展了同当时在武汉的许多国家的使馆人员、记者、作家、

---

① 《周恩来统一战线文选》，人民出版社1984年版，第5页。
② 《周恩来早期文集（一九一二年十月——一九二四年六月）》下卷，中央文献出版社、南开大学出版社1998年版，第548页。

知名人士和友好团体的接触，接待了一批又一批来访的或援华的外国朋友，争取了他们对中国抗战及中国共产党的支持。在重庆期间，周恩来领导党的外事工作。针对国民党阻挠中国共产党外事活动、封锁陕甘宁边区和根据地的政策，周恩来提出了"宣传出去，争取过来"[①]的方针，他强调对中外记者及外国人，不管是进步的还是落后的都要做工作，争取用他们的口和笔替我们宣传。另外，他组织力量，研究各国的政治、经济、历史等情况，培训外事干部，为开展更大规模的外交做准备。

新中国成立后，周恩来从长远的战略眼光出发，争取国际上一切可以争取的力量，为新中国的社会主义建设创造和平的国际环境。在中国共产党外交路线的指引下，周恩来直接负责中共对苏共的政党外交，全程经历了中苏两国关系变化的曲折过程。他尽力维护中苏友好合作，弥合两党两国的分歧；积极开展了对朝鲜、越南等社会主义国家的政党外交；负责中国的对外援助工作。他还直接领导开展了对非社会主义国家的政党外交，为中国共产党、中国政府赢得了世界各国人民和大多数国家政府的理解与支持，发展壮大了反帝、反霸和维护世界和平的国际统一战线。周恩来的外交思想不但对中国的社会主义建设事业发挥了重要作用，而且对中国共产党党际外交的方针、政策、策略、方式等皆产生了深远影响。

第一节　周恩来与中国共产党政党外交的肇始

一、周恩来妥善处理中国共产党与共产国际的关系

共产国际从 1919 年 3 月成立到 1943 年 6 月解散期间，指导了世界各国共产党的革命。中国共产党自建立起就与共产国际有密切联系，共产国际也对中国革命产生了重要影响。周恩来作为中国共产党的领导人之一，从第一次国共合作时期便与共产国际派到中国的领导人频频接触和联系，直至 1943 年共产国际解散。在 20 多年的时间里，无论面对什么样的情况，周恩来都尽力妥善处理好中共与共产国际间的关系。在第一次国共合作时期、土地革命时期、抗日战争时期三个阶

---

① 《周恩来年谱（1898—1949）》，中央文献出版社 1989 年版，第 574 页。

段，周恩来在中共与共产国际的关系中扮演了重要角色，为中国共产党、中国革命及世界共产主义的发展作出了积极贡献。

1919 年 3 月 2 日，共产国际第一次代表大会在莫斯科的克里姆林宫召开，这标志着一个影响世界各国共产主义革命的国际性组织正式诞生。在共产国际成立伊始，共产国际执行委员会便在内部设立了领导世界各地无产阶级革命运动的分支部门，领导中国共产党的是东方部远东局。共产国际的组织规则规定，共产国际是一个独一无二的世界性共产党，各国共产党都是它下属的支部。

1924 年 9 月，周恩来从法国回到当时中国的革命中心——广州。此时正值国内第一次国共合作时期，周恩来在归国不久便先后担任了中共广东区委委员长兼区委宣传部部长、黄埔军校政治部主任等职务，并与在广州的苏联和共产国际代表建立了初步联系。刚刚从海外归国的周恩来对共产国际的领导是服从和信任的，他认真执行共产国际的指示，并希望学习和借鉴苏联红军的经验，为中国共产党创建一支独立的革命武装力量。他认为："真正革命非要有极坚强极有组织的革命军不可。"[1] 周恩来在任黄埔军校政治部主任期间，组建了由共产党员担任主要领导的国民革命军第四军独立团，它为后来中共革命武装力量的发展奠定了基础。

1925 年孙中山逝世后，国民党右派势力日益猖狂。为维护国共合作的成果，在国民党第二次全国代表大会召开前，周恩来与共产国际代表鲍罗廷和苏联顾问协商，提出采取"打击右派、孤立中派、扩大左派"[2] 的斗争方针。然而，当时中共中央的主要负责人和另一些共产国际代表并没有采纳周恩来等人的正确意见，而是不断地向国民党右派妥协和让步，使得戴季陶等国民党右派在国民党第二次全国代表大会上当选为中央执行委员，扩大了统一战线中国民党右派的势力。尽管周恩来反对向国民党右派让步，但当时他只能执行共产国际代表和中共中央作出的决定。

随着革命形势的发展，统一战线内部的斗争逐步加剧。1926 年以蒋介石为首的国民党右派采取了一系列打击共产党的行动，中山舰事件和整理党务案相继发

---

[1]　《周恩来早期文集（一九一二年十月——一九二四年六月）》下卷，中央文献出版社、南开大学出版社 1998 年版，第 485 页。

[2]　中共中央党史研究室：《中国共产党的九十年　新民主主义革命时期》，中共党史出版社、党建读物出版社 2016 年版，第 70 页。

生。对此，周恩来主张对蒋介石进行坚决的反击。然而，他的正确主张并未被中共中央主要领导人和共产国际代表采纳。中共中央决定继续采取退让的政策，对蒋介石所提出的限制共产党发展的不合理要求，共产国际代表竟然全部予以答应，致使中国共产党丧失了对国民党右派斗争的主动权。周恩来虽有自己的正确见解，但他无法改变共产国际和中共中央作出的决定。

1927 年，国民党中形成宁、汉对立局面，蒋介石逐渐露出反共面目。对国民党右派的种种反共行径，共产国际第七次执委会扩大会议通过的《关于中国形势问题的决议》只强调了国共合作的重要性，却没有提对国民党右派如何斗争。对此，周恩来认为："要有冲突，必是革命的工农群众与和帝国主义敌人妥协的资产阶级冲突；要有分裂，必是革命的国民党左派和共产分子与不革命的右派分子分裂。"[①]1927 年 4 月 12 日，蒋介石彻底暴露出自己的反革命面目，发动了四·一二反革命政变。面对突如其来的血腥镇压，共产国际代表与中共中央在如何应对这场危机、采取什么措施上产生了分歧。共产国际代表罗易希望通过开会与蒋介石协商解决相关问题，但周恩来明确反对，他指出："政治不宜再缓和妥协"[②]，并认为这样的办法是徒劳无益的。面对日益危险的局面，共产国际代表一时拿不出一个正确的方法来应对，而由周恩来所提出的先打东南后北伐，迅速出师讨伐蒋介石的正确主张也未被采纳。

第一次国共合作破裂后，共产国际派出罗明纳兹以共产国际代表的身份赴华接替鲍罗廷、罗易等人，并负责改组中共中央领导机构。在共产国际代表的指导下，1927 年党的五大后，中共中央领导机构进行了改组，周恩来进入中共中央委员会和中央政治局，负责军事工作。不久，他领导了著名的南昌起义。随着革命形势的变化，周恩来逐渐认识到盲目学习苏联搞城市暴动是不适合中国国情的，为取得革命胜利，必须发动工农大众，必须建立农村根据地。1927 年 12 月 4 日，在中共临时中央政治局党委会议上，周恩来就《浙江目前工农武装暴动计划大纲》提出了自己的看法。随后他又在写给浙江省委的信中明确指出中国革命的关键是："这一种斗争必须是群众的，然后才能发展到暴动的局面。""只要有可得力的党的

---

① 《周恩来选集》上卷，人民出版社 1980 年版，第 2 页。
② 《周恩来选集》上卷，人民出版社 1980 年版，第 7 页。

组织的领导，割据的暴动局面可以创立起来的。"①周恩来的正确认识和建议，在一定程度上减缓和纠正了当时党内的"左"倾盲动主义情绪、行为。

1928 年 6 月 18 日至 7 月 11 日，党的六大在莫斯科郊外举行，周恩来参会。在共产国际的帮助下，会议总结了中国革命的经验与教训。周恩来在大会发言时表示："共产国际取消罗米纳兹应用到中国革命的'不断革命论'，这是很对的。因为它一方面很容易与托洛茨基的错误相混，另一方面也没具体说明目前革命阶段的特质。"②会议期间，周恩来还对共产国际一些代表所犯的错误做了中肯的批评，他坦率地指出："共产国际过去在中国的代表，有的不能胜任工作，有的犯了严重错误。"③周恩来为党的六大做了许多工作，提出了不少正确意见，让共产国际对周恩来有了较深入的了解。

1929 年，共产国际几次给中共中央发来反右倾的指示信。起初，周恩来和党内大多数同志一样，认为这些指示是对的，认为中共党内已出现右倾错误。然而，随着革命斗争形势的发展，在开展实际工作时，周恩来的认识发生了转变，一方面他认为党内必须克服右倾错误；另一方面他告诫党内同志不能对"左"倾思想掉以轻心，要注意"左"倾错误。此后，尽管中国共产党执行了共产国际的相关指示，但在具体实践过程中又与共产国际远东局发生了矛盾，对共产国际远东局的一些做法不满。于是，作为中共中央主要领导者的周恩来受中央委托再次前往莫斯科，反映中共的意见及与远东局的争论问题。

1930 年 5 月，周恩来抵达莫斯科，代表中共中央向共产国际作了工作报告，参加了针对中国革命问题的讨论，并希望解决中共中央同共产国际远东局的争论。同年 7 月 5 日，周恩来参加了联共第十六次代表大会，并在大会上作了《中国革命新高潮与中国共产党》的报告。周恩来在报告中指出：在党内既要反对右的倾向，"也要反对'左'倾的盲动情绪和闭关主义"④。7 月 16 日，周恩来又在共产国际政治委员会会议上作了《中国革命新高潮的特点与目前党的中心任务》的报告。在这两个报告中，周恩来都直接地表达出自己的观点，阐述了中国共产党党

①　《建党以来重要文献选编（1921~1949）》第 4 册，中央文献出版社 2011 年版，第 799 页。
②　《周恩来年谱（1898—1949）（修订本）》，中央文献出版社 1998 年版，第 145 页。
③　中共中央党史研究室第一研究部编：《共产国际、联共（布）与中国革命文献资料选辑 1927—1931》上，中央文献出版社 2002 年版，第 287 页。
④　《周恩来年谱（1898—1949）（修订本）》，中央文献出版社 1998 年版，第 187 页。

内在暴动问题上的分歧和"左"倾错误带来的损失，引起了与会人员的关注。7月下旬，斯大林会见了周恩来。周恩来向他介绍了红军的发展状况。斯大林认为应将红军问题摆在中国革命问题的首位。[①]

经过周恩来向共产国际汇报和交换意见，共产国际对中国革命问题有了比较正确的认识，在《关于中国问题的决议案》中明确指出：目前"尚没有全中国客观革命形势"[②]，否定了李立三的不顾国情的"左"倾暴动想法。与此同时，为了解决中国共产党与共产国际远东局的矛盾，共产国际委派米夫负责远东局的工作。周恩来此行，通过交流使共产国际对中国革命及中共与远东局的矛盾有了较全面的认识，并做出了一些较妥当的安排。

在莫斯科停留了三个多月之后，根据共产国际指示，周恩来于8月19日回到上海。带来共产国际指示精神的周恩来立即投入纠正党内"左"倾错误的工作中。周恩来先后同向忠发、李立三谈话，8月22日又出席了中共中央临时政治局会议，传达了共产国际的指示精神。周恩来指出："中共中央与国际绝没有路线上的不同。"[③] 会议决定由周恩来起草致共产国际电。大家对共产国际的指示表示赞成。1930年9月24日，经过周恩来等人的积极筹备，中共中央召开了扩大的六届三中全会，会议由瞿秋白和周恩来主持。会上，周恩来先后作《关于传达国际决议的报告》和《组织报告》，会议通过《关于政治状况和党的总任务决议案》，停止了组织全国总暴动和集中红军进攻中心城市的冒险行动，纠正了立三路线的主要错误。

然而，共产国际对周恩来等人纠正党内"左"倾错误的工作并不满意，反倒是认为他们犯了"调和主义错误"，否定了党的六届三中全会的成果，并于1930年12月派东方部副部长米夫来华指导中共的工作。在米夫的支持下，"左"倾教条主义开始在中共党内迅速发展起来。1931年1月召开的中国共产党六届四中全会上通过了新的中共中央领导人名单，周恩来仍为中央政治局常委，并兼任中央军委书记，但王明的"左"倾错误路线开始统治党中央。此时的周恩来"照顾大局，相忍为党"[④]，对共产国际和中共党内的"左"倾错误虽然难以完全制止，但

---

①《周恩来年谱（1898—1949）（修订本）》，中央文献出版社1998年版，第187页。
②《建党以来重要文献选编（1921~1949）》第7册，中央文献出版社2011年版，第411页。
③《周恩来年谱（1898—1949）（修订本）》，中央文献出版社1998年版，第189页。
④《周恩来年谱（1898—1949）（修订本）》，中央文献出版社1998年版，第205页。

尽力将损失减到最小。

1933年1月，中国共产党临时中央负责人博古、洛甫等从上海抵达中央苏区，开始全面推行"左"倾政策。此时的周恩来也受到排挤，已无力改变"左"倾错误。1933年9月以后，在共产国际派来的军事顾问李德的错误指挥下，红军反"围剿"战斗连连失利。毛泽东、周恩来等人向李德、博古等人提出的正确的作战方案，不被李德接受。最终，红军第五次反"围剿"全面失利，红军损失惨重，红军主力开始转移。

在经历第五次反"围剿"的失败之后，毛泽东、周恩来等党和红军的创始人深刻认识到当时的共产国际代表脱离中国实际、随意指挥的严重危害性。在遵义会议上，周恩来坚定地支持毛泽东的正确主张，与李德、博古的"左"倾教条主义作了斗争。周恩来是在遵义会议上发挥关键性作用的重要人物之一。此后，在毛泽东领导下，中国共产党逐步走向成熟，摆脱了对共产国际的盲从，周恩来也更好地处理了中共与共产国际的关系。

随着国际形势的变化，共产国际在1935年7月25日至8月20日召开的第七次代表大会上，提出了建立国际反法西斯统一战线的重大战略。当年12月17日，中共中央在瓦窑堡召开了政治局会议，会议讨论了目前的形势和党的任务，通过了《中央关于目前政治形势与党的任务决议》和《中央关于军事战略问题的决议》。会议分析了九一八事变后日本帝国主义侵略中国，全国抗日救亡高潮兴起，我党联合各界建立抗日民族统一战线的必要性和可能性，批判了"左"倾关门主义错误。为了与东北军、西北军建立抗日联盟，中共中央决定设立东北军工作委员会，周恩来为书记，叶剑英为副书记。

1936年12月12日，震惊中外的西安事变爆发。共产国际由于不了解中国情况，以为是日本在后面搞鬼，对张学良的行为进行了谴责。中共中央经过讨论，统一了意见，决定大敌当前，以解决民族矛盾为先，派出以周恩来为首的代表团赴西安，争取和平解决西安事变。周恩来到西安后，先说服张学良、杨虎城与共产党继续合作，然后与蒋介石、宋子文、宋美龄谈判，迫使蒋介石答应停止"剿"共，一致抗日，终于使西安事变和平解决。周恩来对这一事件的成功处置，显示了中国共产党独立自主地处理本国和本党复杂事务的能力，也显示了周恩来在处理与共产国际的关系上更加妥善与灵活。西安事变的和平解决，有力地推动了第二次国共合作的建立，对国际反法西斯统一战线的形成也有一定的积极影响。此后，共产国际负责人季米特洛夫曾称赞说："过去恩来影响张、杨即是很好的。"①

抗日战争期间，周恩来努力保持与共产国际的良好关系。全面抗战爆发后，周恩来等人组成中共中央代表团继续同国民党谈判，积极推动建立和巩固抗日民族统一战线。他先在武汉担任中共中央长江局副书记，后在重庆担任中共中央南方局书记。他在与国民党打交道时坚持了我党的独立自主原则，在同国民党顽固派斗争时坚持了"有理、有利、有节"的原则。1938 年，为维护和发展国共合作，周恩来担任国民党军事委员会政治部副部长。国民政府迁都重庆后，作为中共中央南方局书记的周恩来也去了重庆，继续做国际、国内的统一战线工作。在重庆，周恩来加强了与苏联的联系，他安排阎宝航等中共秘密党员与苏联有关方面进行战时局势情报合作。中共曾将德国即将进攻苏联的绝密情报告知苏联大使馆武官罗申，为苏联赢得了宝贵的备战时间。

1939 年 9 月中旬，周恩来为治疗胳膊摔伤飞赴莫斯科。疗伤期间他继续代表中共中央加强同共产国际和苏联的关系，努力为中国抗日战争争取更多的帮助和支援。10 月，周恩来与任弼时联名致信季米特洛夫，反映八路军培养军事干部的学校缺少军事教员和技术，请求给予帮助。②12 月 29 日，周恩来向共产国际递交了一份长达五万多字的《中国问题备忘录》，详细介绍了中国抗日战争的现状，介绍了中国抗日民族统一战线的形式及特点，介绍了中国共产党及其所领导的八路军、新四军的工作。1940 年 1 月 17 日至 19 日，周恩来又向共产国际执委会主席团进行了口头报告，详细际汇报了两年多来中国共产党为建立和维护抗日民族统一战线，为中国抗战作出的艰苦努力和不懈斗争。共产国际在听取周恩来的汇报之后，增强了对中国共产党的信任，提高了中国抗日战争胜利的信心。

周恩来还向季米特洛夫介绍了中国共产党在毛泽东的领导下所取得的一系列成绩，特别强调了毛泽东在中国共产党内和人民群众中的领袖作用。对此，当时共产国际的工作人员称周恩来是"毛泽东的使者"③，对他产生了十分深刻的好印象。为了表示理解与尊重，季米特洛夫特地为周恩来准备了家宴，并希望周恩来

---

① 《建党以来重要文献选编（1921~1949）》第 15 册，中央文献出版社 2011 年版，第 554 页。

② 《周恩来年谱（1898—1949）（修订本）》，中央文献出版社 1998 年版，第 458 页。

③ 中共中央党史研究室图书资料室编：《中共六十年纪念文选》，中共中央党校出版社 1982 年版，第 369 页。

回国后代他向那些战斗在前线和后方的抗日战士问好。此外，周恩来会见了共产国际其他执行委员，积极为中国共产党和中国革命争取更多的物资和经费援助。周恩来还到莫斯科中央党校作《关于中国抗战的问题》报告，介绍了中国抗战的情况，为中国共产党赢得了更多的理解和支援。1940 年 2 月 25 日，周恩来乘火车离开莫斯科，踏上回国之旅。通过在苏联五个月的疗伤和沟通，周恩来增进了共产国际对中共中央的信任，为中共赢得了国际信任和支持。

1941 年 1 月 6 日，皖南事变爆发之后，周恩来代表中国共产党向国民党提出强烈抗议，同时向民主党派、各国驻重庆外交人员、新闻记者揭露事实真相，并积极与苏联和共产国际联系和协调。毛泽东致电周恩来，让他向苏联驻华使馆武官崔可夫转达中国共产党的立场：中国共产党采取政治上的攻势，只会达到迫蒋抗日，不会妨蒋抗日；只会好转国共关系，不会破裂国共关系。"目前是迫蒋对我让步时期，非我对蒋让步时期。"[1] 1 月 14 日，周恩来和叶剑英同苏联驻华使馆武官崔可夫商谈如何处理皖南事变问题。崔可夫建议，皖南新四军主力坚持北上，江南可留下一小部分干部和武装。如果国民党继续内战，苏方有权暂停援华军火。[2] 周恩来立即将崔可夫的建议电告了在延安的毛泽东。为处理好皖南事变的善后工作，周恩来多方联系，先后会见崔可夫、英国驻华大使卡尔等人，阐明事件真相和中共的态度，终使这一严重事件得到了妥善的解决。

1943 年 5 月 22 日，共产国际执行委员会发布《解散共产国际的决议》。当晚，周恩来会见外国记者，表达了他的三点看法："（一）共产国际解散是共产国际七大以来的'自然发展，并非意外'；（二）中共在共产国际七大后'对本国问题一向自主决定，并自己解决本身问题'；（三）中共中央将发表决定。"[3] 5 月 26 日，周恩来电告毛泽东并中共中央书记处："国民党将在三天内就共产国际解散事发表宣言，要我交出军权和政权。估计国民党对边区的挑衅有扩大可能，建议中央立即发表决定，'以免国民党抢先'。"[4] 中共中央很快发表了《关于共产国际执委主席团提出解散共产国际的决定》，明确指出："共产国际过去对于中国人民是尽了一切可能来给予援助的。但由于种种理由，在现在的条件下，共产国

---

① 《建党以来重要文献选编（1921~1949）》第 18 册，中央文献出版社 2011 年版，第 118 页。
② 《周恩来年谱（1898—1949）（修订本）》，中央文献出版社 1998 年版，第 496 页。
③ 《周恩来年谱（1898—1949）（修订本）》，中央文献出版社 1998 年版，第 567 页。
④ 《周恩来年谱（1898—1949）（修订本）》，中央文献出版社 1998 年版，第 567 页。

际的解散比继续存在更加有利。因此，中共中央完全同意共产国际执委主席团的决议。"①

此时的中国共产党日益成熟，走上了独立自主的革命道路。对共产国际的解散，周恩来有自己的理解。他认为："对各国党的建立和成长起了很大的作用。后来各国党成长了，成熟了，共产国际就没有存在的必要了。"②1943 年 6 月中旬周恩来在重庆红岩召开扩大的干部会议，宣布共产国际解散的决定，"同时还指出，中共在长期的革命斗争中曾经获得过共产国际的帮助，但很久以来中国共产党人能够完全独立地根据中国的具体情况和特殊条件，决定自己的政治方针、政策和行动。报告谈到中共六大以后共产国际与中共的关系，还对为适应反法西斯战争的发展和各国斗争情况复杂这两点作了详细的阐述"③。

新中国成立 10 余年后，周恩来全面系统地总结了中国共产党与共产国际的关系，对相关国家作出了客观的评价。受中共中央常委会委托，周恩来于 1960 年 7 月 14 日至 16 日，在中共中央于北戴河召开的省（自治区、直辖市）党委书记会议上作了《共产国际和中国共产党》的报告。这个报告分两大部分，在第一部分，周恩来对共产国际和中国共产党的关系提出六点看法："一、共产国际的成立和解散，都是必要的。它对各国党的建立和成长起了很大的作用。后来各国党成长了，成熟了，共产国际就没有存在的必要了。共产国际在建立的初期，阐明了马克思列宁主义的原理原则，推动了世界共产主义运动的发展。共产国际划清了共产党和社会民主党的界限，也批判了'左'派幼稚病，发扬了国际主义精神，动员了各国革命人民拥护苏联，支持了各国人民的革命斗争和民族革命运动。共产国际的解散也很适时。它的缺点和错误，概括地说是：一般号召不与各国实践相结合，具体布置代替了原则的指导，变成了干涉各国党的内部事务，使各国党不能独立自主，发挥自己的积极性、创造性。二、各国的革命和建设，要靠各国人民自己的实践。只有把马克思列宁主义的普遍真理和本国革命的具体实践相结合，才能使马克思列宁主义得到补充和发展。要在实践中总结自己的正面和反面的经验。三、各国的革命和建设，要靠各国党自己独立思考。只有独立思考，才有可

---

① 《周恩来年谱（1898—1949）（修订本）》，中央文献出版社 1998 年版，第 567~568 页。

② 《周恩来选集》下卷，人民出版社 1984 年版，第 300 页。

③ 《周恩来年谱（1898—1949）（修订本）》，中央文献出版社 1998 年版，第 570 页。

能避免国际的坏的经验在本国重犯，使国际的好的经验在本国得以发展。四、各国的革命和建设，要靠各国自己独立自主和自力更生。五、研究国际的经验，要全面地看问题。斯大林管事的时间长，缺点错误多一些，但是在斯大林那个时期也并不都是不好的。就是在共产国际中期和斯大林的晚年，他也是支持革命的多，不许革命的少。六、团结高于一切，国际主义万岁。这是原则，过去如此，现在也应该如此。所谓团结，是在原则基础上的团结。有分歧，我们要从团结的愿望出发，经过适当的批评或斗争，在新的基础上达到团结。"[①] 在报告的第二部分，周恩来分三个时期介绍了共产国际和中国共产党的关系，评价了共产国际在中国问题上的功过。他认为："一、共产国际的初期（一九一九年三月——一九二七年），其工作对于中国革命，还是有益的多。当然，也有个别的原则问题的错误。二、共产国际的中期（一九二七年七月——一九三五年七月），基本上是错误的，对中国党的影响最大。三、共产国际的后期（一九三五年——一九四三年），中国党与共产国际联系少了，但对中国党还有影响，主要的问题是第二次王明路线。在这个时期，共产国际对中国党的内部事务还是有些干涉，甚至在组织上也还有些干涉，但比共产国际初期对中国党的干涉少，比中期就更少。后来战争打起来，干涉就很少了，我们中国党这时已经成熟。"[②]

周恩来当时作这个报告的主要目的是让党的高级干部全面了解我们党跟苏共的关系的历史发展脉络，以及二十世纪六十年代我们党与苏共的严重意见分歧。这个报告对共产国际的基本评价，与毛泽东所作的评价"两头好，中间差。两头好，也有一些问题；中间差，也不是一无是处"[③] 是完全吻合的。关于后期八年，周恩来认为，此时"共产国际搞反法西斯统一战线，和中国搞抗日民族统一战线相合"[④]，基本是好的；但是"对我们党的内部事务还是有些干涉，甚至在组织上也还有些干涉"[⑤]。这也是它的不足之处。总之，该报告是周恩来依照毛泽东对共产国际的看法，并根据自己同共产国际和苏联共产党多年打交道的经历、感受和经验，所作出的一个较全面客观的评价。

---

① 《周恩来年谱（1949—1976）》中卷，中央文献出版社 1997 年版，第 332 页。
② 《周恩来年谱（1949—1976）》中卷，中央文献出版社 1997 年版，第 332~333 页。
③ 《周恩来选集》下卷，人民出版社 1984 年版，第 300 页。
④ 《周恩来选集》下卷，人民出版社 1984 年版，第 311 页。
⑤ 《周恩来选集》下卷，人民出版社 1984 年版，第 312 页。

二、抗日战争时期周恩来代表中共进行政党外交

抗日战争时期，周恩来在国统区代表中国共产党与美英等国驻华代表和记者开始接触与交往。他亲自建立并领导了中国共产党最早的外事机构，积极开展对外宣传工作和联络工作。周恩来广交各国各界朋友，向他们介绍共产党的政策方针和敌后抗日军民的英勇事迹，揭露国民党顽固派的反共阴谋，努力争取各国对中国抗日战争的支持。抗战时期，周恩来的外交活动取得了明显成效，扩大了中国共产党及其领导下的抗日政权的政治影响，争取了国际反法西斯力量的援助，对中国取得抗日战争胜利和世界取得反法西斯战争胜利起到了积极作用。

（一）领导设立中国共产党最早的外事机构

抗日民族统一战线建立前，中国处于国民党独裁统治之下。中国共产党没有合法的政治地位，长期受到国民党的军事"围剿"和残酷镇压，除得到苏联共产党支持外，与其他各国基本没有外交联系。西方各国由于受国民党片面宣传和意识形态的影响，对中国共产党的方针政策和各项主张根本不了解，甚至有很强的敌视性。

全面抗战爆发后，国共两党再次合作，建立了抗日民族统一战线。在共同抗日的大背景下，西方国家开始重视中国共产党领导的抗日力量，同时开始关注中国共产党的政策主张。作为驻国统区最高领导人和中国共产党统一战线工作主要领导人的周恩来积极利用这一有利形势，开始了与西方驻华使节和各界国际友人的交往，向他们阐明共产党的抗日救国方针，努力争取各国对中国抗日战争的支援。虽然之前周恩来已与外国记者有接触，但当时他并不代表中国共产党处理对外事务，算不上真正意义的政党外交。抗日战争时期，中国共产党在武汉、重庆设置专门的外事工作机构，周恩来代表中国共产党与外国官方机构和民间人士交往，开始了真正意义上的政党外交。

随着全面抗战的深入，八路军办事处、新四军办事处和中国共产党代表团办事处先后在武汉成立。武汉既有常驻的外国使节，也有各国的记者，给中国共产党提供了接触各国人士的机会。在周恩来领导下，1938年春，中共中央长江局内成立了国际宣传委员会及其办事机构国际宣传组。国际宣传委员会由周恩来、王明、博古、凯丰、吴克坚、王炳南组成，工作人员有王安娜、许孟雄、毕朔望等

人，主要工作是翻译出版中国共产党领导人著作，为国际刊物撰稿，以及同外国友人进行联络。[①] 国际宣传组的具体工作由王炳南负责。周恩来指示他们，与在武汉的外国记者要保持经常性的联系，凡中国共产党代表团举行的记者招待会都要邀请他们参加，向他们提供《新华日报》的新闻资料，与同在武汉的外国机构要建立联系，对国民党接待的外国友好人士和进步团体也要尽可能地参加接待。以周恩来为主要领导的中共中央长江局国际宣传组可以说是中国共产党历史上的第一个外事机构，它主要肩负两项职责：一是担负对外宣传的任务，向世界各国宣传中国共产党的抗日战争主张；二是开展对外联络工作，结交国际友人，争取更多的支持者。

武汉沦陷后，中国共产党决定撤销中共中央长江局，新建中共中央南方局。1939 年 1 月，中共中央南方局在重庆正式成立，周恩来任书记。为更好地建立国际统一战线，同时为共产党争取更多的国际支持，周恩来决定在中共中央南方局内部成立对外宣传小组，以加强中国共产党与其他国家官方和民间的沟通与合作。1939 年 4 月，根据周恩来的指示，中共中央南方局正式成立了对外宣传小组。1940 年 12 月，该小组改名为中共中央南方局外事组，主要负责中国共产党的对外交往和联络工作。外事组的组长为王炳南，副组长是陈家康，1942 年又增补龚澎为副组长。陆续参加外事组工作的有蒋金涛、罗清、李少石、章文晋、刘光、廖梦醒、陈浩、沈野、沈蓉、邓光、吴明、柳无垢等人。

根据对当时国际国内形势的估计，周恩来为中共中央南方局外事组制定了"宣传出去，争取过来"的工作方针。[②] 周恩来提出外事组成立后的主要任务就是努力扩大国际统一战线，打破国民党政府外交独霸的局面，开展中国共产党和其他国家的友好交往，争取更多的国家支援中国抗日战争。他认为，在当时的情况下我党若想发展、壮大，就要进一步扩大统一战线，不仅要努力扩大国内的统一战线，将更多支持中国革命的人联合起来，而且要进一步扩大国际统一战线，将那些受法西斯侵略的国家和他们的人民联合起来，组建国际反法西斯统一战线。周恩来认为，在当时的环境之下加强国际联系的最好方法就是加强中国共产党与各国政党的联系，通过政党间的联系，增强国家间的话语共识，增进彼此了解。

---

① 《周恩来年谱（1898—1949）》，中央文献出版社 1998 年版，第 420 页。
② 中国重庆市委党史研究室：《中国共产党重庆历史》第 1 卷，重庆出版社 2011 年版，第 368 页。

中共中央南方局外事组成立后开展的主要工作有：与英国、法国、美国、澳大利亚、加拿大、苏联、捷克斯洛伐克等国大使馆建立联系；做开明军官的工作，让他们广泛深入地了解中国共产党和共产党领导的抗日政权；自己主办或参加记者招待会，主动接触美国新闻处和各国记者。当时美国新闻处的工作由开明人士费正清主持，外事组派了一些人去他那里工作。周恩来也经常会见外国记者，发表演讲，宣传中国共产党抗日救国的主张。此外，中共中央南方局外事组还根据周恩来的指示，把《解放日报》和《新华日报》的社论、评论和重要文章译成英文，油印成册向外国友人和进步学生发送。周恩来认为，虽然中国共产党所坚信的共产主义与西方国家秉持的资本主义格格不入，但外事组的工作不应受意识形态的束缚，要抓住双方都具有的反对法西斯、争取民主的共同性，利用多种途径，采取多种方式开展对各驻华大使馆人员的工作，与他们交朋友，并努力实现合作。

为加强同西方国家的联系，中国共产党领导的抗日武装改编为八路军后，周恩来就考虑以八路军的名义设立对外联络机构。当时的香港是远东地区唯一的自由港，英国、美国、德国、法国、荷兰、意大利、日本等国和国民党政府都在这里设立了公开的工作机关或情报机构。鉴于这种情况，周恩来指示廖承志也在香港筹建八路军办事处。他认为这一机构将对加强八路军和共产党同反法西斯国家的联系具有重要作用。1938 年初，周恩来为落实在香港建八路军办事处一事，专门与英国驻华大使阿奇博尔德·克拉克·卡尔进行了会谈。卡尔不仅同意了周恩来的建议，而且亲自致电英国外交部。在周恩来和卡尔的努力下，中国共产党在香港秘密建立八路军办事处。

1938 年 1 月，八路军香港办事处正式成立。该办事处同时兼新四军办事处，负责人为廖承志，直接受周恩来领导。该办事处建立后，在争取港澳同胞、海外华侨和国际友人对抗日战争的支援等方面做了大量工作，不仅争取到了其他国家和各界爱国人士的援助，同时加强了中国共产党与其他反法西斯阵营国家和政党间的相互交往，增进了相互了解和联系。八路军香港办事处成立后，做了大量接受爱国华侨捐款、捐物支援八路军、新四军的工作，并在香港为八路军、新四军购买一些国内难以买到的必需品，包括从外国公司购买汽油、药品等，冲破了日本侵略军和国民党顽固派对抗日根据地的经济封锁。此外，八路军香港办事处在突破国民党思想和新闻封锁方面发挥了重要作用。它创办、发行《华商报》等抗日报刊，报道了中国抗日军民的真实情况，还组织了对中共中央重要文件及政策、声明的英文翻译和海外出版发行工作。太平洋战争爆发后，八路军香港办事处还帮助营救出何香凝、柳亚子、沈雁冰、邹韬奋等爱国民主人士。

（二）积极与各国建立联系，争取各方支援

为使各国了解中国共产党的抗日主张，争取更多的国际支援，周恩来在重庆期间积极同苏联、英国、美国、法国等国驻华使节和媒体记者及各界人士接触。1940年11月中旬，根据中共中央反对投降和内战的方针，周恩来布置了中共中央南方局的具体工作："关于统一战线：对上层注意分化，援助在中国共产党影响和推动下的国民党中层分子；加强与各党派的联络，扩大文化活动；多结交军界朋友；加强经济联络和社会活动。关于外交：同苏、英、美、法等国团体联络，向他们提供消息。关于宣传：加强《新华日报》社论，铅印朱、彭、叶、项'佳电'，编讲国际材料等。"① 为推动世界反法西斯统一战线的建立，周恩来突破了中国共产党和西方政党间意识形态的限制，主动与西方政党的驻华机构建立联系，互通信息，让它们能够全面了解中国，全面了解中国共产党。

1941年6月23日中共中央作出《关于反法西斯国际统一战线的决定》，提出："在外交上，同英、美及其他国家一切反对德、意、日法西斯统治者的人们联合起来，反对共同的敌人。"6月28日周恩来在《新华日报》上发表文章《论苏德战争及反法西斯的斗争》，明确指出："伟大的中华民族应运用站在东方反日本法西斯前线的地位，结成更广大的反法西斯国际统一战线，肃清一切反苏反共及对日妥协的思想，以打倒东方法西斯日本帝国主义。"② 同年7月7日，周恩来为《新华日报》撰写了题为《七·七四周年》的社论，再次明确指出："为了克服困难，准备反攻，在进入抗战第五年的开始，我们必须继续坚持长期抗战，努力同全世界反法西斯阵线联合，加强军事力量和装备，还必须坚持抗日民族统一战线，坚持各党派的合作，反对国内的分裂倾向和军事行动。"③

1941年12月8日，《中共中央书记处关于建立与英美的统一战线问题给周恩来等的指示》指出："日、英、美战争后，我对英美方之政策，应当是建立与

---

① 《周恩来年谱（1898—1949）（修订本）》，中央文献出版社1998年版，第486页。
② 《周恩来年谱（1898—1949）（修订本）》，中央文献出版社1998年版，第520页。
③ 《周恩来年谱（1898—1949）（修订本）》，中央文献出版社1998年版，第522页。

展开中共与英美政府的广泛的、真诚的、反日反德的统一战线。"该指示的第二点特别强调："在广东、海南、越南及南洋各地，我们可与英美合作组织游击战争，由英美供给武器，我们派人帮助组织。"[①] 周恩来根据中共中央的指示精神，继续扩大与英美等国的交往。

鉴于英国是反法西斯阵营的重要成员国，且对国民党政府有重要的政治影响，周恩来对英国驻华大使馆的作用非常重视，他指示中共中央南方局外事组努力与英国驻华大使馆建立联系。他希望通过英国驻华大使馆发挥积极作用，加深英国政府和人民对中国共产党领导的抗日武装和中国共产党所实行的主要政策的认识，使英国更多地了解八路军、新四军在抗日战争中所取得的英勇战绩，认清国民党顽固派发动军事摩擦的事实，从而推进英国政府改善与中国共产党的关系。[②]

美国是世界头号强国，也是反法西斯阵营的主要力量。周恩来很重视争取美国对中国共产党的了解和对中国抗日战争的支援。早在 1936 年，周恩来就会见过美国记者埃德加·斯诺，向他介绍了中国共产党的主张和红军长征的一些情况。在重庆时期，周恩来代表中国共产党先后会见了美国驻华大使詹森、美国总统经济顾问柯里和其他美国政府官员，向他们介绍中国共产党的抗日主张和八路军、新四军的艰苦抗战情况。为了让美国更多地了解中国共产党及其领导的抗日政权，周恩来多次代表中国共产党邀请美国官方代表团访问延安。最早一次是在 1942 年，当时周恩来通过美国驻华使馆二等秘书兼中缅印战区美军司令部政治顾问戴维斯，致函美国总统特使居里，正式提出欢迎美国政府派遣代表团访问延安。之后，周恩来在会见美国驻华使馆外交官范宣德时，向他说明了大批国民党军队驻扎在中国共产党抗日根据地周围、对根据地实行封锁的事实，要求美国政府将援华租借物资的一部分分配给正在全力抗日的中国共产党军队，同时再次重申欢迎美国政府派遣代表团前往抗日根据地考察。1943 年 3 月，周恩来再次会见戴维斯，针对国民党对中国共产党及其军队的污蔑，第三次要求美国政府派出代表长驻抗日根据地，以了解中国共产党抗战情况和中国在世界反法西斯战争中与美国协调作战的真诚愿望。

① 《建党以来重要文献选编（1921~1949）》第 18 册，中央文献出版社 2011 年版，第 727 页。

② 中国社会科学院近代史研究所、《国外中国近代史研究》编辑部编：《国外中国近代史研究》第 25 辑，中国社会科学出版社 1994 年版，第 120 页。

此外，周恩来多次向美国驻华使馆外交官范宣德、戴维斯，英国驻华大使卡尔，法国驻华大使贝志高，加拿大驻华大使欧德伦等人积极宣传中国抗战情况和国共关系情况，表明中国共产党抗日的坚定决心，希望加强团结合作，尤其希望美国利用其对国民党的影响改变目前国民党消极抗日、封锁共产党敌后抗日根据地的状况。

在周恩来的外交努力和美国史迪威将军的建议下，1944年7月22日，美军观察组首批成员到达延安，周恩来同叶剑英等亲自到机场迎接。周恩来与毛泽东多次与美军观察组组长包瑞德上校及观察组成员谢伟思等进行会谈，向他们介绍共产党领导的抗日政权和抗日武装的真实情况，并详细阐述了对形势、任务及中美关系、国共关系的看法。观察组根据对延安的了解和他们所获得的情报，也感觉到同中国共产党合作是符合美国利益的。观察组成员谢伟思和戴维斯向美国总统罗斯福写了多份报告，建议美国政府同中国共产党建立友好关系，并适当提供物资，支持中国共产党抗战。美国的史迪威将军在较多地了解了中国抗战情况后，也改变了对国共两党的一些看法，他觉得当时的国民党政府腐败、失职、混乱、经济窘迫、胡乱收税、谎话连篇，提出要适时地改组国民党政府的建议。史迪威的建议一度引起美国总统罗斯福的注意，对中美关系的走向产生了一定影响。

1944年8月，美国总统罗斯福决定派私人代表赫尔利来华。9月8日，周恩来为中共中央起草了致董必武的电报，指出应利用机会向史迪威、赫尔利等提出援助我党的必要，"请董必武代表中共及军队表示欢迎赫尔利等来延安，并在适当的时候向他们正式提出说帖"[①]。11月7日，赫尔利飞抵延安，周恩来陪同毛泽东到机场迎接。此后几日，他连续陪同毛泽东与赫尔利会谈。在毛泽东与赫尔利签订了《中国国民政府、中国国民党与中国共产党协议》（即《五条协定草案》）后，周恩来陪同赫尔利飞回重庆。随后，周恩来又多次代表中共中央与赫尔利会谈，并在重庆会见了中缅印战区美军司令魏德迈、英国军官哈米士、英国驻渝使馆秘书赫戈登等人。

在周恩来等人的外交努力下，抗日战争时期中国共产党的国际宣传收到了明显效果：不但争取到苏联、美国等国家的道义上的支持和部分物资援助，而且动

[①] 《周恩来年谱（1898—1949）（修订本）》，中央文献出版社1998年版，第595页。

员了广大海外侨胞和国际友人积极支援中国抗日战争。在中国人民爱国主义精神的感召和中国共产党的抗日宣传下，许多海外华侨参与了抵制日货、认购国内公债和募捐活动，他们纷纷以各种方式支援中国抗日战争，仅 1938 年秋至 1939 年夏，华侨捐赠的寒衣、暑衣、军用蚊帐等便有 1 000 多万套。① 到太平洋战争爆发前，海外华侨月捐已达到 1 350 万元。从全面抗战爆发到 1942 年，华侨认购救国公债达 11 亿元之巨。②

（三）广交各界朋友，增进彼此了解和沟通

在抗日战争时期，作为中国共产党驻国统区的主要负责人和中共中央南方局的书记，通过参加在武汉和重庆等地的各种国际活动、拜访各国驻华大使、会见国际友人、开记者招待会等方式，周恩来加强了与各国各界民主人士的交往，展现了杰出的外交天赋和独特的人格魅力，给各国大使和记者留下了深刻的印象。在周恩来直接领导下的《新华日报》和中国共产党最早的外事机构提供的新闻比国民党中央通讯社提供的消息准确和及时，很快受到中外记者的普遍欢迎，当年云集武汉、重庆的许多外国记者都愿意经常与中国共产党保持联系。

周恩来在出任国民政府军事委员会政治部副部长后，积极利用合法身份在国统区开展外事活动，"努力开展同外国记者和外国使馆的独立交往以建立不依赖于蒋介石国民政府的外交联系"③。在政治部，周恩来主要负责领导第三厅的工作，该厅主要工作之一就是进行对日宣传和国际宣传活动。一般情况下该厅每周召开一次记者招待会，将中国的抗战情况介绍给外国记者，使各国及时了解情况。

皖南事变发生后，周恩来积极开展对外宣传和联络工作，揭露国民党的阴谋，动员国际力量向国民党施压。他指示中共中央南方局外事组："安排王炳南、王安娜、龚澎等去访问所认识的外国记者和外交官，告以国民党袭击新四军事件。"④他拜访了苏联驻华大使潘友新，希望获得苏联方面支持。潘友新在随后与蒋介石会谈时表达了苏联政府对国民党消极抗日的强烈不满，并声称可能因此停止军事援助。

1941 年 2 月，周恩来会见了美国总统特使居里，向他提供了国民党制造摩擦

---

① 黄修荣:《国共关系七十年》下卷，广东教育出版社 1998 年版，第 172 页。
② 军事科学院军事历史研究部:《中国抗日战争史》中卷，解放军出版社 2005 年版，第 314~316 页。
③ 柯让:《周恩来的外交》，汪永红译，东方出版社 1992 年版，第 27 页。
④ 《周恩来年谱（1898—1949）（修订本）》，中央文献出版社 1998 年版，第 497 页。

的若干材料，并言明国民党如果不改变反共政策，势将导致中国内战，使抗战停火，而便于日军南进。居里同意周恩来的看法，在与蒋介石会见时公开表示美国在国共纠纷未解决前无法大量援华，中美间的经济、财政等各种问题不可能有任何进展。周恩来还会见英国驻华大使，向其揭露国民党顽固派的阴谋，指出国民党反共的危害性。英国政府收到其驻华大使报告后，对国民党施加了一定压力，英国政府告诉国民党，中国内战只会加强日军的攻击。

与此同时，周恩来还积极向国际舆论界披露皖南事变的真相，阐明中国共产党的立场，争取国际舆论的支持。他多次会见外国记者和外交人员，动员和支持他们将事实的真相报道出去。他曾对德国友人王安娜说："你在这里认识许多外国人，特别是外国记者和外交官，你必须尽快让他们知道国民党袭击新四军的事件。"[①] 他还致函美国进步作家安娜·路易斯·斯特朗，会见驻重庆的美国《时代》周刊记者白修德、美国海军观察员卡尔逊，向他们提供了反映皖南事变真相的资料。周恩来的对外宣传和联络活动很快取得了成效。外国新闻媒体关于皖南事变真相的报道和评论，引起了一些支持中国抗战的国家的关注，国民党政府受到了舆论压力。在各国的压力下，国民党不得不表示抗日大局不会有任何变动，对新四军的处理绝非政治或党派问题，也不会牵连其他军队。

太平洋战争爆发后，周恩来的外交活动更加频繁，成效也更显著。太平洋战争爆发后不久，周恩来便致函英美两国驻华大使，表示中国将与他们并肩作战，共同抵抗国际法西斯的侵略。在重庆期间，周恩来利用各种机会与英国驻华大使卡尔接触，使其对中国共产党的抗日主张和取得的抗日成绩有了更深的了解。在交往中，周恩来的温文尔雅、善于外交和热情好客使卡尔佩服不已。通过不断交往和接触，他们成为真诚的朋友，并时常交换对中国抗战的看法。卡尔回国后，接任英国驻华大使工作的霍勒斯·薛穆受卡尔影响，对周恩来印象也很好。周恩来多次与薛穆就国际问题交换意见，薛穆也对中国共产党的抗日主张有了较多了解。薛穆认为，从抗日战争时期维护英国在远东的利益来看，有必要进一步加强与周恩来等人的交往。[②]1942 年 11 月，英国议会代表团访问重庆。代表团成

---

① 　王安娜:《嫁给中国的革命》，李良健、李希贤校译，生活·读书·新知三联书店 2009 年版，第 352 页。

② 　中国社会科学院近代史研究所、《国外中国近代史研究》编辑部编:《国外中国近代史研究》第 25 辑，中国社会科学出版社 1994 年版，第 120 页。

员来自英国的三大政党，在英国驻华大使薛穆的安排下，原本不打算与中国共产党接触的代表团在英国驻华大使馆会见了周恩来。通过会谈，许多代表团成员改变了以前对中国共产党的偏见，他们对中国共产党在抗战中的作用开始重视起来。

除了与各国驻华外交官建立密切联系，周恩来还积极发展民间外交，与许多国家对华友好人士结下了友谊。他先后同加拿大医生白求恩，荷兰电影工作者伊文思，新西兰教育家路易·艾黎，印度援华医疗队的爱德华、柯棣华、巴苏华等国际友人多次会面，解答和解决他们提出的各种问题，与他们建立了真挚的友谊。1938 年 1 月，加拿大医生白求恩率领一支医疗队来到中国，周恩来在八路军武汉办事处会见了他，向他介绍了中国的抗战形势和中国共产党的主张，并指示王炳南安排白求恩去延安。同年 3 月 20 日，周恩来在武汉会见了荷兰电影工作者伊文思，并帮助他拍摄了中国共产党代表团在武汉的活动。当年秋季，由爱德华等人组成的印度援华医疗队来到武汉，周恩来两次会见了他们，欢迎他们支援中国抗战，并向他们介绍了八路军、新四军的抗战情况。

1944 年 6 月，周恩来努力打破国民党的限制，促成了爱泼斯坦等一批中外记者访问延安。1944 年春末或夏初，周恩来召集延安各部门负责接待中外记者的干部开会，向他们"介绍记者团的情况和采访的目的，交代中共中央接待的方针政策"[①]。当年 6 月 9 日，由驻重庆的外国记者发起组织的中外记者西北参观团一行二十一人到达延安，次日，周恩来出席了朱德主持召开的欢迎晚会。此后，他多次接见中外记者，向他们解释中国共产党的抗日战略和政策，揭露国民党对共产党的诬蔑，争取了国际舆论的支持。

三、民主革命时期周恩来与美国各界的接触

早在民主革命时期，周恩来就是中国共产党对外联络工作的开拓者、奠基人和主要领导人。他不但在二十世纪三十年代初就与苏联共产党和共产国际建立了联系，还是中国共产党中最早与美国打交道的人。在抗日战争和解放战争时期，他以中国共产党领导人的身份与美国官方代表和民间人士进行了多次会面，向他们表达了中国共产党的政策主张，努力争取美国各界对中国共产党的支持，同时

---

① 《周恩来年谱（1898—1949）（修订本）》，中央文献出版社 1998 年版，第 587 页。

对美国官方立场有了深刻认识。

（一）同美国各界人士的最初接触与友好合作

周恩来以中国共产党领导人身份最早与美国人接触，始于1936年7月9日至10日在陕北安塞白家坪会见美国记者埃德加·斯诺。当时他代表中国共产党欢迎斯诺考察苏区，并回答了斯诺提出的许多问题。1937年2月15日，周恩来会见了美国新闻记者艾格妮丝·史沫特莱，向她宣传中国共产党和平统一、团结抗战的主张，获得了史沫特莱的认同。次日，周恩来电告洛浦、毛泽东等史沫特莱将访问苏区，建议从速训练一批接待人员；对延安、淳化、栒邑等重要地区加以整顿，以方便美国记者参观、摄影，扩大红军和苏区的影响。①

全面抗战开始后，周恩来代表中国共产党在武汉、重庆、南京、上海广泛接触外国使节、记者、学者、政界、军界人士和各援华国际组织的代表，扩大了对外国的外交和宣传工作。他同美国驻华使馆的官员谢伟思、戴维斯、文森特等常有往来，并邀请和接待了美国记者、美军观察组赴延安参观，向他们表示了同美国建立长期合作关系的愿望。1937年冬，周恩来安排美国海军陆战队情报官员埃文斯·福代斯·卡尔逊到延安和山西八路军总司令部访问。对来华访问的美国人，不管属于哪个党派，他都热情相待，欢迎他们访问苏区。很多美国人士正是通过周恩来接触和认识了中国共产党。

1938年5月22日，周恩来与毛泽东、朱德等联名在《解放》周刊发表致美国共产党第十次全国代表大会电，电文称："拥护中美兄弟党和两国人民的紧密团结！"② 这是中国共产党第一次对美国共产党发表的贺电。此后周恩来又会见了美国友好人士斯诺、斯特朗、史沫特莱、爱泼斯坦等人，感谢他们支持中国的抗日战争。在与美国各界人士的交往中，周恩来也了解了美国对华政策。在武汉他会见过美国驻华总领事戴维斯、《纽约时报》记者德尔丁、美国主教鲁茨、美国作家贝尔登等。在重庆，周恩来先后会晤美国作家海明威及其夫人、学者费正清，以及美国总统代表居里、威尔基、拉铁摩尔等人。

在同美国各界人士的交往中，周恩来多次表示希望美国给中国和中国共产党军事援助，愿同美国共同抗击日本法西斯主义。1944年8月，周恩来起草了《中

---

① 《周恩来年谱（1898—1949）（修订本）》，中央文献出版社1998年版，第359页。
② 《周恩来年谱（1898—1949）（修订本）》，中央文献出版社1998年版，第421页。

共中央关于外交工作的指示》，对中国共产党外交政策、国际统一战线政策和外交工作的具体问题作了明确规定。①9月，他致信史迪威，要求国民政府和同盟国给予中国共产党军队应得的供给和援助，"至少应获得美国租借法案分配于中国的军火、物资的全数二分之一"②。10月，他同戴维斯谈到抗日战争后中国的建设问题，表示中国共产党进入城市后将派一些具有实践经验的人去美国学习技术，还将招聘一些外国专家和顾问。③

（二）在与赫尔利和马歇尔的交涉中加深对美认识

中国共产党与美国关系的裂痕产生于抗日战争后期，起因于国共两党的争端。周恩来同美国驻华大使赫尔利和美国总统特使马歇尔进行了多次磋商，在交涉中加深了对美国的认识，这直接影响了二十世纪四十年代末中国共产党对美国政策的转变。

1944年11月7日，为协调国共关系和中美关系，赫尔利飞抵延安。周恩来陪同毛泽东与之会谈，双方签订了《五条协定草案》。周恩来虽多次会晤赫尔利促请实施草案，但由于国民党的反对，最终未成。

抗日战争胜利后，美国希望继续维持中美两国在战时结成的同盟关系，希望一个统一的、稳定的、亲美的中国成为美国在亚洲的主要盟国。美国总统派马歇尔为特使，来中国协调国共关系。当时中国共产党对美国和驻华美军的方针是："在其尊重我方权益的条件下，欢迎其与我合作，但当美军行动有损于我之权益时，则必须在反对干涉中国内政的理由下，加以拒绝，或经交涉加以制止。在一般外交场合中，应向美军人员解释我方在互相尊重的精神下，一贯与美方友好合作的方针。"④为贯彻这一方针，周恩来对马歇尔的协调尽量配合，并在初期抱有一定希望。

1945年12月22日，马歇尔飞临重庆，周恩来前往机场迎接，次日和董必武、叶剑英拜访马歇尔，周恩来说："中国人民抗战八年，如从'九一八'算起，已经十四年了，牺牲重大。中国不能再有内战。"⑤此后，周恩来多次与马歇尔就

---

① 《建党以来重要文献选编（一九二一——九四九）》第26册，中央文献出版社2011年版，第55~60页。

② 《建党以来重要文献选编（一九二一——九四九）》第21册，中央文献出版社2011年版，第542页。

③ 《周恩来年谱（1898—1949）（修订本）》，中央文献出版社1998年版，第599页。

④ 《建党以来重要文献选编（一九二一——九四九）》第22册，中央文献出版社2011年版，第770页。

⑤ 《周恩来年谱（1898—1949）（修订本）》，中央文献出版社1998年版，第647页。

停战、受降、恢复交通、政协会议、东北诸问题进行会谈和交涉。

1946 年 1 月，在马歇尔的建议下，国、共、美三方成立了三人委员会，成员由张群（后由张治中接替）、周恩来、马歇尔三人组成，马歇尔任主席。三人委员会成立后，促进了停战谈判的进展和停战协议的签订。周恩来曾向马歇尔转达毛泽东对他的谢意，感谢他为促进停止内战所做的努力，表示中国共产党愿意在公正的基础上同美国和国民党继续合作。

1946 年 2 月，周恩来和张治中、马歇尔在恢复交通问题达成的协议上签字。接下来周恩来多次与马歇尔磋商东北问题，他希望马歇尔在解决东北问题后再回国，但结果是马歇尔对协调国共之间的巨大差异越来越显得无能为力。周恩来在多次向马歇尔交涉、抗议无效后，日益感到："美蒋在东北问题上的距离已不相远。"[①]

1946 年 6 月，国共谈判已实际破裂，大规模内战爆发。1946 年下半年，马歇尔虽还在中国进行种种努力，但周恩来和中国共产党觉得他越来越偏袒国民党。10 月中旬，周恩来致电史迪威夫人，对史迪威去世"致以最深切的悼念"，并赞扬史迪威"是最优秀的战士"。[②]1947 年 1 月，马歇尔在调停失败后回国，周恩来在延安发表《评马歇尔离华声明》，肯定了罗斯福总统的对华政策，谴责了马歇尔对国民党的偏袒。

周恩来与美国记者李勃曼谈话时曾评价美国对华政策，他指出史迪威与赫尔利政策的差别在于史迪威主张平等地援助一切抗日军队，他是执行罗斯福政策的。赫尔利的主张却是要经过国民党来援华，后来他公然站到国民党一面。周恩来对马歇尔有一定好感，认为他直率、朴素、冷静，是一个有智慧的人。"但在一九四六年三月东北问题起来之后，双方意见常有距离。他对苏联有猜疑，往往把苏联牵涉到各种问题上去，加上美国政府的错误政策，使我们和马歇尔无法取得一致意见。"[③]

在与赫尔利、马歇尔的复杂交涉中，周恩来不但加深了对美国的认识，还积累了丰富的外交工作经验，为中国共产党之后的对外战略和基本方针的制定打下

[①] 《周恩来一九四六年谈判文选》，中央文献出版社 1996 年版，第 327 页。
[②] 《周恩来年谱（1898—1949）》下，中央文献出版社 2007 年版，第 716 页。
[③] 《周恩来年谱（1898—1949）（修订本）》，中央文献出版社 1998 年版，第 709 页。

了初步基础。

（三）中共对美政策的转变及与司徒雷登的接触

1946 年国共内战的爆发和马歇尔协调的失败，不但使中国共产党对协调的希望落空，而且使中国共产党对美国标榜的不干涉中国内政的立场产生怀疑。中国共产党认为美国实行的是扶国民党反共产党的政策。1947 年后，中国共产党对美政策也发生了根本性转变，从此将美国和国民党并提，在反国民党的同时必然连上反美，而与苏联的关系则更加密切。

1949 年 4 月，南京解放后，司徒雷登继续留在南京，希望找机会与中国共产党接触，他在做最后努力。他希望在回美国以前能北上北平，借去燕京大学访问探故的机会与周恩来见面，但苦于没有合适的机会和渠道。正巧，4 月 25 日发生的中国人民解放军第三十五军部分官兵为安排部队食宿误入美国大使馆事件，为司徒雷登与中国共产党接触提供了契机。为妥善处理误入使馆事件和中美关系，中共中央决定派曾与司徒雷登在燕京大学有师生之谊的黄华出任南京市军管会外侨事务处处长。周恩来亲自找黄华谈话，交代了赴南京的任务。黄华于 4 月 26 日到达南京，5 月 5 日与司徒雷登的秘书傅泾波进行了接洽。5 月 13 日、6 月 6 日，黄华与司徒雷登进行了两次会晤。黄华按照中国共产党的既定原则，要求美国必须先同国民党政府断绝关系，停止援助国民党，才能同美国进一步谈判。从后来解密的外交部档案中可以看到，黄华与司徒雷登接触的每一个行为都是在上级严密指导下进行的。对司徒雷登提出的赴燕京大学访问并希望与周恩来会面一事，黄华经请示上级后答复，可以允许其去燕京大学访问，是否与周恩来见面则可等其到北平后再定。①

但当时美国政府内部，包括驻华大使馆内部在对华政策上存在很大分歧。直到 1949 年 7 月 21 日，傅泾波还给黄华打去电话，说马歇尔以私人身份给司徒雷登打来电话，主张司徒雷登应去北平一趟，但美国总统杜鲁门害怕议员反对，不赞成司徒雷登去北平。8 月 2 日，司徒雷登怀着复杂的心情登上飞机，黯然由南京返回美国。中美双方在南京的谈判也随之结束。接下来，毛泽东的《别了，司徒雷登》《为什么要讨论白皮书》等文的发表，为这段历史画上了句号。

---

① 《从外交档案中读到的历史》，http://news.sina.com.cn/c/2004-02-04/10461712282s.shtml，2020 年 10 月 11 日。

事实上，中国共产党当时对美国的政策是不封闭谈判、接触的渠道，也不急于与美国建交。不过，中国共产党的领导人对司徒雷登还是给予了比较客观的评价。就在司徒雷登离开中国之前，毛泽东、周恩来和叶剑英在与到北平访问的陈铭枢谈话时，不仅对司徒雷登在日本占领时期所表现出的顽强精神及数十年来在中国从事教育工作的成就表示赞扬，还对他寄予了希望。希望美国能按照罗斯福总统、史迪威将军和华莱士副总统的方式制定对华政策。周恩来曾这样评价司徒雷登："对于司徒个人的问题，我们必须既评估个人品德亦衡量权力影响。当然，他是帝国主义的代表——执行其政策的政府人员。但是他在被日本人拘禁时期所表现的个人品德是值得钦佩的。"①

司徒雷登是希望与中国共产党建立联系的，中国共产党也没有关闭谈判大门。但是，美国政府最终否决了司徒雷登的北平之行，不仅使司徒雷登满怀着遗憾离开中国，也使美国失去了与中国共产党建立正常关系的机会，加上美国的白皮书对中国共产党的诋毁和指责，使中国共产党与美国的裂痕愈加扩大。资深记者彭迪评价说："对司徒雷登个人来说，这可能是他一生最大的憾事。对中美两国来说，失去了第一次和解的机会，导致几十年的对立，甚至兵戎相见，对双方带来的损害难以估量。"②

四、民主革命时期周恩来政党外交的成效与影响

民主革命时期是周恩来外交生涯的肇始时期。在这一时期，周恩来的外交工作取得了较好的成效，并且有深远的影响，为新中国外交队伍的培养和外交工作的开展奠定了基础。具体来说，周恩来当年代表中国共产党开展的政党外交的成效和影响，主要有如下四个方面。

（一）增进了各国对中国共产党的了解，扩大了中国共产党的外交空间

由于长期被国民党军事"围剿"和封锁，中国共产党有一段时间无法与西方各国接触，外国对中国共产党的真实情况知之甚少，而且在国民党的造谣污蔑下，一些国家对中国共产党存有偏见。抗日战争时期国民党仍对中国共产党实行多方封锁和压制，《解放日报》曾痛斥国民党："一不许共产党发表战报，二不许边区

---

① 林孟熹：《司徒雷登与中国政局》，新华出版社 2001 年版，第 133～134 页。
② 《中美关系我的个人记录》，http://news.sina.com.cn/2003-12-08/14002316416.shtml，2020 年 4 月 4 日。

报纸对外销行，三不许中外记者参观，四不许边区内外人民自由来往。总之，只许国民党的丑诋、恶骂、造谣、诬蔑，向世界横飞乱喷，决不许共产党、八路军新四军的真相稍许透露于世"，"封锁得铁桶似的"。①

然而，毕竟抗日战争时期的国内外形势与之前已有很大不同，周恩来利用第二次国共合作和建立世界反法西斯战线的有利形势，积极与各国驻华使节、记者、各界友好人士接触，向他们宣传中国共产党的主张，介绍八路军、新四军的战绩，让他们亲眼看见中国共产党及其领导下的敌后抗日根据地军民是如何艰苦奋战的，又通过他们将中国共产党的声音传遍世界。一些驻华使节和外国记者返回本国后，写了大量文章和报道，客观介绍了延安的情况和中国的抗战力量。周恩来积极的对外联络和宣传活动，增进了各国对中国共产党的了解，很多人改变了对中国共产党的印象。同时，周恩来在与英美等国各界人士的交往扩大了中国共产党的外交空间，从过去仅与苏联一国交往，扩大到与反法西斯阵营的各国交往，提高了中国共产党的国际地位和影响力。

（二）利用国际力量和国际舆论的压力，抑制了国民党顽固派的反共活动

太平洋战争爆发后，美英等国为自身利益急切要求中国投入更大的抗日力量，希望中国战场把日本的军事力量死死拖住；而国民党顽固派则希望利用英美与日本的矛盾争取到更大的援助，同时抑制和消灭中国共产党的力量。因此，国民党与英美等国在共同抗击法西斯势力的大前提下，各有打算，存在矛盾。英美等国对国民党消极抗战不满，希望支持包括中国共产党抗日武装在内的中国一切抗战力量抵抗日本。周恩来通过自己的外交努力，使各国了解了中国共产党的政策主张及其领导的抗日力量，争取了英、美、苏等国家道义上和物资上的支援，巩固了抗日民族统一战线和世界反法西斯阵营。

周恩来的外交努力促使美、英、苏等国纷纷向国民党施加政治、军事、经济压力，使国民党顽固派的反共活动不得不有所收敛，为中国共产党几次击退反共高潮，最终遏制分裂势头创造了有利条件，同时为中国共产党争取到了更多的发展空间。

---

① 《建党以来重要文献选编（一九二一——一九四九）》第 21 册，中央文献出版社 2011 年版，第 470 页。

（三）为中共及其抗日武装争取到了援助和支持，同时结交了一批国际友人

周恩来在开展抗日外交中，冲破了意识形态等限制因素，在国内只要是主张抗日的，在国际上只要是支持反法西斯阵营的，他都积极联络，增进彼此了解和沟通。他认为在世界反法西斯战争中，实现民族独立和国家解放是各国、各政党、各团体和各界爱国人士最关心最重要的问题。全世界反法西斯的国家和人民都应该团结起来，建立最广泛的国际统一战线，互相声援、相互支持，共同抵抗法西斯侵略。

周恩来在抗战时期结交的许多国际友人，往往都对中国共产党持友好的态度。特别是周恩来与美军观察组成员的交往，增进了美国舆论界对中国共产党的全面了解，加深了美国驻华人员对中国抗日力量的认知和重视，美国人不仅听说而且看到了八路军、新四军的英勇战绩和敌后抗日力量的威力，并开始重新评估中国共产党及其领导的抗日武装在世界反法西斯战争中的作用。

（四）为中共政党外交基本原则和新中国外交奠定了基础

周恩来在抗战外交中已经表现出的外交风格，在后来开拓新中国外交事业中进一步发扬光大。周恩来在抗战时期与各国友人的交往中，不卑不亢、彬彬有礼、落落大方、温文尔雅的外交风格给人留下深刻印象。美国学者费正清回忆说："周恩来的魅力在初次见面时就打动了我。""他的智慧和敏锐的感觉是罕见的，然而他却致力于集体主义的事业。"[①]

人格的魅力固然重要，但更重要的是，周恩来抗战时期的外交工作确定了中国共产党日后外交的基本原则和方针，成为中国共产党外交工作的肇始。早在中共中央南方局外事组成立之初，周恩来就给外事组制定了"宣传出去，争取过来"的总方针，并提出了"站稳立场、坚持原则、机动灵活、多做工作、扩大影响、争取多数、孤立敌人"和"中肯求实、有理有节、求同存异、不卑不亢、平等待人、礼贤尊士"的工作要求。[②]1944 年，中外记者西北参观团和美军观察组先后访问延安。8 月 18 日，周恩来起草《中共中央关于外交工作的指示》，就中国共产党对外政策的基本立场、关于国际统一战线的内容，以及同外国交往的具体政

---

① 中国中共党史人物研究会编：《中共党史人物传：精选本》领袖卷，中共党史出版社 2010 年版，第 156 页。
② 中共中央党史研究室科研管理部、中共重庆市委党史研究室编：《见证红岩：回忆南方局》下，重庆出版社 2004 年版，第 691 页。

策等问题作了原则规定，明确指出我们的外交政策首先必须站稳民族立场，国际统一战线的中心内容是共同抗日与民主合作，我们外交工作的重心应该放在扩大影响和争取合作上面。他还有远见地阐明："这次外国记者美军人员来我边区及敌后根据地，便是对我新民主中国有初步认识后的实际接触的开始，因此，我们不应把他们的访问和观察当作普通行动，而应把这看作是我们在国际间统一战线的开展，是我们外交工作的开始。"①

抗日战争时期周恩来的对外交往和联络活动成效是显著的，不但为中国共产党及其领导的抗日武装赢得了国际社会的同情和支持，而且确定了中国共产党对外交往的基本原则，积累了外事工作的经验，培养了外交队伍和外交人才，为新中国外交事业的顺利开展奠定了基础。当年在反对法西斯的共同目标下，周恩来善于联合不同意识形态的国家，用共同利益把各个国家的不同利益融合起来，其中已经包含求同存异、互相支持、广交朋友等外交原则。这些原则被很好地运用到新中国外交局面的开拓中，运用到中共执政后的党际外交中，对营造和平的外部环境，积极开展国际合作，恢复国民经济和建设新中国有深远的影响。

第二节　周恩来与中国共产党执政后的中苏两党关系

1949 年 10 月 1 日，中国共产党领导中国人民成立了中华人民共和国。当时国际上形成了以苏联为首的社会主义阵营和以美国为首的资本主义阵营相互对抗的格局。在这种对抗格局下，刚取得政权的中国共产党特别重视与苏联共产党的关系，将对苏共的外交视为中国共产党执政初期政党外交的战略核心，制定了"一边倒"外交方针。周恩来在中国共产党执政初期多次访问苏联，与苏方签订了许多援华协定，努力推动中苏两党两国关系友好发展。二十世纪六十年代，随着中苏两党分歧的出现与加剧，两党关系逐渐恶化。而周恩来仍竭力维护中苏两党关系不破裂，虽然终究没能改变中苏两国关系的恶化，但他晚年为调整中苏两国关系所作的努力仍收到了一定成效。

---

① 《建党以来重要文献选编（1921~1949）》第 21 册，中央文献出版社 2011 年版，第 473 页。

一、中国共产党执政初期为推动两国友好关系多次访苏

中国共产党执政之初，世界处于冷战的大背景下，中国共产党采取"一边倒"的外交政策，坚决站在以苏联为首的社会主义阵营一边。作为新中国的首任总理兼外交部部长，周恩来为中苏两国友好关系的巩固发展，为反对帝国主义侵略和封锁政策，为维护世界和平作出了重要贡献。

（一）为签订《中苏友好同盟互助条约》访苏

中国共产党执政后，周恩来第一次访问苏联是在 1950 年 1 月至 3 月。这次访问苏联的目的很明确，就是应已在莫斯科的毛泽东电召，与苏方领导人就签订《中苏友好同盟互助条约》及一系列附属条约进行谈判。

周恩来是在 1950 年 1 月 20 日抵达莫斯科的，他在莫斯科车站发表演讲时强调："中苏两大国家进一步的友谊与团结，对于世界和远东的和平进步事业毫无疑义将有重大的意义。"[①] 1 月 22 日，周恩来陪同毛泽东与斯大林会谈，磋商如何起草新的友好条约，并与苏联协商借款等协定和苏联援华的一些问题。毛泽东和斯大林都认为：在新的形势下，过去国民党政府与苏联政府订的同盟条约已不适用了，因为那是在对日作战时订立的。现在国际形势和中苏两国情况已发生重大变化，必须另订新约，密切两国的政治、军事、经济、文化、外交的合作，共同对抗以美国为首的帝国主义阵营。中苏两国的合作关系应在新条约的基础上固定下来。[②] 双方商定由周恩来、米高扬、维辛斯基进行具体谈判，起草条约和有关协定。

从 1 月 23 日开始，周恩来和李富春、王稼祥等人同米高扬、维辛斯基、葛罗米柯、罗申就条约和有关协定的内容进行谈判。1 月 24 日，周恩来拟出新的《中苏友好同盟互助条约（草案）》，并在条约名称上增加"互助"二字。经毛泽东同意后，周恩来将中方拟定的《中苏友好同盟互助条约（草案）》送交维辛斯基。

2 月 1 日，周恩来起草毛泽东致刘少奇电，《中苏友好同盟互助条约（草案）》大体已定，发过去，请令胡乔木校正。周恩来主持起草《中苏关于中国长春铁路、旅顺口及大连的协定》，规定了中方收回期限。翌日，周恩来起草了与毛泽东联名的致刘少奇转陈云、薄一波的电报，就中苏贷款协定所属附件中一些具体问题，

---

①　《周恩来年谱（1949—1976）》上卷，中央文献出版社 1997 年版，第 22 页。

②　金冲及主编：《周恩来传》3，中央文献出版社 1998 年版，第 897 页。

如苏联要求中国以钨、锑、锡、铅四种战略物资供给苏联问题征求他们的意见。

2月5日，周恩来起草毛泽东致刘少奇电，将《中苏关于中国长春铁路、旅顺口及大连的协定》及其议定书、《中苏关于贷款给中华人民共和国的协定》及其议定书和《中苏两国外交部长的换文》等六个文件发回国内，提交中共中央政治局讨论，并在电文中告诉刘少奇，在签字的前一日，请刘少奇召集中央人民政府委员、全国政协常务委员举行座谈会，并对这些文件作解释性的报告，以便取得大家同意。同日，周恩来致信米高扬，附上中国从苏联进口急需物资的订货单，希望苏联满足中国的订货，并表示中国愿意向苏联供应苏联所急需的物资。

从2月8日至14日，周恩来多次致电国内，通报中苏谈判的概况，通报《中苏友好同盟互助条约》和《中苏关于贷款给中华人民共和国的协定》两个协定的文字校正、签字时间，还研究了国内就此事如何宣传报道等问题。

1950年2月14日，周恩来和毛泽东、斯大林及中苏两国其他领导人一起出席几个重要文件的签字仪式。周恩来作为中国政府全权代表，同苏联政府全权代表维辛斯基共同签署了《中苏友好同盟互助条约》《中苏关于中国长春铁路、旅顺口及大连的协定》和《中苏关于贷款给中华人民共和国的协定》。

这些条约的签订，保证了中国国家利益和国家安全。按照规定："缔约国双方保证共同尽力采取一切必要的措施，以期制止日本或其他直接间接在侵略行为上与日本相勾结的任何国家之重新侵略与破坏和平。"[1] 一旦缔约国任何一方因受到侵袭而处于战争状态时，另一方应尽其全力给予军事及其他援助。而且条约规定苏联应不迟于1952年末将中国长春铁路的一切权利和财产无偿移交中国政府。苏联军队从旅顺口撤退，中国政府偿付苏联自1945年以后在此处的建设费用。为支援中国经济建设，苏联政府以优惠条件贷款三亿美元给中国政府。

周恩来在签字仪式上指出："这些条约和协定的签订，对于新兴的中华人民共和国说来，是特别重要的，将有助于中国经济的恢复和发展。中苏两国这种为和平、正义与普遍安全而携手合作的举动，不仅是代表中苏两国人民的利益，同时也是代表东方和世界上一切爱好和平与正义的人民的利益。"[2]

当晚，周恩来和毛泽东等中国领导人一起出席了中国驻苏联大使王稼祥举行

---

① 《建党以来重要文献选编（1921~1949）》第1册，中央文献出版社1992年版，第119页。
② 《周恩来年谱（1949—1976）》上卷，中央文献出版社1997年版，第24~25页。

的盛大招待会，庆贺《中苏友好同盟互助条约》和一系列协定的签订。斯大林和其他苏联领导人什维尔尼克、莫洛托夫、马林科夫、贝利亚、伏罗希洛夫、米高扬、卡冈诺维奇、布尔加宁等出席了招待会。①

1950年2月16日，周恩来陪同毛泽东出席了斯大林在克里姆林宫举行的盛大宴会。次日晚，他和毛泽东等一行14人乘火车离开莫斯科回国，苏联部长会议副主席莫洛托夫、米高扬、布尔加宁等前往车站送行。3月4日，周恩来和毛泽东一行返抵北京，圆满完成了这次出访任务。

中国共产党执政后周恩来第一次访苏，基本上达到了预期目的。《中苏友好同盟互助条约》和有关协定的签订，是新中国外交工作取得的重要成就。周恩来在政务院第二十三次政务会议上作关于外交问题的报告时指出：这次新签订的条约"把中苏两国的友好与合作关系固定下来，在军事上、经济上、外交上实行密切的合作"②。1950年3月20日，周恩来在外交部全体干部会议上再次指出，《中苏友好同盟互助条约》签订的意义在于："这个条约不仅体现了中苏两个国家七万万人民的团结，而且也体现了社会主义国家和新民主主义国家八万万人民的团结。它不仅鼓舞了殖民地的国家和被压迫的民族，同时也鼓舞了资本主义国家的人民。"③4月11日，在中央人民政府委员会第六次会议上，周恩来作了关于《中苏友好同盟互助条约》和两个协定的报告。毛泽东在会上阐明了相关条约和协定的重大意义："使中苏两大国家的友谊用法律形式固定下来，使得我们有了一个可靠的同盟国，这样就便利我们放手进行国内的建设工作和共同对付可能的帝国主义侵略，争取世界的和平。"④

（二）为应对朝鲜战争和苏联军事援助问题紧急访苏

新中国成立后周恩来第二次访问苏联是在1950年10月。这次出访很紧急，任务也较单一，周恩来是专门为朝鲜战争爆发后中国是否出兵，以及如果出兵争取苏联军事援助和为中国人民志愿军提供空军掩护等问题与斯大林等苏联领导人紧急磋商的。

---

① 中华人民共和国外交部外交史研究室编：《周恩来外交活动大事记1949—1975》，世界知识出版社1993年版，第16页。

② 《周恩来年谱（1949—1976）》上卷，中央文献出版社1997年版，第27页。

③ 《周恩来外交文选》，中央文献出版社1990年版，第11页。

④ 《毛泽东年谱（1949—1976）》第1卷，中央文献出版社2013年版，第113页。

1950 年 10 月 8 日，毛泽东发布《关于组成中国人民志愿军的命令》，任命彭德怀为中国人民志愿军司令员兼政治委员。同日，周恩来和林彪离开北京，代表中共中央前往苏联同斯大林、莫洛托夫等商谈抗美援朝和苏联军事援助等事宜。

10 月 10 日，周恩来抵达莫斯科。翌日午后，他和林彪抵达苏联高加索黑海边的克里米亚，同在此休养的斯大林会谈。会谈中，周恩来介绍了中共中央政治局会议讨论朝鲜局势和出兵援朝问题的情况，说明中国的实际困难，提出只要苏联同意出动空军给予空中掩护，中国就可以出兵援朝；同时要求苏联援助中国参加抗美援朝所需的军事装备，并向中国提供各种类型的武器与弹药，首先是陆军轻武器的制造蓝图供中国仿造。斯大林表示："可以完全满足中国抗美援朝所需的飞机、大炮、坦克等军事装备，但苏联空军尚未准备好，须待两个月或两个半月才能出动空军支援志愿军的作战。"[1] 斯大林接着解释了苏联不能出兵的理由，他指出苏联虽设想过帮助朝鲜，但早已声明苏军从朝鲜全部撤出，所以不能出现在战场，更不能同美国直接对抗，否则就是国际问题了。他还表示：苏联虽可提供空军支援，但不能进入敌后，以免飞机被击落而造成国际影响。[2] 鉴于此，周恩来将会谈情况速电告毛泽东，供中共中央作出最终决断。

对斯大林的这个答复，周恩来是有心理准备并且能够理解的。周恩来后来回忆说：那天谈了一天，当我们问到苏联能否出动空军帮助中国入朝作战时，斯大林动摇了，"说中国既困难，不出兵也可，说北朝鲜丢掉，我们还是社会主义，中国还在"[3]。

10 月 12 日，周恩来飞返莫斯科。毛泽东接到周恩来电报后，立即致电彭德怀："东北各部队仍就原地进行整训，暂不出动。"[4]

10 月 13 日，毛泽东在中南海颐年堂主持召开中共中央政治局会议，再次讨论中国出兵援朝问题。与会者一致认为，即使苏联不出空军支援，在美国越过三八线大举北进的情况下，我们仍应出兵援朝不变。当晚 10 时，毛泽东将中共中央政治局讨论的决定电告周恩来，在分析了苏联有限军事援助的利弊得失后明确指出我军还是援朝更为有利，"总之，我们认为应当参战，必须参战，参战利益极

---

① 《周恩来年谱（1949—1976）》上卷，中央文献出版社 1997 年版，第 85 页。
② 金冲及主编：《周恩来传》3，中央文献出版社 1998 年版，第 1019 页。
③ 《周恩来与外国首脑及政要会谈录》，台海出版社 2012 年版，第 29~30 页。
④ 《毛泽东年谱（1949—1976）》第 1 卷，中央文献出版社 2013 年版，第 211 页。

大，不参战损害极大"。并请周恩来"留在莫斯科几天，和苏联同志重新商定上述问题"①。

周恩来接到毛泽东的电示后，当日夜约见了苏联外长莫洛托夫，向其转告了毛泽东来电内容，要求他立即报告斯大林。第二天，周恩来致电斯大林，提出八个问题请其答复，主要是在两个或两个半月后苏联能否出动空军支援中国人民志愿军在朝鲜作战，苏联可否派掩护空军驻扎中国沿海大城市，并提出需要购买飞机、坦克、火炮、海军器材、汽车、重要工兵器材等问题。随电附上了中国政府第一批关于各种炮类及其附属器材的订货单。②

10月14日，毛泽东来电，告知周恩来等人中国人民志愿军决定于10月19日出兵和我军整个军事部署。③周恩来迅速将毛泽东来电的内容通知了斯大林。他在苏联又留了几天，同莫洛托夫继续进行具体磋商。最后，苏联同意在中国出兵时提供军事装备，并答应派空军到中国帮助防空和训练，但不会越出中国国境。④

10月18日，周恩来结束访苏回到北京，便立即参加了毛泽东主持的中共中央会议，再次讨论了中国出兵朝鲜问题。会上，周恩来介绍了在苏联与斯大林等人会谈的情况，彭德怀汇报了中国人民志愿军的准备情况，会议最后决定，中国人民志愿军按原计划于19日跨过鸭绿江入朝作战。

这次访苏的成效在于，通过与苏联领导人的会谈，苏联同意给中国军队军事援助，答应派空军帮助中国进行防空和军事训练。这些都有助于中国下定出兵朝鲜的决心，也有助于中国军队实现装备的现代化。但是这次访苏也有一个重要的预期目标没有达到，即中国希望苏联出动空军帮助中国人民志愿军在朝鲜作战，斯大林出于对苏联自身利益的考虑没有答应。

此外，10月15日晚9时，毛泽东曾给周恩来发去一个电报，指示他"再与苏方一商，可否从商订掩护城市的喷气式空军中先抽调一个师来北京，以保护首都的空防"⑤。现在没有资料披露，周恩来就毛泽东这个指示如何与苏联协商的，也没看到苏军是否派来一个空军师到北京帮助防控的史料。但是，有史料表明，

① 《毛泽东年谱（1949—1976）》第1卷，中央文献出版社2013年版，第212页。
② 《周恩来年谱（1949—1976）》上卷，中央文献出版社1997年版，第86页。
③ 《毛泽东年谱（1949—1976）》第1卷，中央文献出版社2013年版，第213~214页。
④ 金冲及主编：《周恩来传》3，中央文献出版社1998年版，第1020页。
⑤ 《毛泽东年谱（1949—1976）》第1卷，中央文献出版社2013年版，第215页。

周恩来这次访苏回国后，仍多次就苏联军事援华问题与苏方多次联系和磋商，如1950 年 10 月 26 日，周恩来为毛泽东起草致斯大林电，要求苏联援助中国海军装备，10 月 30 日，与苏联军事总顾问商谈我国飞机修理厂和飞机引擎制造厂的建设问题，11 月 5 日，为毛泽东起草致斯大林电，商谈苏联援助中国入朝的步兵武器装备问题，11 月 15 日，与苏联军事总顾问商谈苏联空军使用中国东北机场问题，等等。[①] 周恩来的这些外交努力，对巩固中苏友好关系、支援抗美援朝战争和增强中国国防力量起到了重要作用。

（三）为争取苏联对华经济技术援助专门访苏

新中国成立后，周恩来第三次访苏是在 1952 年 8 月至 9 月。这次访苏和周恩来其后几次访苏的主要目的是为了争取苏联对华经济技术援助，帮助中国完成第一个五年计划，向社会主义工业化迈进。

朝鲜战争期间中共中央确定了"边打、边稳、边建"[②] 的方针。1952 年后，周恩来便着手主持我国第一个五年计划的编制工作。面对新中国工业基础薄弱的状况，周恩来清楚地认识到："为了实现我国的工业化，就必须主要地依靠新的工业特别是重工业的建设。"[③] 为确保第一个五年计划的完成，尽快改变中国落后的现状，周恩来在二十世纪五十年代中期，频繁开展对苏外交活动，主要目的在于争取苏联援建我国一批现代工业建设项目。1952 年 8 月 15 日，周恩来率领中国政府代表团离开北京，前往苏联访问。代表团成员有陈云、李富春、张闻天等。周恩来一行于 17 日抵达莫斯科，他在机场发表讲话说：中国政府代表团"这次来莫斯科，是为了继续加强两国之间的友好合作，并商谈各种有关问题。中苏两大国的友好合作的继续发展，必然对于中苏两国人民的和平建设事业，以及对于全世界人民的和平建设事业，都将有更重大的贡献"[④]。

这次访苏期间，周恩来率中国政府代表团与苏联政府代表团进行了多次筹商和谈判，并于 8 月 20 日、9 月 3 日、9 月 19 日，与苏联最高领导人斯大林举行了三次会谈。8 月 18 日，周恩来会见苏联外交部官员时向他们说明，这次访苏目的有二，一是向斯大林报告朝鲜和谈情况和中国五年计划；二是要和苏联政府商谈旅

---

① 《周恩来年谱（1949—1976）》上卷，中央文献出版社 1997 年版，第 88~97 页。
② 《建国以来重要文献选编》第 3 册，中央文献出版社 1992 年版，第 449 页。
③ 《周恩来选集》下卷，人民出版社 1984 年版，第 135 页。
④ 《周恩来年谱（1949—1976）》上卷，中央文献出版社 1997 年版，第 256 页。

顺军港、中苏共管修筑铁路、中国地质勘探、工业设计、工矿装备、器材订货、技术援助和国防建设、苏联贷款等问题。①

8月20日，周恩来率中国政府代表团同斯大林举行第一次会谈。苏方参加的有莫洛托夫、维辛斯基等。周恩来简述了中国政府代表团将同苏联商谈的问题，并介绍毛泽东对朝鲜战争和国际形势的看法。斯大林同意毛泽东对朝鲜战局的分析和在停战谈判中所采取的方针，表示愿意尽力在工业资源勘探、设计、工业设备、技术资料和派人到苏联留学及实习等方面给中国以帮助；并指定莫洛托夫、布尔加宁、米高扬、维辛斯基、库米金组成苏联政府代表团同中国政府代表团商谈各项具体问题。②周恩来鉴于朝鲜战争的状况，希望苏联军队能够继续留在旅顺口。斯大林考虑到周恩来所说的现实状况，很痛快地答应了这个挽留，并说："这个换文发表，将会给敌人很大震动。"③这个看似简单的请求，却反映出中苏两党当时已初步有了一种相互信任的关系。

8月21日，周恩来率中国政府代表团同苏联政府代表团举行首次会谈，双方讨论了旅顺口问题、中蒙铁路修建问题、苏联援助中国种植和割制橡胶的协定等问题。两天后，周恩来将《三年来中国国内主要情况及今后五年建设方针的报告提纲》的译文送交苏方。8月27日和9月1日，中苏两国政府代表团又举行了两次会谈，双方讨论了苏方提出的关于旅顺口换文修正案、关于中长铁路移交公告、关于橡胶技术合作协定修正案等问题。在此期间，周恩来将《中国经济状况和五年建设的任务》及八个附表、《中国国防军五年建设计划概要》的译文送交苏方。

9月3日，周恩来率中国政府代表团同斯大林进行第二次会谈。这次会谈的中心依旧围绕中国五年建设计划与苏联对华经济技术援助问题。苏方参加的有莫洛托夫、马林科夫、贝利亚、米高扬、布尔加宁、卡冈诺维奇、维辛斯基等。周恩来在会谈中明确表示，中国第一个五年计划的实现，"要取决于中国人民的努力和中国期望从苏联那里得到的援助"④。周恩来向斯大林和苏联其他领导人介绍了三年来中国土地改革、抗美援朝、国民经济的恢复和建设等情况，说明了中国五年建设计划和基本任务，希望苏联在地质勘察、设计、工业设备、专家援助和

---

① 《周恩来外交活动大事记（1949—1976）》，世界知识出版社 1993 年版，第 35 页。
② 《周恩来年谱（1949—1976）》上卷，中央文献出版社 1997 年版，第 256 页。
③ 《周恩来与外国首脑及政要会谈录》，台海出版社 2012 年版，第 47 页。
④ 《周恩来与外国首脑及政要会谈录》，台海出版社 2012 年版，第 48 页。

技术资料等方面给予帮助。周恩来向斯大林介绍了中国"一五"计划建设的规模：初步拟定建设 151 个工厂，而航空工业企业、坦克制造和船舶制造企业除外。现在已将 151 个工厂压缩为 147 个工厂。[①] 斯大林表示：中国三年经济恢复期的工作，"给我们这里的印象很好"。他提出的建设性意见是，制定计划要留有余地，因为总是存在不利的条件，不可能把各种因素都考虑进去；制定的计划一定要能超额完成；要留有后备力量，才能应付意外的困难和事变。他建议中国每年的工业增长速度从 20% 降到 15%，同时表示愿意为中国实现五年建设计划提供所需要的技术设备、贷款等援助，并派出专家帮助中国建设。[②]

9 月 6 日，毛泽东复电周恩来说："九月四日电收到。同意你们关于中苏蒙铁路的意见，并同意待铁路修成后再行公布协定。"[③] 当日，周恩来致信莫洛托夫，告知其中国将在 1953 年开始的有计划的经济建设和国防建设中，从苏联进口的装备和普通货物以及非贸易支出所需要的外汇，请苏联政府在今后五年中给予 40 亿卢布的贷款，并说明了贷款及应付利息的归还期限。同时向苏联政府提出，为了迅速提高中国的技术水准，请将苏联经济建设的各种技术资料，即工业产品的技术标准，建设矿山、工厂、学校、医院等的典型设计，工交企业的技术操作规程，机器制造图纸和先进企业的原材料、电力、燃料消耗的技术经济定额等资料供给中国。[④]

9 月 8 日，莫洛托夫代表苏联政府回信同意了周恩来的要求。当日，中苏两国政府代表团再次举行会谈，商讨 1952 年和 1953 年朝鲜作战的军事订货问题和聘请苏联专家问题。周恩来将抗美援朝作战订货单、委托苏联帮助设计的建设项目名单、聘请各类专家名单、国防工业各系统的发展计划、各军兵五年建设计划所需装备的订货单等文件交给苏方。

9 月 14 日，周恩来致电毛泽东并中共中央："四个文件的签字时间定在十五日晚九时，北京时间已在十六日上午二时，故新华社广播准备在十六日上午，同日亦可见报。"[⑤] 翌日，周恩来率领中国政府代表团出席签字仪式。中苏双方签订

---

① 《周恩来与外国首脑及政要会谈录》，台海出版社 2012 年版，第 48 页。
② 《周恩来年谱（1949—1976）》上卷，中央文献出版社 1997 年版，第 258 页。
③ 《毛泽东年谱（1949—1976）》第 1 卷，中央文献出版社 2013 年版，第 595 页。
④ 《周恩来年谱（1949—1976）》上卷，中央文献出版社 1997 年版，第 258 页。
⑤ 《周恩来年谱（1949—1976）》上卷，中央文献出版社 1997 年版，第 259 页。

了《关于橡胶技术合作协定》，交换了《关于延长共同使用中国旅顺口海军基地期限的换文》，通过了《关于中国长春铁路移交中华人民共和国政府的公告》，同时签订了中、苏、蒙三方《关于组织铁路联运的协定》。周恩来在签字仪式上致词："三十多年来，中国人民在人民解放事业和建设事业中所取得的伟大胜利和成就，是与伟大的苏联人民和政府在斯大林同志领导之下，对于中国人民解放事业和建设事业的亲切关怀和伟大援助分不开的。""中国人民永远不会忘记这种深切的友谊和援助。"[①]

9月19日，周恩来率领中国政府代表团同斯大林进行了第三次会谈，就朝鲜停战谈判、亚洲及太平洋区域和平会议、中苏友好交往、越南人民的抗法斗争等问题交换意见。9月21日，周恩来又致信莫洛托夫，希望苏联增派在华工作的苏联专家。[②]

1952年访苏期间，周恩来还与苏联领导人商讨了朝鲜战争和苏联军事援助问题以及党的工作经验。如9月4日，周恩来出席了斯大林和苏共中央政治局主要成员同朝鲜领导人金日成、朴宪永的会谈，共同讨论了中朝空军在朝鲜作战和战俘遣返等问题。9月16日，周恩来与粟裕、刘亚楼等同布尔加宁进行了军事会谈，研究解决苏联向中国提供军事援助的一些具体问题。此前一天，周恩来还和李富春、张闻天同马林科夫交流了党的组织工作经验。

9月22日，周恩来完成了访苏谈判的主要任务后，和陈云、粟裕等人离开莫斯科回国。行前，他安排李富春留在苏联，继续与苏联领导人商谈援华的具体工作。9月24日，周恩来一行返抵北京。对这次访苏成果，周恩来在莫斯科的机场发表谈话中讲得很清楚，他认为这次中国政府代表团访问苏联，"业已圆满地完成了有关两国重要政治问题与经济问题的商谈，完成了毛泽东主席所委托的光荣任务，使中苏两国的友好合作得到了进一步的发展和巩固"[③]。9月29日，毛泽东在审定《人民日报》国庆社论稿时，对"最近中苏两国关于在重要政治经济问题上已经取得一致的成功的谈判"[④]给予了充分的肯定。

这次访苏后，周恩来为争取苏联援助仍做了大量不懈的努力。1953年3月斯

① 《周恩来年谱（1949—1976）》上卷，中央文献出版社1997年版，第260页。
② 《周恩来年谱（1949—1976）》上卷，中央文献出版社1997年版，第260页。
③ 《周恩来年谱（1949—1976）》上卷，中央文献出版社1997年版，第260~261页。
④ 《毛泽东年谱（1949—1976）》第1卷，中央文献出版社2013年版，第606~607页。

大林逝世。周恩来率党政代表团专程前往吊唁，同时与苏联新领导人继续商谈援建问题。1954 年 10 月 12 日，周恩来代表中国政府签署了《中苏科学技术合作协定》《中苏关于苏联政府给予中华人民共和国政府五亿二千万卢布长期贷款的协定》《中苏关于苏联帮助中华人民共和国政府新建十五项工业企业和扩大原有协定规定的一百四十一项企业设备的供应范围的议定书》。[①] 至此，苏联援建的 156 项大型建设项目，以政府间协议的形式确立下来。自 1952 年起，周恩来为争取苏联对华经济技术援助，特别是为争取 156 项大型建设项目所开展的对苏外交，对中国"一五"计划的完成和中国独立工业体系的建成产生了非常重要而深远的影响。

二、在中苏两党关系跌宕起伏中尽力发挥积极作用

从二十世纪五十年代到六十年代中期，中苏两党关系经历了由友好到逐渐恶化的演变，周恩来作为中国共产党对外事务的负责人，经历了整个跌宕起伏的过程，他为弥合两党关系做了不少努力，但是由于一些历史原因，局势终究无法挽回。

二十世纪五十年代初期和中期，周恩来为争取苏联援助做了大量不懈的努力。1953 年，中国进入第一个五年计划的开局之年。然而，在此关键时期，苏共领导人斯大林在 3 月 4 日不幸逝世。中国共产党紧急派出以周恩来为团长的代表团前往莫斯科参加斯大林葬礼。在莫斯科吊唁期间，周恩来同马林科夫、贝利亚、赫鲁晓夫等苏共领导成员交换了中国"一五"计划的意见，努力维护中国共产党与苏共之间的友好合作关系。

1954 年 4 月，周恩来在出席日内瓦会议之前先行来到莫斯科，就日内瓦会议的相关问题与赫鲁晓夫举行了工作协商会议。与此同时，周恩来还就苏联援建项目事宜与赫鲁晓夫展开对话，周恩来希望赫鲁晓夫能够督促加快援建中国项目的谈判步伐。

在周恩来的努力下，中共和苏共两党之间存在的矛盾问题得到了妥善解决。他不仅推动了中苏两党关系的健康发展，同时为中国共产党的政党外交打开了良好局面。苏联对中国实施的援建项目，促进了中国工业生产能力的提高，改变了

---

① 《周恩来年谱（1949—1976）》上卷，中央文献出版社 2007 年版，第 416 页。

中国不合理的工业布局。这无疑都为中国的经济发展奠定了坚实的工业基础。总之，"一五"计划的完成，标志着中苏两党的关系迈向新的阶段，中苏两党在此期间表现出了全面合作和充分信任的融洽关系，而这种良好的党际关系也影响了中苏两国之间友好关系的发展。

然而，苏共二十大之后，中苏两党之间在一些重大问题上出现分歧。之后分歧逐步扩大，最终不可弥合，影响了两党两国的关系。从 1957 年开始，周恩来就着手处理中苏两党之间的分歧和隔阂，希望维护中苏两党的友好关系。但是，仅凭周恩来个人努力去消除这种矛盾是十分困难的。在中苏关系走向艰难的岁月中，周恩来做了不少补救工作。他不愿意看到中苏两党关系破裂。1957 年 1 月，周恩来率领中国政府代表团前往莫斯科进行友好访问。他满怀诚意地希望消除中苏两党对一些问题的不同看法与误解。周恩来在同苏共领导人赫鲁晓夫等人会谈中表达了中国共产党的意见："维护兄弟党的团结，加强以苏联为首的社会主义阵营的团结，是我们义不容辞的义务。"[①] 周恩来的此次出访，使中苏两党消除了一些误解，双方本着团结友好的精神，继续维护着两党之间的合作。周恩来考虑到："我觉得对他们不做工作已经势在不许，但是又绝不能求成太急。因此恐非有计划、有步骤地长期而耐心地进行这个工作不可。"[②]

1958 年，中苏两党最高领导人之间因为长波电台和联合舰队事件产生了严重分歧。毛泽东对苏共领导人赫鲁晓夫在苏共二十一大的报告中含沙射影地批评人民公社制度亦表示不满。1959 年 9 月 30 日，赫鲁晓夫乘飞机抵达北京，周恩来陪同毛泽东会见了赫鲁晓夫，在会谈中双方发生了激烈争执。

二十世纪六十年代初，中苏两党关系开始恶化，苏联决定单方面撕毁中苏两国间的《中苏关于国防新技术的协定》，暂停向中国提供原子弹样品和研制核武器的技术材料。中苏两党之间的争执不断扩大，双方开始了激烈的论战。苏共于 1960 年 7 月 16 日发出了撤回苏联在华全部专家的通知，使得中苏两党的分歧公开化。对此，周恩来的看法是中苏两党之间要允许对方保留各自不同的意见，对待争执要尽量求同存异。11 月 28 日，周恩来在审改《中共中央关于在声明草案上签字问题给代表团的指示》稿时，增加了"我们是坚持原则、坚持团结的，我

---

① 《周恩来与外国首脑及政要会谈录》，台海出版社 2012 年版，第 129 页。
② 《周恩来年谱（1949—1976）》中卷，中央文献出版社 1997 年版，第 15 页。

们保留对二十大不正确部分的不同意见，并且也反对把不同意见强加于人"①一条。对此，毛泽东审阅后原则同意。

1961 年 10 月 15 日，应苏共中央的邀请，周恩来率中国共产党代表团赴莫斯科参加苏联共产党第二十二次代表大会。在大会期间，周恩来依旧在维护中苏两党的关系。周恩来在会上表示："兄弟党、兄弟国家之间，如果不幸发生了争执和分歧，应该本着无产阶级国际主义的精神、平等和协商一致的原则，耐心地加以解决。对任何一个兄弟党进行公开的片面的指责，是无助于团结，无助于问题的解决的。把兄弟党、兄弟国家之间的争执公开暴露在敌人的面前，不能认为是马克思列宁主义的郑重的态度。这种态度，只能使亲者痛，仇者快。中国共产党真诚地希望，有争执和分歧的兄弟党，将会在马克思列宁主义的基础上，在互相尊重独立和平等的基础上，重新团结起来。"②周恩来的讲话赢得了绝大多数与会人员的赞同。在大会期间，周恩来还与越南共产党领导人胡志明、朝鲜劳动党领导人金日成等交换了彼此意见，重点阐述了兄弟党之间的关系应遵循三条原则："（一）对敌斗争一致，互相支持；（二）兄弟党的内部事务，不能干涉；（三）保持内部团结，兄弟党间的内部事务在内部解决，不能向敌人暴露。"③

从出现争执到分歧逐渐加深，中苏两党的关系在二十世纪六十年代恶化。尽管如此，周恩来作为中国共产党的主要领导人之一，还是秉持团结和客观的态度，努力维护中苏两党关系。1963 年到 1964 年是中苏两党关系变化的重要时间段。《人民日报》从 1963 年 9 月到 1964 年 7 月，先后发表了九篇评论文章（简称"九评"）。中共改变了以往仅在中苏两党内部进行争辩的方式，转为公开论战。

1964 年 10 月 16 日，赫鲁晓夫苏共中央第一书记的职务被解除，勃列日涅夫成为苏共中央第一书记。中共中央希望新的苏共领导人能够改变赫鲁晓夫的政策，缓和中苏两党之间的矛盾。在得知赫鲁晓夫下台之后，毛泽东、周恩来以中共中央的名义给苏共中央和苏联最高苏维埃主席团及苏联政府发出贺电。周恩来认为，赫鲁晓夫的下台不是偶然的，这种变动有可能成为扭转中苏两党关系的一个机会。他希望利用这个时机努力改善中苏两党之间的关系。

---

① 《周恩来年谱（1949—1976）》中卷，中央文献出版社 1997 年版，第 373 页。
② 《中共中央文件选集（一九四九年十月～一九六六年五月）》第 39 册，人民出版社 2013 年版，第 257~258 页。
③ 《周恩来年谱（1949—1976）》中卷，中央文献出版社 1997 年版，第 441 页。

随后不久，周恩来受毛泽东和中共中央的委托，率领中国党政代表团赴莫斯科祝贺十月革命胜利 47 周年。此行主要是为了弄清赫鲁晓夫下台的真相，以及了解勃列日涅夫、柯西金等苏共新一届领导成员对中国共产党的态度。周恩来又接见朝鲜、越南、古巴等各社会主义国家驻华使节，将中国共产党寻求中苏两党团结的愿望告诉他们。希望他们向各自的党和政府汇报，以赢得其他社会主义国家的支持。

1964 年 11 月 5 日，周恩来同贺龙率领中国党政代表团抵达莫斯科，苏联部长会议主席柯西金等到机场迎接。周恩来到苏后的第二天便拜会了苏共中央第一书记勃列日涅夫、部长会议主席柯西金和最高苏维埃主席团主席米高扬。周恩来在讲话中呼吁："中苏两党在马克思列宁主义和无产阶级国际主义的基础上团结起来。"[①]11 月 9 日、11 日、12 日，周恩来率中国党政代表团同勃列日涅夫、柯西金、米高扬、安德罗波夫进行正式会谈。周恩来对 7 日招待会上苏联国防部长马利诺夫斯基侮辱中国人民领袖的言论表示抗议，苏共领导人表示了道歉。在会谈中周恩来明确指出："我们的接触总是希望改善关系，一步一步地前进。"[②] 对苏共领导人就赫鲁晓夫下台的解释和对中共的态度，周恩来表示不满意。周恩来说："这次我们没有能够更广泛地讨论问题，但是，我们两党协商的门是开着的。为了使我们两党协商的门开着，为了能够创造良好的气氛，寻求新的途径，建立共同团结对敌的愿望，我希望不要在创造新的气氛中又来一个障碍。"[③]

11 月 13 日，周恩来率领中国党政代表团回国，苏联部长会议主席柯西金前往送行。在去机场的路上柯西金提议，举行一次中苏两党和两国的最高级会谈，周恩来表示将转告中共中央。14 日下午，周恩来一行飞抵北京，毛泽东率刘少奇、朱德、董必武、邓小平等到机场迎接。

此次莫斯科之行是周恩来的最后一次苏联之行。尽管周恩来肩负着中共中央的重托，带着真诚和友好的态度来到莫斯科。但是，苏共领导人并没有表达出充分的诚意。周恩来通过与苏共和其他国家共产党领导人接触后感到，苏联新领导要继续执行赫鲁晓夫的政策，他觉得情况比原来预计的更坏。现在的苏共领导软

---

① 《周恩来年谱（1949—1976）》中卷，中央文献出版社 1997 年版，第 685 页。
② 《周恩来年谱（1949—1976）》中卷，中央文献出版社 1997 年版，第 686 页。
③ 《周恩来年谱（1949—1976）》中卷，中央文献出版社 1997 年版，第 687 页。

弱，内部矛盾多、混乱、动荡，各方面的压力大，这是原来没想到的。周恩来此次莫斯科之行，由于苏共新领导人坚持原定的对华政策不改，没有达到预期的缓解两党关系的效果，此后中苏两党、两国之间的关系更加恶化。

三、周恩来晚年为缓和中苏紧张关系所作的努力

1965 年，中苏两党关系已经基本破裂，但是周恩来仍在为改善两党关系而努力。1965 年 2 月 5 日，苏联部长会议主席柯西金率领苏联代表团访问越南，途经北京时，在北京停留两日，与周恩来进行了四次会谈。周恩来对中苏两国未来走向提出了六点建议："（一）面临着中苏友好同盟互助条约签订十五周年，最好双方把彼此的贺电、讲话都在报纸上发表，表示我们双方采取一致的态度。（二）发展两国贸易，并且可以在某些项目上长期合作。（三）过去有些建设项目没有完成，如果可能的话，我们应该把它完成。换句话说，就是把过去的那些建设项目作个结束。（四）文化合作协定的年度计划，过去几年执行得不好，我们希望今年能够执行得好一点。（五）我们要派一些留学生去，希望得到你们的回答。当然，如果你们也提出要派留学生来，我们应该相应地满足你们的要求。（六）双方的旅行协定，我们也希望能够执行。"[①] 对周恩来给出的建议，柯西金表示赞成。在此会谈基础上，双方约定柯西金从越南回国时再次进行会谈。

1965 年 2 月 10 日，柯西金从越南回国的时候再次途经北京，周恩来与之进行了第五次会谈。翌日上午，周恩来陪同毛泽东、刘少奇会见了柯西金。在这次会谈中，双方就是否召开共产党和工人党协商会议产生严重争执。2 月 11 日，柯西金乘坐飞机返回苏联。在送柯西金前往机场的路上周恩来十分坦诚地说："双方对外交问题、国际问题是需要经常交换意见的。我们之间的观点和政策可以有不同意见，可以通过不公开的、非正式的交换意见，了解对方的想法。"[②]

遗憾的是，此次会谈依旧没能改变中苏两党的关系，相反，中苏两党在一段时间内越走越远。从 1965 年开始，苏联不断向中苏边境增兵，不断武装挑衅。1968 年 1 月 5 日，苏联军队进入中国境内，双方发生了小规模冲突。此后，苏军继续挑衅，到 1969 年，中苏军队在边界的冲突不断升级。当年 3 月 2 日珍宝岛事

① 《周恩来年谱（1949—1976）》中卷，中央文献出版社 1997 年版，第 706 页。
② 《周恩来年谱（1949—1976）》中卷，中央文献出版社 1997 年版，第 708 页。

件发生。

　　事发当日，周恩来就召集外交部和有关单位人员开会，就苏联边防军武装入侵中国珍宝岛研究对策，交代任务。3月3日，中国政府就苏联边防军武装入侵一事向苏联政府提出强烈抗议。4日，《人民日报》《解放军报》发表经周恩来修改的社论：《打倒新沙皇》。自珍宝岛事件发生后，周恩来多次指示中国边防部队："要严格按照毛泽东和中央确定的'有理、有利、有节'的方针、原则行事。"①

　　珍宝岛事件发生后，中苏两党的关系到达谷底。苏共内部的强硬派继续挑起边境冲突，并且举行袭击中国的军事演习。然而，此时以苏联部长会议主席柯西金为代表的温和派则希望慎重对待珍宝岛事件，通过中苏两国高层接触来解决争端，缓和中苏两党间的关系，停止双方军事冲突。

　　1969年9月3日，越南劳动党中央委员会主席胡志明逝世。苏共派出柯西金前往河内进行吊唁。在吊唁期间，柯西金通过越南方面传话，希望回国途中，与周恩来进行一次会晤。周恩来本着维护和平的态度，也同意与苏共领导人进行会晤。在中苏两党两国关系最紧张的情形下，周恩来与柯西金展开了一次短暂但很有意义的北京首都机场会谈。

　　1969年9月11日，柯西金乘坐的专机降落在北京首都机场。周恩来在首都机场贵宾室会见了柯西金。在会谈中，双方领导人仍然互称"同志"，并互致问候。周恩来向苏方提出："一、中苏之间的理论和原则问题争论不应影响两国的国家关系，不应妨碍两国国家关系的正常化。二、中苏边界问题是目前中苏两国关系的中心问题，双方可以通过谈判最终找到解决问题的办法。在解决之前，双方应共同采取如下几项临时措施：（一）维持边界现状；（二）避免武装冲突；（三）在有争议地区双方武装力量脱离接触。"②对周恩来的建议，柯西金表示同意。在此基础上，柯西金提议，在边界问题解决以前，双方共同采取的临时措施中再加上一条："双方边防部门有事可预先商量。"③此外，双方讨论了互派代表团进行中苏边界谈判、保持和发展两国贸易、恢复互派大使等问题。在会谈最后，周恩来表示："尽管我们有许多重大的问题没有解决，但是有了个良好的开端，这

　　① 《周恩来年谱（1949—1976）》下卷，中央文献出版社1997年版，第283页。

　　② 《周恩来年谱（1949—1976）》下卷，中央文献出版社1997年版，第320~321页。

　　③ 《毛泽东年谱（1949—1976）》第6卷，中央文献出版社2013年版，第266页。

次坦率会谈，对双方都是有益的。"①

这次短暂的"首都机场会晤"，为世界各国所关注，自此中苏两党关系从"谷底"逐渐上升。在这场对中苏两党两国具有历史意义的会谈中，周恩来发挥了重要作用，他同柯西金一道，为改变中苏两党关系尽了最大努力。柯西金在会谈中显得比较克制，尽量避免与周恩来争论，会后也表示："我们很高兴到这里来，可我们走了一段弯路。"②面对柯西金的调侃，周恩来也指出："柯西金这次来北京，虽然走了一段弯路，总还是收到了一些效果。中国有句成语叫'不虚此行'。"③

1969 年 9 月 18 日，周恩来致信柯西金，主要内容是：双方在边界问题解决前，严格维持边界现状，避免武装冲突。双方本着平等和相互尊重的精神，进行协商，求得合理解决。翌日，周恩来将政治局讨论内容上报毛泽东。④

9 月 26 日，柯西金在复周恩来信中称："我方已采取了实际措施旨在使边境局势正常化，我方已任命以库兹涅佐夫为首的谈判代表团，建议自十月十日起在北京开始中苏边界问题谈判。"⑤周恩来在研究了柯西金的回信后表示："边界谈判建议改到十月二十日开始。"⑥11 月 16 日，周恩来致信毛泽东，报送中苏边界谈判中中方重申的几点建议："两国总理达成的谅解是谈判的基础；双方武装力量在争议地区脱离接触是维持边界现状、避免武装冲突的必要保证；中苏边界谈判必须在不受任何威胁的情况下进行。"⑦

自珍宝岛事件后，中苏关系跌入谷底，为了缓和这种紧张关系，周恩来在力所能及的范围内尽了最大努力，通过他与柯西金的书信往来和谈判，中苏两党的关系有所缓和，中苏双方重新走向了谈判桌，边境基本恢复了稳定。1970 年 10 月 10 日，苏联派来了新任驻华大使。同年 11 月 22 日，中国外交部副部长刘新权赴莫斯科，出任中国驻苏联大使。⑧至此，两国恢复了大使级外交关系。此后，毛泽东、周恩来等中国共产党领导人审时度势，一方面继续缓和中苏两党关系，

① 《周恩来年谱（1949—1976）》下卷，中央文献出版社 1997 年版，第 321 页。
② 《周恩来与外国首脑及政要会谈录》，台海出版社 2012 年版，第 316 页。
③ 廉正保：《周恩来与柯西金机场会谈实录》，《百年潮》，2016 年第 1 期。
④ 《周恩来年谱（1949—1976）》下卷，中央文献出版社 1997 年版，第 322 页。
⑤ 《周恩来年谱（1949—1976）》下卷，中央文献出版社 1997 年版，第 323 页。
⑥ 《周恩来年谱（1949—1976）》下卷，中央文献出版社 1997 年版，第 324 页。
⑦ 《毛泽东年谱（1949—1976）》第 6 卷，中央文献出版社 2013 年版，第 273 页。
⑧ 廉正保：《大三角格局开启——周恩来与柯西金北京机场会谈》，http://memo.cfisnet.com/2013/0128/1294368.html，2021 年 4 月 2 日。

继续进行中苏边境谈判；另一方面迈出了对美外交的步伐，中国共产党思考了新的外交战略，开始了新的外交布局。

四、周恩来在中苏两党关系中的作用和影响

中苏两党关系对世界形势有深远的影响。从中国共产党执政起，到"文化大革命"结束前夕，周恩来无疑在中苏两党关系演变过程中起着重要作用。自二十世纪五十年代起，中苏两党有过"蜜月期"，也经历过论战时期，两党的关系历经坎坷，跌宕起伏，发生了很大变化。从二十世纪五十年代亲密友好的合作伙伴到二十世纪六十年代的论战，从珍宝岛两国军队的武装对抗，到首都机场双方的会谈，周恩来一直发挥着重要作用，对中国共产党政党外交方针的制定和各项政策的实施有重大影响。可以说，周恩来在对中苏两党关系的确立和发展上发挥了特殊作用。

周恩来在中共执政后对中苏两党关系的作用和影响，至少表现在以下几个方面。

首先，周恩来是中共对苏共政党外交主要决策的参与者和领导者之一。毛泽东作为中国共产党的主要领导人，从整体上确定了中共对苏共的外交大方向。周恩来协助毛泽东确立了多项中共对苏共的外交决策。他为中苏政党外交的建立、发展与改善提供了许多重要的信息和建设性意见，为最终决策的形成奠定了基础。如在中苏两党就《中苏友好同盟互助条约》签约谈判时，周恩来及时为毛泽东提供了国际条约命名惯例、国际报道等有价值的信息，协助毛泽东完善了中方方案。周恩来对苏联共产党和政府的看法和认识、与苏联领导人的谈判和交往，在很大程度上决定了中国共产党的外交决策。中共执政之初，面对复杂的外部环境，中国确立了"一边倒"的外交政策，将苏联作为党和国家对外发展的重要合作对象。周恩来认为，"一边倒"政策，旗帜鲜明，给"胡思乱想的人浇了一头冷水"①。周恩来在新中国成立初期的多次访苏，为中苏两党两国友好关系的确立奠定了基础。周恩来是具体负责外交事务的领导人，有丰富的外交工作经验，更重要的是他视野开阔，头脑灵活，善于交往，对国际问题的思考、判断具有战略眼光，他

①《建国以来重要文献选编》第3册，中央文献出版社1992年版，第167页。

提出的外交战略均是在汇总了各方面信息，并进行科学分析判断后作出的。因此，他的建议对毛泽东和中共中央作出重大外交决策有直接影响。在确定"一边倒"的外交政策中，在建立中苏友好互助同盟过程中，在争取苏联经济技术援助方面，周恩来皆有不可磨灭的贡献。

其次，周恩来是对苏共政党外交的主要实践者和实际负责人，在政党外交中体现了独特的个人魅力。新中国外交各项方针政策的贯彻落实，与苏联的具体交涉、谈判，均凸显了周恩来的关键作用。周恩来不仅是新中国外交政策的主要制定者之一，而且是各项外交政策的具体执行者。毛泽东侧重于战略规划，周恩来侧重于一线指挥和实际操作，两人配合默契，相得益彰。在中苏谈判不顺利的情况下，毛泽东请周恩来到苏联来代替他与苏共领导人谈判。实践证明，毛泽东的这一动议是独具慧眼的，周恩来出色地完成了与斯大林等人谈判的重任，两国签订了《中苏友好同盟互助条约》。自中共执政以来，周恩来多次访问苏联，与苏共领导人就涉及中苏两党关系的各种问题展开会谈。从中国人民志愿军入朝作战的军用物资援助，到争取苏联援建中国的156个项目；从签订多项合作条约与经济技术援助协议，到协调中苏两党两国关系，以及就重大国际问题交换意见。每次会谈都取得了一定成果。

再次，周恩来在中苏外交关系演变中展现了自身的独特作用，为中苏外交关系的建立、发展与改善作出了重要贡献。周恩来认真执行中共中央制定的对外战略，并借助个人的外交魅力，赢得了一些苏共领导人的尊重与信任，促进了中苏的友好合作。经周恩来的努力，中国共产党执政后不久，中苏在政治、经济、国防、双边贸易、科学技术、文化教育、体育、卫生等领域开展了广泛的交流与合作。他曾多次同苏共领导人就中国的国防建设、经济建设和"一五"计划等内容展开深入会谈、签订协议，为争取苏联对华援助发挥了重要的作用。以156项大型援建项目为例，建设范围包括："钢铁工业、有色金属工业、化学工业、机器制造工业、电器工业、航空工业、造船工业、汽车与拖拉机制造工业、煤矿工业、石油工业、电力工业、食品工业等。"① 经周恩来与苏共领导人和相关专家多次谈判达成的多项经济技术协定，特别是苏联援华的156项大型现代化建设项目，对

---

① 《建国以来周恩来文稿》第 7 卷，中央文献出版社 2018 年版，第 38 页。

中国第一个五年计划的完成、中国完整的现代工业体系的建立和中国向现代化工业强国迈进产生了重要而深远的影响。我国现代化建设的重工业基础正是"一五"期间在苏联帮助下建立起来的。二十世纪八九十年代，在我国一些重要领域发挥突出作用的一大批政治、科技、文教方面的人才，很多是在二十世纪五十年代初留苏热潮中培养出来的。正是周恩来当年同苏共领导人就经济技术援助等内容展开的积极有效的会谈，加快了苏方对华援助的进度。他还与苏共协商了朝鲜问题、越南问题，帮助苏共协调社会主义阵营内部问题，努力巩固社会主义阵营的团结与合作。这些外交成果的取得皆展现了周恩来的独特作用。

最后，周恩来对国际形势的分析、判断，周恩来的外交艺术和风格，以及人格魅力，影响了与之相处的苏共领导人。周恩来待人温文尔雅、彬彬有礼，在外交中不卑不亢、举止得体，大多数与他接触的苏共领导人都对他留有良好印象。他的个人影响力对政党和国家间的交往，以及实现既定的外交目标有积极作用。在处理外交事务时，周恩来表现出原则性与灵活性相结合的风格和特色，这种风格和特色大大有助于其外交事业的成功。如他在参加日内瓦会议之前，就专门与苏联外长莫洛托夫进行了沟通；在会议期间，他与苏联和其他社会主义国家领导人进行了友好合作。他以高超的外交手段、灵活的谈判技巧，既坚持了中国的外交原则，又提出了一些能为各方接受的灵活对策。周恩来的外交成效不仅有利于中国外交目标的实现，而且有利于世界的和平与稳定。在中苏外交关系跌宕起伏的演变过程中，周恩来贯彻中国共产党的外交战略，坚持独立自主原则，维护国家利益，努力推动国际共产主义运动的发展。面对中苏两党之间产生的各类矛盾和问题，周恩来以丰富的外交经验和高超的外交技巧，及时有效地化解了一些矛盾，处理了一些棘手的问题，从而改善了中苏关系。在中苏两党关系陷入困境时，周恩来利用各种机会与苏方沟通，在一定程度上避免了中苏发生大规模冲突。莫洛托夫说过："对外关系的政治艺术不在于增加自己国家敌人的数量。相反，这里的政治艺术在于减少这些敌人数量，做到使昨天的敌人变成相互之间保持和平关系的睦邻。"[1] 从中苏两党产生争执到中苏外交关系破裂，周恩来始终在尽力防止双方爆发大规模军事冲突，表达出中国维护和平稳定的意愿，保证了中国周边环

---

[1]　沈志华主编：《苏联历史档案选编》第 4 卷，社会科学文献出版社 2002 年版，第 512 页。

境的稳定。

当然，周恩来个人作用的发挥离不开其所处的时代环境和国内外背景，他在中国共产党的外交思想和外交路线指引下充分发挥了个人的聪明才智和人格魅力，同时听取、采纳了许多正确意见或建议。如周恩来多次听取时任中联部部长王稼祥的建议，为中共中央作出正确决策提供了重要参考。

第三节　妥善处理政党外交关系

中国共产党执政后，除了与苏联开展政党外交，还与其他国家的共产党开展了党际外交活动。周恩来作为中国共产党的主要领导人、新中国首任总理及外交部部长，在中国对外交往中发挥了重要作用，他先后多次出访或在国内会见各国领导人，积极推动中国共产党与其他国家政党之间的交流与合作，维护了世界和平与新中国同其他国家间的友好关系。

一、在中朝两党关系发展中发挥了重要作用和影响

二十世纪三十年代初，中国共产党和朝鲜劳动党两党为共同抗日团结在一起，金日成等一大批朝鲜劳动党党员加入东北抗日联军。新中国成立后，中朝两国于 1949 年 10 月 6 日正式建交，1950 年 1 月，朝鲜驻华大使李周渊到任，同年 8 月中国驻朝鲜大使倪志亮到任。朝鲜成为与新中国最早建立外交关系的国家之一。金日成、崔庸健等朝鲜领导人曾多次访问中国，周恩来等中国共产党领导人也先后访问过朝鲜。为共同应对以美国为首的西方阵营的打压，恢复和重建经济，周恩来多次会见朝鲜劳动党领导人，双方就共同关心的和迫切需要解决的问题进行了会谈。双方会谈对两国关系和东北亚局势产生了重要而深远的影响。

据现有公开资料显示，仅二十世纪五十年代，朝鲜最高领导人金日成访华至少七次，朱德、周恩来也曾访问朝鲜。二十世纪五十年代初，周恩来与金日成主要就朝鲜战争的开战、停战、指挥权等相关问题进行磋商；二十世纪五十年代中期，双方主要就战后朝鲜的经济恢复和中国援建问题展开谈判；二十世纪五十年代后期，双方主要就中国从朝鲜撤军和继续援建问题进行会谈。

中国共产党执政后，金日成第一次访问中国是在 1950 年 5 月 13 日。这次金

日成是秘密访华，没有公开报道。金日成第二次访华是在 1950 年 12 月，他这次访华主要是解决朝鲜战争中两国军队联合作战的指挥和后勤供给问题。周恩来与金日成就朝鲜战争的一些问题进行了会谈。中朝两国领导人通过会谈后决定："成立不对外公布的中国人民志愿军和朝鲜人民军联合司令部，以统一指挥两国军队作战和前线的一切活动；联合司令部下属两机构，即中国人民志愿军司令部和朝鲜人民军参谋部，合驻一处办公；以彭德怀为司令员兼政治委员，朝方金雄为副司令员、朴一禹为副政治委员。"① 会谈次日，周恩来将会谈详情电告彭德怀。12 月 8 日，周恩来将《中共中央关于成立中朝联合指挥部的协议草案》用电报发给已回国的金日成。周恩来提出："如得其同意或作若干修改，电告我们同意后，即可作为定案，付诸实施。"②

1951 年 6 月 3 日，金日成第三次访华，主要围绕朝鲜战争的停战问题与毛泽东、周恩来等中共领导人进行了磋商。1953 年 11 月 12 日，金日成第四次访华。11 月 13 日，毛泽东接见了朝鲜政府代表团，周恩来、朱德、刘少奇等人陪同接见。当天，周恩来设宴招待金日成率领的朝鲜政府代表团，他在欢迎词中表明："中朝两国人民在历史上尤其是近半个世纪以来，一向是唇齿相依，休戚与共。现在，中朝人民反抗帝国主义侵略的斗争业已取得了伟大的胜利。在新的形势下，中国人民将尽力支持和援助渴望恢复国家统一、渴望和平和进步的朝鲜人民，医治战争创伤，进行经济恢复，并严防侵略战争的再起。"③

这次中朝双方会谈主要在周恩来和金日成之间进行，主题是战后朝鲜重建和中国经济援助问题。对朝鲜方面提出的数额巨大的财力、物力和技术方面的援助要求，双方进行了多次商谈。虽然中国刚结束了多年战争，经济实力较差，第一个五年计划才刚起步，但鉴于朝鲜重大的战争创伤和重要的战略地位，中国政府仍决定给予其大量援助。11 月 16 日，周恩来在同朝鲜政府代表团会谈时表示："中国对朝鲜的援助分为两个部分：第一，决定将一九五〇年六月二十五日朝鲜战争爆发时至一九五三年十二月三十一日止，这一时期援助朝鲜的一切物资和费用，无偿地赠送给朝鲜政府。第二，决定在今后四年内再无偿地赠送朝鲜政府八万

---

① 《周恩来年谱（1949—1976）》上卷，中央文献出版社 1997 年版，第 102 页。
② 《建国以来周恩来文稿》第 3 册，中央文献出版社 2008 年版，第 611 页。
③ 《周恩来年谱（1949—1976）》上卷，中央文献出版社 1997 年版，第 333 页。

亿人民币。"周恩来说明:"根据中国的经验,在经济恢复时期,对工业企业的布局,要适应国内原料条件,保证国内供应平衡,满足国内市场需要。这样才能发展生产,积累资金。不然,投了资会冻结资金和积压物资的。经济恢复时期,要搞工业,但如将恢复重点先放在农业和副业上,会有利些,容易些,并且见效快些,同时也有利于工农联盟。"①金日成赞成周恩来的上述意见。通过多次会谈,周恩来与金日成在许多问题上逐渐达成共识。第一次会谈后,周恩来着手组织人员起草《中朝经济及文化合作协定》《中朝技术合作协定》《中朝贸易议定书》等七个文件。

11月23日,中国政府代表团再次与朝鲜政府代表团会谈。周恩来就中国方面提出的《中朝经济及文化合作协定》等七个文件作口头说明:"中国在过去三年半中对朝鲜的援助金额为七万亿二千九百五十多亿人民币,在新的八万亿人民币的援助费用中,明年将支付三万亿人民币,并就此征求朝方的意见。"②金日成完全同意中国方面提出的七个文件。同日,周恩来和金日成出席了《中朝经济及文化合作协定》签字仪式,分别代表本国政府在《中朝经济及文化合作协定》上签字。周恩来发表讲话说:"我们的协定是根据国际主义精神和平等互惠原则而签定的。它把中朝两国人民传统的战斗的友谊和两国之间的合作关系,用条约的形式固定下来。这是完全符合于我们两国人民的根本利益的。"③金日成在签字仪式上也发表讲话:"今天我们所签订有关朝中两国经济及文化合作的协定,将更加巩固和发展朝中两国人民间传统的、牢不可破的友谊团结,扩大和加强两国间经济及文化方面的长期合作关系,保证两国人民生活上的切身利益,同时在保卫远东及世界和平事业中具有重大意义。"④

金日成这次访华收获很大。他从中国获得了八万亿元人民币的援助,与中国签订了七个合作协定,完全达到了他出访中国的目的,对朝鲜经济的恢复和执政党政权的稳固起了重要作用。

1956年9月,中国共产党第八次全国代表大会召开,大会邀请了苏联、朝鲜等46个国家的共产党、劳动党和工人党代表参加。朝鲜主要领导人之一崔庸健率

① 《周恩来年谱(1949—1976)》上卷,中央文献出版社1997年版,第334页。
② 《周恩来年谱(1949—1976)》上卷,中央文献出版社1997年版,第335页。
③ 《周恩来年谱(1949—1976)》上卷,中央文献出版社1997年版,第335页。
④ 《金日成首相在签字仪式上的讲话》,《人民日报》,1953年11月24日第1版。

领朝鲜劳动党代表团应邀参加了党的八大。1957 年，金日成致函周恩来总理，邀请周恩来率领中国政府代表团访问朝鲜，具体商讨中国撤军等问题。金日成还在12 月 16 日和 25 日两次写信给毛泽东，提出中国撤军方案。12 月 11 日，周恩来复信金日成表示接受邀请。

1958 年 2 月 14 日，周恩来率领中国政府代表团访问朝鲜。中国政府代表团的成员有外交部部长陈毅、外交部副部长张闻天、中国人民解放军总参谋长粟裕和中国驻朝大使乔晓光等。中国代表团到达平壤后，受到金日成和朝鲜各界人士的热烈欢迎。金日成和周恩来在机场欢迎仪式上发表讲话，周恩来在讲话中表示："最近，朝鲜民主主义人民共和国政府提出了从朝鲜撤出一切外国军队和和平统一朝鲜的各项建议。这些建议为和平解决朝鲜问题和缓和远东紧张局势开辟了现实的途径。中国政府和中国人民完全支持这些适时的、重要的建议，并且准备为实现这些建议作出积极的努力。"① 当日，周恩来拜会了朝鲜党政领导人。2 月 15 日，中朝两国政府代表团继续就中国撤军、扩大和发展两国合作等问题举行会谈。双方还就加强社会主义国家的团结问题，以及目前国际形势和和平解决朝鲜问题交换了意见，周恩来表示："我们准备分三批撤军，在一九五八年撤完。"②

周恩来访朝期间，还和陈毅等中国政府代表团成员到志愿军烈士陵园敬献花圈。在金日成陪同下，周恩来参观了朝鲜祖国解放战争纪念馆和平壤纺织厂，访问了咸兴、元山，参观了兴南化肥厂和元山人民军阵地，还访问了平安南道顺安郡的上阳农业生产合作社，参观了黄海南道黄海制铁所。2 月 19 日，周恩来和金日成发表中朝两国政府联合声明。2 月 21 日，以周恩来为首的中国政府代表团结束在朝鲜的访问，离开平壤回国。金日成、崔庸健等朝鲜党政领导人到车站送行。这次会谈，成功地解决了中国从朝鲜撤军问题，对缓和朝鲜紧张局势，维护远东和世界和平，进一步巩固和发展中朝友谊产生了深远影响。

1958 年 11 月至 12 月，金日成率领朝鲜政府代表团再次访华。周恩来亲自到车站迎接。11 月 22 日，周恩来、朱德同金日成进行了正式会谈，当晚，周恩来举行盛大宴会欢迎金日成率领的朝鲜政府代表团全体成员。11 月 23 日，周恩来与陈毅副总理陪同金日成和朝鲜政府代表团参观清华大学，和金日成一起出席了

---

① 《在平壤机场上周恩来总理的讲话》，《人民日报》，1958 年 2 月 15 日第 2 版。
② 《周恩来年谱（1949—1976）》中卷，中央文献出版社 1997 年版，第 128 页。

朝鲜驻华大使李永镐为庆祝《中朝经济及文化合作协定》签订 5 周年举行的宴会，并观看了朝鲜艺术家的演出。这次金日成访问中国，停留的时间较长，周恩来还陪同金日成参观了武汉钢铁公司、应城县红旗人民公社、广东的上游钢铁厂、黄埔人民公社和中国出口商品陈列馆。1958 年 12 月 8 日，周恩来与金日成分别代表两国政府在中朝两国联合声明上签字，巩固了中朝友好关系。

1959 年 1 月 24 日，周恩来率中国共产党代表团飞往莫斯科，应邀出席苏共第二十一次代表大会。1 月 25 日，周恩来率中国共产党代表团与同在莫斯科的以金日成为首的朝鲜劳动党代表团举行会谈，双方就社会主义阵营内部的一些问题进行了讨论，这次两党领导人接触的时间虽然不长，但对巩固中朝关系，加强社会主义阵营的团结产生了一定影响。

二十世纪六七十年代，中朝关系总体上发展是良好的，但是在"文化大革命"时期，有过一段曲折和误解，周恩来多次去朝鲜与金日成会谈，消除了误解，维持了双方的友好关系。

1961 年 7 月 10 日，金日成率领朝鲜党政代表团访华，周恩来亲自去北京首都机场迎接。此次会见，周恩来同金日成分别代表中朝两国签署了《中朝友好互助条约》。对这个条约的签署，周恩来表示："以法律的形式把我们两国人民用鲜血结成的战斗友谊加以肯定。可以说，这个条约对于全面发展两国友好合作关系、保障两国共同安全和维护亚洲和世界和平，都将发挥出极其重要的作用。"[1]7 月 15 日，周恩来代表中共中央和中国政府欢送金日成率领的朝鲜党政代表团回国。

1962 年 10 月 11 日，周恩来在陈毅的陪同下赴朝鲜，就中国国内情况，中印、中蒙边界问题，中朝两国贸易等问题与金日成会谈。在会谈开始，周恩来首先谈到了中印边界问题，周恩来坦诚地告诉金日成："我们的方针是：你不打我，我也不打你。你进攻我，我击退你，我不出击。"[2] 对周恩来的态度，金日成表示高度赞同，并称赞了中国的这种高姿态做法。随后，在谈到中朝边界问题时，周恩来和金日成都认为中朝边界条约应该成为模范条约。10 月 12 日，周恩来和金日成分别代表两国政府在《中国和朝鲜边界条约》上签字，希望以此促进中朝关系更加牢固与深厚。

---

① 《周恩来年谱（1949—1976）》中卷，中央文献出版社 1997 年版，第 424 页。
② 《周恩来与外国首脑及政要会谈录》，台海出版社 2012 年版，第 207 页。

中朝关系在"文化大革命"前期出现裂痕。为了缓和中朝之间的紧张关系，中国共产党调整了外交战略。1970 年 4 月 5 日，周恩来再度出访朝鲜，受到金日成和朝鲜劳动党的热烈欢迎。周恩来在会谈中高度赞扬了以金日成为首的朝鲜劳动党领导人民发扬独立自主、艰苦奋斗的精神，他再次强调，中朝友谊"是用鲜血凝成的"①。周恩来在朝鲜访问期间，与金日成进行了四次会谈。双方就中朝关系、亚洲地区形势与国际形势进行了充分、深入的交流，并交换了意见。双方从大局出发，坦诚相见，说明了 1965 年以来中朝的各自情况，希望取得彼此的理解。周恩来与金日成都强调了两党、两国团结的重要性，希望共同对敌。在访问结束之际，周恩来与金日成签署了《中华人民共和国政府和朝鲜民主主义人民共和国政府联合公报》，公报重点强调了中朝两国人民应该团结起来，共同对敌。双方都认为周恩来的这次访问，"为进一步加强和发展中朝两国人民建立在马克思列宁主义和无产阶级国际主义原则基础上的传统友谊和合作关系作出了新的贡献"②。

1970 年 10 月 8 日，金日成访问北京。周恩来与金日成接连两天举行了长时间的会谈，双方就当前国际共产主义运动、双边关系等一些重大的国际问题展开了深入交流，坦诚地将各自的意见进行了交换，达成了初步共识。此次访问期间，正值朝鲜劳动党成立 25 周年，周恩来考虑到这一问题，专门在人民大会堂举行盛大宴会，招待金日成及其随行人员，以示庆祝。

二十世纪七十年代初，在周恩来等人的共同努力下，中朝不愉快的关系很快清除，双方关系恢复了正常化。这个变化与周恩来的积极努力是分不开的。

在基辛格访问中国之前，周恩来于 1971 年 7 月 15 日乘飞机抵达平壤，秘密访问了朝鲜。他向金日成说明计划同基辛格会谈的内容及对形势的估计，当日即返回北京。1972 年 3 月 7 日，周恩来最后一次出访朝鲜，这也是他最后一次出国。此次出访主要是向金日成通报尼克松访华情况，消除朝鲜劳动党的疑虑，显示了中国共产党及周恩来等中共领导人对中朝关系的高度重视。

1975 年 4 月，金日成应邀正式访华。由于身体的原因，毛泽东和周恩来委托邓小平出面接待。4 月 18 日，毛泽东亲自会见了金日成一行。4 月 19 日，病重的

---

① 《周恩来与外国首脑及政要会谈录》，台海出版社 2012 年版，第 322 页。
② 《中华人民共和国政府和朝鲜民主主义人民共和国政府联合公报》，《人民日报》，1970 年 4 月 9 日第 1 版。

周恩来在北京 305 医院专门会见了金日成，此时周恩来的身体已经十分虚弱。会见之前，由于周恩来双脚已经严重浮肿，只能穿赶制的布鞋会见金日成及其率领的朝鲜党政代表团。此次医院会谈，也是周恩来与金日成的最后一次见面。

从中国共产党执政到在病重期间最后一次会见朝鲜劳动党领袖金日成，周恩来为发展中朝友好关系多次会见金日成等朝鲜领导人。他为中朝两党两国关系的稳定发展做了很大努力。从军事援助朝鲜、经济援助朝鲜到两国边界的顺利划分，几乎涉及中朝两党、两国的所有重大事宜，周恩来都亲自参与，推动了这些问题的合理解决。周恩来为维护和增进中朝两党、两国和两国人民的友谊作出了卓越贡献。

中朝两国是山水相连的近邻，两党领导人之间的频繁接触对两国友好关系的建立产生了深远影响。周恩来多次会见朝鲜领导人的重要作用和深远影响主要表现在三个方面。

第一，中朝两国领导人通过当面协商，确定了在朝鲜战争中两国军队的配合作战、后勤供应、停战谈判、中国军队撤兵等重大问题，保卫了中朝两国的独立和安全，维护了各自的国家利益。特别是在朝鲜战争期间，周恩来几次会见金日成，使中朝两国对如何协同作战、如何开展和结束停战谈判等具体问题得以及时沟通和解决，虽然最初意见不一致，但最终都达成了一致意见，对保证中朝两国军队统一指挥、相互配合，共同捍卫国家利益，签订停战协定皆产生了直接的影响。朝鲜战争停战后，金日成希望在朝鲜半岛的包括中国军队在内的所有外国军队尽快撤出。1958 年周恩来访朝，商定中国撤军的具体时间表，这不仅对维护朝鲜半岛和平与安全非常重要，而且对维护世界和平起了积极作用。

第二，周恩来多次会见来华的金日成等朝鲜领导人，增进了双方对彼此国情和各自的需求的了解，直接成果是促成了中国对朝鲜不断的大量的经济援助，对朝鲜的战后经济复兴产生了重要的积极的影响。残酷的战争破坏了朝鲜几乎所有的生产设施，造成朝鲜生产力严重下降。战后的朝鲜到处是被炮火烧焦的土地及被炸毁的桥梁、道路。受战争创伤最严重的是朝鲜的工业，8 700 多家工厂企业几乎完全遭到破坏。1/4 以上的农田遭到破坏，耕地面积大大减少。周恩来在与金日成会谈时答应给朝鲜大量援助。朝鲜战争期间，中国政府援助朝鲜各种物资 560

多万吨，开支战费 60 亿元人民币。① 停战后中国帮助朝鲜修复了铁路、桥梁、车站、山洞、通信、给水等设施，向其供应了煤、棉花等原料，以及机器设备、钢材、粮食和各种轻工业品等物资。1954 年至 1957 年，中国无偿援助朝鲜 8 万亿元人民币。"1958 年 9 月，中朝两国政府又签订了《1959—1962 年长期贸易协定》和《关于中国向朝鲜提供两项贷款的协定》。"② 二十世纪五十年代中后期，通过接触，中朝之间的经贸关系变得更加密切。

第三，周恩来多次会见金日成，中朝两国领导人频繁的接触，巩固和加深了两国间的合作关系，两国领导人也建立了深厚的友谊。1975 年 4 月，金日成访华时，得知周恩来病重住院，坚持到医院看望周恩来。1976 年 1 月 8 日，当周恩来逝世的消息传到朝鲜，金日成悲痛万分。为了纪念周恩来为中朝两党、两国关系发展作出的重大贡献，也为了纪念与周恩来之间这段真挚的友情，金日成决定在朝鲜修建周恩来铜像，地点选在 1958 年周恩来冒雪访问过的咸兴化肥厂。这是朝鲜第一个外国人铜像。铜像落成后，1979 年，金日成邀请邓颖超访朝，并亲自陪同她去咸兴参加铜像揭幕仪式。

二、为建立和维护中越两党密切关系做了大量工作

中国共产党与越南共产党③ 早在革命战争年代就发生了密切关系。越南共产党的胡志明等人在二十世纪二三十年代就在中国从事革命活动，与周恩来等中国共产党领导人很熟悉。中国共产党执政之后，便积极同越南等东南亚国家的共产党进行交流。在东南亚各国共产党中，中国共产党与越南共产党交往最为密切，先后帮助越南共产党进行过反法、反美等战争。周恩来作为中国共产党领导人之一，积极参与了对越南的政党外交。

中越两党开展的政党外交，主要在中国共产党执政之后。1950 年 1 月 18 日，中华人民共和国承认了越南民主共和国，中国成为世界上第一个承认越南民主共和国的国家。此时，正值越南劳动党（印度支那共产党）带领越南人民进行抗法战争，因而，中越两党起初的交往活动主要是围绕抗法战争展开的。在此期间，

---

① 王博主编:《中华人民共和国经济发展全史》第 1 卷，中国经济文献出版社 2006 年版，第 37 页。
② 徐萍:《冷战与东北亚史论》，吉林大学出版社 2011 年版，第 50 页。
③ 越南共产党 1930 年 2 月在香港成立，初名就叫越南共产党。1930 年 10 月曾改名为印度支那共产党，1951 年 2 月改称越南劳动党，1976 年 12 月改回越南共产党。

周恩来同越南劳动党（印度支那共产党）领导人的会晤也多是围绕抗法战争展开的，并且多次参与审核与批准援助越南劳动党的各类项目。

1952 年 12 月 24 日，周恩来在会见越南劳动党中央负责人长征、阮自清时，就越南劳动党的工作情况和中国顾问团在越的工作等问题交换意见，表示同意让总顾问罗贵波继续留在越南帮助他们开展有关工作。[①] 周恩来希望罗贵波帮助越南劳动党开展抗法战争。对越南要求中国援助的军事物资，周恩来尽量予以解决，并安排军委总后勤部分批发货。在抗法战争期间，中国共产党作为唯一援助越南的兄弟政党，为其提供了枪支、火炮及大批弹药、粮食等物资，为越南劳动党和越南人民取得最终胜利提供了物资保证。

越南抗法战争结束后，周恩来继续在中越两党外交上发挥重要作用。1954 年 5 月日内瓦会议期间，周恩来与越南劳动党代表范文同进行过多次交流，最终在日内瓦会议上签署了关于解决越南问题的协约和宣言，划定了法军和越南人民军的临时军事分界线。法国结束了其殖民统治。

随着抗法战争的结束，越南劳动党开始带领越南人民进行改革。然而，此时美国在南越扶植了吴庭艳政权，与胡志明领导的北越劳动党政权形成对峙。1955 年，越南战争爆发，直至二十世纪七十年代越南才得以统一。在此期间，中国共产党一方面在精神上支持北越人民争取统一的战争，另一方面在物质上继续援助北越，给越南劳动党和越南人民以支持。

1956 年 11 月 18 日，周恩来与贺龙飞往河内，开始对越南等七国进行访问。访越期间，周恩来同胡志明、范文同等越南劳动党领导人举行了多次会谈。双方就目前国际局势、批判斯大林问题、兄弟国家间的关系问题、中越两党与两国间的关系问题交换意见，周恩来还介绍了中国共产党近年来的主要工作及工作中的经验教训，讲了中国共产党在把马克思列宁主义的革命理论同中国革命实践相结合的过程中，在实际工作中贯彻群众路线的重要性和纠正错误的长期性。在随后的访问中，周恩来出席了在河内巴亭广场举行的有十万人参加的群众大会，参观了河内的大学、少年儿童俱乐部和一些工厂。11 月 21 日，周恩来在胡志明举行的国宴上致辞说："三十四年前，我在巴黎认识了胡主席，他是我的引路人。他在当

---

① 《周恩来年谱（1949—1976）》上卷，中央文献出版社 1997 年版，第 274 页。

时已经是一个成熟的马克思主义者，而我那时还刚刚加入共产党。他是我的老大哥。他的生活永远是如此简单朴素，他的样子、精神和生活方式都没有改变。我们从胡主席和越南人民身上学到了很多好的东西。"[①]22 日，周恩来和越南总理范文同就中越双方关心的问题展开了会谈。周恩来表示，中国将同过去一样支持越南人民进行经济建设和争取和平统一的斗争。中越两党、两国之间有着牢不可破的友谊和兄弟般的合作。[②]最后，双方发表了《中华人民共和国国务院总理周恩来和越南民主共和国政府总理范文同会谈的联合公报》。

11 月 27 日，周恩来和贺龙访问了柬埔寨后再次飞抵河内。当晚他们和越南劳动党中央政治局成员举行会谈，并应邀对越南情况提出几点参考意见，同时同意越方让中国在越南的专家留下继续帮助工作的请求，但提出："中国专家的意见只能供越南同志参考，财经工作的方针政策应该由越南同志自己决定。"[③]

1960 年 5 月，周恩来飞抵河内，再次对越南进行友好访问。这次访问期间，周恩来同越南劳动党和国家领导人胡志明、黎笋、范文同、长征、黄文欢等举行了多次会谈，参观了由中国援建的河内升龙卷烟厂、金星橡胶厂、河内卷烟厂，与范文同讨论了中国援助越南的资金和建设经验。在范文同陪同下，周恩来访问了河内百科大学，参观了河内市郊仁政乡农业生产合作社。越南劳动党领导人黎笋介绍了越南劳动党代表会议的准备工作情况。周恩来在同越南劳动党代表团举行第二次会谈时，谈了国际阶级斗争和中国国内的社会主义改造问题，后又接见了越中友协代表和越南华侨代表。5 月 14 日，《中华人民共和国国务院总理周恩来和越南民主共和国政府总理范文同会谈的联合公报》发表后，周恩来结束了这次访越之旅。

二十世纪六十年代，中国共产党支持胡志明领导的越南劳动党进行抗美斗争。周恩来代表中国共产党具体领导了这项工作。在此期间，越南党政领导人频繁到访中国，几乎每次都是周恩来亲自接见和主持会谈。1967 年到 1968 年，周恩来与越南劳动党领导人胡志明、范文同举行了多次会谈。双方就越南的抗美斗争形势、美国的意图及越方战略方针交换了意见，商定了中国援助越南的许多具体问题。

① 《周恩来年谱（1949—1976）》上卷，中央文献出版社 1997 年版，第 640 页。
② 《不断地加强中越两国的兄弟友谊》，《人民日报》，1956 年 11 月 23 日第 1 版。
③ 《周恩来年谱（1949—1976）》上卷，中央文献出版社 1997 年版，第 642 页。

1969 年 9 月 3 日，越南劳动党领导人胡志明逝世。当晚，周恩来率中国共产党代表团离京飞往越南吊唁胡志明。9 月 4 日上午，周恩来一行抵达河内。吊唁期间，周恩来与叶剑英同越南党政领导人黎笋、长征、范文同、武元甲进行了会谈。在会谈时，周恩来说："胡志明主席不幸逝世的消息传到中国，中国党、政府、军队和中国人民感到十分悲痛。胡主席一生奋斗，不仅为越南人民建立了不朽的功勋，而且对国际无产阶级也作出了很大的贡献。胡主席同中国革命、中国党的关系尤其密切，不比一般。他同中国人民、中国党建立了深厚的感情，把中越两党两国人民密切地联系在一起。从我个人来说，我同胡主席是最老的战友。希望能够安排我们在胡主席遗像前举行告别仪式。在开正式追悼会时，我党将再派代表团前来参加。"[①] 会谈后，周恩来同叶剑英到医院瞻仰胡志明遗容。9 月 5 日，周恩来率中国共产党代表团回国。次日，周恩来又率中央党政军等有关方面负责人前往越南驻华大使馆吊唁胡志明。

胡志明逝世后，越南党内亲苏派领导人黎笋地位上升，中越两党之间的关系开始滑坡。周恩来依然希望能够维持中越双方的友好关系，多次就有关问题与越南劳动党沟通。1971 年 3 月 5 日至 8 日，周恩来率领中国党政代表团再次访问越南。周恩来同越南党政领导人就越南人民抗美救国战争及印度支那局势等问题举行了多次会谈，高度赞扬越南人民取得的胜利，周恩来表示："中国政府和人民将一如既往，坚决支持越南人民抗美救国的正义斗争。"[②]3 月 8 日，周恩来代表中共中央和中国政府签署《中国共产党中央委员会、中华人民共和国政府和越南劳动党中央委员会、越南民主共和国政府联合公报》。

中美关系出现转机后，为了避免引起越南劳动党的误解，1971 年 7 月 13 日，周恩来代表中国共产党访问越南，他先后会见了越南劳动党中央政治局委员黄文欢、越南劳动党第一书记黎笋，向他们通报中美会谈的情况。11 月 20 日，越南民主共和国政府总理范文同率领越南党政代表团访华。周恩来与范文同举行了多次会谈，向越方通报基辛格关于美国对越谈判的基本方针。11 月 25 日，双方签署了《中国共产党中央委员会、中华人民共和国政府和越南劳动党中央委员会、越南民主共和国政府联合公报》。

---

① 《周恩来年谱（1949—1976）》下卷，中央文献出版社 1997 年版，第 319 页。
② 《周恩来年谱（1949—1976）》下卷，中央文献出版社 1997 年版，第 441~442 页。

尼克松访华后，周恩来于 1972 年 3 月 4 日再次飞往河内，向越南党政领导人通报尼克松访华情况。不久，周恩来又同范文同举行会谈，就有关越美巴黎会谈问题交换了意见。

1973 年 1 月 29 日，毛泽东与周恩来等联名致电越南劳动党领导人，对《关于在越南结束战争、恢复和平的协定》的正式签订表示祝贺。[①] 2 月 1 日，在欢迎越南劳动党中央政治局委员黎德寿和越南劳动党中央政治局委员、副总理兼外交部部长阮维桢的晚宴上，周恩来首先对协定的签订表示了祝贺，然后重申了中越两党、两国的兄弟关系。当年 6 月 4 日，越南劳动党领导人黎笋和范文同率领越南党政代表团访问中国。周恩来同他们会谈了东南亚和欧洲形势，讨论了关于帮助越南北方恢复和发展经济的问题。6 月 8 日，周恩来出席了关于 1974 年中国政府给予越南无偿经济和军事援助协定的签字仪式，该协定旨在帮助越南医治战争创伤，恢复和发展国民经济，增强国防力量。协定的签订进一步增强了双方的战斗友谊和团结。6 月 12 日，《联合公报》发表并宣布："必将为进一步加强和巩固两党、两国和两国人民建立在马克思列宁主义和无产阶级国际主义基础上的伟大友谊和战斗团结作出积极的贡献"[②]。

尽管周恩来为维护中越两党两国关系，多次同越南党和国家领导人进行会谈和协商，然而，由于美苏的影响及其他原因，二十世纪七十年代，中越两党关系已不如二十世纪五六十年代。特别是尼克松访华后，越南劳动党对中国共产党的态度日益趋冷。从 1974 年开始，越南劳动党就不断派遣军事力量在中越边境挑衅。1975 年越南战争结束，越南实现了统一。然而，从这一年起，越南开始驱赶、迫害华侨，并向南沙群岛、西沙群岛提出"领土要求"，加速了中越两党关系的恶化。

虽然 1976 年周恩来逝世时，中越两党的关系已经恶化，但我们依然要肯定周恩来为中越两党友好关系的建立和巩固作出的贡献。从支持越南抗法战争到日内瓦谈判，从援助越南经济建设到帮助越南开展抗美斗争，周恩来都为之付出了最大努力，援助越南人民的正义事业，通过各种方式努力维护中越两党之间的友

---

① 1973 年 1 月 27 日，越南和美国政府代表在巴黎签订了《关于在越南结束战争、恢复和平的协定》，美国的侵略战争至此以失败终结。

② 《联合公报》，《人民日报》，1973 年 6 月 12 日第 1 版。

好关系。

三、与其他社会主义国家政党开展的政党外交

中国共产党成为执政党后，除了同苏联共产党建立密切联系，在亚洲积极支持朝鲜劳动党和越南共产党外，在欧洲比较多地与罗马尼亚、阿尔巴尼亚等东欧国家的共产党发展双边关系。作为中国共产党外交事务的主要负责人，周恩来同样是中国共产党对罗马尼亚、阿尔巴尼亚等国政党开展党际外交的开创者和奠基者。中国共产党执政后，周恩来多次出访东欧各共产党执政国家，多次接见东欧各国共产党代表团，发展了中国共产党与东欧各国共产党的政党外交，推动了中国共产党与东欧共产党之间的联系。

阿尔巴尼亚共产党成立于 1941 年 11 月 8 日，1948 年更名为劳动党，1990 年12 月以前是阿尔巴尼亚社会主义人民共和国唯一的政党，也是执政党。新中国同阿尔巴尼亚于 1949 年 11 月 23 日建交。二十世纪五十年代中后期，两党、两国的关系逐渐密切起来。应阿尔巴尼亚劳动党和政府请求，中国开始向其提供一定数量的经济援助。

1960 年，在布加勒斯特举行的社会主义国家共产党和工人党代表会议上，中苏两党的矛盾公开化。在中苏两党代表团的交锋中，参会的阿尔巴尼亚劳动党代表团明确表态支持中国。此后，中阿两党关系迅速升温。周恩来从 1963 年开始，连续三年三次访问阿尔巴尼亚，并多次接见了来访的阿尔巴尼亚劳动党代表团。

1963 年 12 月 31 日，周恩来首次对阿尔巴尼亚进行友好访问。周恩来一行于当天下午抵达地拉那，阿尔巴尼亚劳动党中央第一书记霍查、部长会议主席谢胡等到机场迎接。从 1964 年 1 月 2 日到 8 日，周恩来与霍查、谢胡等阿尔巴尼亚劳动党领导人一共进行了八次会谈。双方就国际形势和中苏关系等问题交换了意见。双方还商谈了中国援助阿尔巴尼亚经济建设等问题。在与谢胡签署的中阿会谈联合声明中，周恩来表明："坚决支持阿尔巴尼亚政府和人民为保卫祖国和维护巴尔干地区的和平和安全所作的一切努力。"[1]

1965 年 3 月 27 日和 1966 年 6 月 24 日，周恩来率领中国党政代表团对阿

---

[1] 《周恩来年谱（1949—1976）》中卷，中央文献出版社 1997 年版，第 608 页。

尔巴尼亚进行了第二次、第三次访问，与阿尔巴尼亚党政领导人举行了多次会谈，双方就越南人民反对美帝国主义侵略等共同关心的一系列问题交换了意见。周恩来出席了地拉那人民为欢迎中国党政代表团举行的盛大群众集会，并发表了讲话。在讲话中他强烈谴责了美国入侵越南的事实；重申中国决心给越南人民一切必要的物质支援，包括武器和一切作战物资。[①] 阿尔巴尼亚领导人对周恩来的讲话表示赞赏。

为促进中阿两党、两国关系的进一步发展，周恩来还多次在北京接见来访的阿尔巴尼亚劳动党代表团。1966 年 4 月 28 日，由阿尔巴尼亚社会主义人民共和国部长会议主席谢胡率领的阿尔巴尼亚党政代表团来华进行友好访问。周恩来同谢胡等进行了多次会谈，双方就中阿两国社会主义革命和中国援助阿尔巴尼亚经济建设，以及当前国际局势等问题进行了深入交流，达成了基本一致的看法。5 月 15 日，由周恩来与谢胡分别代表中阿两国政府签署的《中国阿尔巴尼亚联合声明》公开发表，该声明肯定了中国共产党和阿尔巴尼亚劳动党的革命友谊，指出两党之间关系有了全面的发展。[②]

1967 年 9 月 26 日，阿尔巴尼亚社会主义人民共和国部长会议主席谢胡再次率领阿尔巴尼亚党政代表团访问中国。在此期间，周恩来与谢胡等举行了三次会谈，还陪同谢胡参观了武汉锅炉厂、武汉钢铁厂、华中工学院等地。9 月 30 日，周恩来陪同毛泽东接见了以谢胡为首的阿尔巴尼亚党政代表团。周恩来高度评价阿尔巴尼亚党政代表团的这次访问，称此次访问加深了两党、两国之间的相互了解，把中阿两党两国的友谊推向了一个新高峰。

可以说，在二十世纪五十年代，中阿两党的关系是友好的。二十世纪六十年代，中阿两党关系是十分密切的。然而，进入二十世纪七十年代，随着中美关系的缓和，中阿两党的关系逐渐转变。当中美两国发表《中华人民共和国和美利坚合众国联合公报》后，阿尔巴尼亚劳动党对中美交往表示强烈反对，甚至谴责中国已完全堕落为修正主义。此外，由于中国难以满足阿尔巴尼亚提出的高达 50 亿元人民币的贷款和其他数额庞大的援助物资，阿尔巴尼亚劳动党对中国共产党的

---

① 《周恩来年谱（1949—1976）》中卷，中央文献出版社 1997 年版，第 722 页。
② 《中国阿尔巴尼亚发表联合声明进一步加强中阿两党、两国的友谊和团结坚决反对美帝国主义和苏联现代修正主义》，《人民日报》，1966 年 5 月 15 日第 1 版。

不满和批评愈演愈烈。二十世纪七十年代末，两党关系破裂。然而，在处理中阿两党关系问题上，周恩来本着无产阶级国际主义精神，为维护中阿两党两国友谊做了大量工作，不能因为后来两党关系破裂而抹杀周恩来的功绩。

周恩来还为中国共产党同罗马尼亚共产党建立友好关系做出了不少努力。1949 年 10 月 5 日，罗马尼亚便与新中国建立了正式外交关系。建交后，为促进两党两国关系友好发展，周恩来曾两次访问罗马尼亚，并多次接见来访的罗马尼亚党政代表团。

1965 年 3 月，罗马尼亚工人党中央委员会第一书记、罗马尼亚人民共和国国务委员会主席乔治乌—德治逝世，中共中央决定由周恩来率中国党政代表团参加葬礼，并出访罗马尼亚、阿尔巴尼亚、阿尔及利亚、阿联、缅甸等国。这是周恩来出席的中罗两党的一次重要外交活动。3 月 23 日，周恩来率领中国党政代表团飞抵布加勒斯特。当天晚上，周恩来带领中国党政代表团全体成员前往共和国宫，在乔治乌—德治灵前献花圈。次日，周恩来率领中国党政代表团，参加罗马尼亚为乔治乌—德治举行的隆重追悼会和国葬仪式。3 月 25 日，周恩来同毛泽东、刘少奇、朱德联名电贺齐奥塞斯库当选为罗马尼亚工人党中央第一书记、基伏·斯托伊卡当选为国务委员会主席、毛雷尔当选为部长会议主席。3 月 26 日，周恩来在会见罗马尼亚领导人时指出："只有通过协商，任何意见才能更正确，才可以找到更好的解决办法。世界上的事物是互相影响的，不可能说亚洲影响欧洲，欧洲不影响亚洲。"[1]

1966 年 6 月 16 日，周恩来率领中国党政代表团第二次出访罗马尼亚，同齐奥塞斯库等罗马尼亚工人党中央领导人举行了会谈。周恩来高度赞扬罗马尼亚为"捍卫独立主权、维护兄弟国家和兄弟党关系准则，做出了有益的贡献"[2]。会谈后，双方发表了一个简短的新闻公报。该公报指出："访问进一步加强了中罗两国人民的友好合作关系，并且决心进一步发展双方在政治、经济、文化、科学技术方面和群众团体之间的友好合作关系。"[3]

1969 年 9 月 7 日夜，周恩来在北京会见了赴河内参加胡志明葬礼途经北京的

---

① 《周恩来年谱（1949—1976）》中卷，中央文献出版社 1997 年版，第 721 页。
② 中共中央党史研究室、中央档案馆编：《中共党史资料》第 87 辑，中共党史出版社 2004 年版，第 63 页。
③ 蒋本良：《1966 年随周总理访问罗马尼亚》，《百年潮》，2006 年第 9 期。

罗马尼亚部长会议主席扬·毛雷尔。周恩来在会谈中表示："尽管我们有不同看法，交换意见是有益的。"① 其中在谈到中苏关系时，周恩来提出："我们的态度是同意进行合理的谈判，在解决问题以前，维持边界现状避免武装冲突。"②

二十世纪七十年代初，中罗两党关系迅速发展，周恩来多次会见来访的罗马尼亚党政领导人。1970 年 6 月 9 日至 11 日，周恩来同来访的罗马尼亚共产党中央执行委员会委员、国务委员会副主席埃米尔·波德纳拉希举行了四次会谈，双方交流了对国际共运、苏联东欧局势及中罗关系等问题的看法。一年后，周恩来又亲自接待了来访的罗马尼亚共产党总书记、国务委员会主席齐奥塞斯库率领的党政代表团。1972 年 4 月底至 5 月初，周恩来与来访的罗马尼亚共产党中央执行委员会委员、国务委员会副主席埃米尔·波德纳拉希举行了四次会谈。1973 年 9 月 5 日，周恩来会见并宴请了由罗马尼亚共产党中央执行委员会委员、中央常设主席团委员埃米尔·波德纳拉希率领的罗马尼亚共产党中央代表团。随后两天，周恩来同埃米尔·波德纳拉希就世界局势、国际共运等问题交换了意见。

1975 年 9 月 7 日，周恩来生前最后一次会见的外宾就是以罗马尼亚共产党中央政治执行委员会委员、中央书记伊利耶·维尔德茨为首的罗马尼亚党政代表团。此时周恩来已患重病住院，但是为了巩固中罗两党友好关系，周恩来不顾病情恶化和身边医护人员的劝阻会见了伊利耶·维尔德茨。在会谈中，周恩来谈到了自己的病情及对邓小平寄予的厚望。最后，周恩来请维尔德茨转达他对罗马尼亚党政领导人及其他老朋友的问候，并表示："具有五十五年光荣历史、在毛泽东思想培育下的中国共产党，是敢于斗争的。"③

从首次出访罗马尼亚到生前最后一次会见罗马尼亚党政代表团，周恩来为推动中罗两党两国关系的发展作出了重要贡献。他努力维护和发展中国共产党同罗马尼亚共产党的友好关系，积极开拓中国共产党的政党外交。

四、与一些非社会主义国家政党的交往

新中国成立初期，中国共产党虽然制定了"一边倒"的外交政策，但并非

---

① 《周恩来年谱（1949—1976）》下卷，中央文献出版社 1997 年版，第 319 页。
② 《周恩来年谱（1949—1976）》下卷，中央文献出版社 1997 年版，第 320 页。
③ 《周恩来年谱（1949—1976）》下卷，中央文献出版社 1997 年版，第 720 页。

拒绝和排斥与其他非社会主义国家的政党的接触。周恩来认为中国共产党同世界各国各类政党的交往可以增加西方和发展中国家对新中国的了解，有利于打破以美国为首的资本主义阵营对中国的封锁。在周恩来的政党外交实践中，他代表中国共产党既同马克思主义政党交往，也同一些资产阶级政党交往；既同发达国家的政党联系，也同发展中国家的政党联系。其中，最具代表性和最有成效的是周恩来通过中日民间外交、政党外交促成了中日两国正式外交关系的建立。

中国共产党执政之初，面对日本追随以美国为首的资本主义阵营，封锁敌视新中国的政治局面，党和政府确定了"支持进步友好力量，争取中间力量，孤立和打击岸信介亲美派"[1]的对日方针。周恩来提出中日交往可以民间先行，以民促官，但同时他也强调中国共产党不会向日本输出革命。[2]他认为，中日关系可以"以积累渐进的方式推进"[3]。中国可以通过民间、半官方的方式与日本各界友好人士共同推动中日关系的发展。二十世纪五六十年代，周恩来积极同日本自民党、日本社会党、日本共产党、日本公明党等政党交往，从而有力地推动了中日两国关系的逐渐改善和发展。

自民党是日本第一大党，作为日本的执政党，自民党对中国共产党及新中国采取"政经分离"的方针，虽然不承认中华人民共和国，不发展官方关系，但允许在一定范围内发展民间贸易和民间交往。周恩来对日本自民党一直很关注，并与自民党内的对华友好人士保持接触，他先后会见过日本自民党重要人物松村谦三、石桥湛山、高碕达之助等人，与他们进行了友好交谈，并通过他们及其他一些日本友人传递友好信息，促成了田中角荣的访华。1959 年 9 月，日本前首相石桥湛山率团来华。周恩来同他举行了友好会谈，并签署了《周恩来总理和日本前首相石桥湛山会谈公报》。石桥湛山作为日本自民党的重要成员，其访华形成了一定的政治影响力，促进了中国共产党同日本自民党政党外交关系的发展。同年 10 月，日本自民党元老松村谦三率领代表团访华。周恩来认为这是让日本自民党深入了解中国共产党的好机会，先后与以松村谦三为首的代表团进行了四次会谈。会谈取得了良好效果，加强了中国共产党与日本自民党之间的交流。此后，松村

---

① 《中共中央文件选集（一九四九年十月～一九六六年五月）》第 31 册，人民出版社 2013 年版，第 153 页。
② 徐行编著：《周恩来与中日关系的历史性转折》，天津社会科学院出版社 2010 年版，第 16 页。
③ 《周恩来外交文选》，中央文献出版社 1990 年版，第 340 页。

谦三多次访华，对发展中日关系发挥了一定作用。

周恩来还注重发展同日本社会党的外交关系，积极扩大日本国内的亲华派力量。日本社会党是第二次世界大战后日本国内最先建立的政党，在二十世纪五十年代中后期成为日本主要的在野党。日本社会党在对华方针上不同于日本自民党，提出了应当"开展日中邦交正常化的运动"[1]。1957年4月，日本社会党派出以浅沼稻次郎为首的访华团，主动同中国共产党建立政党外交关系。周恩来在接见日本社会党领导人浅沼稻次郎时指出，日本社会党是中国共产党与中国政府的知心朋友，在中日半官方外交和很多协定中发挥了一定的作用，今后更应当相互配合。[2] 在日本社会党访华期间，双方还发表了共同声明。在声明中，日本社会党表示不承认存在"两个中国"，这为发展良好的政党外交关系打下了基础。

此后，日本社会党于1959年3月再次派出以浅沼稻次郎为首的访华团，进一步推动了中日政党外交的发展。此外，日本社会党的佐佐木更三在中日政党交往和两国外交中发挥了特殊作用。二十世纪七十年代初，佐佐木更三访华之前与时任日本首相的田中角荣进行了交流，并将田中角荣的意见带给周恩来。佐佐木更三回国后，将经过中日双方讨论，达成基本共识的一些问题向田中角荣进行了汇报，坚定了田中角荣的访华决心。毫无疑问，周恩来领导开展的同日本社会党的交往增进了中日间的了解和田中角荣对中国共产党的认识，促进了中日两国邦交正常化。

周恩来还一直保持着与日本共产党及日本公明党的交流，促进了中日间的政党外交和相互认知。日本共产党成立于1922年，第二次世界大战结束后恢复合法地位，并于二十世纪六十年代成为日本国内一股重要的政治力量。早在中国共产党执政之前，中国共产党领导人与日本共产党领导人就有过接触，日本共产党领导人野坂参三曾去延安，与毛泽东、周恩来等中国共产党领导人进行过深入交流。中国共产党执政之后，日本共产党多次派代表团访华，周恩来代表中国共产党会见了日本共产党代表团，双方进行了友好交流。

二十世纪七十年代，由于日本共产党发生分裂，便未能在中日两国邦交正常化中发挥更多作用。

---

① 史桂芳：《战后中日关系（1945—2003）》，当代世界出版社2005年版，第76页。
② 《周恩来外交文选》，中央文献出版社1990年版，第228页。

相较于其他日本政党，日本公明党成立较晚。日本公明党于1964年召开建党大会，是一个以宗教团体创价学会为母体的政党。周恩来对创价学会在日本的崛起比较重视，指示孙平化要同具有影响力的创价学会进行接触。1971年6月，日本公明党委员长竹入义胜率领该党代表团首次访华，周恩来与之进行了友好会谈。周恩来指出，中国共产党与日本公明党虽是两个不同阶级的政党，但双方之间也存在共同点，双方可以在已经形成的一些共同认知的基础上发展友好关系。1972年7月，竹入义胜再次来华访问。周恩来与竹入义胜进行了深入会谈。会谈中，竹入义胜如实记录下中方所提建交方案和周恩来的意见，表示将带回向时任首相田中角荣、外相大平正芳报告。

1972年7月27日，周恩来主持召开了中共中央政治局会议，报告同竹入义胜会谈情况。会议通过《中日联合声明要点（草案）》。次日，周恩来将《中日联合声明要点（草案）》送毛泽东审阅。

竹入义胜回国后，将他与周恩来会谈的内容向时任日本首相的田中角荣进行了汇报，巧妙地传达了中国政府的意见。应当说，周恩来与日本公明党的政党外交在一定程度上为双方举行中日邦交正常化谈判打下了基础。此外，在周恩来的指示下，孙平化同创价学会进行了尝试性接触，并最终促成了1974年周恩来与时任创价学会会长池田大作的历史性会见。此后，创价学会代表团多次访华，积极推进中日友好事业发展。

周恩来代表中国共产党同日本各主要政党展开的外交取得了很好的效果，达到了以民促官的目的，不仅推动了中日民间在经济贸易、文化、教育、卫生、体育各领域的交流和来往，而且有力推动了中日官方外交的发展，最终实现了中日两国邦交的正常化。日本自民党议员古井喜实不得不感叹道："回顾日中关系的发展便可以了解，始终由中国主导。很遗憾，日本外交是无法与之较量的。"[1]

除日本各政党之外，周恩来还代表中国共产党同欧洲一些资本主义国家开展了政党外交。冷战时期，世界分成以苏联为首的社会主义和以美国为首的资本主义两大阵营。中国采取"一边倒"的外交政策，坚定地站在社会主义阵营一边，同苏联、罗马尼亚、波兰、捷克斯洛伐克、匈牙利、南斯拉夫、阿尔巴尼亚、民

---

[1] 裴默农：《周恩来与新中国外交》，中共中央党校出版社2002年版，第303页。

主德国等当时的社会主义国家，以及苏联共产党、罗马尼亚共产党等政党建立了友好关系，同时，中国共产党同英国工党 ①、意大利社会党、冰岛统一社会党等也保持接触。

中华人民共和国成立后，英国于 1950 年承认了中华人民共和国，成为西方世界第一个承认新中国的国家。1954 年 7 月，周恩来在日内瓦同英国工党总书记菲利普斯进行了会面，双方一致认为应该加强彼此了解，建立一定的合作关系。日内瓦会议结束不久，英国工党领袖艾德礼率领代表团于 8 月来华访问，周恩来代表中国共产党与艾德礼进行了会谈，这是双方政党领导人进行的第一次正式会谈。周恩来表示："对于过去的事情加以澄清以后，就有助于双方的关系在将来的发展。"② 艾德礼对此表示赞同。在周恩来等人努力下，中国共产党同英国政党的交往取得了显著成效。1954 年 9 月，中英两国建立代办级外交关系，实现了以政党外交促进国家外交的一大突破。此外，周恩来于 1955 年 9 月会见了意大利社会党总书记彼特罗·南尼和冰岛统一社会党代表团，在会谈中周恩来表明了中国发展政党外交的积极态度。周恩来同这些资本主义政党进行的交流，为西方国家了解新中国打开了一扇窗户，为彼此提供了一个增进了解和接触的机会，也为改革开放新时期中国共产党同欧洲政党外交的全面发展提供了经验，奠定了基础。

中国共产党执政后，周恩来还代表中国共产党同亚非拉国家的马克思主义政党和资产阶级政党保持了一定的联系。在中国共产党外交路线的指引下，在周恩来领导的政党外交实践中，中国共产党有力支持了亚非拉国家各政党所领导的民族解放运动。随着非洲民族解放运动的蓬勃发展，非洲新兴民族国家不断涌现。对此，毛泽东、周恩来等中国共产党领导人逐渐认识到与非洲国家及政党建立联系的重要性。万隆会议期间，周恩来把握时机，会见了多个非洲参会政党代表团，包括突尼斯新宪政党、摩洛哥独立党、阿尔及利亚民族解放阵线党、南非非洲人国民大会、南非印度人大会、喀麦隆人民联盟等。周恩来同这些党政领导人的交流，增进了中国共产党对与会各国各政党的了解，为中国共产党同非洲各国政党外交关系的建立打下了基础。二十世纪五六十年代，周恩来访问了许多亚

---

①　英国工党 1900 年 2 月成立于英国，最初称为劳工代表委员会，1906 年改称工党，其传统理论基础是费边社会主义。

②　《周恩来年谱（1949—1976）》上卷，中央文献出版社 1997 年版，第 409 页。

非国家，在毛泽东提出"三个世界"理论后，周恩来代表中国共产党进一步加强了同非洲国家和政党的联系，并给一些非洲国家很多经济援助和政治支持。

中国共产党对拉丁美洲国家的政党外交也是在周恩来领导下逐步展开的，交往的对象既有共产党，也包括哥伦比亚自由党等非马克思主义政党。早在新中国成立之初，毛泽东、周恩来等中国共产党领导人就会见了来访的墨西哥劳工运动领袖、人民党书记维森特·隆巴多·托莱达诺，向他介绍了中共领导革命的经验。托莱达诺在回国后出版的《新中国旅行日记》一书，成为拉美地区人民和政党了解中国共产党和新中国的一份珍贵材料。二十世纪五十年代，巴西、巴拉圭等国家的共产党也与中国共产党取得了联系，双方通过书信、电报往来。此外，周恩来同古巴共产党领导人卡斯特罗、墨西哥革命党领导人卡德纳斯及玻利维亚左翼革命党主席利卡尔多·阿纳亚等建立了联系，扩大了中国共产党与拉美国家政党的交往范围。周恩来曾专门指出：发展与拉美国家的政党外交关系应当细水长流，稳步前进。[①] 在拉美国家的政党领袖中，与中共接触较早的是智利社会党领袖萨尔瓦多·阿连德·戈森斯。1954 年他率团访问中国，同周恩来进行了会谈。周恩来表示愿意同南北美洲国家、政党建立友好关系，萨尔瓦多·阿连德·戈森斯对此表示同意和赞赏。1970 年，萨尔瓦多·阿连德·戈森斯当选智利总统之后，代表智利同中国签署了《中国和智利关于中、智两国建立外交关系的联合公报》。智利成为南美洲第一个同中国建交的国家。

第四节　周恩来政党外交的思想与实践

周恩来是伟大的无产阶级革命家、政治家、军事家和外交家，亲自参与制定和实施了新中国外交的政策方针。政党外交是周恩来外交思想和实践中一项不可或缺的重要内容。周恩来在长期的外事活动中形成了政党外交的思想和原则，形成了自己的方式和风格，并在实践中取得了良好效果，对新中国政党外交的开拓发挥了重要作用。

周恩来政党外交思想是中国共产党政党外交思想的重要组成部分。中国共产

---

① 黄志良：《新大陆的再发现：周恩来与拉丁美洲》，世界知识出版社 2004 年版，第 52 页。

党处理党际关系的主要原则："独立自主、完全平等、互相尊重、互不干涉内部事务"① 等均包含周恩来的杰出贡献。周恩来对政党外交有独特思考和风格，对其政党外交思想和实践的认真梳理和分析，将深化对中国共产党各项建设和我国外交战略的研究。仔细考察周恩来政党外交的实践效果和历史作用，思考周恩来政党外交对当代的启示意义，无疑有重要的理论价值和现实作用。

一、周恩来政党外交思想的主要原则

中国共产党执政后，周恩来一直领导新中国的政党外交和政府外交工作。在党际交往中，周恩来坚持了以下原则。

（一）区别对待原则

在党际交往中，周恩来反对教条主义，反对根据主观臆测作出外交决策。他告诫说："遇事要仔细想，分析研究，看是属于哪一类性质，其后果如何，分析好的一方面，同时也要分析坏的一方面。"② 周恩来在政党外交中对各项决策的基本要素：决策者、性质、决策结果、前瞻预期，以及权衡后的相机选择，都十分重视。如1956年，苏伊士战争及波匈事件先后发生。面对这两起事件，周恩来等代表中国政府和执政党出访亚洲和欧洲国家。他对这两起事件采取区别对待的外交方针和策略。对亚洲八国的访问，周恩来将其概括为"寻求友谊、寻求知识、寻求和平"③。在出访亚洲各国期间，周恩来一再表明，中国强大后不会像英法那样侵略其他国家，并谴责了英法的侵略行为，还对中国历史上封建王朝对邻国的侵略政策表示反对，向越南、缅甸等国解释了中国的外交政策，对中国与这些发展中国家建立友好关系起到了很好的宣传和沟通作用。

而对波匈事件，需要分析和处理的问题比较复杂。当时波兰和苏联之间对波兹南事件的看法分歧很大，波兰认为是波兰共产党和政府官僚与民众利益的冲突，而苏联将其认定为帝国主义的煽动，苏联企图用武力威胁使波兰就范，两国两党关系一时很紧张。周恩来意识到这个事件的解决将牵涉社会主义阵营内部的很多问题，因此他在出访波兰的时候与波兰共产党做了坦率的交流，与波兰领导人举

---

① 《改革开放三十年重要文献选编》上，人民出版社2008年版，第285页。

② 《周恩来外交文选》，中央文献出版社1990年版，第5页。

③ 《周恩来年谱（1949—1976）》上卷，中央文献出版社1997年版，第650页。

行了多次正式会谈，与波兰领导人哥穆尔卡进行了两次单独谈话，将全部访欧行程的近一半时间花费在了波兰。周恩来在与苏方和波方的接触中，在莫斯科批评了苏联的大国沙文主义，而在华沙主要为苏联说话。周恩来从两大阵营的角度努力协调波兰和苏联的关系，在一定程度上缓解了波兰与苏联的争执，化解了社会主义阵营内和政党间的一次危机。

（二）平等与尊重原则

不同影响力的政党交往会牵涉地位平等问题，政党影响力必然要涉及它所在国家的实力及政党在本国的权力地位。在与中国共产党交往的政党中，有强于中国国力的执政党，有弱于中国国力的执政党，也有一些是在野党。在处理与不同国家政党的关系上，周恩来有自己的思考。如在协调波兰共产党与苏联共产党关系时，周恩来支持波方的合理要求，批评了苏方的大国沙文主义。1957年1月10日，周恩来在去波兰之前出席苏方举行的送行宴会中指出："处理兄弟党的关系，绝不能有高人一等的思想，再大的党，在各国党面前也是平等的，不要把自己的东西强加给别人。"[①] 周恩来坚持的平等与尊重原则，不仅仅表现在协调苏方与波方的关系上。1961年10月，周恩来率中国共产党代表团参加苏联共产党第二十二次代表大会期间，苏共领导人在大会上公开指责未被邀请参加大会的阿尔巴尼亚劳动党，周恩来对此表示不能同意，他在讲话中指出："兄弟党、兄弟国家之间，如果不幸发生了争执和分歧，应该本着无产阶级国际主义精神、平等和协商一致的原则，耐心地加以解决。对任何一个兄弟党进行不公平的片面的指责，是无助于团结，无助于问题的解决的。"[②]

周恩来一向主张平等对待各国政党，友好交流，这从中国与日本执政的自民党，与在野的日本社会党、日本共产党的友好交往中就可以看出。对日本各政党，不论其权力大小地位高低，周恩来都表示出尊重、友善的态度。日本公明党前委员长竹入义胜曾回忆说："他兼具伟大与亲切的品质，是一位不管制度与立场如何，都能善于听取对方意见的人。"[③] 周恩来认为持不同意识形态的政党间，应该相互尊重其选择权，而且各国选择的可能性可以多种多样。

①《周恩来年谱（1949—1976）》中卷，中央文献出版社1997年版，第7页。
②《周恩来年谱（1949—1976）》中卷，中央文献出版社1997年版，第440页。
③ 陈答才、潘焕昭：《以民促官——周恩来与中日关系》，重庆出版社1998年版，第261页。

（三）独立自主原则

由于冷战环境下国家利益博弈和意识形态对抗的需要，强弱之间控制与反控制的斗争一直存在。党际交往中的独立自主原则在社会主义阵营内很重要。苏联与南斯拉夫之间的矛盾，最终导致苏共与南共的决裂。苏共与南共之争表面上看是苏共指责南斯拉夫走铁托道路，实际上是因为南斯拉夫不服从苏联的指挥，未与其整个东欧战略合作所致。随后的波匈事件，又是坚持独立自主原则的问题。从中国共产党与共产国际的关系史上考察，中国共产党对独立自主原则的诉求更有感受，中国共产党坚定捍卫各党的独立自主原则。周恩来在参加苏共二十二大时强调："中国共产党真诚地希望，有争执和分歧的兄弟党，将会在马克思列宁主义的基础上，在互相尊重独立和平等的基础上，重新团结起来。"[1] 兄弟党之间处理关系要遵循的原则之一就是"兄弟党的内部事务，不能干涉"[2]。

1963 年，周恩来会见埃及客人，在谈及中国共产党的外交思想时，他明确指出："要等待，不要将己见强加于人。"[3] 他认为，独立自主原则不仅是向别人要求权利，保持自身的价值理念和政策独立，而且要以身作则，在与别的政党的交流中也要处处尊重对方的独立性和自主权。在会见日本国际贸易促进协会会长村田省藏时，周恩来说道："各国的共产党是由本国人民创造的，各自独立地存在，同各国的社会党或自由党分别信奉社会主义或自由主义，各自独立存在一样。我们从来没有想让日共隶属于中共，由中共来指挥日共。"[4]

（四）求同存异原则

求同存异的理念源于中国优秀传统文化，周恩来在政党外交和国家外交中将其发扬光大，赋予其新内涵。他主张在政党外交中要立足于双方可以接受的共识，尊重各自对问题的不同看法和利益诉求的差异性。无论在处理与资本主义国家政党还是与社会主义国家政党的关系中，他都遵守了这一原则。1954 年 8 月 12 日，周恩来就接待英国工党访华代表团一事作的《关于外交问题的报告》指出："世界上不同制度的国家是可以和平共处的。""我们和英国是有同与不同的，我们的态度是求同而不求异。""当然，不同的地方，双方都不能去掉，不能要求双方改变

---

① 《中共中央文件选集（一九四九年十月～一九六六年五月）》第 39 册，人民出版社 2013 年版，第 258 页。

② 《周恩来年谱（1949—1976）》中卷，中央文献出版社 1997 年版，第 441 页。

③ 《周恩来外交文选》，中央文献出版社 1990 年版，第 327 页。

④ 《周恩来与日本朋友们》，李德安、王泰平、刘利利等译，中央文献出版社 1992 年版，第 20 页。

立场和放弃立场。""同在哪里呢？第一，双方要和平；第二，双方要做买卖；第三，它要取得政治资本，在国内多搞选票，就得推进中英关系。"[1] 在会见英国工党访华代表团的过程中，周恩来也向外宾阐述了求同存异的立场。

1955 年，周恩来在亚非会议上进一步阐释求同存异原则："我们共产党人从不讳言我们相信共产主义和认为社会主义制度是好的。但是，在这个会议上用不着来宣传个人的思想意识和各国的政治制度……中国代表团是来求同而不是来立异的……在亚非国家中是存在有不同的思想意识和社会制度的，但这并不妨碍我们求同和团结。"[2] 在周恩来的努力下，求同存异原则被确定为重要的国际交往原则。1957 年，周恩来访问东欧时，也使用这一原则化解了社会主义阵营内的危机，他同波兰领导人哥穆尔卡会谈时明确表示，社会主义国家间要"增进相互的信任和团结，求同存异。社会主义国家之间没有对抗性的冲突，有不同的意见可以不强求一致"[3]。

二、周恩来政党外交思想的核心内容

周恩来政党外交思想是其长期领导中国共产党政党外交实践的经验总结，起源于抗日战争时期。中华人民共和国成立后，随着中国共产党政党外交活动愈益频繁，周恩来政党外交思想日渐成熟。其杰出的政党外交思想成为中国共产党与各国政党交往的重要理论源泉之一，至今仍对中国共产党政党外交有重大指导意义。通过本章以上各节对周恩来政党外交思想与实践的考察，我们不难发现，周恩来政党外交思想蕴含着丰富的内容，主要包含以下几个方面。

其一，坚持无产阶级爱国主义和国际主义的高度统一。

周恩来是一位坚定的马克思主义者，也是一位伟大的爱国主义者。他为中国和世界的无产阶级革命事业作出了卓越贡献。爱国主义和国际主义应高度统一，无产阶级政党要正确处理本民族利益与国际利益之间的关系，这是周恩来政党外交思想的灵魂与核心。

"全世界无产者，联合起来"[4] 是马克思恩格斯在《共产党宣言》中提出的

---

① 《周恩来年谱（1949—1976）》上卷，中央文献出版社 1997 年版，第 407 页。
② 《周恩来选集》下卷，人民出版社 1984 年版，第 153~154 页。
③ 《周恩来年谱（1949—1976）》中卷，中央文献出版社 1997 年版，第 8 页。
④ 《马克思恩格斯全集》第 28 卷，人民出版社 2018 年版，第 704 页。

口号，但恩格斯也曾指出："国际主义决不意味着取消祖国，决不意味着牺牲祖国。"① 十月革命后，列宁提出了具有国际主义精神的新口号："全世界无产者和被压迫民族联合起来"。列宁也明确指出："祖国这个政治的、文化的和社会的环境，是无产阶级阶级斗争中最强有力的因素。"②

作为伟大的马克思主义者在主张国际主义的同时，并不排斥和否定爱国主义，相反，他将爱国主义与国际主义有机统一起来。爱国主义是中华民族的传统美德和中华民族文化的重要组成部分。因而，自幼接受中华优秀传统文化熏陶的周恩来怀有强烈的爱国主义精神，青少年时期便树立了"为中华之崛起而读书"的宏伟目标，立志要为民族复兴、国家振兴而奋斗。进入南开学校之后，周恩来的爱国主义精神得到进一步深化。在五四运动中，周恩来更是将爱国主义精神转化成炽热的报国行动，带领天津爱国学生开展了反帝反封建的斗争。在具备强烈的爱国主义精神的同时，周恩来逐渐接受了马列主义，接受了革命导师所主张的国际主义理论。旅欧勤工俭学时期，他成为坚定的马克思主义者，同时成为一名伟大的无产阶级国际主义者。周恩来曾批评狭隘的爱国主义说："我们虽是中国人，我们的眼光终须放到全世界上来。"③ 他认为："狭义的爱国主义运动的流弊，至少对内会造成法西斯蒂……对外会养成帝国主义的野心。"④ 因而，必须树立正确的爱国主义精神，将爱国主义与国际主义结合起来。周恩来提出：我们为救国，就要团结起来打倒军阀，打倒国际帝国主义，"我们的救国运动乃必须建立在国际主义上面"⑤。周恩来以马克思主义理论和国际主义精神为指导，去完成救国救民的奋斗目标。

抗日战争时期，周恩来的政党外交思想开始形成。在中华民族危亡之际，周恩来特别重视和强调抗日爱国统一战线与国际反法西斯统一战线应相互配合与相互支持。周恩来在号召"为巩固民族的团结而奋斗！为推翻日本帝国主义的压

---

① 《马克思恩格斯全集》第39卷，人民出版社1974年版，第518页。

② 《列宁全集》第17卷，人民出版社2017年版，第170页。

③ 《周恩来早期文集（一九一二年十月——一九二四年六月）》下卷，中央文献出版社、南开大学出版社1998年版，第457页。

④ 《周恩来早期文集（一九一二年十月——一九二四年六月）》下卷，中央文献出版社、南开大学出版社1998年版，第454页。

⑤ 《周恩来早期文集（一九一二年十月——一九二四年六月）》下卷，中央文献出版社、南开大学出版社1998年版，第548页。

迫而奋斗"①的同时，时刻关注着国际反法西斯统一战线的建立和发展，呼吁全世界无产阶级和一切反法西斯的国家联合起来，共同对抗帝国主义的侵略。

中国共产党成为执政党后，周恩来在开展政党外交的过程中，进一步把爱国主义与国际主义高度统一起来。一方面，他反对狭隘的民族主义和爱国主义，他指出："坚持国际主义，反对狭隘民族主义。"② "祖国是可爱的，但我们仍然必须向外国学习。"③ 另一方面，他提出反对投靠大国的世界主义，我们要坚持的"是在国际主义指导下的加强民族自信心的爱国主义"④。周恩来在处理与其他国家共产党的关系时坚持："我们是在爱国主义基础上发展国际主义，是在国际主义领导下提高爱国主义。"⑤ 他不仅从理论上阐明了爱国主义与国际主义的关系，而且在实践上成功地开展了国家外交和政党外交。周恩来多次教导外交人员既要坚持革命的爱国主义，也要忠实地履行国际主义义务，给兄弟政党予以国际主义援助。

周恩来开展的政党外交为中国共产党和中华人民共和国树立了良好的国际形象。中华优秀传统文化、马克思主义党际关系理论、爱国主义和国际主义的高度统一是周恩来政党外交思想的三大渊源。求同存异等中华优秀传统文化是其政党外交的思想基础之一，马克思的"全世界无产者联合起来"的号召是其政党外交的指导思想，爱国主义与国际主义构成了其政党外交的核心内容。

其二，主张在党际平等基础上友好交往，互相支持。

周恩来认为各个政党之间应该保持平等关系，在平等的基础上友好往来，互相支持。不管多大的党，都不能有高人一等的思想。在发展中国共产党与其他政党的关系时，他要求不要出现不尊重别国政党的言语与行为。周恩来的党际平等思想在其政党外交的实践中得到充分展现，如他在同一些国家共产党领导人会晤时，总是亲切地称对方为"兄弟党"。对这一点，周恩来不仅严于律己，而且经常告诫有关负责同志。我们要平等对待兄弟政党。对兄弟党的做法，我们不能代替，更不能强加于人，要学会调查研究，要学会向别人请教。"有时需要我们提出意

---

① 《周恩来选集》上卷，人民出版社 1980 年版，第 78 页。
② 《周恩来外交文选》，中央文献出版社 1990 年版，第 54 页。
③ 《周恩来外交文选》，中央文献出版社 1990 年版，第 55 页。
④ 《周恩来外交文选》，中央文献出版社 1990 年版，第 55 页。
⑤ 《建国以来周恩来文稿》第 2 册，中央文献出版社 2008 年版，第 289 页。

见，也只能看对方的认识如何。"①

　　周恩来始终以平和、尊重的态度来看待和接待社会主义阵营中各兄弟政党及其领导人。他经常称赞兄弟政党走过的光辉历程和取得的各种成就，以积极的态度维护中国共产党同各兄弟政党间的平等关系。除维护与其他马克思主义政党的平等关系外，周恩来还注重维护同非马克思主义政党间的平等关系。他认为政党外交中所坚持的平等，就是不分政党大小、强弱、执政与否，所有的政党在发展党际关系时一律处于平等地位。周恩来的平等相待、友好往来、互相支持的思想主张和外交实践，获得了胡志明、金日成等许多党政领导人的赞许和尊重，周恩来与他们建立了同志式的，甚至是兄弟般的友情。

　　周恩来一贯主张政党外交应在党际平等的基础上实现政党间的包容与团结。早在新中国成立前夕，周恩来在主持起草《中国人民政治协商会议共同纲领》时就强调，中国共产党领导下的新中国，对外交往应当做到"拥护国际的持久和平和各国人民间的友好合作"②。中国共产党成为执政党后，周恩来用自己的外交实践证明，中国共产党的政党外交不仅很好地履行了这一准则，而且在外交形式和内容上有了进一步的发展与完善。在周恩来看来，在分清敌我友的前提下，外交工作只有积极广泛地团结世界各国政党和人民，才能"打开我们外交工作的局面"③。正是基于这种认识，周恩来强调中国需要发展同其他国家、政党的友好关系。例如，他在领导开展同东南亚国家政党外交的过程中，就提出要实现"东南亚的集体和平"④，致力于追求政党之间、国家之间的稳定与团结，目的是形成合作共赢的良好局面。当然，国与国、党与党之间难免存在分歧，也会产生一些争执。对此，周恩来提出，面对分歧更要注意维护兄弟政党之间的团结，要在团结的基础之上，经过适当合理的争论和批评，重新建立友好团结的局面。

　　周恩来曾对越南劳动党领导人胡志明讲："保持内部团结，兄弟党间的内部事务在内部解决，不能向敌人暴露。"⑤这样做的目的在于巩固社会主义阵营中各兄弟党之间的团结与稳定，集中力量来共同反对帝国主义势力，争取国际共产主义

① 《周恩来年谱（1949—1976）》下卷，中央文献出版社 1997 年版，第 422 页。
② 《周恩来选集》下卷，人民出版社 1984 年版，第 34 页。
③ 《周恩来选集》下卷，人民出版社 1984 年版，第 90 页。
④ 《周恩来年谱（1949—1976）》上卷，中央文献出版社 1997 年版，第 392 页。
⑤ 《周恩来年谱（1949—1976）》中卷，中央文献出版社 1997 年版，第 441 页。

运动的胜利。1964 年 4 月，周恩来在接见外宾时指出："尽管兄弟党之间在许多马列主义的原则问题上有严重的争论，但在总的方面，在整个社会主义阵营和国际共产主义运动中，我们还是应该相互支持。从大处、远处看，我们需要团结起来，从对敌斗争看，我们更要团结起来。"①

周恩来十分重视与兄弟党间的革命情谊，特别注重维护兄弟政党间的友好团结。他在领导政党外交的过程中，一方面特别注重各政党之间的平等关系，另一方面再三强调要营造出一种友好团结的交往氛围。这是周恩来政党外交思想不可或缺的一个重要组成部分，为中国共产党政党外交的发展奠定了良好的思想基础。

其三，在党际外交中主张依据本国国情，走自己的路，合作共赢。

实事求是是中国共产党一贯坚持的思想路线，也是中国共产党在革命与建设实践中的鲜明特征。周恩来始终坚持实事求是的思想路线，并将其融入政党外交，无论在制定政党外交的方针、战略时，还是在处理政党外交的具体事宜时，周恩来都从国情出发贯彻了实事求是的思想。

就政党外交战略而言，中国共产党执政之后，面对帝国主义的封锁，在中国共产党外交路线的指引下，周恩来率先开展了中国共产党同社会主义国家政党的外交关系。同时，他积极寻求对周边国家的外交突破，积极发展同周边国家政党的外交关系。进入二十世纪六十年代中后期，面对美苏及中苏关系的变化，毛泽东和周恩来积极发展同第三世界国家及其政党的外交关系，逐渐实现了中国共产党政党外交的新突破。

周恩来多次阐明中国共产党的立场，强调中国革命和建设的成功是根据中国国情，靠长期艰苦奋斗取得的，中国的成功经验对其他国家来说只能作为参考，各国政党在领导本国民族主义革命时要特别注意将这些经验同本国实际情况相结合，不能生搬硬套。对一些马克思主义政党，周恩来强调要注重将马克思列宁主义的基本原理同本国实际情况相结合。周恩来认为，马克思列宁主义的基本原理无疑是科学的正确的，但是，各政党在学习和运用马克思列宁主义时应当结合各国的具体情况。任何政党、国家的情况都不可能是完全相同的，必须走出适合本国国情的道路。

---

① 《周恩来年谱（1949—1976）》中卷，中央文献出版社 1997 年版，第 639～640 页。

面对动荡不安、风云变幻的国际形势，周恩来力争维护同大多数国家政党之间的稳定关系。例如，周恩来在接见东南亚各政党和各代表团时，多次强调维护彼此间和平共处和稳定局面的重要性。1964 年 2 月，周恩来在同缅甸领导人奈温谈话时表示："亚非新兴国家，只要依靠本国人民和充分利用本国资源，同时加强相互之间的互助合作……一步一步地把自己的国家建设起来。"[①] 尽管中缅之间有过冲突和矛盾，但周恩来始终以友好合作的态度来对待缅甸的各个政党，以此促进中缅关系的稳定与发展。当然，合作共赢需要基本前提，那就是双方需要拥有相似的观念或者共同的利益。周恩来认为，广大亚非拉国家同中国存有不少共同观念和利益，未来可以拥有良好的发展前景。基于这种判断，周恩来曾对缅甸领导人奈温说："亚洲国家在经济上还落后"，"为了改变国家的落后状况，我们必须和平友好地相处，并且很好地合作"。[②] 总之，在开展政党外交时，周恩来强调各国依据本国国情走自己的路，加强政党之间、国家之间的友好合作，努力争取合作共赢局面。

其四，在发扬国际主义精神时既要积极援助，又要量力而行。

无产阶级国际主义精神是马克思主义理论的重要内容之一，也是世界无产阶级革命的时代特征。作为一名伟大的马克思主义者，周恩来在强调爱国主义原则的同时，坚持发扬国际主义精神，他提出应当给予兄弟国家的无产阶级政党与其他反对殖民统治、争取民族独立的政党必要的积极的支援。他希望帮助这些国家的政党更好地带领本国人民完成反抗帝国主义压迫，坚持民族独立、维护国家统一的历史使命。周恩来在与一些第三世界国家领导人和政党领袖谈话时，多次表示我们要"对敌斗争一致，互相支持"[③]。

自中国共产党执政以来，在毛泽东、周恩来的领导下，我们党和国家支援过朝鲜劳动党、越南劳动党、老挝人民革命党、柬埔寨共产党等马克思主义政党。其中，应朝鲜劳动党、越南劳动党和东欧一些社会主义政党的要求，中国在自身并不充裕的情况下，多次无偿援助过这些政党。周恩来作为主管外交的领导人，多次与这些政党的领导人会谈，批准了各种外援项目。例如，1953 年，正值越南

---

① 《周恩来年谱（1949—1976）》中卷，中央文献出版社 1997 年版，第 620 页。
② 《周恩来年谱（1949—1976）》中卷，中央文献出版社 1997 年版，第 281~282 页。
③ 《周恩来年谱（1949—1976）》中卷，中央文献出版社 1997 年版，第 441 页。

抗法战争反攻的重要阶段，周恩来在回复驻越南政治顾问团团长罗贵波并转越南劳动党中央的电报中说："越南要求中国援助的军事物资，均可予以解决，即由军委总后勤部分批发货。"① 二十世纪五六十年代，中国给予越南劳动党大量援助，为越南劳动党和越南人民取得最终胜利奠定了坚实的基础。

在坚持发扬无产阶级国际主义的同时，周恩来还提出对外援助工作要坚持实事求是、量力而行的原则。当时，我们国家还很穷，经济上十分困难，但仍承担着对亚非发展中国家和一些社会主义政党的经济援助的重担。二十世纪五十年代至七十年代，我们除了向越南、朝鲜等国的社会主义政党提供革命斗争经验和武器装备，还向一些发展中国家及其政党提供经济援助，援助的方式主要有：向受援国提供成套机器设备，向受援国派出工程技术人员和技术工人，向受援国提供所需的建设物资和生活必需物资。但是我们的国力毕竟有限，我们的人民在二十世纪六十年代初正勒紧裤腰带过紧日子。

1964年，周恩来制定了对外经济技术援助的八项原则："第一，中国政府一贯根据平等互利的原则对外提供援助，从来不把这种援助看作是单方面的赐予，而认为援助是相互的。第二，中国政府在对外提供援助的时候，严格尊重受援国的主权，绝不附带任何条件，绝不要求任何特权。第三，中国政府以无息或低息贷款的方式提供经济援助，在需要的时候延长还款期限，以尽量减少受援国的负担。第四，中国政府对外提供援助的目的，不是造成受援国对中国的依赖，而是帮助受援国逐步走上自力更生、经济上独立发展的道路。第五，中国政府帮助受援国建设的项目，力求投资少，收效快，使受援国政府能够增加收入，积累资金。第六，中国政府提供自己所能生产的、质量最好的设备和物资，并且根据国际市场的价格议价。如果中国政府所提供的设备和物资不合乎商定的规格和质量，中国政府保证退换。第七，中国政府对外提供任何一种技术援助的时候，保证做到使受援国的人员充分掌握这种技术。第八，中国政府派到受援国帮助进行建设的专家，同受援国自己的专家享受同样的物质待遇，不容许有任何特殊要求和享受。"② 在对其他社会主义政党进行无偿援助时，周恩来赞同并执行了中国共产党

---

① 《周恩来年谱（1949—1976）》上卷，中央文献出版社1997年版，第289页。

② 这八项原则是周恩来在访问加纳共和国时答记者问中提出的，正式写入1964年1月21日发表的《中国同马里联合公报》中。见《周恩来年谱（1949—1976）》中卷，中央文献出版社1997年版，第611~612页。

的外交路线，但他并不是没有考虑到我国的承受能力和自身发展，他曾婉言谢绝部分政党向中国共产党提出的援助申请。例如，1961 年 12 月，周恩来在会见阿尔巴尼亚政府经济代表团时就直接表示："我们的援助不能像你们所希望的那么多、快、大、好。"[①] 当然，周恩来还是认真执行了毛泽东的指示，援助了阿尔巴尼亚，在阿尔巴尼亚第二个五年计划期间向其增加了 3 000 万卢布的贷款。

应当说，周恩来坚持积极援助、量力而行的主张和实践，体现了一位伟大的马克思主义者的优秀品质。从政党外交实践的效果上看，周恩来的这一思想主张不但帮助了受援助政党和国家的发展，同时赢得了其他国家政党特别是马克思主义政党的尊重，提升了中国共产党在国际上的政治影响力。

周恩来的政党外交思想得到了传承和发展。邓小平主张维护我国的独立和主权，促进世界的和平与发展。中国主张在平等互利的基础上，发展同世界各国的经济技术合作和贸易往来，积极发展同一切国家的友好关系，特别是保持和发展同周边国家的睦邻友好关系，加强同发展中国家的团结和合作。在处理同外国政党的关系上，中国继续坚持独立自主、完全平等、相互尊重、互不干涉内政的原则。新时代，中国政府提出了在和平共处五项原则基础上建立国际政治和经济新秩序，构建人类命运共同体的新主张。

三、周恩来政党外交的风格与特色

周恩来是中国共产党的"一面不朽旗帜"[②]，是坚定的马克思主义者，他所从事的政党外交有其鲜明的特色。周恩来在处理同社会主义国家的关系时，善于利用党与党之间的友好关系，促进国家关系的发展。他善于去做还未与中国建交国家的政党工作，使政党关系成为推动国家关系正常化的一个有力杠杆。在已建交国中，他根据不同情况，通过政党外交，保持国家关系的连续性、稳定性。周恩来政党外交主要有以下特色：

---

① 《周恩来年谱（1949—1976）》中卷，中央文献出版社 1997 年版，第 448 页。
② 习近平：《在纪念周恩来同志诞辰 120 周年座谈会上的讲话》，人民出版社 2018 年版，第 8~9 页。

（一）原则性与灵活性相结合

周恩来兼具中国共产党外事政策的制定者和外事活动的具体操作者双重身份，他常强调原则性和灵活性要有机结合。周恩来在《我们的外交方针和任务》中指出："已经宣布的事，已经办成功的事，已经决定了的事都可以说；尚未宣布的，经验还不成熟的不能说。"这反映了他坚持原则性的立场，但同时，他话锋一转，接着指出："在一定原则下可以有一定限度的机动，也就是临机应变。"[①] 在世界处于冷战的大背景下，两大阵营严重对立，中国共产党发展同资本主义国家政党的关系，必须掌握原则性与灵活性的统一。在原则上周恩来是绝不退步的。中日邦交正常化之前，自民党的古井喜实访问中国，就中日之间的一些问题做最后沟通。在关于结束战争状态问题上，日方认为，日本与中国的战争状态在"日台条约"中已经解决，如果再重复，在国际法上无法成立，因此日本认为中国可以再次单方面宣布结束战争状态，日方予以确认。周恩来在研究完日本方案后，在重大问题上绝不退步。他对古井喜实说："我们认为，这次中日邦交正常化才表示结束战争状态"，回绝了日本的意见。但是在第二天的会谈中，周恩来建议两国的联合声明以"结束两国间的不正常状态"[②] 这样的措辞来解决，这样双方在都可以在不丧失原则的基础上接受。周恩来坚定地捍卫国家利益，同时采取灵活的策略，在解决中日间一系列问题分歧上都发挥了重要作用，后来在中日邦交正常化的谈判中，周恩来进一步发挥了这一外交风格。

（二）正式与非正式的方式相结合

正式交往与非正式交往，这两种方式可以相得益彰。周恩来在政党外交中的这一特色体现得较为明显。正式指的是以官方或者党内职务名义在公开的多边或者双边会议上会面；以个人身份私下接触为非正式。周恩来在与日本政党的交往中，与自民党内的一部分人的接触，就是以非正式的方式来促进中国共产党与自民党交往的。由于自民党长期不承认新中国的合法性，因此无法派出自民党的访华代表团，自民党人士都是以议会议员或者个人身份访问中国的，周恩来也以个人的身份与多个自民党人士友好交往。1972 年 9 月，日本自民党访华团作为正式代表团第一次来中国访问，周恩来在会见时说："你们是第一次来中国访问的自民

① 《周恩来选集》下卷，人民出版社 1984 年版，第 92 页。
② 《周恩来与日本朋友们》，李德安、王泰平、刘利利等译，中央文献出版社 1992 年版，第 312~313 页。

党代表团，是正式代表团，是在田中角荣阁下担任了新的总裁后委派的代表团，实际上是为田中首相访华做准备工作的，所以特别值得欢迎。"[①] 周恩来就是这样利用一切机会，实现与自民党的交流。

在几十年的外交生涯中，周恩来广交朋友、善交朋友，以个人身份与各国的各界人士建立了良好的关系。1955 年，日本国会议员访苏团提出过境中国的请求，周恩来回复："不仅同意过境，还欢迎作为客人来华访问。"[②] 周恩来与代表团会谈的时候，请团长将其对中日关系的看法转告当时的日本首相。周恩来通过间接途径向还没有与中国建交的国家传递了信息，通过与有影响的人士的接触，推进了中国共产党与这些人士所代表的政党之间的交流。

（三）把握大方向与注重细节相结合

在政党交往中，周恩来严格把握外交方针的大方向，对政党交往活动的意义有明确认识。他对党际交往的原则立场总是做到事前理性分析、充分掌握，并逐层传达，使外事人员在思想上重视，同时对一些细节予以关注，要求外事人员做到有备无患。如 1954 年在接待英国工党访华代表团之前，周恩来就对有关部门讲明："英国工党虽然是反对党，但它来华访问实际上是得到英国外交部支持的"，"我们应当重视英国工党代表团访华。搞好接待工作，对推进中英关系、对世界和平都有利，并且能扩大日内瓦会议的成就"。周恩来还分析了接待中可能遇到的细节问题，他指出："属于挑拨性的话，要挡回去。""对我们的缺点、错误、毛病不必讳言，但是要有分寸。"[③]

1972 年 4 月，周恩来接见日本自由民主党议员三木武夫。当三木武夫说回国后要面对媒体提问时，周恩来提出："不要太说中国的好话，把你完全说成亲华派也不好；当然你是愿意与中国友好的，但是给你的帽子太大了也不行。话说得多了一点，这样人家都来找你了。要说得比较含蓄一点，这样对你们党内、党外，人民之间，对美、对苏关系都有好处，还要使亚太地区的中小国家对我们放心，所以你不要太突出。这都是为了促使你成功，而且这不是你一个人的问题，而是中日两国人民和世界大多数人的问题。"[④] 从这件事可以看出，周恩来善于从细节

---

① 《周恩来年谱（1949—1976）》下卷，中央文献出版社 1997 年版，第 551 页。
② 《周恩来与日本朋友们》，李德安、王泰平、刘利利等译，中央文献出版社 1992 年版，第 36 页。
③ 《周恩来年谱（1949—1976）》上卷，中央文献出版社 1997 年版，第 407 页。
④ 裴默农：《周恩来与新中国外交》，中共中央党校出版社 2002 年版，第 301 页。

上把握全局的方向，而且对细节的处理是很有分寸的。其人格魅力在于不摆架子的大国、大党领导人的形象，亲切、友好、务实，拉近了与谈话者之间的距离，其外交风格得到了许多人的认可。

（四）真诚守信、互相尊重

真诚待人、重视信誉是周恩来外交的另一个重要特色。周恩来的外交之所以能够打动很多人、很多国家，除了以上提到的风格与特色，真诚、坦荡、守信也是其成功的重要因素。如 1954 年，周恩来在会见英国各界人士访华代表团时坦言："我们国家在经济上、文化上还是落后的，我们还是农业国，工业还不发达，近代的文化水平很低，我们并不隐讳落后的一面。我们在往进步的方面努力，要工业化，要提高文化。"[①] 周恩来明确表示中国还很落后，希望得到发达国家的帮助，他真诚的话语赢得了在场外宾的信任和赞赏。

周恩来坦荡、真诚、讲信修睦的特色无疑印刻着中华优秀传统文化的烙印。儒家文化强调："诚者物之终始，不诚无物。是故君子诚之为贵。"[②] 诚信是君子之交的基本要求，更是做人必备的品德。中国自古就主张与人为善，讲信修睦，"亲仁善邻，国之宝也"[③]。周恩来曾说："对亚非国家，我们应当有'以大事小'的胸怀，要尊重他们的民族自尊心和民族感情。"[④] 在亚非会议上，他进一步提出了"一切国家不分大小一律平等"[⑤] 的主张。真诚守信、言行一致、互相尊重、平等相待是周恩来政党外交的一个明显特点，也是周恩来交友处世成功的要素之一。他深知相互尊重是人际交往的基石，也是政府间建立友好关系的前提。1970 年 3 月，柬埔寨发生政变，周恩来代表中国政府热情接待了西哈努克。西哈努克在中国避难的五年间，始终享受国家元首礼遇。西哈努克深有感受地说："我把总理阁下看作我的老师、兄长。他从未指点过我，但是他的行为本身，就是无形的力量，他成了我学习的榜样。像总理这样高尚品德的人，世界上是独一无二的。"[⑥] 周恩来对各国使节和来访者，从不摆大国领导人的架子，总是"视使如君"。美

---

① 《周恩来年谱（1949—1976）》上卷，中央文献出版社 1997 年版，第 422 页。

② 王国轩译注：《大学·中庸》，中华书局 2006 年版，第 112 页。

③ 陈戊国点校：《四书五经》上，岳麓书社 2014 年版，第 691 页。

④ 曹应旺编著：《周恩来经历记述》，上海人民出版社 2006 年版，第 166 页。

⑤ 《周恩来年谱（1949—1976）》上卷，中央文献出版社 1997 年版，第 469 页。

⑥ 中共江苏省委省级机关工委、江苏省周恩来研究会编：《全党楷模周恩来》，中央文献出版社 2005 年版，第 225 页。

国前总统尼克松深有体会地说："在周恩来为我举行的盛大宴会上，所有人，包括一般工作人员和飞行机械师都被邀请参加"，"中国人的确在将他们宣传中的平等变为事实"[1]。1972年9月，周恩来在与时任日本首相田中角荣会谈时，特意写下《论语》中的"言必信，行必果"送给田中角荣。田中角荣也写了"万事信为本"作为回赠。[2] 田中角荣对此印象很深，他后来回忆说，在他会见过的许多政治家中，印象最深的是周恩来，因为"周恩来是一位能干的对手"[3]。

四、周恩来政党外交思想与实践的历史作用

政党外交是国际交往的重要形式。冷战结束带来的意识形态的淡化加上现实主义的选择，不同政党之间对话、交流与合作日益增加。政党外交有其独特的视角和生存空间，与政府间官方外交相得益彰。政党外交也是周恩来职业生涯的一个重要组成部分，是其外交实践的一种重要方式。他在政党外交中使用的有效方式方法，是值得很好地学习和借鉴的。

政党外交中各行为主体政治理念不同，组织方式不同，执政地位和时间不同，所在国家的国情不同，政党之间的对话交流内容丰富，关系复杂。但"他山之石，可以攻玉"。在政党交往中，各政党可以就政党治国模式、执政经验、党员和党组织的关系、党的建设等问题互相交换意见，吸取他党有益的经验。周恩来的政党外交思想是很丰富的，在实践上也是很成功的，包括与不同意识形态、不同政策偏好、不同组织架构、不同执政风格、不同影响力的各党派的往来，周恩来对它们是尊重的、友好的，这有利于为新中国和中国共产党的发展创造有利的外部环境。

政党本质上是特定阶级、阶层利益的集中代表者，是特定阶级中的领导力量。政党作为有目标、有行动力量的组织，在国家和社会中有明显作用。政党交往，对促进国与国之间关系发展、交流彼此关切的问题，有自身优势。政党交往可以为官方交往铺路，起到"补充外交"的作用。由于政党的特殊地位，可以通过政党交往实现正式外交难以完成的发展两国关系的意图。政党外交既包括与执政党

---

①　徐行主编：《二十一世纪周恩来研究的新视野》下，中央文献出版社2009年版，第1229页。
②　徐行编著：《周恩来与中日关系的历史性转折》，天津社会科学院出版社2010年版，第166页。
③　岛田政雄：《战后日中关系五十年》，田家农著译，江西教育出版社1998年版，第270页。

交往，也包括与在野党的交往，在国际政治与国内政治交互影响的背景下，政党外交往往会获得更大的关注。

当今国际外交领域，除国家行为主体外，非国家主体间的交往越来越受到重视，政党作为特殊力量，可以友好的党际关系促进国与国之间的关系。当代世界许多国家皆实行政党政治，各国政党之间的交流可以直接促进国家的交往。中国共产党与其他国家在野党的交往可以推动民间的往来。但是，由于国际环境、意识形态和国家利益的缘由，政党交流亦面临一些问题。周恩来政党外交思想与实践的一大重要历史作用在于，在中国与其他国家的交往中，中国共产党既能够正确处理与社会主义国家无产阶级政党的关系，又能与资本主义国家执政党、在野党及第三世界国家各类政党开展有效的联系。周恩来精通国际事务，善于根据各国各党不同情况及其对华态度，有针对性地开展外交工作，以推进我国总体外交的全面发展，使政党关系成为推动国家关系正常化的一个有力杠杆。随着近年来政党外交在国际关系中的升温，周恩来的政党外交思想与实践，必然还有很多可挖掘和研究的内容，其理论价值和实践作用将进一步显现。

周恩来是二十世纪伟大的外交家、政治家之一，他的政党外交思想和实践对新中国成立以来的中外关系产生了积极影响，在新中国外交活动中有独特的地位。他对各国政党的看法、对中国共产党与其他国家政党关系的思考和判断，影响了中国政党外交方针和外交活动。他对国际问题的思考、判断具有战略眼光，他提出的外交战略皆是在汇总了各方面信息，做了大量分析和判断后形成的。周恩来有留学经历、善于交往的特长和长期从事外交工作的经验，更重要的是周恩来将中华优秀传统文化和当代国际关系理论结合起来，视野开阔、头脑灵活，对国际问题的思考、判断具有战略眼光。因此，周恩来的建议对中国共产党作出重大的外交决策有不可低估的影响力。比如，在和平共处五项原则的提出，中美、中日关系的历史性转折等问题上，周恩来皆发挥了无可替代的积极作用。

周恩来待人温文尔雅、彬彬有礼，在政党外交中不卑不亢、举止得体。大多数与他接触的人都对他印象良好。而个人的风度和友谊有时对政党间的交往和实现既定的外交目标亦有一定的积极影响。在与其他政党交往的每一个阶段，周恩来都能够审时度势，从国际战略、世界和平和彼此的利益及双方所能接受的条件考虑，制定出符合中国共产党利益但又不伤害对方的切实可行的外交目标。

每次他都用高超的外交手段、灵活的技巧，甚至个人的风度风格，争取达到或在一定程度上达到中国共产党和中国的外交目标。比如，在中日没有建交的情况下，他选择和与官方紧密相连的日本各政党交往，这比与其他日本民间团体交往更有政治意义，使得间接的官方联系得以加强。

周恩来在政党外交活动中充分发挥了自身的人格魅力和外交艺术。他借助政党交流的理念，认识到中国与其他国家的关系可以通过中国共产党与各国政党交往来发展。对这一点，与周恩来打过多次交道的美国前国务卿基辛格曾评价说："周恩来智慧超群、学识渊博、道德高尚，无论对哪个国家来说，他都是一位非常杰出的政治家。在我见过的外国领导人中，周恩来是百里挑一的人物。他和戴高乐等人都属于世界上最优秀的政治家。"[1] 对周恩来的外交风格和作用，美国前总统尼克松在回忆录中写道："他通过他优雅的举止和挺立而又轻松的姿态显示出巨大的魅力和稳健。他忠实地保持着个人关系和政治上从不'撕破脸皮'的中国老规矩。周的外表给人以待人热情、非常坦率、极其沉重而又十分真挚的印象。"[2]

周恩来经过实践检验的政党外交思想，为中国共产党政党外交理论的丰富与发展作出了突出贡献。周恩来善于从各国的政治现实、政党领导人的处境与各种力量角逐中看到对我党有利的因素，制定坚持原则性与不失灵活性的外交策略，积极把握对我党有利，对两国关系发展有正面效应的政党力量，通过政党交流打破不利的外部环境。中国共产党对各国的具体交涉、谈判和中国各项外交方针、政策的贯彻落实，更凸显了周恩来的作用。作为中国共产党最早的外事工作领导人和中华人民共和国第一任外交部部长，周恩来是中国现代外交的奠基者与掌门人，参与了所有重大的外交事件。据不完全统计，从中华人民共和国成立到1975年最后一次接见外宾，周恩来参加的外交活动多达 6 000 余次，亲自起草和批阅过的外交文电达 5 000 多份。[3] 特别是在新中国成立初期，我国确立了"一边倒"的外交政策后，急需与苏联建立密切友好关系，急需打开外交局面，当时周恩来多次赴苏谈判，每次皆取得了重要成效，写下了其政党外交史中的灿烂一笔，谱写了中苏友好关系的新篇章。周恩来的政党外交对促进中国共产党与各国政党关

　　① 李云飞:《周恩来是最优秀政治家（记者专访）—— 访美国前国务卿基辛格博士》,《人民日报》, 1998 年 3 月 3 日第 6 版。
　　② 理查德·尼克松:《领导者》, 尤鳃、施燕华等译, 世界知识出版社 1983 年版, 第 261 页。
　　③ 田曾佩、王泰平主编:《老外交官回忆周恩来》, 世界知识出版社 1998 年版, 第 5 页。

系的发展、促进中国社会主义建设事业的发展及维护世界的和平发挥了重要作用。

五、周恩来政党外交的现实启示与深远影响

作为中国共产党的领导人和中国共产党政党外交的直接领导者，周恩来在中国共产党与多个国家政党外交关系的发展上乃至全球外交事业中有突出的功绩和深远的影响。他的政党外交实践是新中国外交不可或缺的组成部分，他开拓的中国共产党政党外交，对如今我们继续加强中国共产党对外交流、继续扩大与其他国家政党的合作仍有现实意义和重要启示。

首先，周恩来政党外交思想与实践对当代中国政党外交思想的形成与完善有重要影响。

周恩来在政党外交活动中总结的经验、采用的方式方法、制定的原则和方针，以及对外交策略的选择等，对我国政党外交思想的形成和当代国际关系战略路径的选择，都起到了重要的指导作用。总结和学习周恩来的政党外交思想，不断挖掘且系统梳理其政党外交的历史经验，不仅能够丰富周恩来外交思想的历史资源，而且有助于总结中国共产党政党外交的成就，有助于构建中国特色的政党外交理论，进而丰富和发展中国外交学，促进中国特色政党外交体系的发展。

政党外交包括执政党与执政党的对话和交流、执政党与在野党的对话和交流、大党与小党的对话和交流等。政党外交对中国发展同世界各国和各地区的关系有开启性和弥补性的作用。西方国家由于政党竞争，政治局面存在不确定性。我国通过政党外交保持与各国各党派的友好关系，这也是开拓中国外交渠道，保持与西方国家稳定关系的一种方式，是我们党和国家外交战略的一种选择。周恩来政党外交思想与实践为当前我国外交战略和策略的制定提供了借鉴。中国共产党执政后，在世界上的影响力日益增强，各国政党希望通过与中国共产党的交往扩大自身影响，这对中国的外交发展也是机遇。对周恩来政党外交思想与实践的认真研究，有助于我们认识政党外交的规律和增强中国共产党的执政能力。

其次，周恩来政党外交思想与实践对当代中国外交战略的制定有重要启示意义。

周恩来作为新中国对外交往的重要决策者和实践者，深知政党外交在中国外交全局中的重要战略意义。他努力以政党外交带动政府外交，使政党外交配合

政府外交，推动我国总体外交的发展。周恩来政党外交思想的核心是在合作中实现中国共产党同其他国家政党的友好往来，并以此巩固、维护和谐共赢的国家间关系。如在 1956 年，周恩来先后两次接见新加坡劳工阵线主席戴维·马歇尔。周恩来指出："中国同新加坡等亚洲国家有一个共同特点，就是这些国家都遭受殖民主义的统治。"[①] 因此，我们必须做到"有助于新加坡的稳定和安宁，有助于中国同新加坡之间的友好关系的发展"[②]。毫无疑问，周恩来的政党外交思想与实践促进了新中国外交的开展。

党的十八以来，我国提出了"一带一路"倡议，以习近平同志为核心的党中央提出了构建人类命运共同体的思想，中国正在加快推进同各国的交往与合作。政党外交作为推动国家间外交的重要举措，已成为推动"一带一路"倡议的重要方式之一。周恩来政党外交思想与实践对与尚未建交的国家实现关系突破是有借鉴和启示意义的。今后，中国共产党的政党外交应该坚持方式的多样化，表现出更强的灵活性，应该继续巩固传统友谊，继续结识新朋友，既做好执政党的工作，又做好在野党的工作，推动国家间关系的发展。与此同时，政党外交是实现人类命运共同体的途径和方式之一，为构建人类命运共同体搭建了平台。周恩来开展的政党外交实践，重视发展中国共产党与各种政党的关系。未来中国共产党的政党外交仍需拓宽交往对象，与越来越多的国外政党建立外交关系，不断扩大政党外交的数量，创新交往方式，进一步通过政党外交达到维护国家整体利益的目的，发挥出政党外交的独特功能。

最后，周恩来的政党外交对中国与各国友好关系的建立有广泛而深远的影响。

反映中国文化特色的周恩来政党外交理念与和平外交思想，逐渐为越来越多的国家所理解和接受，对国际关系发展和世界外交格局变化产生的影响广泛而深远。所谓广泛，是指在周恩来的努力下，中国不仅在外交上打开了局面，而且在对外经贸、文化等领域也打开了局面；所谓深远，是指其影响不局限于当时，而且会影响今日乃至未来中国的外交。

二十世纪五十年代，周恩来提出的和平共处五项原则和求同存异的主张，不仅对中国与周边国家关系产生了积极影响，而且对国际外交格局变化产生了一定

---

① 《周恩来年谱（1949—1976）》上卷，中央文献出版社 1997 年版，第 611 页。
② 《周恩来年谱（1949—1976）》上卷，中央文献出版社 1997 年版，第 625 页。

影响，对以大欺小、以强凌弱的霸权外交有很大的冲击力。经过日内瓦会议和亚非会议的宣传，周恩来的和平共处五项原则逐渐成为普遍适用的国际关系准则，被越来越多的国家所承认。周恩来提出的和平共处、讲信修睦、礼尚往来、求同存异、互相尊重、友好合作、互惠互利、共同发展等带有中华优秀传统文化烙印的外交理念，逐渐为世界上大多数国家所接受，日益成为建立国际经济政治新秩序的准绳和思想基础，对世界的和平与发展起了积极的推动作用。

政党外交在现代外交领域中具有极其重要的地位。中国共产党执政之后，中国与多个国家的关系跌宕起伏，影响到远东和亚太地区以及世界的和平与安定。周恩来以中国共产党领导人的身份与其他各国政党进行过多次交往，对中国外交和中国共产党外交的影响十分深远，至今还对一些中外关系有影响。比如，中华人民共和国成立之初，新生政权面临严峻复杂的安全形势。对此，周恩来在经过一番认真思考和衡量之后，果断地提出了"安定四邻"的外交方针，积极寻求对周边国家的外交突破。此时，第二次世界大战之后的东南亚地区在整体上发生了较大改变。部分东南亚国家通过民族独立运动摆脱了殖民者的独裁统治，建立了独立的民族主义国家。还有一部分东南亚国家正在进行反殖民与反帝国主义侵略的斗争。这些国家的领导政党与中国共产党有相同的意识形态和相似的革命目标，同样肩负着反对帝国主义压迫的重任。综合政治、历史、地理等多方面的背景和条件，中国共产党在执政之后，周恩来积极同这些国家的政党展开交流与沟通，努力打开对外交往的局面。在他的努力下，不仅改善了中国同东南亚国家之间的关系，为中国的社会主义建设提供了一个较为理想的周边环境，而且维护了亚太地区的稳定与发展，为促进世界的和平与繁荣作出了积极贡献。又如，周恩来代表中国共产党和中华人民共和国与美国政府和各界人士进行了长达40年的对外联络和交涉。他对中美两国关系的改善功不可没。可以说，周恩来的政党外交成效不仅有利于中国共产党达到外交目标，实现中国的稳定发展，而且在美苏对抗的历史条件下，有助于世界的和平与稳定。

总之，在周恩来殚精竭虑的努力下，中国不仅先后与苏联，法国、英国、美国、日本等国政党建立了各种形式的往来，而且与许多亚洲、非洲、拉丁美洲国家的政党建立了联系。当年，毛泽东与周恩来制定的外交路线、外交原则、对外政策和方针，虽然在改革开放时期有所改变，但其体现的中华优秀传统文化的精髓，至今还对中国和中国共产党的外交发挥着重要作用。今天中国与许多国家和政党友好关系的建立均是周恩来打下的基础，周恩来的外交思想在新时代仍有重大影响。

周恩来担任中华人民共和国总理期间，以其独特的外交风格和特色及精湛的外交技艺和个人魅力，对中国共产党对外政策的制定和实施发挥了关键作用，对中国外交战略和国际关系的演变产生了重要影响。国务院前副总理钱其琛曾说："在 26 年的漫长岁月里，周恩来同志以决策人、指挥者、实践家三位一体的身份……开创了一代外交新风。"[1] "可以说，周恩来的外交实践是新中国外交史的缩影。"[2] 周恩来的政党外交思想和实践对整个新中国的外交产生了重要影响，为中国外交关系的确定和发展奠定了基础。周恩来政党外交思想与实践是中国共产党外交史和新中国外交史上一笔宝贵的精神财富。

---

[1]　田曾佩、王泰平主编：《老外交官回忆周恩来》，世界知识出版社 1998 年版，第 1 页。
[2]　田曾佩、王泰平主编：《老外交官回忆周恩来》，世界知识出版社 1998 年版，第 2 页。

第四章　周恩来高度重视并努力抓好执政党的各项建设

中华人民共和国的诞生，标志着中国新民主主义革命取得了全面胜利，中国共产党已经由革命党转变为执政党。在党的七届二中全会上，毛泽东明确指出："党的工作重心由乡村移到了城市。"① 党的十一届三中全会后，邓小平就中国共产党是执政党的科学表述提出三个重要问题："执政党应该是一个什么样的党，执政党的党员应该怎样才合格，党怎样才叫善于领导？"② 这三个问题分别从执政党的特征、执政党党员的行为规范及执政党的领导方式三个层面启发了我们对政党角色转换问题的深刻思考。党的十六大对执政党问题有了新的认识，对二十一世纪的中国共产党作出了新的历史定位，即"我们党已经从领导人民为夺取全国政权而奋斗的党成为领导人民掌握全国政权并长期执政的党，从在受到外部封锁的状态下领导国家建设的党成为在全面改革开放条件下领导国家建设的党"③。自此，中国共产党对执政党的角色、任务、目标等问题有了明确的统一认知，认清了党的任务、地位和角色的变化，认识到执政党有其内在的、与革命党不同的执政规律。只有尊重执政党执政规律，不断提高执政水平和执政能力，才能带领全国人民实现中华民族的伟大复兴。

关于新中国成立后党的角色的转换，周恩来有较早和较清楚的认识。他认为，新中国的诞生，标志着中国共产党已经从革命党转变为执政党。与革命党不同，执政党以建立和完善法律制度，行使人民赋予的政权和政府职能，带领全国人民从事大规模经济建设，奔向社会主义现代化为目标。周恩来在中国共产党第一代

---

① 《毛泽东选集》第 4 卷，人民出版社 1991 年版，第 1427 页。
② 《邓小平文选》第 2 卷，人民出版社 1994 年版，第 276 页。
③ 《江泽民文选》第 3 卷，人民出版社 2006 年版，第 421 页。

领导集体中是第一个明确提出并使用"执政党"概念的。1954 年 2 月 10 日，在党的七届四中全会上，周恩来就明确指出："我们的党已是胜利的党、执政的党。"①在领导社会主义革命和建设过程中，周恩来深刻论述了在执政历史条件下，中国共产党如何进行政治建设、制度建设、思想建设、组织建设、作风建设、廉政建设等问题。他不但认真思考了这些问题，而且在新中国成立后一直高度重视、努力抓好执政党的自身建设。

周恩来以马克思列宁主义和毛泽东思想为指导，始终坚持从严治党，在党的建设和治国理政方面皆作出了卓越的贡献，他的杰出思想和实践对推进马克思主义中国化和指导新时期党的建设具有重要意义。正如习近平在纪念周恩来同志诞辰 120 周年座谈会上所讲的："周恩来同志从 1927 年起就是党中央的核心领导成员，中华人民共和国成立后长期担任党和国家重要领导职务，参与领导了革命和建设时期党的各项重大工作，为党和人民事业取得的每一个重大胜利付出了巨大心血。周恩来同志注重把马克思主义基本原理同我国具体实际相结合，善于总结党领导革命和建设正反两方面经验，善于发现和总结人民群众创造的新鲜经验，善于从中华优秀传统文化和世界文明中汲取智慧，善于进行实事求是的理论思考和深刻阐释党的路线方针政策，在政治、经济、文化、社会、军事、外交、统一战线和党的建设等领域都作出了理论建树，为毛泽东思想的形成和发展作出了重要贡献，也为改革开放新时期我们党形成中国特色社会主义理论体系提供了重要思想启迪。"②

第一节　将党的政治建设和制度建设作为首要任务

一、自觉维护党的权威，妥善处理党政关系

中国共产党执政后，周恩来十分重视党的政治建设，他将政治建设摆在党的建设的首要位置。他认为在党的政治建设中，最为关键的是全体党员牢记为人民服务的根本宗旨，坚决执行党的路线、方针和政策。他把对党员政治立场的考量形象地比喻为"过政治关"。这是因为共产党对党员的吸收重质不重量，其目的在

①　《周恩来选集》下卷，人民出版社 1984 年版，第 120 页。
②　习近平：《在纪念周恩来同志诞辰 120 周年座谈会上的讲话》，人民出版社 2018 年版，第 7~8 页。

于强化组织，严防动摇分子和破坏分子的加入。从政治角度来看，党员必须"认真对待立场问题"，而过好政治关，"最重要的是立场问题"。周恩来将政治立场作为一种动态的行为过程，提出："立场是抽象的，要在具体斗争中才能看出你的立场站得稳不稳。……要在长期斗争中才能考验出来。"①中国共产党党员尤其是党的领导干部，就其本质而言是人民的公仆，全心全意为人民服务不仅是中国共产党的根本宗旨，也是规范中国共产党员和领导干部的基本要求。作为执政党的中国共产党，搞好自身的政治建设和制度建设是第一要务。在做到维护党的权威、贯彻党的精神、执行党的指示、遵守党的纪律这些要求和规范的前提下，周恩来认为，党和国家机关工作人员的"工作态度、政策水平、群众关系""党性"，以及共产党员对其他政治行为主体的行为偏差进行真诚的批评，对自身政治行为的偏差进行深刻的反省与自我批评，能否具有"批评和自我批评的精神"，能否做到"知过能改"等，都是衡量共产党员是否能够通过政治关的重要标准。

在执政党的政治建设中，周恩来特别强调两个问题：一是自觉维护党中央权威，反对宗派主义；二是坚持党领导一切的原则，正确处理党政关系。

自觉维护党中央权威是搞好党的政治建设的关键一环。政治权威的强制性要求任何组织或系统中的要素服从权威对政治资源的分配并执行政治权威发布的各项命令。广义的政治权威往往体现出一种层级间的分配与服从、命令与执行的关系。中国共产党实行的是民主集中制，这是民主基础上的集中和集中指导下的民主相结合的制度，它要求"四个服从"，即党员个人服从党的组织，少数服从多数，下级组织服从上级组织，全党各个组织和全体党员服从党的全国代表大会和中央委员会。早在新民主主义革命时期，周恩来就明确指出，极端民主化的倾向，是"小资产阶级极端自由的思想"，这种思想将严重破坏党组织的权威，"可以把党的组织打得粉碎，以至于消灭"。②

中国共产党执政以后，周恩来时刻注意维护党中央的权威。他要求："凡是中央决定了的，地方上就要执行，上面是什么意见，下面也是什么意见。"③他强调各级党政机关必须保证党中央的政令畅通，维护党中央的权威，坚决抵制有令不

---

① 《周恩来选集》下卷，人民出版社 1984 年版，第 425 页。
② 《周恩来选集》上卷，人民出版社 1984 年版，第 9 页。
③ 《周恩来统一战线文选》，人民出版社 1984 年版，第 189 页。

行、有禁不止、阳奉阴违的行为。全体党员要"团结一致，同心同德""一定要顾全大局""坚决支持和执行中央的统一部署"①。

中国共产党成为执政党后，周恩来一直认为必须坚持和实现党对一切工作的政治领导。所谓政治领导是指，共产党作为国家政治管理主体，运用权力和权威，通过对政治管理客体施加政治影响力，确立社会政治生活的性质和目的，实现与政治统治相关的原则和方向的过程。中国共产党执政之初，周恩来便在《中国人民政治协商会议共同纲领》中明确阐释了中国共产党领导下的新中国的政权性质是工人阶级、农民阶级、小资产阶级、民族资产阶级及其他爱国民主分子的人民民主统一战线的政权，明确了中国共产党的领导地位。周恩来清醒地认识到中国共产党领导的人民民主专政的政权，"专政的权力虽然建立在民主的基础上，但这个权力是相当集中相当大的，如果处理不好，就容易忽视民主。……要解决这个问题，就要在我们的国家制度上想一些办法，使民主扩大"②。在中国共产党领导全国人民进行社会主义改造和社会主义建设的过程中，周恩来强调："要团结一切可以团结的力量，动员更多可以动员的因素，来参加社会主义建设，扩大我们的民主生活。"③

周恩来十分重视配合毛泽东开展工作。在中国共产党尚处于革命党的历史阶段，周恩来就坚决支持了毛泽东的正确领导，在遵义会议上，周恩来发挥了关键作用。在党领导中国新民主主义的革命实践中，他帮助树立了毛泽东在革命军队与中国共产党内的权威。在延安整风中，周恩来认为："廿二年党的历史，证明只有泽东同志的意见是贯串着整个历史时期，发展成为一条马列主义中国化，也就是中国共产主义的路线。毛泽东同志的方向，就是中国共产党的方向。"④

周恩来十分注意维护党的团结，他反对党内存在的宗派主义，并将宗派主义视作与党的团结、党的集中统一领导根本对立的狭隘思想意识。他将宗派性的官僚主义定性为"目无组织，任用私人，结党营私，互相包庇；封建关系，派别利益；个人超越一切，小公损害大公"⑤的行为。无论在多么复杂困难的政治环境

---

① 中央文献研究室科研部图书馆编：《周恩来人生纪实》下，凤凰出版社2011年版，第1080页。

② 《周恩来选集》下卷，人民出版社1984年版，第207页。

③ 《周恩来选集》下卷，人民出版社1984年版，第389页。

④ 《周恩来年谱（1898—1949）（修订本）》，中央文献出版社1998年版，第572～573页。

⑤ 《周恩来选集》下卷，人民出版社1984年版，第421页。

中，周恩来始终如一地维护党中央的权威，他一心为公，相忍为党，反对拉帮结派、搞阴谋活动。他为避免和减少党和国家的损失承受了巨大的压力，付出了毕生的精力，在党的各项建设特别是政治建设中发挥了重要作用。

中国共产党是全国各族人民各项事业的领导核心。坚持党对一切工作的领导、处理好党政关系，是搞好党的政治建设一项最基本的内容，也是最基本的原则。中国共产党通过制定并实施各项法律法规和路线、方针、政策，培养和选任政府机关工作人员，监督政府和政府工作人员，来实现党对政府及一切工作的领导。周恩来对如何协调好执政党与政府的关系认识得很清楚、很正确。他强调妥善处理新中国的党政关系要注意两个方面：第一，加强党对政府的领导，把政府的一切活动置于党的领导之下，是保证政府完成各项任务的关键；第二，要严格划分党的工作和政府工作应有的界限，充分发挥政府的职能作用。政府要认真组织实施党的方针、政策，要向群众宣传解释党的路线、党的精神。

周恩来提出，妥善协调和处理中国共产党与各级人民政府之间的关系，主要有三种方式。

一是把党中央的路线、方针和政策变为政府的法令决定来颁布实施。例如，1950年6月，国家关于土地改革的决定就是由党中央首先讨论提出，然后交由政府颁布实施的。1950年6月30日，中央人民政府公布施行了《中华人民共和国土地改革法》，党和政府领导了轰轰烈烈的土地改革运动。这样既能充分体现党的领导核心作用，又能充分发挥政府的职能作用。

二是把政府在实际工作中根据宪法和法律，根据党的精神和实际情况与需要发布的、重要的、涉及面广的决定和指示，在提交政府会议通过前，或通过后正式发布前，请示党中央审查、讨论，以此实现党对政府工作的领导和监督。

三是把既要党委执行，又要政府执行的指示和规定，以及既要动员党员参与，又要动员广大人民群众参与的工作，采用党和政府联名下发文件的办法发布。例如，1955年4月发布的《中共中央、国务院关于加紧整顿粮食统销工作的指示》，1956年3月发布的《中国共产党中央委员会、中华人民共和国国务院关于扫除文盲的决定》，等等，既体现了党的领导作用，又不影响政府的职能发挥，也克服了党和政府分别下达文件的重复现象。

新中国成立初期，为了避免党组织代替政府发号施令，中共中央曾经发文要求各级党组织必须保证各级政府机构行政命令的实施，凡属政府范围内的事由政府来颁布指令和条规。1950 年 4 月 13 日，周恩来在全国统一战线工作会议上专门阐明了新的历史条件下的党政关系问题，他指出："由于过去长期战争条件，使我们形成了一种习惯，常常以党的名义下达命令，尤其在军队中更是这样。现在进入和平时期，又建立了全国政权，就应当改变这种习惯。……党政有联系也有区别。……关于党政关系，愈是下级机关愈应注意。"① 周恩来还思考和阐明了坚持党领导一切和如何行使政府职权的关系问题，他既肯定了党政关系中的党的领导地位，同时提出要注意领导方式与领导范围。他认为党政部门各自职能不同，"必须肯定，党应该领导一切，党能够领导一切。现在的问题是如何领导一切"②。他明确指出："我们说党领导一切，是说党要管大政方针、政策、计划，是说党对各部门都可以领导，不是说一切事情都要党去管。……如果什么都管，连发戏票、导演戏都去管，结果忙得很，反而把大事丢掉了。小权过多，大权旁落，党委势必成为官僚主义、事务主义的机构。"③ 所以，党要放手大胆地让业务部门去做自己应该做的工作，他们熟悉业务，一定要相信他们会干好。当然，如果业务部门做不好，党可以监督检查，有意见可以提出来，但不应包办代替。

　　更难能可贵的是，在当时的政治环境下，周恩来已明确认识到："党的领导不是党员个人领导。党是一个集体，是有组织的。党的领导是组织领导，不是个人领导。"他曾公开批评这样的现象："就有这样的党员，人家请他指示，他就俨然以领导者自居，摆出领导者姿态，发号施令。这是最坏的官僚主义者。要平等待人才是好勤务员，才不是官僚主义者。"他非常严肃地指出："党的领导是组织领导，不是个人领导。党员个人怎么能领导？……党章没有规定党员有这样的权利，实际上也不可能有这样的本事。……个人没有权力领导一切，不管是谁。"④ 1962 年，周恩来再次明确提出："党委领导是集体领导，不是书记个人领导。没有经过党委讨论的大事，书记不能随便决定。"⑤ 1962 年 2 月 3 日，他在中共中央扩大的工作会议福建组会上指出，目前我们党最重要的是坚持实事求是的原则，"也就是

① 《周恩来统一战线文选》，人民出版社 1984 年版，第 174～175 页。
② 《周恩来选集》下卷，人民出版社 1984 年版，第 364 页。
③ 《周恩来选集》下卷，人民出版社 1984 年版，第 365 页。
④ 《周恩来选集》下卷，人民出版社 1984 年版，第 365 页。
⑤ 《周恩来选集》下卷，人民出版社 1984 年版，第 366 页。

说真话，鼓真劲，做实事，收实效"。他强调："我们要发扬民主，恢复和加强党内正常的民主生活。……党内要有正常的民主生活，要实事求是，要按照党章办事。"① 周恩来的这些正确思想主张，为理顺党政关系，坚持党的集体领导，反对个人专断提供了思想和行动准则。

二、始终坚持党的领导，不断推动依法治国

加强法制建设、坚持依法治国对国家的长治久安是非常重要的。民主和法治是社会主义国家的必然选择，是衡量社会进步的重要尺度，也是执政党长期执政的基本保障。中国共产党经过长期的革命和建设实践，逐渐认识到民主和法治对建立和巩固新中国各级人民政权的重要性。当新民主主义革命取得胜利后，如何用法律手段来保障革命成果，如何搞好法制建设就成为中国共产党面临的艰巨任务。周恩来是高度重视法制建设和坚持依法治国的杰出领导人。

中国共产党执政之初，面临的政治经济形势非常严峻和复杂。要在这种形势下巩固党的领导和人民政权，促进国民经济的恢复和发展，必须强化人民民主专政的国家机器。加快立法工作是中国共产党和新中国面临的迫切任务，周恩来直接主持制定了《中国人民政治协商会议共同纲领》。这一具有临时宪法作用的纲领的制定和实施，是中国共产党依法治国的开端，在新中国法制建设史上有里程碑的意义。根据《中国人民政治协商会议共同纲领》确立的"保护人民的法律、法令，建立人民司法制度"② 的原则，在新中国成立初期，周恩来指导和参与制定了一系列法律、法令和法规，开拓了中国共产党依法治国的伟大进程。1949 年，在亲自起草《中国人民政治协商会议共同纲领》的同时，周恩来主持制定了《中国人民政治协商会议组织法》《中华人民共和国中央人民政府组织法》等重要法律，以确立和巩固人民当家作主的权利和地位。为了贯彻《中国人民政治协商会议共同纲领》规定的人民民主自由权利、男女平等权利和民族平等权利等，1950 年，周恩来领导制定了《中华人民共和国婚姻法》《中华人民共和国工会法》《保障发明权与专利暂行条例》。1950 年和 1951 年，周恩来还分别领导了《省人民政府组织通则》《市人民政府组织通则》《县人民政府组织通则》《乡（行政村）人民政府

---

① 《周恩来年谱（1949—1976）》中卷，中央文献出版社 1997 年版，第 455 页。
② 《建国以来重要文献选编》第 1 册，中央文献出版社 1992 年版，第 5 页。

组织通则》《各级地方人民检察署组织通则》的制定工作。在党的领导下，周恩来等老一辈无产阶级革命家按照《中国人民政治协商会议共同纲领》制定的原则，逐渐建立起各种政策法规和各级政权机构。

在建立健全各种规章制度的同时，周恩来主张以民主与法治为准绳来规范党员干部的行为，要不断加强民主与法制建设，用完备、透明的法规、办事程序和制度体系完善对党员队伍的管理，他明确指出："对我们的社会主义事业和社会安全造成危害的，除了反革命分子的破坏活动以外，还有其他犯罪分子的各种犯罪行为……所有各种违法犯罪的分子，都必须依照法律给以制裁。"[①] 按照依法治国、依规治党的原则，对党和国家机关工作人员中出现的违法犯罪问题和违反党的纪律问题，周恩来同样主张依法依规严惩。《中国人民政治协商会议共同纲领》明确规定："中华人民共和国的一切国家机关，必须厉行廉洁的、朴素的、为人民服务的革命工作作风，严惩贪污，禁止浪费，反对脱离人民群众的官僚主义作风。"[②]1954 年，周恩来在中华人民共和国第一届全国人民代表大会第一次会议上所作的《政府工作报告》中重申："国家机关中某些违法乱纪的工作人员贪污腐化，营私舞弊，侵害了国家和人民的利益。"[③] 周恩来的这些论述，对党和国家机关工作人员保持廉洁自律、保持无产阶级本色，起到了重要作用。

为了更好地坚持党的领导，推动依法治国，周恩来领导制定实施了一批法规性文件。这批文件主要有：《政务院指导接收工作委员会工作条例》（政务院第三次政务会议通过）、《政务院及所属各机关组织通则》（政务院第九次政务会议通过）、《政务院关于任免工作人员的暂行办法》（政务院第八次政务会议通过）、《省各界人民代表会议组织通则》（中央人民政府委员会第四次会议通过）、《市各界人民代表会议组织通则》（中央人民政府委员会第四次会议通过）、《县各界人民代表会议组织通则》（中央人民政府委员会第四次会议通过）、《大行政区人民政府委员会组织通则》（政务院第十一次政务会议通过）、《省人民政府组织通则》（政务院第十四次政务会议通过）、《市人民政府组织通则》（政务院第十四次政务会议通过）、《县人民政府组织通则》（政务院第十四次政务会议通过）、《印信条例》（政

---

① 《建国以来重要文献选编》第 5 册，中央文献出版社 1993 年版，第 612~613 页。
② 《建国以来重要文献选编》第 1 册，中央文献出版社 1992 年版，第 6 页。
③ 《建国以来重要文献选编》第 5 册，中央文献出版社 1993 年版，第 612~613 页。

务院第十八次政务会议通过)、《政务院关于各级政府工作人员保守国家机密的指示》(政务院第二十次政务会议通过),等等。这些法规和制度的制定和实施,成为党政各部门依法办事的准则,为新中国迈向法治化轨道奠定了基础。

为了落实依法治国的主张,周恩来要求政府机构必须建立起各种规章制度,使国家工作人员办事有章可循、有法可依,同时,成立专门监督机构,对国家工作人员进行监督、监察,教育他们奉公守法,廉洁从政。对违纪违法者、失职者、给人民利益和政府决策的执行造成严重损害者,进行严肃处理,决不姑息。他要求党的领导干部要以身作则,管好自己和身边的工作人员,对国家机关中某些违法乱纪、贪污腐化、营私舞弊、侵害国家和人民的利益者,必须依照党纪国法严肃处理。1949 年 11 月,政务院正式办公后,根据政务院第一次会议的精神,他重点抓了《政务院及所属各机关组织通则》等条例的制定,使新政府各部门的工作迅速走上正轨,他认为:"政务院是首脑部,在中华人民共和国中央人民政府领导之下,进行国家事务工作。"[①] 他强调,政务院既已成立,各部门就应该有一个组织法。现在由政务院先规定原则,再由各部门自己拟定工作条例、组织条例,以便依法办事。

为了有效地做好统一全国财经工作,稳定物价,恢复和发展国民经济,政务院在 1950 年颁布了《政务院关于统一国家财政经济工作的决定》《全国税政实施要则》等相关法规。1950 年 6 月,中央人民政府委员会第八次会议通过了《中华人民共和国土地改革法》,保障土改运动有步骤和有秩序的进行。周恩来还参与了《中华人民共和国惩治反革命条例》《中华人民共和国惩治贪污条例》的制定,保障了抗美援朝、土地改革、国民经济恢复工作的顺利进行。

在第一届全国人民代表大会召开前,周恩来参与了《中华人民共和国宪法》的起草制定工作。周恩来对《中华人民共和国宪法》的重要性有深刻的认识,他曾阐明:"宪法草案的规定,可以使全国人心更加安定,政治基础更加巩固,各种建设都能在政治领导的巩固基础上来进行。"[②] 他强调广大党员干部必须严格遵守宪法和法律,并成为守法的模范,"同时还必须教育全体人民遵守宪法和法律,以

---

① 《周恩来年谱(1949—1976)》上卷,中央文献出版社 1997 年版,第 7 页。

② 周恩来:《全国人民代表大会应该有自己的法律——宪法》,《党的文献》,1997 年第 1 期。

保证表现人民意志的法律在全国统一施行"①。

　　周恩来一贯严格自律，带头坚持原则，严格遵守各项规章制度，带头严守党的纪律；对各级干部严格要求，严格管理，对违反纪律、工作失责、腐化堕落者严肃处理，敢于和善于做批评与自我批评。在周恩来看来，严格的纪律并不只是约束被领导者的，首先是约束领导者的。上下级之间、党内与党外之间应该互相监督，共产党员更应该带头遵守纪律和规章制度。他严肃地指出："如果说'严于责己，宽于责人'，对共产党员就应该要求严些。党外的同志们也应该责备我们严一点。"②对国家机关中某些违法乱纪、贪污腐化、营私舞弊、侵害国家和人民的利益者，必须依照党纪国法严肃处理。他主张应该加强党内法规建设和国家的立法工作，通过党的纪律和各种法律规章约束党员干部，对党内腐败分子严惩不贷。1952 年 2 月，河北省公审刘青山、张子善特大贪污案，周恩来亲自过问了这一案件的审理过程。1952 年 2 月 4 日，就刘青山和张子善的处置问题，周恩来复电河北省人民政府主席杨秀峰："准予将二犯判处死刑，立即执行，并没收其全部财产。"③1952 年 3 月 28 日，周恩来主持政务院第 130 次政务会议，在讨论通过《中华人民共和国惩治贪污条例》时说："《条例》是根据《共同纲领》的政策，将'三反'、'五反'运动的宝贵经验，用法律条文固定下来，并且是解决当前实际问题的。"④

　　新中国成立初期，一系列党内外法规、条例、法律、法令的制定和贯彻实施，使党的制度建设和国家的政治制度建设有了很大进步，使人民民主专政得到了巩固，国民经济得到恢复发展，党和国家向法治化迈出了关键的第一步。1954 年 9 月，第一届全国人民代表大会第一次会议召开，会议总结了前一时期的立法经验，以《中国人民政治协商会共同纲领》为基础，制定了我国第一部根本大法——《中华人民共和国宪法》。在第一届全国人民代表大会第一次会议上，周恩来强调："为了保卫我们的国家建设事业不受破坏……必须加强立法工作和革命的法制"，"忽视立法工作，忽视革命法制的观点是完全错误的。"⑤1957 年 6 月，周恩来在

———————————

　①《建国以来重要文献选编》第 5 册，中央文献出版社 1993 年版，第 613 页。
　②《周恩来选集》下卷，人民出版社 1984 年版，第 394 页。
　③《周恩来年谱（1949—1976）》上卷，中央文献出版社 1997 年版，第 214 页。
　④《周恩来年谱（1949—1976）》上卷，中央文献出版社 1997 年版，第 229 页。
　⑤《建国以来重要文献选编》第 5 册，中央文献出版社 1993 年版，第 613 页。

《政府工作报告》中指出："中华人民共和国成立以来，我们在颁布宪法前后，已经制订了许多重要的法律，如工会法、劳动保险条例、土地改革法、农业合作社示范章程、民族区域自治实施纲要、选举法、婚姻法、兵役法、惩治反革命条例、惩治贪污条例、逮捕拘留条例等等。同时政府根据工作需要，还制订了许多单行条例和规章，发布了许多决定和指示，这些在实际上都起了法律的作用。"① 这些法律法规事实上都起到了规范党和政府行为的作用，为依法治国奠定了基础。1957 年 10 月，《国务院关于国家行政机关工作人员的奖惩暂时规定》公布，以严明的纪律来规范政府工作人员的行为。周恩来在任政务院和国务院总理期间，领导和参与了一系列法令、法规的制定，为新中国的法制建设做了大量有益的工作。

三、坚持民主集中制原则，发扬民主作风

民主集中制是无产阶级政党的根本组织原则，也是马克思主义政党区别于其他政党的重要标志之一。"无产阶级政党不是党员数字的简单总和，也不党的各个组织的简单联合，而是全体党员和党的各级组织按照一定的纪律组织起来的统一的有机体。"② 这个组织纪律便是民主集中制。民主与集中是辩证统一的，二者相互制约的同时又相互依存、不可分离。换言之，民主集中制就是在民主基础上的集中和在集中指导下的民主相结合的过程。周恩来曾指出："民主集中制是我们政治生活的基本原则。我们的民主是有领导的民主。"③ 在具体的政治实践过程中，周恩来十分善于在不同的历史条件下，辩证地把握民主与集中的关系，以高超的政治艺术化解矛盾，纠正党内存在的错误思想。

中国共产党担负着制定国家民主政治制度与规则，带头遵守实行民主政治制度的历史使命。因而，坚持和扩大党内民主是实现国家民主政治建设的前提。周恩来对这一点有清醒认识。

民主集中制原则是中国共产党政党制度的核心。"党是根据自己的纲领和章程，按照民主集中制组织起来的统一整体。"④ 新中国成立后，周恩来十分注重在具体的政治实践中贯彻民主集中制。1956 年 4 月 25 日至 28 日，周恩来出席中共

---

① 《建国以来重要文献选编》第 10 册，中央文献出版社 1994 年版，第 339 页。
② 王沪宁主编：《政治的逻辑：马克思主义政治学原理》，上海人民出版社 2016 年版，第 367 页。
③ 《周恩来统一战线文选》，人民出版社 1984 年版，第 352 页。
④ 《中国共产党章程》，人民出版社 2017 年版，第 31 页。

中央政治局扩大会议。他在会上强调："在制度上的中心问题就是民主集中制。"就制度本身所带来的集权与民主间的矛盾问题，他科学地分析道："集权集得多也有好处，就是社会主义改造、社会主义建设搞起来了。但是，也有毛病，也带来了阴暗的一面，就是容易缺乏民主，忽视民主，脱离群众，脱离实际，很容易生长出严重的官僚主义，把旧社会残留下来的东西保留下来，甚至更浓厚起来。"他明确指出："我们的制度要求我们不仅不能扩大和怂恿这种事情，而且要防止这类事情。"[①] 周恩来还不止一次地批判了"不听人言，蛮横专断""既无集中，也无民主""压制民主"的官僚主义行为。

坚持集体领导，实行集体领导和个人分工负责相结合，是中国共产党民主集中制原则的重要组成部分。中国共产党按照集体领导、民主集中、个别酝酿、会议决定的原则决定党和国家的重大事务，以确保党的大政方针的有效实施。周恩来一贯遵照"个人服从组织、少数服从多数、下级服从上级、全党服从中央"[②] 的集中原则，自觉维护党的团结、统一，自觉维护党中央的权威。他指出："我们要反对无领导的民主，反对极端民主化，反对无政府主义的思想，反对各行其是。"[③] 同时，他正确地指出应该坚持集体领导，而不是任何形式的个人领导，他曾深刻地阐明："共产党的领导是指党的集体领导，党的中央和党的各级领导机构（省、市、县委员会等）的领导。起着领导作用的，主要是党的方针政策，而不是个人。个人都是平等的，如果从工作上说，大家都是人民的勤务员，彼此平等地交换意见，决不能个人自居于领导地位。个人离开了集体，就无从起领导作用。个人的意见不能代表政策，必须制定成政策，才能算为集体的意见、领导的意见。"[④] 周恩来曾反问道，党是一个领导集体，"一个单位的个别党员，怎么能说他就是党的领导？党章没有规定党员有这样的权利，实际上也不可能有这样的本事"[⑤]。

在党领导下的各种行政决策中，周恩来始终注意发扬党内民主和人民民主，他一贯强调政府决策和行政必须坚持民主作风。他曾说，对重大问题和重要决策

---

① 《周恩来年谱（1949—1976）》上卷，中央文献出版社 1997 年版，第 569 页。
② 《建党以来重要文献选编（1921~1949）》第 16 册，中央文献出版社 2011 年版，第 330 页。
③ 《周恩来文化文选》，中央文献出版社 1998 年版，第 799 页。
④ 《周恩来选集》下卷，人民出版社 1984 年版，第 392 页。
⑤ 《周恩来选集》下卷，人民出版社 1984 年版，第 365 页。

"经常有不同的意见产生。自己肯定了的东西，后来自己又否定了。这样看对了，那样看又不对了，几个侧面看完全了，才掌握了全面。原来没有认识到的，后来认识到了，以后又有了更加新的认识。这样，一个人的思想才能发展，一个党的政策也才能完备，一个团体的工作也才能在这个过程中间得到改进"①。他时刻注意发扬民主作风，积极提倡集思广益、博采众长。如在设计修建人民大会堂的方案时，他就鼓励专家、学派、流派之间互相交流、纵横比较、取长补短，最后形成中西合璧、兼收并蓄的杰作。1956年7月21日，周恩来在中国共产党上海市第一次代表大会上的讲话中提醒党员干部："我们的民主就应该更扩大，而不应该缩小。这一方面是形势许可，另一方面是从整个无产阶级专政的历史中得来的经验。我们的人民民主专政是为了建设社会主义，消灭剥削阶级。专政的权力虽然建立在民主的基础上，但这个权力是相当集中相当大的，如果处理不好，就容易忽视民主。苏联的历史经验可以借鉴。所以我们要时常警惕，要经常注意扩大民主。"②

为了充分发扬党内民主和人民民主，周恩来在作出重大决策前还特别强调要听取反面意见。他说："有不同的意见的人跟我们来讨论、争论，真理才能愈辩愈明。……为了寻求真理，就要有争辩，就不能独断。什么叫独断？就是我说的话就对，人家说的话就不对，那还辩什么呢？你的意见是神圣不可侵犯的，那谁还跟你辩？即使自己有很多对的意见，但是还要听人家的意见，把人家的好意见吸取过来，思想才能更发展，辩证法就讲矛盾的统一，只有通过争辩，才能发现更多的真理。"③为了获得真理，他还主张："允许树立对立面，左点右点都可以允许，是正常的生活，这种空气不要怕……只要在桌面上，允许怀疑，发表不同意见，养成这种听不同意见的习惯。不要造成这是保守、那是右倾的紧张状态。"④在讨论三峡大坝建设是否可行的过程中，周恩来带上正反两方面意见的代表人物一起去三峡沿岸进行实地调查，让双方充分阐述观点，最后作出了科学的决策方案。

在贯彻民主集中制的过程中，周恩来还十分注意对中央和地方的意见、多数群众和少数专家的意见都要听取，综合考虑。他多次强调中央和地方要结合起来，要上下沟通、互通情况。他不但深入调查，听取广大群众的意见，还特别强调广

---

① 《周恩来选集》下卷，人民出版社1984年版，第389~390页。
② 《周恩来选集》下卷，人民出版社1984年版，第207页。
③ 《周恩来选集》上卷，人民出版社1980年版，第329页。
④ 《周恩来年谱（1949—1976）》中卷，中央文献出版社1997年版，第236页。

泛征求和注重专家意见。二十世纪六十年代，鉴于科学技术革命给政府行政决策和决策实施带来的重要影响，周恩来提出重大决策必须"实行领导干部、专家、群众三结合"①。在"三结合"的决策结构中，他认为群众是决策的基础，领导是决策的主角，而提供科学性、预见性方案的专家则是决策的骨干，因为"智慧是从群众中来的"，但"对群众的意见领导方面还要加工"②，而这个就必须"建立在科学预见之上"③。周恩来不但注重发扬民主作风，也是党进行民主决策的表率。如二十世纪六十年代，以周恩来为主任的中央专门委员会在秘密的状态下先后召开了数百次会议，广泛听取有关专家和各部门的意见，并把正确的意见及时地提炼、升华为中央的决策，从而促成了"两弹"试验提前成功。

中国共产党执政后，由于客观环境的变化，党内不民主的现象时有发生，周恩来对此有敏锐的察觉。他在二十世纪五十年代中期就指出："现在要多强调民主的扩大。"④"要经常注意扩大民主，这一点更带有本质的意义。"⑤他强调："党内要有正常的民主生活，要实事求是，要按照党章办事。"⑥"民主生活，对发挥积极性、提高政治觉悟、加强团结和集中群众智慧是非常重要的。"⑦他认为"真理愈辩愈明"，他鼓励党员领导干部、普通党员勇于据理力争，敢于发表不同意见。在与党外干部一同工作时，周恩来要求共产党员，特别是党员领导干部要按照党章规定同党外干部合作共事，尊重党外干部，虚心学习党外干部的长处。对待党外人士，要做到"内外一致"，"对党外人士的意见，哪怕只有一分是对的都应接受，然后再对不正确的部分加以分析批评"。⑧

周恩来认为，为了"更好地实行民主集中制，我们首先要扩大和发扬民主生活"⑨，要在党内营造鼓励党员讲真话的宽松环境和氛围。而畅通党员参与党内事务的途径，拓宽党员表达意见渠道，营造党内民主讨论的政治氛围是发扬党内民主和保障党员权利的根本途径。1962年，在中共中央扩大的工作会议福建组会上，

---

① 《周恩来选集》下卷，人民出版社 1984 年版，第 442 页。
② 《周恩来选集》下卷，人民出版社 1984 年版，第 314 页。
③ 《周恩来选集》下卷，人民出版社 1984 年版，第 323 页。
④ 《周恩来统一战线文选》，人民出版社 1984 年版，第 352 页。
⑤ 《周恩来选集》下卷，人民出版社 1984 年版，第 207 页。
⑥ 《周恩来选集》下卷，人民出版社 1984 年版，第 352 页。
⑦ 《周恩来文化文选》，中央文献出版社 1998 年版，第 798 页。
⑧ 《周恩来统一战线文选》，人民出版社 1984 年版，第 190 页。
⑨ 《周恩来选集》下卷，人民出版社 1984 年版，第 389 页。

周恩来追问:"为什么党内不能讲民主呢?"① 他认为:"这几年来,党风不纯,产生了浮夸和说假话的现象。"② 而产生这一现象的根源在于党的各级领导干部办事违背党章。因而,周恩来坚决反对"别人的话说出来,就给套框子、抓辫子、挖根子、戴帽子、打棍子"③ 的错误行径,他鼓励在党内要"造成一种风气,使大家敢于讲话",他要求"只要是对社会主义有利,即使思想不一致,也要说出来。知无不言,言无不尽;言者无罪,闻者足戒;有则改之,无则加勉",只有"这样,我们的干部就可以得到教育,健康的风气才能造成"④。

周恩来重视干部民主作风的养成。他曾明确指出:"我们共产党员要多听不同的意见,才能多知道各方面的意见。不同的意见不一定都对,但你要听了才有比较。当然,在不同的意见中,更重要的是广大群众的意见,就是在公社、工厂等基层组织里从事生产活动的广大群众的意见,还有学校里的群众的意见。"⑤1961年6月,周恩来在文艺工作座谈会和故事片创作会议上尖锐地指出:"现在有一种不好的风气,就是民主作风不够。"⑥ 为了培养干部的民主作风,周恩来倡导建立重大问题的集体讨论和科学论证制度。他提议,凡是重大的方针政策和涉及广大群众利益的问题,都应当提到会议上讨论决定,这样可以沟通情况,协商问题,博采众长,集中大家的经验智慧,作出正确的决策。曾任周恩来办公室秘书的吴群敢回忆说:"每周一次的政务会议……周恩来对政务会议不仅亲自审定,尽量安排重要议程,而且只要他在北京,不论事务多忙,必定亲来主持……会上讨论的文件原已经党内研究甚至中央批准,但周恩来仍鼓励大家畅所欲言,对提得对的欣然采纳,对不了解情况或片面失当的则耐心恳切加以说明。"⑦

在中国共产党内,周恩来是较早看到党内存在不民主倾向并认识到过度集权的风险的领导人之一。1956年7月,在中国共产党上海市第一次代表大会上,周恩来做了《专政要继续,民主要扩大》的讲话,他指出新中国成立后,"我们的

---

① 《周恩来选集》下卷,人民出版社1984年版,第351页。
② 《周恩来选集》下卷,人民出版社1984年版,第349页。
③ 《周恩来选集》下卷,人民出版社1984年版,第325页。
④ 《周恩来选集》下卷,人民出版社1984年版,第346页。
⑤ 《周恩来选集》下卷,人民出版社1984年版,第393页。
⑥ 《周恩来选集》下卷,人民出版社1984年版,第323页。
⑦ 中共淮安市委先进性教育活动领导小组、中共淮安市委宣传部、淮安市哲学社会科学联合会、淮安周恩来邓颖超研究会编:《学习周恩来永葆先进性》,中国文史出版社2005年版,第326~327页。

民主就应该更扩大，而不应该缩小。这一方面是形势许可，另一方面是从整个无产阶级专政的历史中得来的经验"①。而"现在有一种不好的风气，就是民主作风不够"，"只许一人言，不许众人言"，"好多人不敢想、不敢说、不敢做"，"我们要造成一种民主风气"。②

社会主义建设时期人民民主专政的本质应该是扩大民主。在人民民主专政的国家制度下，人民是国家的主人，处于当家作主的地位，掌握着国家的全部权力。对极少数人的专政是为了保障人民当家作主，因此社会主义国家的民主应该是最广泛的民主。周恩来认为："党的领导是组织领导，不是个人领导。"③ 要反对封建主义的政治意识，提倡社会主义民主平等的原则。中国"封建官僚的习俗在社会上还存在着"，"社会主义制度在中国的土壤上实现以后，如果不有意识地经常地排除某些旧的社会习俗，它就会经常来侵蚀我们"。④ 中国共产党要敢于发扬民主，广泛听取各方面的意见，只有这样才能有效克服领导干部的独断专横、"一言堂"的作风，才能搞好党内民主。周恩来认为共产党内不应有特殊的党员，"个人都是平等的，如果从工作上说，大家都是人民的勤务员，彼此平等地交换意见，决不能个人自居于领导地位"⑤。只有这样才能有效监督各级领导机构执行中央大政方针的情况，维护国家和人民的根本利益。

周恩来提出发扬党内民主必须反对家长式统治和极端民主化两种错误倾向。民主和集中相互联系，不能离开集中讲民主，也不能只讲民主不要集中，既需要扩大民主，也需要高度集中。坚持民主集中制必须正确处理领袖同党和群众的关系。这个问题处理得好坏直接关系着民主集中制原则能否得到贯彻执行，直接关系着党和国家的命运。无产阶级政党的领袖是党的一个成员，必须要反对个人崇拜、模范地执行民主集中制原则，尊重多数人的决定。

针对党内出现的官僚主义和腐败现象，周恩来探讨过一些治理的措施。他认为，搞好党内民主是杜绝官僚主义、确保领导干部清正廉洁的关键。针对集中权力于一把手而导致的官僚主义，周恩来强调要充分发扬人民民主，坚决实行民主

① 《周恩来选集》下卷，人民出版社 1984 年版，第 207 页。
② 《周恩来选集》下卷，人民出版社 1984 年版，第 323 页。
③ 《周恩来选集》下卷，人民出版社 1984 年版，第 365 页。
④ 《周恩来选集》下卷，人民出版社 1984 年版，第 230 页。
⑤ 《周恩来选集》下卷，人民出版社 1984 年版，第 392 页。

集中制。周恩来认为官僚主义是民主的对立物，"光有集中，没有民主，就成为官僚主义了"，只有"提倡民主，才能克服官僚主义"。① 提倡民主、发扬民主首先就是要让大家说话，畅所欲言，广开言路，听取各方面的意见。要弘扬民主风气，允许大家思考、讨论，允许提出不同的意见，在党内形成民主集中、生动活泼的政治局面。

在党内发扬民主，可以不断清除党组织和党员思想上、政治上、组织上、作风上的缺点和错误，及时总结经验教训，纠正党内存在的不正之风，从而在一定程度上防止腐败现象的发生。民主是腐败的天敌，是廉政建设的政治保障。强调发扬民主、重视民主建设，是周恩来关于党的作风建设和廉政建设思想的一大特色。周恩来一贯认为，发扬民主是保证党的正确领导的有效途径。每个人在日常工作中，"想得、说得、做得偏了一些是难免的，这并不要紧，只要允许批评自由，就可以得到纠正"②。发扬民主，可充分发挥全体党员的积极性和创造性，使党能够集思广益，为实现正确的领导提供可靠的保证。在党内发扬民主，贯彻民主集中制原则，积极开展批评和自我批评，鼓励人人畅所欲言，使每一个党员和干部的言行时刻处于全体党员的监督之下，这样可以约束、规范党员和党员干部的言行，避免独断专行和滥用权力。

四、贯彻执行党管干部的原则，建立干部管理制度

中国共产党执政后，在干部管理体制上沿用了执政前的做法，所有干部均由党中央及各级党委组织部门统一调配和任命，政府机构干部的人事管理也在党委领导下进行。1953 年 4 月，《关于政府干部任免手续的通知》规定："今后凡属中央人民政府或政务院任免范围的干部，在中央人民政府或政务院任免之先，仍需分别按党内管理干部的规定经过审批。属于中央管理范围的干部，由省（市）委报中央局核转中央；属于中央局管理范围的干部，由省（市）委报中央局，俟中央或中央局批准后，再交由同级人民政府人事部门办理提请任免手续。"③ 1953 年 11 月，《中共中央关于加强干部管理工作的决定》发布，在中央及各级党委统一

① 《周恩来选集》下卷，人民出版社 1984 年版，第 92 页。
② 《周恩来选集》下卷，人民出版社 1984 年版，第 323 页。
③ 张晋藩、海戚、初尊贤主编：《中华人民共和国国史大辞典》，黑龙江人民出版社 1992 年版，第 132 页。

领导、中央及各级党委组织部统一管理下的分部分级管理干部的制度逐步建立。

所谓分部管理，就是按照工作需要，将全体干部划分为九类，在中央及各级党委组织部的统一管理下，由中央及各级党委的各部分部进行管理。具体分类情况如下："（1）军队干部——由军委的总干部部、总政治部和军队中的各级干部部、政治部负责管理；（2）文教工作干部——由党委的宣传部负责管理；（3）计划、工业工作干部——由党委的计划、工业部负责管理；（4）财政、贸易工作干部——由党委的财政、贸易工作部负责管理；（5）交通、运输工作干部——由党委的交通、运输部负责管理；（6）农、林、水利工作干部——由党委的农村工作部负责管理；（7）少数民族的党外上层代表人物，宗教界的党外上层代表人物，各民主党派和无党派的民主人士，华侨民主人士，工商界代表性人物，协商机关、民主党派机关、工商联、佛教协会、伊斯兰协会和回民文化协会的机关干部——由党委的统战工作部负责管理；（8）政法工作干部——由党委的政法工作部负责管理；（9）党、群工作干部和未包括在上述九类之内的其他工作干部——由党委的组织部负责管理。"①

所谓分级管理，就是在中央及各级党委之间建立分工管理各级干部的制度。凡属担负全国各个方面重要职务的干部均应由中央加以管理，其他干部则由中央局、分局及各级党委分工加以管理。中央及各级党委管理的干部，有很大一部分是互相交叉的，也就是说有很多干部同时由两级或三级党委管理。凡属这种情况的均应由最上级的党委主管，下级党委协助管理，即下级党委应从监督、了解、教育、鉴定等方面来协助上级党委管理这些干部，并可对这些干部的任免、调动提出建议，但任免、调动这些干部的决定权属于上级党委。

周恩来在担任总理后，坚持贯彻执行了党管干部的原则，他于1949年11月在政务院内设立了直属中央人民政府的人事局，协助中共中央组织部管理政府机关干部。随后周恩来对国务院干部管理机构不断加以调整，逐渐建立了一整套干部管理制度，以适应形势发展和干部管理的实际需要，使党管干部的原则更加明确。

首先，干部任免制度逐步建立健全。1949年11月，周恩来主持政务院第五

---

① 《建国以来重要文献选编》第4册，中央文献出版社1993年版，第573～574页。

次政务会议，研究了领导干部任免问题的初步草案，讨论政务院及其所属机关工作人员任免问题。周恩来指出："我们国家是新民主主义的国家。资本主义国家和中国封建时代任免国家工作人员的办法，对于我们都不适合。对于人才，我们要敢于提拔，但不能滥用私人，凭主观喜怒来评定和提升干部。我们的标准是要看他的历史、工作态度、经验和能力，以及群众对他的认识。"①他先后主持制定了《政务院关于任免工作人员的暂行办法》《中央人民政府任免国家机关工作人员暂行条例》《国务院任免行政人员办法》。他还指导制定和实施了中央政府各部门和地方政府的组织通则和管理条例，如《政务院人民监察委员会试行组织条例》《海关总署试行组织条例》《人民法庭组织通则》等。在周恩来领导下，干部任免制度从无到有，从中央到地方再到各部门，始终在不断完善，制度化选拔人才的机制逐渐形成，干部任免工作的制度化程度不断提高，各级干部管理的规范化水平不断提升，一系列条例和法规的颁布使干部的任免在程序上有章可循、日趋合理，在一定程度上避免了用人的随意性，为新中国成立初期急需大量德才兼备干部的各级政府提供了人才选拔的制度化渠道，实现了各级党和政府领导干部的合理配置。

其次，机关干部日常行政工作制度建立。周恩来任总理后，规范了政府机关公务人员的工作，很快建立了行政机关负责人的工作制度、报告制度、保密制度、奖惩制度，明确了各机关部门的职责。周恩来强调领导干部要有责任感，力主对机关工作主要职责作出明确规定。1953年5月8日，他在中共中央书记处扩大会议上指出："为克服政府工作的某些无人负责的现象，必须规定对今后一切工作的处理均应由主管部门负主要责任，主管部门负责人必须亲自过问；遇到有同其他部门有关的事情，主管负责人应同有关部门协商解决办法，然后再提交中共中央批准。"②为便于统一领导，周恩来领导制定了《关于工作报告制度的暂行规定》，明确规定中央各部门和各地区应定期向政务院作综合报告、专题报告。1952年8月9日，他还就一些部门未认真执行政务院关于所属部门定期向中共中央作报告的制度一事，以政务院党组干事会书记名义向各委分党组干事会、各部门党组小组发出通知，强调各部门必须严格执行定期报告制度，并重新规定了报告办法：

---

① 《周恩来年谱（1949—1976）》上卷，中央文献出版社1997年版，第10页。
② 《周恩来年谱（1949—1976）》上卷，中央文献出版社1997年版，第298页。

"（一）每两月作一次综合报告，应由党组负责人执笔，内容以执行中央政策、业务进行情况为主，千字为限；（二）重要问题作请示报告或专题报告，专题报告以简短及时为原则，字数不限；（三）专业会议后作简况报告；（四）各业务部门的业务情况按月或按旬统计报告。"① 此外，周恩来特别重视建立严格的奖惩制度，做到赏罚分明，对党政干部起到很好的惩戒作用和激励作用。

周恩来在民主革命时期就负责党的保密工作，新中国成立后，他仍负责这项重要工作。他一再强调保密工作的重要性，并主持制定了《保守国家机密暂行条例》。这是我国第一个全国性的保密工作行政法规，对加强我国的保密工作管理具有重要作用。周恩来不仅在保密制度建设上发挥了重要作用，而且带头执行，并监督领导干部和机关工作人员一起执行。1964 年 10 月 16 日，我国第一颗原子弹爆炸试验获得成功。核试验前夕，周恩来在紫光阁主持召开重要会议。在张爱萍副总参谋长刚准备离去时，周恩来关切地询问他身上带走核试验的文件没有，在得到张爱萍没有带的回答后，他仍要求张爱萍再搜一搜口袋，看里边有没有纸条。最后看张爱萍确实没带走任何文件，周恩来才如释重负地说："保密无小事啊！……我爱人是老党员、中央委员，她就不知道我们要搞核试验，我从不对她讲。"② 原子弹研制成功与否关系到国家安全和人民利益是否能够得到保障，意义重大。周恩来对这一关系重大的科技尖端工程保密工作的高度重视，是确保该工程顺利进行和最终成功的不可或缺的因素之一。

五、精心筹建和竭力维护新中国最根本的政治制度

全国人民代表大会制度是中国共产党开创和确立的新中国最根本的政治制度，周恩来对这一制度的筹建、维护、完善、发展作出了不可磨灭的贡献。1953 年至 1954 年，他为第一届全国人民代表大会的召开倾注了大量精力，做了许多法律、政治和具体程序方面的准备工作。他亲自参加了第一届全国人民代表大会及其常委会的创建，直接领导了第一部宪法颁布后国家行政机构的调整。后来，在"文化大革命"恶劣的政治环境中和身患重病的状况下，他仍精心筹备了第四届全国人民代表大会，挫败了"四人帮"的阴谋，对中国政治发展产生了深远而重要的

---

① 《周恩来年谱（1949—1976）》上卷，中央文献出版社 1997 年版，第 253 页。
② 李旭阁：《原子弹日记》，解放军文艺出版社 2011 年版，第 132 页。

影响。

（一）周恩来为第一届全国人民代表大会的召开作周密细致的准备

1952 年 11 月，中共中央决定立即着手准备召开全国人民代表大会，制定第一部宪法。1953 年 1 月 13 日，周恩来在中央人民政府委员会第二十次会议上作关于召开全国人民代表大会及地方各级人民代表大会的问题的说明。他指出："《共同纲领》中就确定我们是人民代表大会制的政府。但当时国家建立伊始，解放全中国的战争还在进行，许多地方的群众没有发动和组织起来，条件还没有完全具备。经过三年的努力，现在时机已经成熟。为着配合各项建设，要使政治建设完备起来：召开全国人民代表大会，以代替现在由中国人民政治协商会议的全体会议执行全国人民代表大会职权的形式；召开地方各级人民代表大会，以代替现在由地方各界人民代表会议代行人民代表大会职权的形式。只有这样，才能进一步加强政府与人民之间的联系，使人民民主专政的国家制度更加完备。"[①] 同日，周恩来担任宪法起草委员会委员。

周恩来为人民代表大会制度的确立做了周密的准备工作，他在第一届全国人民代表大会召开前主要领导了法律准备工作和普选工作。他于 1953 年 1 月 21 日、23 日主持召开了选举法起草委员会会议，讨论修改《中华人民共和国全国人民代表大会选举法（草案）》。他同时担任了选举法起草委员会主席。1 月 25 日，周恩来将《中华人民共和国全国人民代表大会选举法（草案）》修改本送毛泽东审阅。1 月 26 日，毛泽东批示同意，并肯定了选举法的内容很好。2 月 11 日，中央人民政府委员会第二十二次会议通过《中华人民共和国全国人民代表大会及地方各级人民代表大会选举法》，第一届全国人民代表大会的召开和人民代表的选举具备了合法性。

1954 年 8 月 6 日、7 日，周恩来主持召开中共中央政治局会议，先后讨论了《全国人民代表大会组织条例（草案）》和《中华人民共和国国务院组织条例（草案）》，会议议定分别由李维汉和田家英根据与会者所提意见修改后印发各地讨论。

召开全国人民代表大会，除作好基本法律准备外，还有两项重要的工作是必不可少的，一是各级人民代表大会代表的选举工作；二是第一部宪法的起草工作。

---

① 《周恩来年谱（1949—1976）》上卷，中央文献出版社 1997 年版，第 279~280 页。

周恩来主要领导了前一项工作，毛泽东亲自抓了后一项工作。

　　周恩来提出："全国人大和地方各级人大的选举原则是普选，实行普选最主要的还是基层的直接选举。"①1953 年 2 月 1 日，周恩来将《关于召开全国人民代表大会和制定宪法问题》的讲话稿送毛泽东、刘少奇审阅。他在讲话稿中答复了一些人对普选工作提出的疑问，即对人大代表的产生是采取直接选举的方式还是间接选举的方式。周恩来根据中国的实际情况提出意见："在这个普遍选举制的基础上，除基层人民代表大会采用直接选举制外，基层政权以上的人民代表大会，目前尚只能采用按级选举的间接选举制。"②

　　1953 年 2 月 4 日，周恩来在政协第一届全国委员会第四次会议上作《政治报告》。该报告回顾了过去三年中各条战线取得的成就，提出了当前最迫切的几大任务，其中一项就是："动员全国人民积极准备和参加全国人民代表大会及地方各级人民代表大会的选举，以便充分地发挥全国人民的积极性，来共同奋斗。"③4 月 3 日，周恩来签署《政务院为准备普选进行全国人口调查登记的指示》。该文件指出："为了使全国年满十八周岁的公民都能依法参加选举，必须做好登记选民的工作。而选民的登记，又必须以人口登记为依据。因此应在选举工作同时，举行全国人口调查登记，以利选举工作的进行，并为国家的经济、文化建设，提供确实的人口数字。"④

　　1953 年，为了第一届全国人民代表大会的召开，在政务院和各级政府的领导下，我国进行了第一次全国人口普查。随后，在全国各基层单位进行选举，参加投票的选民共 27 809 万人，占登记选民总数（32 389 万人）的 85.88%，这是当时世界上最大的一次普选活动。⑤

　　周恩来不仅为第一届全国人民代表大会做了许多法律和政治方面的准备工作，而且做了许多具体的事务性准备工作。如在第一届全国人民代表大会召开前夕，周恩来在 1954 年 8 月 28 日特别就第一届全国人民代表大会第一次会议的警卫工作和交通管理等问题指示有关部门："全国人大会议的招待人员要精干和对业务熟

---

①　《周恩来年谱（1949—1976）》上卷，中央文献出版社 1997 年版，第 280 页。
②　《周恩来年谱（1949—1976）》上卷，中央文献出版社 1997 年版，第 283 页。
③　《周恩来年谱（1949—1976）》上卷，中央文献出版社 1997 年版，第 283 页。
④　《周恩来年谱（1949—1976）》上卷，中央文献出版社 1997 年版，第 293 页。
⑤　逄先知、金冲及主编：《毛泽东传（1949—1976）》上卷，中央文献出版社 2003 年版，第 310～312 页。

练。对汽车的使用，尽量注意不要浪费。"他对警卫工作的要求是：精练、迅速、确实，有秩序，注意安全。①

（二）周恩来与新中国最根本政治制度的建立

1954 年 9 月 15 日，第一届全国人民代表大会第一次会议在北京开幕，毛泽东在大会上作了《为建设一个伟大的社会主义国家而奋斗》的开幕词，刘少奇作了《关于中华人民共和国宪法草案的报告》，周恩来作了《政府工作报告》。周恩来指出："即将由全国人民代表大会第一次会议产生的国家行政机关，根据这个伟大的人民的宪法所规定的目标，依靠全国人民的支持和全国人民代表大会的监督，一定能够尽到自己的责任，把我们国家的各项事业推向新的更大的胜利。"②

经过充分讨论，会议通过了《中华人民共和国宪法》《中华人民共和国第一届全国人民代表大会第一次会议关于政府工作报告的决议》《中华人民共和国全国人民代表大会组织法》《中华人民共和国国务院组织法》《中华人民共和国人民法院组织法》《中华人民共和国人民检察院组织法》《中华人民共和国地方各级人民代表大会和地方各级人民委员会组织法》《中华人民共和国第一届全国人民代表大会第一次会议关于中华人民共和国现行法律、法令继续有效的决议》。其中，《中华人民共和国国务院组织法》对国务院的组织机构的产生办法、人事任用、会议制度等重大问题作出了新规定。根据中华人民共和国主席毛泽东的提名，大会决定由周恩来担任国务院总理。会议根据周恩来的提名，通过国务院组成人选，由陈云等十人担任国务院副总理。9 月 28 日，第一届全国人民代表大会第一次会议胜利闭幕。

第一届全国人民代表大会的召开和第一部宪法的制定，建构和完善了新中国的政治和行政体制。新中国成立之初，按照《中国人民政治协商会议共同纲领》和《中华人民共和国中央人民政府组织法》的规定，由全国政协代行全国人大的职权，选举中央人民政府委员会，并付之以行使国家权力的职权；由中央人民政府委员会组织政务院，作为国家政务的最高执行机关。由此，中央人民政府下辖政务院的二级政府体制形成。但是，按照 1954 年第一届全国人民代表大会通过的《中华人民共和国宪法》（简称"五四宪法"）规定，全国人民代表大会是最高国家

---

① 《周恩来年谱（1949—1976）》上卷，中央文献出版社 1997 年版，第 411 页。
② 《建国以来重要文献选编》第 5 册，中央文献出版社 1993 年版，第 624 页。

权力机关和行使国家立法权的唯一机关；全国人民代表大会常务委员会是全国人民代表大会的常设机关；中华人民共和国主席由全国人民代表大会选举产生，中华人民共和国主席统率全国武装力量，担任国防委员会主席；中华人民共和国国家元首职权由全国人民代表大会所选出的全国人民代表大会常务委员会和中华人民共和国主席结合起来行使。"五四宪法"同时规定了国务院即中央人民政府，是最高国家权力机关的执行机关，即最高国家行政机关，国务院对全国人民代表大会负责并报告工作；在全国人民代表大会闭会期间，对全国人民代表大会及常委会负责并报告工作。这样，就结束了原来中央人民政府委员会为行使国家政权的最高机关，政务院对中央人民政府委员会负责并报告工作的过渡状态，改变了原来中央人民政府下辖政务院的两级政府的过渡体制，原中央人民政府委员会随着职权的移交而完成了自己的历史使命，我国第一部宪法明确了新的最高国家权力机关与最高国家行政机关的相互关系。

"五四宪法"明确规定中华人民共和国的国家性质是工人阶级领导的、以工农联盟为基础的人民民主国家；明确规定人民代表大会制度是我们国家的根本政治制度。"五四宪法"使新中国的国家性质得到了完整和规范的法律体现，它确认了人民民主的基本原则，建立了国家立法制度，这标志着中华人民共和国的国家政治制度已经正式确立。

（三）周恩来精心筹划第四届全国人民代表大会

第四届全国人民代表大会从 1970 年开始筹备到 1975 年正式召开，历时五年，在历届全国人民代表大会中筹备时间最长。在"文化大革命"时期，第四届全国人民代表大会的重要性突出体现在对国家基本政治体制的恢复和对国家权力的再分配上。为大会的召开和新一届国务院的组建，身患重病的周恩来做了大量筹备工作，为大会顺利召开发挥了重要作用。

党的九大之后，召开第四届全国人民代表大会就逐步提上了议事日程。1970年 3 月，根据毛泽东提出的关于召开第四届全国人民代表大会和修改宪法的意见，周恩来主持中共中央政治局会议，组成若干小组，开始着手各方面的准备工作。1970 年 7 月，周恩来主持中共中央政治局会议，成立了中央修改宪法起草委员会，并将召开第四届全国人民代表大会的时间定于 9 月 15 日至 24 日。

1971 年 8 月，暂时中断了的第四届全国人民代表大会筹备工作继续进行。根据毛泽东关于召开第四届全国人民代表大会的意见，拟定会期安排在国庆节后。周恩来在9月连续召开会议商议筹备事宜。9月12日晚，在接到林彪等人叛逃的报告时，周恩来正在主持讨论第四届全国人民代表大会《政府工作报告》草稿。此后，周恩来要忙于处理"九一三"事件，第四届全国人民代表大会的筹备工作不得不再次搁置下来。

1973年8月，周恩来在党的十大上宣布："最近，我们还要举行第四届全国人民代表大会。"① 被延迟两年的第四届全国人民代表大会筹备工作第三次提到日程上来。1973年9月12日，周恩来主持中共中央政治局会议，发出关于召开第四届全国人民代表大会的通知，并在政治局内设立三个小组开展筹备工作。10月中旬，周恩来主持中共中央政治局会议，讨论第四届全国人民代表大会的筹备工作，并基本通过了《政府工作报告》草稿。然而，江青反革命集团借机对周恩来发起了一系列攻击，使得周恩来筹备第四届全国人民代表大会的工作很难顺利进行。

1974年10月，根据毛泽东提出召开第四届全国人民代表大会的意见，中共中央发出关于准备召开第四届全国人民代表大会的通知。几经波折的第四届全国人民代表大会的筹备工作，终于第四次正式展开，中断了近五年的筹备工作在周恩来的主持下恢复。经历了诸多的波折和斗争之后，1975年1月，第四届全国人民代表大会终于在北京召开了。

在近五年筹备第四届全国人民代表大会的过程中，周恩来始终扮演着领导筹备工作的重要角色。在他遭到错误批判期间，毛泽东也并没有把第四届全国人民代表大会的筹备工作交给江青反革命集团，这表明了他对周恩来的信任和倚重。周恩来关于第四届全国人民代表大会人事的设计、安排，对中央行政体制的重新整合，对增强与江青反革命集团斗争的政治优势有着十分重要的意义。

在筹备第四届全国人民代表大会的关键时刻，毛泽东抑制了江青反革命集团的干扰，让周恩来负责，从而为周恩来在第四届全国人民代表大会筹备过程中发挥主导作用提供了最为关键的政治支持。毛泽东对赴长沙诬陷邓小平和周恩来的王洪文进行了严厉批评。毛泽东指示："总理还是总理，四届人大的筹备工作和人事安排由总理和王洪文主持，同各方面商量办理。"② 毛泽东还提出开第四届全国

---

① 《中国共产党第十次全国代表大会新闻公报》，《人民日报》，1973年8月30日第2版。
② 《周恩来年谱（1949—1976）》下卷，中央文献出版社1997年版，第680页。

人民代表大会的时间除了看准备情况，还要视周恩来的病情而定。

1974 年 11 月 6 日，周恩来致信毛泽东，汇报第四届全国人民代表大会各项准备工作及进展情况，提出："宪法草案和报告，政府工作报告，均可在十一月搞出。……人事名单估计十一月下旬可搞出几个比较满意人选。"毛泽东看信后批："同意。"① 这表明毛泽东对周恩来主持的筹备工作表示认可和支持。

在第四届全国人民代表大会筹备问题上，周恩来牢牢把握毛泽东赋予的权力，与"四人帮"巧妙周旋。对江青提出的关于第四届全国人民代表大会人事安排及总参谋长人选的意见，周恩来不作任何表态。12 月下旬，第四届全国人民代表大会筹备工作大体就绪，需要毛泽东最后确定，为了不给江青反革命集团可乘之机，防止王洪文利用单独汇报的机会，影响毛泽东在人事安排上的最后决策，周恩来决定抱病飞赴长沙，当面向毛泽东汇报第四届全国人民代表大会筹备情况。周恩来已将第四届全国人民代表大会筹备工作视为一项重要的政治使命，用他自己的话说："既然把我推上历史舞台，我就得完成历史任务。"②

在"文化大革命"时期，召开第四届全国人民代表大会对重建被"文化大革命"破坏的政治生态环境，对巩固国家基本政治制度与行政体制，恢复正常政治秩序，维护社会稳定具有重要意义。关于新一届政府中副总理和各部门主要负责人的安排等，周恩来进行了精心设计。周恩来希望由邓小平接替他来主持国务院和党中央的日常工作，这是确定第四届全国人民代表大会人事安排最为重要的一个步骤。1974 年 11 月初，周恩来就第四届全国人民代表大会的筹备进展情况致信毛泽东时提出："我积极支持主席提议的小平为第一副总理，还兼总参谋长。"③

在举荐邓小平为第一副总理的同时，周恩来精心筹备着第四届全国人民代表大会的中央政府组织机构和各项人事安排。他在审阅第四届全国人民代表大会各界代表的名额分配名单后，致信中共中央政治局，要求增加老干部的名额。随即又审议、修改了由邓小平主持起草的《政府工作报告》草案，并予以批准。在毛泽东已经明确了人大常委会委员长、国务院总理及主要的副委员长、副总理人选的基础上，按照毛泽东关于"其他人事安排由周恩来主持商定"④ 的指示，

① 《周恩来年谱（1949—1976）》下卷，中央文献出版社 1997 年版，第 682 页。
② 《周恩来年谱（1949—1976）》下卷，中央文献出版社 1997 年版，第 686 页。
③ 《周恩来年谱（1949—1976）》下卷，中央文献出版社 1997 年版，第 682 页。
④ 《毛泽东年谱（1949—1976）》第 6 卷，中央文献出版社 2013 年版，第 558 页。

从 11 月下旬开始，周恩来与相关人员协商第四届全国人民代表大会的人事安排问题。

在事关党和国家的领导权掌握在哪些人手里的人事安排问题上，周恩来反复斟酌，他启用了一批有丰富领导经验的老干部，尽力排除江青反革命集团的干扰，保证了第四届全国人民代表大会筹备工作的顺利进行。1974 年 12 月 23 日，周恩来强撑重病之躯，飞往长沙向毛泽东汇报第四届全国人民代表大会筹备情况，与毛泽东共同审定了各项人事安排。

1975 年 1 月 1 日，周恩来主持中共中央政治局会议，讨论第四届全国人民代表大会有关人事安排问题，根据毛泽东提出的"要安定团结"① 的指示，会议确定了"基本不动、个别调整"② 的原则，讨论通过了邓小平起草的关于国务院的部、委设置和各部部长、委员会主任、最高人民法院院长人选的报告。讨论中，将原报告拟定的交通、燃化、商业三个部的机构设置又作了调整，并决定仍设立文化、教育两部，以"避免国内外不必要的议论"③。由此，国务院系统共计设置 29 个工作部门。④

在毛泽东的决策和周恩来的精心筹划下，第四届全国人民代表大会终于于1975 年 1 月 13 日至 17 日在北京召开。周恩来代表国务院作了《政府工作报告》。17 日，会议选举朱德继续担任人大常委会委员长，董必武、宋庆龄等 22 人为副委员长。根据中共中央的提议，决定周恩来继续担任国务院总理，邓小平等 12 人为副总理，任命了国务院各部部长、各委员会主任，新一届政府组建完成。

在第四届全国人民代表大会组成的政治格局中，以周恩来为首的老一辈革命家占据了主要地位。除朱德继续当选为全国人大常委会委员长外，在"文化大革命"中遭到错误批判的徐向前、聂荣臻、陈云、谭振林等人当选为全国人大常委会副委员长；在第三届全国人民代表大会期间即为国务院主要领导成员的邓小平、李先念、王震、余秋里、谷牧等人被任命为新一届国务院副总理。第四届全国人民代表大会成为扭转老一辈革命家与江青反革命集团实力对比的重要转折，从而构成了日后粉碎"四人帮"的组织基础。尤其是以叶剑英、李先

①《毛泽东年谱（1949—1976）》第 6 卷，中央文献出版社 2013 年版，第 569 页。

②《建国以来重要文献选编》第 16 册，中央文献出版社 1997 年版，第 216 页。

③《周恩来年谱（1949—1976）》下卷，中央文献出版社 1997 年版，第 689 页。

④《周恩来年谱（1949—1976）》下卷，中央文献出版社 1997 年版，第 689 页。

念为代表的党的老干部，对粉碎"四人帮"、结束"文化大革命"，发挥了举足轻重的作用。

特别是周恩来晚年极力推动邓小平复出，并委以重任，在一定程度上遏制了"四人帮"力量的膨胀，对"文化大革命"后以邓小平同志为核心的党的第二代中央领导集体的形成意义重大、影响深远。正如习近平在纪念周恩来同志诞辰120周年座谈会上的讲话中所指出的："在'文化大革命'极端复杂的特殊环境中，周恩来同志作出了常人难以想象的努力，忍辱负重，苦撑危局，维护党和国家正常工作运转，尽一切可能减少损失。周恩来同志保护了一大批党的领导骨干、民主人士和知识分子；协助毛泽东同志粉碎了林彪反革命集团妄图夺取最高权力的阴谋，同江青反革命集团进行了坚决斗争。'九一三'事件后，周恩来同志主持中央日常工作，批判和纠正极'左'思潮的错误，使各方面工作有了转机。他全力支持邓小平同志领导对各方面工作进行整顿，这不仅深深影响了当时中国的政局，而且为后来中国的改革和发展准备了条件；他在四届全国人大一次会议上重申实现四个现代化的宏伟目标，极大鼓舞了全党全国各族人民。"①

第四届全国人民代表大会后组建的新一届政府，产生了以周恩来、邓小平为核心的新的国务院领导班子，为中央政府切实履行其行政管理职能、恢复对国家经济社会生活的统一领导奠定了良好的组织基础，国家政治生活逐步转入正常轨道。这种格局的形成，反映了周恩来对政治时机的准确把握和政治智慧的娴熟运用，也为邓小平主持国务院工作、开展全面整顿奠定了基础。在"文化大革命"后期非常困难的情况下，周恩来抱病承担筹备第四届全国人民代表大会的工作。他顾全大局，任劳任怨，为继续进行党和国家的正常工作，为尽量减少"文化大革命"所造成的损失，为保护大批党内外干部，做了坚持不懈的努力，对中国未来的政治发展产生了深远的影响。历史将永远铭记，周恩来为党和国家的事业、为党的政治和制度建设作出的不可磨灭的贡献。

---

① 习近平:《在纪念周恩来同志诞辰120周年座谈会上的讲话》，人民出版社2018年版，第7页。

第二节　努力抓好党的思想建设和作风建设

一、用马列主义武装全党，反对各种错误思想

周恩来在长期的革命生涯中，始终坚持把马克思主义作为党的指导思想，将马克思主义作为"无产阶级全体的救时良方"[①]。他重视思想改造，坚决抵制、纠正、肃清中国共产党内的非无产阶级思想。

执政党掌握国家政权，在整个社会中处于领导地位，因而它所认同并广泛传播的意识形态，便会成为影响整个社会的主旋律，维护本阶级的根本利益。周恩来在党内较早地对此进行了理论解释。他认为："为什么在共产党里面只许有马列主义的思想呢？因为共产党是工人阶级的政党，是我们国家的领导党，它的指导思想是马列主义的……所以，共产党里面的思想就只能是马列主义的思想。"[②] 在阐释意识形态所具有的鲜明的阶级性的同时，周恩来敏锐地认识到意识形态安全对维护执政党的领导具有重要作用。他认为如果多元意识形态并存于执政党内或形成多元化的指导思想，那么"共产党就不能成为国家的领导党"，国家就会因此而"失掉前进的方向"[③]。

将马克思主义作为党的指导思想，需要全体党员的广泛认同与实践。而全体党员的广泛认同在很大程度上取决于党的思想建设效果。周恩来明确指出我们的党是工人阶级的先锋队，正率领人民走向社会主义，"因此党员在政治见解上、思想意识上，要比别人水平高"[④]。这就要求所有党员要在工作中认真学习马列著作和毛泽东著作。在"文化大革命"中，他仍强调党员要"认真看书学习，弄通马克思主义"[⑤]。党的干部应"力求能够掌握马克思主义的基本理论"[⑥]。周恩来一贯重视马克思主义理论学习，认为"学习的目的是为了改造自己"[⑦]，自我改造中最

[①] 《周恩来早期文集（一九一二年十月——一九二四年六月）》下卷，中央文献出版社、南开大学出版社 1998 年版，第 457 页。

[②] 《周恩来统一战线文选》，人民出版社 1984 年版，第 247~248 页。

[③] 《周恩来统一战线文选》，人民出版社 1984 年版，第 248 页。

[④] 《周恩来统一战线文选》，人民出版社 1984 年版，第 189 页。

[⑤] 《三中全会以来重要文献选编》上，人民出版社 1982 年版，第 59 页。

[⑥] 周恩来：《在中国共产党第十次全国代表大会上的政治报告》，《人民日报》，1973 年 9 月 1 日第 1 版。

[⑦] 《周恩来选集》下卷，人民出版社 1984 年版，第 60 页。

为重要的是思想改造，他提出："要把思想改造看成象空气一样，非有不可。"①
周恩来不主张采用批斗的方式开展思想改造，他反对"把对反革命的警惕性和人
民内部的思想改造混同起来"②。周恩来将思想改造明确界定为"要树立马克思列
宁主义或者说辩证唯物主义和历史唯物主义的世界观和人生观"③，要按照自觉、
循序渐进、互相帮助、说服教育的原则进行思想改造。

"三反"运动是中国共产党在执政的背景下，开展的第一场政治运动，是一场
净化党内政治生态的积极行动。作为党和国家领导人，周恩来全面参与并领导了
"三反"运动与"五反"运动，1951 年 12 月，《中共中央关于实行精兵简政、增
产节约、反对贪污、反对消费和反对官僚主义的决定》下发。1952 年 1 月 9 日，
周恩来发表讲话，号召："全国党、政、军、民的全体工作人员以极严肃的、认真
的和负责的态度，无例外地来参加这一斗争，来反对资产阶级的侵蚀，来洗净旧
社会遗留下来的污毒。"④同年 2 月 12 日，周恩来起草了《中共中央关于"三反"
运动中若干问题的处理意见》。党中央对执政后个别党员的贪污腐化绝不姑息，对
官僚主义现象严加制止，这成为中国共产党治国理政的有益探索。

高饶事件是"新中国成立以来，在党内高层首次出现的一场分裂与反分裂的
严重斗争"⑤。高饶事件的发生源于个别党的高级领导干部个人主义思想的极度
膨胀，周恩来为维护党的团结，与错误行为进行了坚决的斗争。根据毛泽东的提
议，党的七届四中全会通过《关于增强党的团结的决议》。周恩来认为高饶事件是
部分党员领导干部，尤其是高级领导干部"滋长着一种极端危险的骄傲情绪"⑥，
并由此"一步一步地发展成为资产阶级个人主义的野心家，或者被这种野心家所
利用"⑦。他认为这种资产阶级个人主义思想是"我们党内目前的主要危险"⑧。
周恩来强调："一切骄傲情绪、自由主义、个人主义、宗派情绪、小团体习气、分
散主义、地方主义、本位主义都应受到批判……党内非法活动必须禁止。派别性

①　《周恩来选集》下卷，人民出版社 1984 年版，第 425 页。
②　《周恩来选集》下卷，人民出版社 1984 年版，第 334 页。
③　《周恩来选集》下卷，人民出版社 1984 年版，第 423 页。
④　《周恩来年谱（1949—1976）》上卷，中央文献出版社 1997 年版，第 210 页。
⑤　杨尚昆：《回忆高饶事件》，《党的文献》，2001 年第 1 期。
⑥　《中共中央文件选集（一九四九年十月～一九六六年五月）》第 15 册，人民出版社 2013 年版，第 262 页。
⑦　《周恩来选集》下卷，人民出版社 1984 年版，第 122 页。
⑧　《周恩来选集》下卷，人民出版社 1984 年版，第 122 页。

的干部政策必须反对。独立王国的思想必须消灭。党的统一领导和集体领导原则必须坚持。党内民主及批评和自我批评必须发展。党内任何干部必须无例外地受到党的组织和人民群众监督。共产主义的人生观必须确立。马列主义的教育必须加强。"①

周恩来要求存在这种错误思想的党员要"相信毛泽东同志领导的党不仅能发觉我们的错误,而且更能指导我们如何认识和改正错误"②,要"求教于马克思列宁主义和毛泽东思想"③,在学习中不断进行思想改造,并积极主动接受"同志们的帮助"④,"迅速地彻底地改正错误"⑤。他指出,我们进行党的思想建设、反对各种非无产阶级思想的目的,在于使我们"党内的政治生活更加健康起来,利于党的团结"⑥。今后"特别是要在高级领导同志中间加强集体生活,开展批评和自我批评,来保证我们党的团结。这样也就可以竭力避免给个人主义野心家以利用和挑拨的机会"⑦。周恩来提出要坚持用马列主义、毛泽东思想武装全党,"反对分散主义、地方主义和本位主义等等"⑧。

1955 年 3 月 31 日,周恩来在党的全国代表会议上发言指出:"开展批评与自我批评,关键所在,是要反对骄傲和自满。这一点,对于一个胜利了的党、执政的党,尤其是党的领导干部来说,更应当引起警惕。"⑨同年 10 月 11 日,他在扩大的七届六中全会上进一步指出:"在社会主义革命的实践中,我们党现在是处于胜利环境和当权地位。"⑩"最主要的是必须保持全党特别是中央、省市区党委和地委三级在以毛泽东同志为首的党中央领导下的、在马列主义基础上的团结统一。"⑪为此,他主张全党同志特别是党的高级干部要做到:"(一)必须大力提高马列主义的理论水平,而在目前最主要的是克服经验主义,才能增强我们的政治

---

① 本书编委会编:《中华人民共和国国史全鉴》第 2 卷,团结出版社 1996 年版,第 1217 页。
② 《周恩来选集》下卷,人民出版社 1984 年版,第 125 页。
③ 《周恩来选集》下卷,人民出版社 1984 年版,第 121 页。
④ 《周恩来选集》下卷,人民出版社 1984 年版,第 126 页。
⑤ 《周恩来年谱(1949—1976)》上卷,中央文献出版社 1997 年版,第 351 页。
⑥ 《周恩来选集》下卷,人民出版社 1984 年版,第 121 页。
⑦ 《周恩来选集》下卷,人民出版社 1984 年版,第 121 页。
⑧ 《周恩来选集》下卷,人民出版社 1984 年版,第 121~122 页。
⑨ 《周恩来年谱(1949—1976)》上卷,中央文献出版社 1997 年版,第 458 页。
⑩ 《周恩来年谱(1949—1976)》下卷,中央文献出版社 1997 年版,第 507 页。
⑪ 《周恩来年谱(1949—1976)》下卷,中央文献出版社 1997 年版,第 507 页。

嗅觉、政治远见和辨别是非的能力。（二）必须继续和坚决克服党和政府工作中的分散主义倾向。（三）必须改变我们的脱离群众的领导方法和作风。（四）必须加强集体生活的锻炼。（五）对社会主义建设和改造的各项工作，要有一种主动的、积极的、高兴的、欢迎的和全力以赴的精神。"①

发展人民民主，扩大国家的民主生活，开展反对官僚主义的斗争，加强对党和政府工作的监督，是党的八大路线的主要内容之一。在党的八大召开期间及其之前，周恩来总结了党的经验教训，阐明了扩大民主的本质意义，提出了完善执政体制的正确认识。周恩来多次强调实行集体领导，正确处理民主与集中的关系。他深刻地指出："我们无产阶级专政，为什么要把不同的意见的人消灭呢？这是一个教训。社会主义思想体现在一个党，形成一个党，这是一个发展的趋势。但我们要有意识地保存一些不同政见的党，在党内保存一些不同意见的人，这样做是可以的。"②

二十世纪五十年代末以后，党内"左"的错误思想越来越严重，发展到"文化大革命"时期，党内极"左"错误思想泛滥，给党和国家造成了巨大损失。周恩来坚持党的正确思想路线，在力所能及的范围内尽力抵制和纠正，努力维护党和国家的正常运转。林彪反党集团、"四人帮"在"文化大革命"中一方面极力制造对党的领袖的个人崇拜，另一方面煽动群众"全面夺权"，鼓吹所谓"造反有理"，企图打到老一辈革命家。周恩来为维护执政党的政治权威，努力纠正各种错误认识，他不顾个人安危，在多种场合严正警告造反派："现在还继续宣传'揪军内一小撮'是一种极左思潮，不利于文化大革命的进行，不利于国防战备。不要唯我独尊，唯我独左。否则，就要走向反面。"③

"九一三"事件后，周恩来及时在全党范围内纠正极"左"错误思想。他认为："实际上各单位的极左思潮都是林彪放纵起来的。"④他明确指出："要批判林彪反党集团，批判无政府主义，批判极左思潮。"⑤1971 年 4 月 12 日，周恩来在接见全国出版工作座谈会领导小组成员时指出："我们要讲历史，没有一点历史知

①　《周恩来年谱（1949—1976）》上卷，中央文献出版社 1997 年版，第 507 页。
②　石仲泉、沈正乐、杨先材等主编：《中共八大史》，人民出版社 1998 年版，第 306 页。
③　《周恩来年谱（1949—1976）》下卷，中央文献出版社 1997 年版，第 189 页。
④　《周恩来年谱（1949—1976）》上卷，中央文献出版社 1997 年版，第 541 页。
⑤　《周恩来年谱（1949—1976）》下卷，中央文献出版社 1997 年版，第 501 页。

识不行。"①他强烈批判烧书、毁书行为，他反问道："那些把书都烧了的，还不是受极左思潮的影响？不一分为二，就是极左思潮。"②周恩来顶着巨大的压力，在1972年7月指出："要把北大理科办好，把基础理论水平提高"，对此，"有什么障碍要扫除"。③他要求科教组和科学院负责同志要"好好议一下，并要认真实施，不要如浮云一样，过了就忘了"④。同年9月11日，周恩来再次要求，"科学院必须把基础科学和理论研究抓起来"，并强调"这件事不能再延迟了"⑤。

信仰坚定，作风优良，组织纪律严明，思想目标一致是中国共产党增强公信力和凝聚力的核心要素。党员的思想觉悟、政治素质，足以影响执政党能否长期执政。周恩来强调执政党的思想建设应以马克思主义为指导，要求全体党员不断学习和实践马克思主义的基本理论、思想方法，加强自我思想改造。特别是在"文化大革命"时期，周恩来努力纠正了一些极"左"错误思想，维护了党的正确思想路线。周恩来关于党的思想建设的正确主张，时至今日仍然对党的思想建设具有十分重要的意义。

二、提高党员党性修养，加强干部教育培训

党员的自我修养和领导干部基本素质的提高是党的建设中十分重要的问题。周恩来专门论述过关于共产党员修养和干部素质的问题。他要求领导干部抓紧思想政治领导和组织领导。要不断加强自己的政治锻炼，提高思想理论水平。他提出党员领导干部在进行党性修养时必须首先提高自身素质，而领导干部必备的基本素质中最主要的一点就是要坚持党性原则。

周恩来清楚地认识到在打破封建、半封建国家机器基础上建立起来的政权，从客观政治发展环境来看存在强大的"旧的封建的资本主义的习惯势力"，客观政治发展环境本身对新建立的政治系统存在"影响、沾染、侵蚀"的影响，"如果失去警惕，这些东西就会乘虚而入"⑥。然而，政治行为主体同样能够对客观政治环

---

① 《周恩来选集》下卷，人民出版社1984年版，第470页。
② 《周恩来选集》下卷，人民出版社1984年版，第470~471页。
③ 《周恩来年谱（1949—1976）》下卷，中央文献出版社1997年版，第536页。
④ 《周恩来年谱（1949—1976）》下卷，中央文献出版社1997年版，第539页。
⑤ 《周恩来年谱（1949—1976）》下卷，中央文献出版社1997年版，第549页。
⑥ 《周恩来选集》下卷，人民出版社1984年版，第425页。

境产生反作用，周恩来通过《霓虹灯下的哨兵》中的台词"是资产阶级改造我们，还是我们改造资产阶级"启发党员领导干部，针对改造客观社会环境，过好社会关，周恩来认为要不断加强改造，这个过程是一个长期的反复的斗争的过程。因此"过社会关要有精神准备，要有长期奋斗的决心"①。

党员领导干部都会有自己的需求和由需求所产生的利益，这些需求通过物质和精神两个层面表现出来，在具体的生活中往往表现为对物质生活和精神生活的追求。周恩来认为党员领导干部"应该知足常乐，要觉得自己的物质待遇够了，甚至于过了，觉得少一点好"②，他告诫党员领导干部应该居安思危，"要使艰苦朴素成为我们的美德"③。在精神生活层面，周恩来强调党员领导干部"应该把整个身心放在共产主义事业上，以人民的疾苦为忧"④，不断增强自身的政治责任感和精神境界。他解释道："我们不是说一天到晚只搞政治斗争，只干工作"，"活跃人的思想，提高人的修养，把教育寓于文化娱乐之中"的"文艺生活总是要有的"⑤。

为加强党性修养，提高党员素质，党员就必须不断加强学习，思想不断与时俱进，做学习型的干部，这也是对中国共产党员和党的领导干部的基本要求之一。周恩来对提高干部的素质和能力，加强学习和教育有充分的认识与实践。新中国成立伊始，周恩来就将干部教育和培训的工作放在重要位置。他指示为培养国家建设需要的有充分政治觉悟和文化知识的干部，政务院应采取三种形式来培训干部："第一，大规模地提高现有干部（主要是工农出身的干部，包括人民解放军的干部）的文化水平，为他们举办工农中学和工农文化补习班，或者吸收其中具有适当条件的人到各种高等学校和中等学校。第二，大规模地训练旧公务人员和知识分子，使他们在较短期间抛弃旧的错误的政治观点，取得新的为人民服务的观点。第三，有步骤地改革现在的高等学校和中等学校，使它们能够适应人民的需要。"⑥

---

① 《周恩来选集》下卷，人民出版社 1984 年版，第 426 页。
② 《周恩来选集》下卷，人民出版社 1984 年版，第 427 页。
③ 《周恩来选集》下卷，人民出版社 1984 年版，第 427 页。
④ 《周恩来选集》下卷，人民出版社 1984 年版，第 427 页。
⑤ 《周恩来选集》下卷，人民出版社 1984 年版，第 427 页。
⑥ 《周恩来选集》下卷，人民出版社 1984 年版，第 47～48 页。

新中国成立初期，在周恩来领导下，政务院主要采用两种方法对干部进行培训：一是大量动员和选送文化水平较低的基层干部参加扫盲班、夜校、半工半读学校，或进入短期培训班、工农速成教育班进行半脱产的学习和培训；二是有计划地选送一批基层干部进入初级党校、干校、军校和大专院校进行脱产培训，并选送水平高的专业技术干部到苏联和东欧国家留学。各类受训干部的学制根据不同文化水平和工作需要，从数年到数天时间不等。

当时中央各个部委、各地党政部门按专业系统基本都成立了专业干部学校，举办了长短不一的专业短训班。各省各地也相继办起了不同层次的干部学校。为提高基层干部文化素质，1950 年 10 月 15 日中共中央转发了《关于第一次全国工农教育会议的报告》的批示，要求各地举办工农速成中学和文化补习学校（内设初级班和中级班），要吸收 18 岁以上，35 岁以下，具有相当高小毕业程度，参加革命工作或产业劳动三年以上的工农干部或工人入学。报告还批评了有些地区对培训干部不重视，只"将编余人员及不好处理的干部介绍入学，而不肯派好干部学习"[①] 的现象。

为适应国家现代化建设需要，1952 年全国高等学校调整时新设了钢铁、地质、水利矿冶、机械、邮电、铁路等 12 个专门工业学院，招收了一批有一定文化水平的青年干部及部队基层干部入校学习，以使他们掌握一定的科学技术知识，毕业后担任行政和技术方面的重要领导职务。1953 年 11 月 24 日，中共中央作出了《中共中央关于统一调配干部，团结、改造原有技术人员及大量培养、训练干部的决定》，指出："如果我们不采取一切可能的方法来训练大量的工业建设干部，不积极从工人队伍和革命青年知识分子中培养大批新的技术人员和专家，我们就将不能前进。"[②]

中国共产党执政初期对干部的培训主要有如下几个方面内容。其一，对干部进行政治教育，即党的方针、路线和政策的培训。结合当时开展的各种政治运动和过渡时期总路线的宣传，各地区按照中央的统一部署，组织干部集中学习了中共中央、国务院发布的决议、指示和各种文件以及毛泽东在几次重要会议上的讲话，使广大基层干部通过培训领会中央的精神，以便更好地带领群众贯彻落实。

---

① 《建国以来重要文献选编》第 1 册，中央文献出版社 1992 年版，第 435 页。
② 《建国以来重要文献选编》第 4 册，中央文献出版社 1993 年版，第 571 页。

其二，对广大基层干部进行马克思主义基本理论的教育和培训。这一培训主要是在各级党校中进行的，由老师辅导入学的党政干部选读马列著作、联共党史及毛泽东选集，以提高他们的马列主义理论水平。其三，对文化基础差的基层干部进行扫盲识字和科普常识的补习，以提高他们的文化素质和自身修养。当时开展这一内容的培训有正规和业余两个基本途径，正规途径是送入工农速成教育班学习；业余途径是动员他们进入夜校或扫盲班学习。其四，对基层干部进行专业技能培训，为适应大规模现代化建设的需要，国家选送有一定文化基础的干部进入各种技校、中专、大学，甚至送到苏联和东欧国家留学，专门学习现代科学技术，为国家的长远发展培养和储备人才。

在周恩来的领导下，自 1950 年至 1955 年，全国各地三万多名工农干部在文化补习班、工农速成学校和不同级别党校受到了较正规的培训教育，全国各高等院校共培养专业干部两万多人。几年内全国共有 120 多万名干部接受了种类不同的学习培训。当时党的干部培训的主要内容包括：理论常识（包括辩证唯物主义与历史唯物主义、政治经济学等基础知识），政治常识（包括党在过渡时期的总路线，党的重要政策与决议），党的基本知识（包括中国共产党党史和党的建设）。教学方针是"学习理论，联系实际，提高认识，增强党性"[①]。截至 1955 年底，各专业部门的培训工作得到极大发展，仅据政法、财贸、群众团体系统不完全的统计，"全国省、市以上共有干部学校和训练班 347 所。其中：中央一级 34 所；省、市一级 313 所。这些干校，几年以来共约训练了 1 275 000 多人"[②]。这对解决新中国成立初期干部缺乏的困难和完成各个时期的中心任务、对提高党员干部的思想觉悟和业务素质起到了很大的作用，他们为社会主义革命和社会主义建设事业作出了重要贡献。

党性修养和党的领导干部素质的提高是党的建设必不可少的前提，也是党的建设中的一个永恒课题。周恩来一向重视党员的党性教育、重视对党员和各级干部的教育培训，以提高他们的党性修养、政治素质和业务水平，在新的时期新的历史条件下，社会转型加速，各种复杂的社会矛盾考验着党的执政能力，这就要求我们党把全体党员党性修养和领导干部素质的提高放到更突出的位置。

---

① 《建国以来重要文献选编》第 8 册，中央文献出版社 1994 年版，第 112 页。
② 《建国以来重要文献选编》第 8 册，中央文献出版社 1994 年版，第 79 页。

三、提出党员干部要"过五关"的重要论述

作为党和国家的重要领导人之一，周恩来始终严格自律，廉洁从政，他一贯以高标准严格要求自己，对全体党员起到了良好的示范作用。为了保持党的纯洁，克服官僚主义，经受住执政与和平环境的考验，他提出了做合格共产党干部的标准，即"过五关"的问题。

过好"五关"是周恩来开展党的思想建设的精华之所在，也是党员领导干部的基本要求和必备素质。1963 年 5 月，周恩来专门讲了领导干部一定要过好"五关"的问题，即过思想关、政治关、社会关、亲属关和生活关。[①]周恩来强调，过思想关就是我们常说的思想改造，是解决世界观和人生观的问题；过政治关，最重要的是立场问题；过社会关也不是那么简单的事，你能把社会改造好，自己也就得到了改造；过亲属关，不只是直系亲属，还有本家，还有亲戚；过生活关，要使艰苦朴素成为我们的美德。这样，我们就会心情舒畅，才能在个人身上节约，给集体增加福利，为国家增加积累，才能把我们的国家更快地建设成为一个社会主义强国。

（一）过思想关

周恩来认为，过思想关就是领导干部一定要搞好思想改造，树立辩证唯物主义和历史唯物主义的世界观。时代是不断前进的，思想落后于时代的事情会常常发生，"思想改造就是要求我们的思想不落伍，跟得上时代，时时前进"[②]，就是我们今天倡导的与时俱进。周恩来认为思想改造是"没有止境的"，即便"一万年后，在人们的头脑里，还会有先进和落后的矛盾，新和旧的矛盾，个人和集体的矛盾，还会有思想改造的问题"[③]。周恩来坚持辩证唯物主义和历史唯物主义的世界观和人生观，坚持思想改造永无止境。他不仅严格要求自己，而且要求党员领导干部"用新的眼光来观察中国，观察世界，观察自己"[④]。在处理国际关系问题，尤其是在处理共产国际和中国共产党的关系问题时，他始终坚持将马克思主义的普遍真理和中国的具体实践相结合，坚持"各国的革命和建设，要靠各国人

① 《周恩来选集》下卷，人民出版社 1984 年版，第 423 页。
② 《周恩来选集》下卷，人民出版社 1984 年版，第 423 页。
③ 《周恩来选集》下卷，人民出版社 1984 年版，第 423 页。
④ 《周恩来选集》下卷，人民出版社 1984 年版，第 47 页。

民自己的实践""要靠各国党自己独立思考"①，"要靠各国自己独立自主和自力更生"②。在面对复杂多变的国际政治发展形势，尤其是共产国际解散及苏共二十大批判斯大林等对国内政治产生严重影响的复杂国际问题时，周恩来自觉运用马克思列宁主义基本原理，始终坚持以解放思想、实事求是的态度看待问题。

（二）过政治关

所谓过政治关，就是解决领导干部的政治立场问题。周恩来指出，"立场是抽象的，要在具体斗争中才能看出你的立场站得稳不稳""立场究竟稳不稳，一定要在长期斗争中才能考验出来"，立场问题还表现在"工作态度、政策水平、群众关系"上，是否有"批评和自我批评精神，是不是知过能改"。周恩来将政治关明确为党员的"立场问题""工作态度、政策水平、群众关系、党性"五个方面。周恩来认为，过政治关"最重要的是立场问题"。③政治立场体现在政治行为主体在具体政治过程之中的态度、观点及行为。政治立场体现在动态的过程中。在走向生命尽头的最后时刻，周恩来在最后一次大手术前大声说道："我是忠于党、忠于人民的！"④这再次表明了他坚定的政治立场。

（三）过社会关

所谓过社会关，就是领导干部要自觉抵制腐朽思想和旧的习惯势力的侵蚀，不要让社会上的消极因素影响自己。周恩来认为，过好社会关"是个长期的反复的斗争"⑤，不可能一次成功，必须时时保持高度的警惕，经常自觉检查，在改造旧社会的过程中，坚决抵制不良风气的影响。社会风俗是社会环境的有机组成部分，它既根植于政治行为主体的思想意识之中，又因客观环境对政治行为主体产生影响。中国几千年的封建思想和陋俗旧习深深地扎根于国民的思想中。周恩来深刻地认识道："过社会关要有精神准备，要有长期奋斗的决心。"⑥只有党员干部身体力行地践行党的先进思想理念，才会对社会产生积极作用。周恩来在这方面起到了很好的带头作用。他反对修缮祖庭，引人参观。1953 年，周恩来得知淮安

---

① 《周恩来选集》下卷，人民出版社 1984 年版，第 301 页。
② 《周恩来选集》下卷，人民出版社 1984 年版，第 302 页。
③ 《周恩来选集》下卷，人民出版社 1984 年版，第 425 页。
④ 《周恩来年谱（1949—1976）》下卷，中央文献出版社 1997 年版，第 721 页。
⑤ 《周恩来选集》下卷，人民出版社 1984 年版，第 426 页。
⑥ 《周恩来选集》下卷，人民出版社 1984 年版，第 426 页。

政府要修缮周家旧居老屋，并准备建纪念馆，他委托中央办公厅警卫局干部王雨波转告当地政府："老屋有坏的地方可以修，如果当地要办医院、托儿所等公共福利事业，可用老屋和院子，不要建纪念馆。"①1958 年，当得知当地政府出资修理他家的老屋，周恩来深感不安，随即去电制止，并汇去 50 元钱。又亲自写信给淮安县副县长王汝祥并向当地政府表示："政府为我家修房，万万不可。"②家中老屋"除留陶华住所外，其余交公"，叮嘱地方政府"公家接管后，万不要再拿这所房屋作为纪念，引人参观，如再有人问及，可说我来信否认这是我的出生房屋，而且我反对引人参观"，信中一再提出不要引人参观他家房屋，"否则，我将不断写信请求，直到你们答应为止"。③

周恩来一贯反对立坟树碑，认为此举是封建陋习，会占用大量耕地。1953 年 2 月中旬，周恩来委托中央办公厅警卫局干部王雨波转告淮安县政府："周家还有几亩老坟地，让当地农民集体耕种；如果坟丘有碍耕种，可以平掉，将尸骨装入罐中深埋。"④为提倡平坟，1958 年周恩来再次致信淮安县政府，请当地政府"即将我家坟墓深葬"，并表示此事"不必再征求我的意见"。⑤据童小鹏回忆，1958 年 11 月，周恩来派童小鹏前往重庆，将抗日战争时期八路军办事处建在沙坪坝的"红岩公墓"平掉还耕，并要求挖出周恩来父、邓颖超母亲以及黄文杰、李少石等同志以及小孩 13 个棺木火化，把骨灰入罐深埋在地下。⑥

（四）过亲属关

所谓过亲属关，就是要求领导干部一定要教育好自己的亲属。周恩来谆谆告诫党的干部："我们决不能使自己的子弟成为国家和社会的包袱，阻碍我们的事业前进。对于干部子弟，要求高、责备严是应该的，这样有好处，可以督促他们进步。"⑦他要求领导干部解决好自己和亲属谁影响谁的问题，领导干部不应因亲属的关系而影响工作。

---

① 《周恩来年谱（1949—1976）》上卷，中央文献出版社 1997 年版，第 286 页。
② 《周恩来年谱（1949—1976）》中卷，中央文献出版社 1997 年版，第 149 页。
③ 《周恩来年谱（1949—1976）》中卷，中央文献出版社 1997 年版，第 150 页。
④ 《周恩来年谱（1949—1976）》上卷，中央文献出版社 1997 年版，第 286 页。
⑤ 《周恩来年谱（1949—1976）》中卷，中央文献出版社 1997 年版，第 150 页。
⑥ 童小鹏：《风雨四十年：童小鹏回忆录》第 2 部，中央文献出版社 1996 年版，第 337 页。
⑦ 《周恩来选集》下卷，人民出版社 1984 年版，第 427 页。

周恩来曾坦言："过亲属关说起来容易，做起来就不那么容易了。"①他一心为公，不仅严格自律，而且对亲属和身边的人员非常严格。周恩来尽己所能，敬老爱老，不许政府给他家的老人特殊照顾。周恩来的六伯父周嵩尧病逝后，周恩来为其举办了简朴的仪式，并亲自为其入殓。1956年10月，周恩来的婶母在淮安患重病，淮安县人民医院写信向周总理汇报。他立即回信淮安县人民委员会，信中除表示感谢外，说他婶母的病是无法治疗的，不要到外地转治。其一切后事也请代为办理，但要本着节约和简朴的精神办理。他还汇寄200元作为治疗和办理后事的费用，又嘱咐说："如不够时，请你们先垫付，事后来信说明支付情况，我再补钱去。"②1957年4月19日，周恩来致信淮安县人民委员会时，寄还婶母安葬费所尾欠的垫款25元。信中还说："我伯（婶）母家现有陶华等人，今后她的生活费用均由我这儿寄给，请当地政府对她勿再予照顾。"③周恩来以一位无产主义者特有的方式敬老、爱老是其亲情的体现，他不以党内高级领导人身份为老人寻求特殊照顾。周恩来有一个堂兄，因历史问题及经济问题被判刑劳改。"有关部门想给予照顾，周恩来却不让，说他的堂兄有旧思想，犯了律条，就应该在劳动中好好锻炼、改造，重新做人。"④周恩来的胞弟周同宇新中国成立后是中央工业部门的普通工作人员，后患病不能正常上班，有关部门将其安排到内务部任参事。周恩来得知此事，让他弟弟按有关规定提前办了病退手续，他自己逐月给他弟弟补贴钱。⑤周恩来公私分明的精神为党的领导干部树立了良好的榜样。

（五）过生活关

周恩来认为生活关分为两种，即物质生活关和精神生活关。领导干部对物质生活的要求应该知足常乐，在精神生活方面应该"把整个身心放在共产主义事业上，以人民的疾苦为忧，以世界的前途为念。这样，我们的政治责任感就会加强，精神境界就会高尚"⑥。周恩来就是艰苦朴素的生活与崇高精神追求完美结合的典范。周恩来对物质生活要求极低，这一点充分反映在他日常生活衣、食、住、行

---

① 《周恩来选集》下卷，人民出版社1984年版，第426页。
② 童小鹏：《风雨四十年：童小鹏回忆录》第2部，中央文献出版社1996年版，第336页。
③ 中共中央党史研究室、中央档案馆编：《中共党史资料》第105辑，中共党史出版社2008年版，第114页。
④ 童小鹏：《风雨四十年：童小鹏回忆录》第2部，中央文献出版社1996年版，第336页。
⑤ 童小鹏：《风雨四十年：童小鹏回忆录》第2部，中央文献出版社1996年版，第336页。
⑥ 《周恩来选集》下卷，人民出版社1984年版，第427页。

的方方面面。周恩来身边的工作人员为了使周恩来衣着能够体面一些，曾打算给周恩来做一套好一些的进口的毛料中山服。周恩来考虑到国家当时很困难，不同意做进口料子的。他说："现在国家还很困难，做那么好的呢料没必要，做一套国产料子的就行了。"① 周恩来的日常餐食，是十分简单和普通的。二十世纪六十年代初，我国遇到暂时困难，周恩来在家里硬是规定不吃肉、不吃蛋，并要求按照中南海工作人员每月 25 斤的口粮标准供给。主管周恩来生活和警卫工作的秘书何谦为周恩来健康考虑，将西花厅内周恩来的住所进行了简略的修缮。周恩来批评何谦："国家正面临着经济上的严重困难，怎么能带头为自己修房呢？"② 何谦不得不按照周恩来的要求将住所恢复原状。

周恩来一生追求共产主义事业，勤政爱民，诚诚恳恳为人民服务，鞠躬尽瘁，死而后已。他曾说："春蚕不死，吐丝不尽，我要像春蚕一样，将最后一根丝吐出来，献给人民。"③ 周恩来勤政爱民的精神受到党内外及国际各界人士的尊敬。

周恩来提出的领导干部过好"五关"实际上是一个整体，核心是要求中国共产党员讲个人修养、讲党性，勤政爱民，奉公守法，树立全心全意为人民服务的宗旨。周恩来提出的"过五关"思想，应该成为我们进行党的思想建设、廉政建设的指南。每一位党员干部和国家公职人员都应以周恩来为榜样，认真遵守党纪国法，在思想、政治、社会、亲属、生活五方面严格自律，全心全意为人民谋利益。

四、坚持和弘扬党的三大优良传统作风

政党作风是政党理念、性质、宗旨、纲领的具体体现，是政党为维护其所代表阶级、阶层利益，在取得国家政权、领导国家建设过程中各种政治行为产生的思想基础、行为逻辑的直观表现，更是维系政党系统存在、发展的组织原则与纪律。公众对政党最为直接的认知与政治评价均来源于政党在各种政治行为过程中的作风，执政党作风建设与执政党政治建设、制度建设、思想建设、组织建设、廉政建设密切相关，对执政党公信力和凝聚力的生成和加强有直接影响，中国共

---

①　成元功：《周恩来总理卫士长回忆录》，中央文献出版社 2009 年版，第 116 页。
②　金冲及主编：《周恩来传》下，中央文献出版社 1998 年版，第 1538 页。
③　《我们的周总理》编辑组：《我们的周总理》，中央文献出版社 1990 年版，第 113 页。

产党的历代领导集体皆深刻认识到：执政党的作风问题是关系党的生死存亡的重大问题。在长期的革命实践和执政的考验中，中国共产党逐渐形成了理论联系实际、密切联系群众、批评与自我批评三大优良作风。周恩来对党的三大传统作风建设都有深刻论述，对执政党的作风建设作出了特殊的贡献。

（一）坚持实事求是、理论联系实际的作风

毛泽东曾阐明实事求是的确切含义，"'实事'就是客观存在着的一切事物"，"'是'就是客观事物的内部联系，即规律性"，"'求'就是我们去研究"，概括而言，就是"我们要从国内外、省内外、县内外、区内外的实际情况出发，从其中引出其固有的而不是臆造的规律性，即找出周围事变的内部联系，作为我们行动的先导"，并将这种作风概括为"理论和实际统一的马克思列宁主义的作风"①。周恩来始终坚持实事求是的作风，是党内坚持理论联系实际的典范。可以说，求真务实是周恩来党的建设思想的一个鲜明特点。在新中国成立后的历次政治运动中，周恩来一贯坚持实事求是的原则，在"三反""五反"运动、反右斗争、"大跃进""文化大革命"等政治运动中，周恩来都反对运动的扩大化和极"左"思潮，努力维护党和国家的正常运转，尽力避免"左"的错误对党的建设和国家建设带来的危害。特别是对待知识分子问题，周恩来能够坚持实事求是的原则。在中国共产党成为执政党后，他对知识分子的经济地位、为谁服务、思想状况等进行客观分析，将大多数知识分子同工人、农民并列在一起，认为，"知识分子中的绝大多数，都是积极地为社会主义服务"，是"劳动人民的知识分子"。②但是，党内一些人否定了周恩来对知识分子阶级属性的实事求是的正确分析，在"文化大革命"中对广大知识分子造成了很大伤害。

周恩来求真务实的工作作风在其领导经济工作时体现得尤为突出。特别是对国民经济和财政预决算等文件的数字等，他经常亲自核对。他要求各部委的负责同志必须精通业务，反对粗枝大叶、不求甚解的工作作风。他要求各负责人讲话要准确，不能含糊其词，"大概""可能""也许"这样的词汇是不应出现的。曾担任周恩来卫士的张永池回忆道："50 年代，现在记不清确切的是哪一年，总理审批完一个经济文件，秘书经秘书厅打印后又交给总理看……总理边走边看，他发现

---

① 《毛泽东选集》第 3 卷，人民出版社 1991 年版，第 801 页。
② 《建国以来重要文献选编》第 15 册，中央文献出版社 1997 年版，第 309 页。

一个数字后面多了一个'0'。就问秘书这是怎么搞的，怎么能这样粗心大意，并批评说，多一个'0'字就是几十万，下边怎么能完成！指示秘书立即改正。"① 这个小小的事例，反映了周恩来求真务实、认真负责的工作作风。

周恩来反对违背实事求是原则、盲目冒进的观点，他说这是"对新民主主义缺乏切实的认识"的行为，"口头上天天喊社会主义并不能实现社会主义"。② 社会主义不是"采取逼的排挤的政策所能奏效的"，"逼是逼不出社会主义来"的。③ 在领导社会主义建设的过程中，他始终坚持从中国国情出发。1956 年 2 月，周恩来在国务院全体会议上明确指出："我们要使条件成熟，做到'瓜熟蒂落，水到渠成'。"④ "各部门订计划，不管是十二年远景计划，还是今明两年的年度计划，都要实事求是。各部专业会议提的计划数字都很大，请大家注意实事求是。"⑤

作为新中国经济政策的主要制定者以及经济工作的领导者，周恩来极早地发现了新中国经济发展的冒进倾向并在力所能及的范围内进行了不同程度的提醒与纠正，并不断强调在经济建设方面应始终坚持实事求是的思想路线。1956 年初，周恩来及时提出要防止急躁冒进，指出违背客观经济发展规律与发展实际的基础设施投资非但不能提高经济发展效率，而且会导致资源的浪费，造成经济、社会发展的不均衡，进而影响政治发展的稳定。同年在全国政协二届二次会议上，周恩来提出："我们应该努力去做那些客观上经过努力可以做到的事情，不这样做，就要犯右倾保守的错误；我们也应该注意避免超越现实条件所许可的范围，不勉强去做那些客观上做不到的事情，否则就要犯盲目冒进的错误。"⑥ 1956 年 10 月到 11 月，周恩来多次主持国务院常务会议，检查 1956 年国民经济计划的执行情况和磋商 1957 年国民经济计划的控制数字。周恩来指出："三大高潮一来头脑热了，前进得快了。经济建设主要是冒了。不但年度计划冒了，远景计划也冒了，而且把年度计划带了起来。因此，现在我们主要应该批'左'。"⑦

1958 年 7 月上旬，毛泽东批评有的地区报告粮食产量不够实事求是以后，

---

① 邹研编：《周恩来和他的卫士们》，中央文献出版社 2001 年版，第 251～252 页。
② 《建国以来重要文献选编》第 1 册，中央文献出版社 1992 年版，第 181 页。
③ 《周恩来年谱（1949—1976）》上卷，中央文献出版社 1997 年版，第 33 页。
④ 《周恩来选集》下卷，人民出版社 1984 年版，第 190 页。
⑤ 《周恩来选集》下卷，人民出版社 1984 年版，第 191 页。
⑥ 中共中央文献研究室周恩来研究组编著：《周恩来》，四川人民出版社 2009 年版，第 130 页。
⑦ 《周恩来年谱（1949—1976）》上卷，中央文献出版社 1997 年版，第 629 页。

周恩来立即在广州召集一些县的负责人了解情况，"指出报粮食产量要避免虚假性，要保证社员的口粮，并告诫与会人员，千万不要讲大话，损害群众的利益"①。同年12月，周恩来视察安国制药厂、机械厂、农业红专大学、定县的高炉生产和徐水一些新居民点。往返途中在同省委负责人谈话时指出："要实事求是，如果产量没有把握，不要随便减少耕地，可以后年再减；吃饭不要钱这个口号不确切，有些口号提得过早，不要把一些问题说得简单化了，把共产主义庸俗化。"同时，周恩来对当地所提的"大干、苦干加巧干"中的"巧干"二字作了解释，他认为："巧干就是讲究科学。现在只讲大干、苦干，最终还应该巧干，才能建好社会主义。"②周恩来"对定县搞的'大丰收展览会'上的展品和数字提出许多疑问。对当地不顾土壤层的厚度搞深翻作了批评，说：展室内麦穗报二米多长是假的，大南瓜、大玉米、大土豆是假的"③。

"大跃进"和人民公社化运动以政治运动方式调动起公众参与经济建设的积极性，但这种非理性行为不可避免地会导致事态失控，加之地方政府违背实事求是思想路线、盲目跟风、互相攀比的失范行为在客观上危及了新中国政治发展的稳定性及中国共产党执政的合法性，给新中国的经济、政治、社会发展造成了严重损失。在总结"大跃进"和人民公社化运动错误的过程中，周恩来强调，要"下去调查，要敢于正视困难，解决困难"，"共产党人就是为不断克服困难，继续前进而存在的"，并认为违背实事求是思想路线的"畏难苟安"行为"不是共产党人的品质"。④周恩来一再强调："说真话，鼓真劲，做实事，收实效。这四句话归纳起来就是：实事求是。"⑤他批评了一些地方在"大跃进"和人民公社化运动中浮夸、说假话的现象，他认为鼓足干劲也要讲实事求是，只有做"实实在在的事，做实事，收实效，才会对人民有利"⑥，并要求把"被搁在一边的党的优良传统和作风通通都要恢复起来"⑦。

---

① 《周恩来年谱（1949—1976）》中卷，中央文献出版社1997年版，第152页。
② 《周恩来年谱（1949—1976）》中卷，中央文献出版社1997年版，第197页。
③ 《周恩来年谱（1949—1976）》中卷，中央文献出版社1997年版，第197~198页。
④ 《周恩来选集》下卷，人民出版社1984年版，第314页。
⑤ 《周恩来选集》下卷，人民出版社1984年版，第350页。
⑥ 《周恩来选集》下卷，人民出版社1984年版，第350页。
⑦ 《周恩来选集》下卷，人民出版社1984年版，第352页。

周恩来还意识到，要想真正做到实事求是，"首先要通过认真的调查研究"①。他多次深入农村、厂矿企业开展调查研究。周恩来 1961 年在中共中央工作会议中南、华北小组会上指出："是好是坏，要从客观存在出发，不能从主观想象出发。进行调查研究，必须实事求是。我们下去调查，必须对事物进行分析、综合和比较。事物总存在内在的矛盾，要分别主次；总有几个侧面，要进行解剖。"② 同年 5 月，周恩来前往河北邯郸武安县伯延公社进行调查研究。除与公社、大队和小队干部座谈，了解人民公社的基本情况和社员对党的农村政策的反映外，他还走访几十户贫下中农家庭，了解群众的生产、生活和身体情况，视察生产队的集体食堂，查看社员的伙食，并与群众同吃玉米面糊。他参观公社百货商店和农机站，了解商品价格、销售和农业机械等情况。1973 年 6 月，周恩来同延安地区党政负责人谈话，了解延安地区人民生活情况。当得知延安群众的生活仍十分困苦时，周恩来难过地流下眼泪，说："延安人民哺育了我们，取得了全国革命的胜利。我们在中央，对延安工作关照不够。"③ 周恩来向当地负责人提出，应尽快改变延安地区的落后面貌。

（二）坚持党的群众路线，发扬密切联系群众的作风

坚持一切为了群众、一切依靠群众，从群众中来、到群众中去是中国共产党的群众路线，也是我们党的根本工作路线。周恩来坚持密切联系群众的作风，他认定的信条是：中国共产党代表人民的根本利益，其宗旨是全心全意为人民服务，政府工作人员是人民的"公仆"。他曾说："对人民，我们要如对孺子一样地为他们做牛的。要诚诚恳恳、老老实实为人民服务。""应该象条牛一样努力奋斗，团结一致，为人民服务而死。"④ "人就像蚕吐丝嘛，丝吐完了，我们人尽了责任了，就应该结束自己了。把最后一根丝能吐出来，对人类对我们无产阶级、劳动人民都有贡献。"⑤

坚持走群众路线、密切联系群众的作风，是周恩来党的建设思想的一个非常重要的内容。周恩来一直把人民群众与党的事业、与自己紧密联系在一起。他秉

---

① 《周恩来选集》下卷，人民出版社 1984 年版，第 350 页。
② 《周恩来选集》下卷，人民出版社 1984 年版，第 313 页。
③ 《周恩来年谱（1949—1976）》下卷，中央文献出版社 1997 年版，第 599 页。
④ 《周恩来选集》上卷，人民出版社 1980 年版，第 241 页。
⑤ 《周恩来年谱（1949—1976）》中卷，中央文献出版社 1997 年版，第 761 页。

承全心全意为人民服务的宗旨，时时刻刻向人民学习，尊重人民的意见，仔细倾听群众的呼声，始终坚持从群众中来，到群众中去的工作方法，不断教育引导群众前进。中国共产党执政后，周恩来一再说："我们过去的胜利都是在人民的支援下取得的，不能忘本。"[①] 他很清楚："没有千千万万人民的决死支持，绝对不可能设想这样巨大这样迅速这样彻底的胜利。"[②] 他心中装着亿万中国人民，唯独没有装自己。在如何更好地发扬党的密切联系群众的作风问题上，周恩来提出："一定要做好人民的勤务员""一定要学会在工作中走群众路线"[③]，"一定要接受群众监督""有了错误一定要接受群众的意见，认真改正"。[④] 这四个"一定要"的核心就是一切为了人民群众的利益。周恩来有强烈的公仆意识，他一生"以人民的疾苦为忧，以世界的前途为念"[⑤]。

在中国共产党执政初期，国内国际形势非常复杂，周恩来始终把人民群众的利益放在心上，从国家政策层面把党同人民群众之间的血肉关系摆在突出位置。1954 年 9 月，周恩来在第一届全国人民代表大会第一次会议上作的《政府工作报告》中强调："我们的一切工作都是为了人民的。我们的经济工作和财政工作直接地或者间接地都是为着人民的物质生活和文化生活的改善。"[⑥] 在阐述经济建设与人民群众的需要时，他强调："很明显，在我们的国家里，经济建设的发展和人民生活的改善不能不是互相一致的，因为社会主义经济的唯一目的，就在于满足人民的物质和文化的需要，而为了充分满足人民的物质和文化的需要，又必须不断发展社会主义经济。"[⑦]

树立科学管理理念和服务意识是现代领导者取得成功的关键。确立服务意识的前提是相信群众，依靠群众，以人民的最高利益和整体利益为政府的工作目标。周恩来执政理念中有强烈的服务意识和公众意识，他非常重视群众的意见，创造各种机会促进民意的表达，为政治生活的民主化创设了路径，使政府能够了解人民的需求，为政府能够提供民众满意的服务确立了方向和目标。新生的人民政权

① 《周恩来选集》下卷，人民出版社 1984 年版，第 279 页。
② 《周恩来选集》下卷，人民出版社 1984 年版，第 32 页。
③ 《建国以来重要文献选编》第 15 册，中央文献出版社 1997 年版，第 306 页。
④ 《建国以来重要文献选编》第 15 册，中央文献出版社 1997 年版，第 307 页。
⑤ 《周恩来选集》下卷，人民出版社 1984 年版，第 427 页。
⑥ 《周恩来选集》下卷，人民出版社 1984 年版，第 142 页。
⑦ 《周恩来选集》下卷，人民出版社 1984 年版，第 143 页。

建立后，周恩来始终要求政府为公众和社会提供有效的公共服务。他认为为了满足广大群众的需要，把政府的工作干好，就要坚持依靠群众，走群众路线。而领导干部要善于群策群力，集中大多数人的意见，真正把群众的智慧和正确意见作为领导决策的依据与基础，这是政府工作取得成效的关键。他明确指出："他们最了解具体情况，只有充分发挥干部和群众的积极性和创造性才能打胜仗。"[①] "在过去几年的伟大实践中，广大干部和人民群众所取得的丰富的经验，包括许多正面的经验和一些反面的经验，使我们有可能进一步地认识和掌握社会主义建设的客观规律，把工作做得更好。"[②] 他希望各级行政机关的干部不要忘记自己"也是群众中的一员，包括领导人在内，不能自居于群众之上"[③]。

周恩来的一生，是热爱人民的一生，他将实现最广大人民群众的根本利益作为自己终身奋斗的目标和追求，急人民之所急、想人民之所想、忧人民之所忧、喜人民之所喜。他将是否有益于人民作为检验工作好坏的准则，将人民的利益置于最高的位置，把满足人民的利益作为一切工作的出发点和归宿。他认为："我们的一切工作都是为了人民的。"[④] 我们大家"有一个共同的立场，这就是为绝大多数人民的最高利益着想的人民立场"[⑤]。他最大的心愿就是早日实现民富国强，让人民生活幸福，让各项事业兴旺发达。周恩来始终认为群众事，无小事。为了解决人民群众在生活中所遇到的各种困难，他无微不至。比如，当他听说北京市公交车在早晚上下班时段特别拥挤，已经影响了人民群众的日常生活时。为掌握准确情况，他亲自带着两名警卫员挤上公交车调查。在调查和听取了群众的意见之后，周恩来就这一问题召开了专门会议，讨论如何解决好公共汽车拥挤问题，并指示相关部门采取增加公共汽车数量、开辟新路线、在十字路口设立"安全岛"等具体措施。这些有针对性措施的有效执行，使北京的公共交通状况得到了改善，缩短了市民上下班的时间，市民的生活更加方便了。

确立服务意识的核心是要求各级领导干部体察民情，关心民众的疾苦，尽力解决群众的实际困难。周恩来在这方面作出了表率。他终身信守人民公仆原则和

---

① 《周恩来选集》下卷，人民出版社 1984 年版，第 13 页。
② 《周恩来选集》下卷，人民出版社 1984 年版，第 386 页。
③ 《周恩来选集》下卷，人民出版社 1984 年版，第 367 页。
④ 《周恩来选集》下卷，人民出版社 1984 年版，第 142 页。
⑤ 《周恩来选集》下卷，人民出版社 1984 年版，第 65 页。

为人民服务的宗旨。一生执政为民，甘做人民公仆，哪里有灾情、哪里有危险、哪里有困难，周恩来就及时出现在哪里。下基层做调查研究，是周恩来联系群众、体察民情的重要途径。周恩来认为："要搞好调查研究，就要真正联系群众。"① 在担任总理期间，他经常深入基层，到农村、工厂、学校、部队中去，了解群众的困难、倾听群众的呼声，并及时将群众的意愿转化为党的方针政策，扎扎实实地为人民谋福利，解决群众生活和工作中的实际问题。周恩来到大庆油田视察过三次，他到石油生产的第一线去慰问工人，同石油工人亲切交谈，鼓励他们为新中国石油工业的发展贡献自己的力量。他在视察梅家坞时，曾对梅家坞村民说："中央有个决定，每位领导要联系一两个合作社，搞调查研究。我联系两个点，一个是上海郊区的棉花生产合作社，一个是你们这个茶叶生产合作社。今后，我还要来这里住几天。"② 在梅家坞调查期间，他不仅亲切询问村民的生活情况，还考察了村民的生产情况。周恩来将深入群众中开展调查研究作为获取一手信息、作出行政决策的前提和依据。

为了把服务意识落到实处，周恩来还重视建立群众与政府之间信息沟通的渠道，指导建立了信访制度，并亲自处理人民来信来访。1951 年 6 月，《政务院关于处理人民来信和接见人民工作的决定》发布，这也是新中国成立后第一份关于信访工作的文件。该文件明确强调，各级政府应为人民群众做主，要密切联系群众，全心全意服务，做好与人民相关的事情，鼓励人民群众积极监督政府的工作和相关工作人员，积极反映情况。文件规定：县（市）以上各级人民政府"在原编制内指定专人"做信访工作，并"设立问事处，或接待室"。③1957 年 11 月，《国务院关于加强处理人民来信和接待人民来访工作的指示》发布，1963 年 9 月，《中共中央、国务院关于加强人民来信来访工作的通知》发布，这些文件完善和细化了信访工作，解决了一些具体问题，体现了信访工作越来越受到重视。

周恩来非常重视人民来信，他经常亲自批阅人民来信，了解民意民情，指示信访部门将群众来信中所反映的问题汇总编成简报，供有关部门及时了解情况，努力改进工作。二十世纪六十年代，他还指示国务院建一个人民来访接待室，地

---

① 《周恩来选集》下卷，人民出版社 1984 年版，第 351 页。
② 陈扬勇：《走出西花厅——周恩来视察全国纪实》，中央文献出版社 2009 年版，第 107 页。
③ 国务院法制办公室编：《中华人民共和国法规汇编》第 1 卷，中国法制出版社 2005 年版，第 308 页。

址就选在来京上访的群众容易找到的地方，并要求人民信访接待办公室全都要挂牌工作，为人民群众反映情况提供便利的渠道。周恩来不仅要求人民信访办公室这样做，自己也身体力行，亲自接待来访人员，处理人民来信。1966 年的一天，周恩来接待了来自内蒙古的上访者。他以亲切的态度倾听上访者的意见，在了解情况之后耐心解答上访者的问题，安抚其情绪。事后，周恩来指示组成一个调查小组，深入上访者所在地进行调查研究，并写出调查材料，作为制定政策的依据和参考。

在长达 26 年的总理生涯中，周恩来一直将人民群众最关心的问题作为政府最重要的事情来抓，时刻关心群众疾苦。周恩来多次深入基层做调查研究、亲自处理信访事件，可以充分反映出他体察民情、解决群众实际问题的服务意识。周恩来要求领导干部："（1）与群众接近和联系，在某种程度上要与他们打成一片；（2）倾听群众意见；（3）向群众学习；（4）教育群众，不做群众的尾巴。"[1]周恩来始终坚持党的密切联系群众的优良工作作风，构建了领导者与被领导者的和谐关系，获得了群众的信任和拥护，赢得了各界人士的衷心爱戴。今天，我们很有必要学习周恩来始终坚持廉洁奉公、无私奉献，把党和人民事业放在高于一切的位置的精神。学习他始终坚持立党为公、执政为民，全心全意为人民服务，全心全意做人民的忠实勤务员的高尚品格。因此，我们应树立正确的世界观、权力观、政绩观，密切党群关系、干群关系，自觉加强党性修养，努力提高干部素质，真正把党风廉政建设搞好。

（三）坚持批评与自我批评，发扬民主作风

在长期的革命斗争和执政过程中，中国共产党坚持批评与自我批评的优良作风，并使之成为"清除党内政治灰尘和政治微生物的有力武器"[2]。这在党内民主建设、保持党的先进性、纯洁性、加强党的执政能力建设等方面发挥了重要作用。

周恩来一贯善于作自我批评，他认为："人总有缺点的，世界上没有完人，永远不会有完人。"[3]"我们入党入团以后，要很好地学习，开展批评与自我批评，这

---

① 《建党以来重要文献选编（1921～1949）》第 20 册，中央文献出版社 2011 年版，第 297 页。
② 《习近平关于全面从严治党论述摘编》，中央文献出版社 2016 年版，第 27 页。
③ 《周恩来选集》下卷，人民出版社 1984 年版，第 368 页。

样才能很好地前进。这是对党员团员起码的要求。"① 中国共产党执政后，周恩来多次要求："党内民主及批评与自我批评必须发展，党内任何干部必须无例外地受到党的组织和人民群众的监督。"② 他写的《我的修养要则》中的一条就是"要与自己的他人的一切不正确的思想意识作原则上坚决的斗争"。在革命与建设的各个阶段，周恩来始终坚持自我批评，他曾坦言："一个领导者应当经常反省自己的缺点，努力克服。如果说我还有什么可以向大家贡献的话，这就是一条，就是要克服缺点。"③

周恩来勇于、勤于自我批评，也善于严于自我批评，在党内外是出了名的。周恩来在主动承担"大跃进"期间"四高""三多"政策错误责任的同时，对"大跃进"期间的诸多非理性行为提出了批评，他认为："不切实际地规定跃进的进度，就使人们只注意多、快，不注意好、省；只注意数量，不注意品种、质量；只要高速度，不重视按比例；只顾主观需要，不顾客观可能；只顾当前要求，没有长远打算；不从整个历史时期来计算大跃进的速度，而要求年年有同样的高速度。结果是欲速则不达。"④ 他无论对青年讲话，对知识分子讲话，对民主人士讲话，还是对党内高级干部讲话，都经常作自我批评，极其坦然地解剖自己。尼克松说过："赫鲁晓夫的吹牛不过是为了掩盖其自卑的心理；周恩来机警的自我批评则是自信心充分发展的明显表现。"⑤

周恩来一贯认为坚持批评与自我批评是保证党的正确领导的有效途径。他对下属犯的错误，从不姑息，但他批评人时总是以理服人，讲清利害，说清道理，让被批评者心服口服，深受教育，甚至终生难忘。他很善于用这种方式作思想工作。熊向晖曾几次受到周恩来的批评，每次都受教育很深，可以说是终身受益。周恩来认为："人总是容易看到人家的短处，看到自己的长处。应该反过来，多看人家的长处，多看自己的短处，这样不仅能使自己进步，也能帮助别人进步。人家看你作自我批评，他也会作自我批评了。"⑥ "批评自己重一点不要紧，但批评人

---

① 《周恩来选集》上卷，人民出版社 1980 年版，第 327 页。
② 中国人民解放军总政治部编印：《马克思主义党的建设著作选读》，解放军出版社 1991 年版，第 222 页。
③ 《我们的周总理》编辑组：《我们的周总理》，中央文献出版社 1990 年版，第 544 页。
④ 《周恩来年谱（1949—1976）》中卷，中央文献出版社 1997 年版，第 456 页。
⑤ 尼克松：《领袖们》，刘湖等译，知识出版社 1985 年版，第 307 页。
⑥ 《周恩来教育文选》，中央文献出版社 1998 年版，第 799 页。

家时，要先肯定人家的长处，然后再批评人家的短处。"① 正是周恩来这种敢于承认矛盾，正视错误，勇于担当，不断进行自我批评，实事求是地对党和国家发展过程中的各种问题提出批评的精神，维护了党的思想统一和团结，促进了党内和谐，也推动了党内民主。

第三节　高度重视执政党的组织建设和干部队伍建设

一、重视党的干部队伍建设，制定选拔标准和任用方法

干部队伍建设是执政党组织建设的关键。按照何种标准选拔、任用干部；如何管理党员领导干部等问题事关执政党建设的成败。对上述问题，周恩来有深入的思考和正确的论断，并进行了成功的实践。周恩来主张：坚持政治标准第一，重视能力，唯才是举，拓宽政治参与渠道，重视规章，建立标准，加强干部队伍管理，重用知识分子，吸收培养工农干部，提高政府决策科学性。周恩来不但提出了干部选拔标准，还采取了行之有效的干部任用方法。

（一）坚持德才兼备、以德为先的干部选拔标准

党的政治路线要靠组织路线来保证，科学合理的选人用人标准是组织路线的核心内容。周恩来始终强调选人用人要坚持德才兼备，把德放在首要位置。他认为："挑选干部的标准，政治标准与工作能力，二者是缺一不可的，而政治上可以信任是先决问题。"② 在他看来，考察衡量干部的首要标准是政治方向、政治立场、政治信念，如果一个干部在政治上靠不住，大节不好，就不应得到党和政府的信任与使用。因为政治可靠是先决条件、大前提。应把什么样的人才安排在重要岗位上？周恩来除了强调将"德"放在首位，还注意到了"才"的重要性。他认为对领导干部来说，才能不是可有可无的，那些无才或才能平庸的人是无法胜任党和政府重要工作的。

周恩来在选拔任用干部中坚持政治标准第一，要求党组织在干部选拔、任用过程中要全面系统地考察拟提拔干部的共产主义理想信念、为人民服务的精神、甘做人民公仆的意识等方面的情况。周恩来主张，在干部任用方面，要"用得其

---

① 《周恩来教育文选》，中央文献出版社 1998 年版，第 800 页。
② 《周恩来选集》上卷，人民出版社 1980 年版，第 130 页。

当"，按照个人所长，扬长避短，科学安排岗位。周恩来反对领导岗位固化，他强调，"一个真正的共产党员，必须能上能下，经得起几上几下的考验"①。周恩来极力反对任人唯亲，批判专用"自家人"的干部选拔、任用陋习。周恩来强调，在干部选拔、任用方面一定要从"政治标准与工作能力"②两个方面，系统、全面地"慎重地挑选干部和分配工作"③。周恩来主张在考察、选拔、任用党员领导干部的过程中要将"政治上可以信任"作为先决条件，避免选拔、任用个人主义思想严重，可能存在以权谋私、腐化蜕变风险的党员进入执政党领导系统。

按照以德为先、德才兼备的标准，周恩来在新中国第一届中央人民政府成立时，为国家精心配置了大批德才兼备的优秀领导干部，为巩固和建设人民政权奠定了重要基础，为国家经济文化等各项建设事业提供了有力的组织保障。如当时中国进出口公司的领导人选，不仅需要懂管理、懂经济，更重要的是这一岗位涉及对资本主义国家贸易，因此，这一人选的政治素质非常关键，必须有坚定的政治立场、政治信念，能做到出淤泥而不染。周恩来最终选择了卢绪章，因为卢绪章不仅有经济头脑和经商的特长，而且是坚定的中国共产党员，在抗日战争时期就以资本家的身份为党做了许多工作。周恩来果断地选任卢绪章这样德才兼备的优秀人才负责新中国的进出口贸易工作。

（二）唯才是举，重视能力，拓宽政治参与渠道

在新中国政权建设和干部选拔任用中，周恩来坚持选贤任能、唯才是举的原则，在以德为先的前提下，将能力作为选拔干部的一项重要标准。在周恩来的努力下，党的各方面人才和大量无党派爱国民主人士及民主党派政治精英被吸收到新中国政府的干部队伍中。

封建社会和军阀时代，政府买官卖官及裙带关系现象盛行，导致官僚体系日益腐败，最后政府崩溃。中国共产党执政后，在人民政权的建设和主要领导干部的选拔任用中，周恩来坚持选贤任能、唯才是举的原则，在周恩来领导下建立起来的行政体系中，任人唯亲的封建残余思想基本被清除，爱国的杰出人才、优秀的知识分子和民主党派政治精英有了施展才华的舞台，扩大了人民政权的政治基

---

① 《周恩来在中国共产党第十次全国代表大会上的政治报告》，http://www.gov.cn/test/2007-08/28/content_729616. htm，2020年8月3日。

② 《周恩来选集》上卷，人民出版社1980年版，第130页。

③ 《周恩来年谱（1898—1949）（修订本）》，中央文献出版社1998年版，第565页。

础。1949 年 11 月 11 日，周恩来在政务院第五次政务会议上指出："对于人才，我们要敢于提拔，但不能滥用私人，凭主观喜怒来评定和提升干部。"[①] 用人的标准是"要看他的历史、工作态度、经验和能力，以及群众对他的认识"[②]。周恩来用人的一个重要原则就是择优选用，唯才是举。

周恩来在配备干部的过程中，不拘泥于传统和陈规。他善于打破常规，根据实际情况的需要灵活处理。最为典型的事例就是周恩来对龚澎的任用。早在抗日战争时期龚澎就每天对外发布来自中共中央南方局和解放区的新闻。她在与各国通讯社的交往中，以流利的英语、缜密的思维、机智的反应、美丽的品貌，给外国记者留下了深刻印象。中国共产党执政后，龚澎被任命为外交部第一任新闻司司长，也是新中国外交界第一位女司长。在 1961 年第二次日内瓦会议上，龚澎担任中国代表团发言人，负责宣传中国的对外政策和主张，介绍会议上的斗争情况。她在会上发挥了重要作用，受到各界好评。

反映周恩来在干部选拔任用上唯才是举，不拘一格原则的另一个典型事例是授予钱学森中将军衔。1957 年 9 月，聂荣臻元帅率领中国政府工业代表团前往苏联商谈尖端武器的发展和生产问题。苏方要求，他们的火箭、原子设备必须是相当级别的官员或有相当军衔的人才能参观。可是代表团成员、著名的物理学家钱学森没有军衔，就没有参观的资格。时间紧迫，关系重大，为了钱学森出国访问时便于参加有关活动，了解国外尖端武器发展的信息，周恩来没有墨守成规，建议中央军委授予钱学森中将军衔。后来，钱学森顺利参与了有关活动，为中国核武器的发展作出了重大贡献。

周恩来深知强化党外人士和知识分子参政的重要性，认为他们是中国政治生活中的一支重要力量，如果正确发挥其作用，有利于巩固中国共产党领导的多党合作和政治协商制度。中国共产党执政后，周恩来在提到各民主党派及无党派人士于新政权管理中的作用时强调："今天中国还有各个阶级，我们的党员只占全国人口的百分之一，要做好工作，就需要听取各方面的意见。毛泽东同志常说，和党内同志在一起，听到的意见总是差不多，不同的意见就不容易听到。所以毛泽东同志每月总有几次和民主党派人士谈一谈。这对于研究中国社会，吸取党

---

① 《周恩来年谱（1949—1976）》上卷，中央文献出版社 1997 年版，第 10 页。
② 《周恩来年谱（1949—1976）》上卷，中央文献出版社 1997 年版，第 10 页。

外人士的好意见，改进工作，都是有益的。"[①] 在周恩来的安排下，大量的民主党派代表及无党派爱国民主人士不仅参加了新政权的筹备、组建工作，而且积极地参与到新政权的管理体系之内。在周恩来亲自组建的第一届政务院中，副总理中民主人士占 50%；在政务院所辖的 30 个部级机构中，担任部长的党外人士占了一半。其中包括轻工业部部长黄炎培、邮电部部长朱学范、交通部部长章伯钧、农业部部长李书城、林垦部部长梁希、水利部部长傅作义、文化部部长沈雁冰、教育部部长马叙伦、卫生部部长李德全、司法部部长史良，还包括同部级的华侨事务委员会主任委员何香凝、中国科学院院长郭沫若、出版总署署长胡愈之等。他们或是民主党派领导人，或是国民党起义将领，或是著名科学家，周恩来都能够用其所长，人尽其才，让他们为新中国建设贡献力量。

（三）重视规章，建立标准，加强干部队伍管理

中国共产党成为执政党后，干部的选拔任用成为党和国家政治建设的重要内容。周恩来非常重视干部的遴选和管理工作，不仅把干部看作党和国家的宝贵财富，强调要慎选人才、尊重人才、培育人才，而且非常重视干部选拔程序，将公开透明作为干部选拔和任用的基本标准。在遴选干部时，他注重程序公正，设计制定了一套党和国家干部选拔任用的标准和规章制度，保证社会各界有能力的人都有机会被纳入政权体系之中。

周恩来对党和国家干部选拔的标准可归纳为"坚、熟、严"三个字，即在选拔和任用各级领导干部时必须注重三个基本原则，第一，要有坚定、明确的立场，坚持中国共产党的领导地位，从而保证新中国各项政策能够得到有效推行。第二，要熟悉党的各项政策，熟悉业务，从而在落实党的各项方针政策的同时，能够更好地为人民服务。第三，要严格遵守党的组织纪律，所有干部一旦走上领导岗位，就必须严格要求自己，杜绝官僚主义。

在这些科学的干部选拔、任用原则下，周恩来又思考制定了一系列具体的用人标准，使一批政治精英走上领导岗位，巩固和发展了新中国的政权体系。如新中国成立初期，周恩来在组建外交部时就提出了培养、选拔外事干部的十六字方针，即"站稳立场、掌握政策、熟悉业务、严守纪律"[②]。周恩来认为，在外事工

---

① 《周恩来统一战线文选》，人民出版社 1984 年版，第 204 页。
② 唐家璇主编：《中国外交辞典》，世界知识出版社 2000 年版，第 347 页。

作中，应选拔任用符合 16 字标准的领导干部，进而推动新中国的外交发展。在具体阐释 16 字标准时，周恩来认为，政策是党和国家为实现一定的任务，依据国际国内形势制定的行动准则。并且，国内政策和对外政策是党和国家总政策中相互联系、互相影响的两个有机组成部分。如不了解国内政策，便不能正确地宣传自己，在执行对外政策中也就难免出现这样那样的问题。因此，他在遴选外事干部时，着重要求其必须具备宽广的视野，要严格遵守党中央的要求，认清形势的发展，顾全大局，从全局上把握和执行各项政策。在充分掌握党和国家基本政策的基础上，还必须练就能够胜任本职工作的基本功。16 字方针不仅是我国选拔外交干部的标准，而且成为各部门选拔干部的普遍标准。在这一标准下，很多有能力、能胜任、敢担当的人才被吸纳到政府管理队伍中，扩大了我国党政干部的人才储备。

中国共产党执政初期，各项方针、政策急需行政人员具体贯彻落实，迫切地需要把一大批德才兼备的干部安排到各个工作岗位上。周恩来敏锐地意识道："如果干部问题解决不好，一切政策就都没有人实施。如果干部闹对立、包办、单干、歧视、分裂，则一切都搞不好。"① 为加强干部队伍管理，周恩来曾提出党和国家的干部要"五勤"，即一要眼勤，要多读马列主义和毛泽东思想著作，深入学习领会中央的对外方针政策；二要耳勤，要多听和广泛收集各方面意见和反映，提高办案质量和调研水平；三要嘴勤，要积极有效地宣传党的方针政策；四要手勤，凡事要自己动手，绝不可养成懒惰作风，依赖旁人；五是要腿勤，驻外大使等外交官一定要多走动，广为结交朋友，不能深居简出等人上门。② 周恩来制定的这五项干部行为标准，为党的各级领导干部确立了一个工作指南，有利于领导干部基本工作能力的训练和养成。

在周恩来看来，严格的纪律和规章制度有利于推动上下级及党内党外的相互监督，进而避免腐败堕落、违法乱纪、与民争利的行为。他指出："如果说'严于责己，宽于责人'，对共产党员就应该要求严些。党外的同志们也应该责备我们严一点。"③ 因此，政务院成立后，周恩来就在政务院第一次政务议会上要求各部门，

① 《周恩来选集》下卷，人民出版社 1984 年版，第 270 页。
② 田曾佩、王泰平主编：《老外交官回忆周恩来》，世界知识出版社 1998 年版，第 437 页。
③ 《周恩来选集》下卷，人民出版社 1984 年版，第 394 页。

要明确制定工作条例和组织条例，保证各部门行政管理的规范、有序进行。1949年，刚刚成立的政务院，即在周恩来的主持下召开政务会议，会议通过了《政务院及其所属各机关组织通则》《政务院指导接收工作委员会条例》，初步实现了干部管理的有章可循。周恩来注重制定严格的规章制度，构建干部管理标准的思想，为新中国实现严管干部奠定了制度基础。

（四）坚持五湖四海，开明民主的配备任用干部方式

周恩来在配备和使用干部的过程中，一贯坚持"五湖四海"的原则。在新中国第一届政府的筹建过程中，他特别注意让各阶层、各领域的精英皆在新生人民政权中占有一席之地，让爱国的各界人士都有自己的发言人，让中央政府能代表全社会不同阶级阶层的利益诉求。周恩来向来反对宗派主义和任人唯亲。在选用总理办公室秘书时，他既没有用熟人，也没有用自己的亲朋。他多次强调，培养、使用干部的眼界要放宽一些；干部的成分、来源要广泛一些；要善于从部队、学校、工厂、农村等不同的地方和单位发现干部；要大胆地从工人、农民、知识分子中培养和吸收干部；要正确处理好党的干部与非党的干部、老干部与新干部、外地干部与本地干部之间的关系，大家要彼此尊重，团结一致。这种干部配备方式能够使来自不同领域和背景的，拥有不同经验和知识水平的社会成员聚到一起，为新中国新社会的建设出谋划策。周恩来这种民主包容的干部配备原则，使五湖四海的干部能够得到交流和融合，互相学习，取长补短，有利于各级干部的提高和进步。如果考察与选用干部的视野只限于本地区、本机关，或自己亲近的人员范围内，就容易形成地方主义、宗派主义等问题，五湖四海的原则有效遏制了任人唯亲、宗派主义，也体现了周恩来光明磊落，不搞小圈子的宽广胸襟，对团结党内外广大干部起到重要作用。

周恩来非常善于选人用人，为使配备的干部来源广泛，扩大中国共产党政权的政治基础，提高决策的科学程度。周恩来在配备和任用干部时特别注意以下几个问题：第一，重用久经考验的老党员、老干部；第二；重视知识分子在国家及政权体系建设中的作用，为知识分子进入权力体系创造机会；第三，重视提高工农干部的文化素养和专业技能，积极培养和安排工农干部担任领导工作；第四，贯彻党的统一战线政策，适当安排党外民主人士和国民党起义将领。

周恩来在选拔和任用干部时，不仅注重考核干部的思想政治水平以及他们的

业务能力，还主张将领导干部自身所掌握的文化知识作为考核的一项重要标准。周恩来认为，中国共产党执政后，应热情诚恳地邀请知识分子参加新政权，加入中国共产党领导下的干部队伍体系，发挥其科技骨干作用和智囊团作用。恢复国民经济离不开知识，离不开知识分子的智力支持与奉献。要加速培养更多德才兼备的知识分子，从而实现更好地为人民服务。他强调建设社会主义，除必须依靠工人阶级和广大农民的积极劳动外，"还必须依靠知识分子的积极劳动"①，在社会主义建设新时期，"知识分子已经成为我们国家的各方面生活中的重要因素"②。周恩来善于使用和安排知识分子到各个不同的工作岗位，发挥他们的专长，尽量做到人尽其才。例如他任命林业专家、九三学社成员梁希为林垦部部长，他还积极争取远在海外的知识分子，鼓励他们回到祖国，运用自己的知识为人民服务。著名科学家李四光、钱学森回国后都得到了重用，都为新中国建设作出了重要贡献。

在配备任用干部时，周恩来充分考虑到国家建设的需要和干部个人素质及能力，力求人尽其才，人事相宜。如在第一届中央政府机构里，成立了专门负责全国民族工作的部委级机构民族事务委员会，周恩来选任老资格的共产党员李维汉任主任委员，同时安排来自少数民族的乌兰夫、刘格平和赛福鼎担任副主任委员。在周恩来正确的干部选用标准指导下，新中国成立初期就在少数民族地区任用了大批少数民族干部，据统计，1950 年至 1951 年，"中央人民政府和各地方人民政府十分重视培养少数民族干部的结果，到目前为止，全国各民族地区担任各项工作的少数民族干部已有五万多人。西北全区十六个少数民族都已有了本民族的干部，人数约两万三千多人。西南区各少数民族干部已有一万多人。东北区朝鲜族干部仅参加行政部门工作的就有一千九百多人。中南区苗、黎民族聚居的白沙、保亭、乐东三个县一百七十六个乡的工作干部都是当地的少数民族。蒙族干部，仅内蒙地区就有一万多名。回族干部分散全国各地，仅西北区甘肃、宁夏、青海三省就有二千多名"③。

中国共产党成为执政党后，干部队伍的管理和组织建设对党的事业发展所起

---

① 《周恩来统一战线文选》，人民出版社 1984 年版，第 275 页。
② 《周恩来统一战线文选》，人民出版社 1984 年版，第 276 页。
③ 《全国少数民族干部已有五万多人　他们在民族团结和政权建设等工作中起了重要的作用》，《人民日报》，1951 年 12 月 18 日第 1 版。

的作用不容忽视。实现人尽其才，使个人能够在工作岗位上发挥最大功效，是党的干部队伍培养和领导干部遴选任用的关键。周恩来不仅选拔了一批有能力的人走上党政各部门领导岗位，培养、组建、任用了一个有政治觉悟、领导能力、专业技术，素质高、覆盖面广的优秀干部管理群体，而且提出和制定了领导干部遴选方法，坚持任人唯贤、唯才是举的原则和德才兼备、以德为先的标准，坚持公开、公正、透明、民主的干部选用方式，强化了党的组织建设和干部队伍建设，密切了党群关系，为中国共产党科学执政、民主执政，实现党的奋斗目标提供了重要前提和基本保证。

二、确立党的领导机制，加强政府机关党的建设

中国共产党执政后即面临如何处理与政权机关的关系问题。如何改善党的领导方式，如何在行使国家行政权力时体现党的领导，成为摆在中国共产党面前的亟待解决的重要问题。对这个问题有深刻认识的是周恩来。中国共产党执政之初，对国家政权的领导主要表现为政治领导，在加强执政党建设的同时，积极支持政府在行政管理范围内独立行使职权。各级政府在党的领导下开展了卓有成效的行政工作，使国家逐步走上正常化轨道。

中国共产党执政后，对国家各级政权的领导，主要通过中国共产党党员在各级政府内担任主要行政职务来实现。中国共产党执政伊始，中共五大书记，除任弼时外，毛泽东、朱德、刘少奇、周恩来分别担任中央人民政府委员会主席、副主席和政务院总理职务。在新成立的政务院中，为了加强党对政府工作的领导，周恩来安排了许多中国共产党党员担任政务院副总理、政务委员及政务院各部委的领导职务。在政务院的部级机构中，由中国共产党党员担任正职达到19个，如陈云担任了政务院副总理、财政经济委员会主任、重工业部部长，党的一大代表、曾任华北人民政府主席的董必武担任了政务院副总理、政治法律委员会主任，老一辈革命家谢觉哉担任了政务委员、内务部部长，罗瑞卿担任了政务委员、公安部部长，等等。

在安排中国共产党党员担任中央人民政府各机构主要领导的同时，周恩来还在政府内成立了党的组织系统。新中国成立后，立即按行政区划建立了各级党委，并在中央人民政府和国家机关中成立了中国共产党党组织。周恩来带头坚决执行

《中共中央关于在中央人民政府内组织中国共产党党委会的决定》。《中共中央关于在中央人民政府内组织中国共产党党委会的决定》规定："凡参加中央人民政府工作之党员，除中央允许者外，必须一律参加支部组织，过党的组织生活。"[①] 在中央人民政府党委会下，按照党员人数及工作部门的性质，设立六个分党委，分别是政治法律委员会分党委、财政经济委员会分党委、文化教育委员会分党委、中央人民政府委员会直属机关、最高人民法院及最高人民检察署分党委，政务院直属机关及人民监察委员会分党委，中国人民大学分党委，并在各委、部、会、院、署、厅、司、局、处等处组织总支和支部。

鉴于新中国成立初期在中央人民政府中任职的党外人士达到一定比例的现实状况，为实现和加强中国共产党对政府的领导，周恩来在政务院成立了中国共产党党组。当时，中央人民政府成立后党在政府中的活动主要有两种方式：一是支部活动，要成立政府党委会，直接受中共中央组织部领导。党委会的职能主要是保证行政任务的完成，并负责管理政府内部党员干部的政治生活及学习活动；二是党组活动，参加党组的都是在各部门负主要领导责任的中国共产党党员。党组是中国共产党在政府中的领导机构，政府工作中的重大问题均须经过党组向中共中央请示报告。政府党委会受党组领导。中国共产党执政初期，在周恩来的领导下，政务院党组系统的结构分为三个层次，即政务院党组干事会、各委员会分党组干事会和各部党组小组。这就初步形成了中国共产党的执政系统，保证了各级行政机关中的领导人员按照党组系统向中央请示报告工作，并通过党组在政府部门实现中央的政策和决定。

中国共产党执政之初，周恩来领导的政务院党组干事会实际成为中共中央在政府中的最高领导机构，中共中央对政府的领导主要通过这一级组织实现。政务院党组干事会成员由 11 人组成，周恩来为书记，董必武、陈云担任副书记，罗瑞卿、薄一波、陆定一、胡乔木、刘景范、李克农、李维汉、齐燕铭为干事。周恩来作为政务院党组干事会书记，是政府内党的系统的实际负责人。政府各部门党组领导人及成员，均由政务院党组干事会提名并审查批准。如政法委党组书记董必武1950年1月8日致函齐燕铭："政法分党组干事会第一次会议同意政务

---

① 《中共中央文件选集（一九四九年十月～一九六六年五月）》第 1 册，人民出版社 2013 年版，第 74 页。

院总党组干事会所提之内务部、司法部、公安部、法制委员会及民族事务委员会等部会之党组小组及组员名单；并通过建立政法委员会机关党组……请政务院党组干事会审查批准。"①

中央人民政府各党组负责人，多由政务院各部委担任领导职务的党员兼任，除周恩来亲自担任政务院党组书记外，董必武担任政法委党组书记，陈云担任中财委党组书记，陆定一担任文教委党组书记，刘景范担任民监察委员会党组书记。另有 15 个由党外人士担任正职的部门，其党组负责人则由这些机构中任副职的中国共产党党员担任。关于政务院各级党组织的任务，周恩来在政务院党组全体会议上作过说明："（一）把党中央的路线、方针和政策贯彻下去，不仅使每个党员都了解，还应对党外人士进行说服和教育，要遇事与人商量，团结别人共同做事。在重大原则问题上，党组的意见必须一致。（二）党组作为领导机构，要善于反映、分析群众意见，辨别是非，发扬好的，批评错的，做好工作。"②

在建立政务院党组干事会的同时，为了加强对各个部门的领导，我党还成立了中央一级机关总党委。1951 年 12 月 20 日，周恩来就成立中央一级机关总党委一事，向毛泽东和中共中央书记处提出书面报告，中共中央于 22 日批准了这个报告。中央一级机关总党委负责统一领导中央直属、军委直属、中央人民政府直属和中央一级民众团体的中国共产党组织，由周恩来、安子文、杨尚昆、萧华、罗瑞卿、张经武、徐立清、龚子荣、曾三九人组成。

1952 年 8 月 10 日，鉴于政务院及所属机构调整，周恩来以政务院党组干事会书记名义向毛泽东和中共中央书记处报告："政务院党组干事会应予改组；同时，为了便于照顾整个政府部门的工作，拟扩大原有政务院党组的范围，并更名为中央人民政府党组干事会，直属中共中央政治局及书记处领导。"③13 日，毛泽东批示同意了周恩来的报告。政务院党组干事会改组后，新的政府党组干事会成员，除原政务院党组干事会书记周恩来，副书记董必武、陈云，干事罗瑞卿、薄一波、陆定一、胡乔木、刘景范、李克农、李维汉、齐燕铭 11 人外，新增加了邓小平、林伯渠、彭真、李富春、曾山、贾拓夫、习仲勋、钱俊瑞、王稼祥、安

---

①《董必武年谱》，中央文献出版社 2007 年版，第 360 页。
②《周恩来年谱（1949—1976）》上卷，中央文献出版社 1997 年版，第 21 页。
③《周恩来年谱（1949—1976）》上卷，中央文献出版社 1997 年版，第 254 页。

子文、吴溉之、李六如、廖鲁言 13 人，共计 24 人。新政府党组干事会以周恩来为党组书记，陈云、邓小平分任第一、第二副书记，李维汉任党组秘书长，齐燕铭、廖鲁言分任第一、第二副秘书长。

政务院党组系统进行改组的主要目的是保证中共中央对政府工作的集中统一领导。中央人民政府党组干事会取代政务院党组干事会后，调整了人员、扩大了规模。调整后的政府党组干事会成员，不单是政务院各部委担任领导职务的党员干部，而且增加了从各中央局、分局调到中央工作的党员干部。将政务院党组干事会扩充并更名为中央人民政府党组干事会后，党对政府的领导机制并没有发生根本变化，仍是由中央人民政府党组干事会、政务院各委员会分党组干事会、政务院各部党组三个层次组成，周恩来作为新党组干事会书记，仍然是中央人民政府中党的最高领导机构的负责人。毛泽东和中共中央对政府各部门的领导，在很大程度上仍是通过中央人民政府党组干事会这一级组织进行。

为进一步加强中国共产党对政府工作直接和全面的领导，1953 年 3 月 10 日，《中共中央关于加强中央人民政府系统各部门向中央请示报告制度及加强中央对于政府工作领导的决定（草案）》发布。《中共中央关于加强中央人民政府系统各部门向中央请示报告制度及加强中央对于政府工作领导的决定（草案）》指出："为了加强中央对于政府工作的领导，以及便于政府各部门中的党的领导人员能够有组织地、统一地领导其所在部门的党员，贯彻中央的各项政策、决议和指示的执行，今后政府各部门的党组工作必须加强，并应直接接受中央的领导。因此，现在的中央人民政府党组干事会已无存在的必要，应即撤销。但根据中央人民政府现在的组织情况，并使同一系统的各个部门便于联系起见，政务院各委的党组组织，暂时仍应存在，直接受中央领导，并分管其所属的各部、会、院、署、行的党组；这些部门的党组，应仍称党组小组。凡不属于各委而直属于政务院的其他部门，如外交、民族、华侨、人事等部门的党组，则应直接接受中央的领导。"①对此，中央人民政府党组干事会书记周恩来于 3 月 24 日发出《关于撤销政府党组干事会的通知》。他在通知中阐明："（一）政府党组干事会自即日起正式撤消，今后各党组及党组小组均由中央直接领导。（二）凡有关各委及各部门党组的人

---

① 《建国以来重要文献选编》第 4 册，中央文献出版社 1993 年版，第 69 页。

员变动及其他有关组织问题的各项事宜，自即日起应直接向中央组织部请示和报告。"①

中央人民政府党组干事会的撤销，使政府党组系统的构成及运行方式发生了根本变化。第一，从政府党组系统的构成来说，随着中央人民政府党组干事会的撤销，政府党组系统由此前的三个层次变为两个层次，自 1949 年以来形成的以政务院党组干事会作为中共中央在政府中的最高一级领导机构的形式宣告结束。第二，随着中央人民政府党组干事会的撤销，周恩来所担任的政府党组干事会书记的职务也相应取消，此前其作为政府内党的系统的实际负责人的职权亦不存在了。第三，从政府党组系统的运行方式来说，随着中央人民政府党组干事会的撤销，各委员会分党组干事会和各部党组小组均接受中共中央的直接领导。中央政府各部门的工作，经由各委员会分党组干事会和各部党组直接向党中央和毛泽东请示汇报。政府各部门党组领导人及成员的提名与审查批准，亦由此前的政务院党组干事会负责转变为由中共中央统一负责。

中共中央组织部在《关于政府干部任免手续的通知》中进一步明确规定：今后凡属中央人民政府或政务院任免范围的干部，在中央人民政府或政务院任免之先，仍需分别按党内管理干部的规定经过审批。即属于中央管理范围的干部，由省（市）委报中央局核转中央；属于中央局管理范围的干部，由省（市）委报中央局，俟中央或中央局批准后，再交由同级人民政府人事部门办理提请任免手续。②经过 1953 年这样一轮调整，中共中央从体制上确保了对政府工作的集中统一领导。

除在中央政府中建立党的领导机制外，周恩来还十分重视基层党支部的建设，他认为基层党组织是中国共产党的执政基础，是党密切联系群众的核心。民主革命时期，周恩来曾担任中央组织部部长，他提出要将支部建设成为党的坚强堡垒。"政治的宣传鼓动，群众的组织，只有支部才能深入；日常的斗争，只有支部才能灵敏地领导。如果仅仅高级党部订几个空架子的计划，发布几种宣传的文书，而支部不起作用，党和群众终究没有接近的时候。"在基层党组织的具体活动方面，周恩来提出，支部生活"最要紧的是讨论当地的政治问题、工作问题……要能把

---

① 《周恩来年谱（1949—1976）》上卷，中央文献出版社 1997 年版，第 290~291 页。
② 张晋藩、海威、初尊贤主编：《中华人民共和国国史大辞典》，黑龙江人民出版社 1992 年版，第 132 页。

党的政策正确地运用，首先要了解实际的情形。这是每个支部的任务，每个同志的任务。必须充分执行这些任务，然后支部才能成为群众的核心，党员才能成为群众的领导者"[①]。据秘书回忆，西花厅党支部的同志考虑周恩来工作繁忙，西花厅党支部的一次改选会议没有告知周恩来参加。事后周恩来批评他们说："我有事不能参加会是要请假的，可你们不通知我就是你们的失职，我这个党员不能搞特殊。"[②] 中国共产党与西方政党不同，中国共产党具有严格的组织纪律，无论党的领导干部还是一般党员都要遵守。也正是基层组织的有序运行，中国共产党的路线、方针、政策才能坚决贯彻执行，才能保持党的凝聚力和战斗力。

三、"文化大革命"中反对破坏党组织，努力维持党政机构运转

"文化大革命"爆发后，许多党的组织、行政机关遭到冲击和破坏，大批党政领导和工作人员遭到批判和迫害。中央和地方的党政工作面临巨大压力。周恩来尽量减少负面影响，限制夺权，努力降低全面夺权所造成的危害，尽力保护党的干部，对遭到破坏的党政组织和机构尽力维护和调整。在这段极为特殊的时期，周恩来为维系党政机构正常运转付出了艰辛的努力。

1966 年至 1968 年是"文化大革命"高潮时期，也是破坏最为严重的时期，周恩来身处政治斗争的旋涡，时刻面临危机，但他还是想方设法解决各种问题，阻止混乱局面进一步蔓延。周恩来反对和限制全面夺权，尽力保护核心部门，维系党的组织和国务院机构正常工作。对各地普遍开展的全面夺权活动，周恩来提出夺权必须限制在一定范围之内。

1966 年爆发的"文化大革命"，以"大破大立""全面夺权"为特征，"革命""砸烂"的对象几乎包括所有的党政机关。打倒一切的狂潮，迅速冲击到国务院机关。在不断升级的冲击之下，造反派组织频繁围攻国务院各部门，并企图夺所谓"旧国务院的大权"，中央行政机关的正常工作受到干扰和破坏。1967年，周恩来所处的政治环境更加恶化，造反派以散发传单、集会等方式诬蔑、攻击周恩来所领导的国务院。许多党政组织的工作基本停顿了下来，各条战线受到严重干扰。中央文革小组部分取代了国家行政机关职能。"文化大革命"前第三届

[①] 《周恩来选集》上卷，人民出版社 1980 年版，第 13 页。
[②] 赵炜：《西花厅岁月：我在周恩来邓颖超身边三十七年》，中央文献出版社 2004 年版，第 61 页。

全国人民代表大会任命的 16 名副总理，除林彪、谢富治外，柯庆施在"文化大革命"前病逝，其他 13 名副总理先后被打倒或停止工作。国务院副总理李富春、陈毅、谭震林、李先念、余秋里都成为造反派揪斗的对象。动乱不断升级，周荣鑫、杨放之、杨东莼、童小鹏、高登榜、赵鹏飞、罗青长、许明、郑思远，有的"靠边站"，有的被迫害致死。国务院的基本职能受到严重冲击。

在不利形势下，周恩来明确反对夺取中央要害部门的领导权。他一再强调国防、外交、公安、财政部门的业务权必须归中央。周恩来严格限制红卫兵的冲击活动。他认为对红卫兵的造反活动应该适当限制，红卫兵所谓的革命活动不能妨碍党政机关正常工作。对重要的机密部门不允许学生内外串联。1966 年下半年，周恩来多次召开红卫兵座谈会，"接见北京和全国各地来京的红卫兵及群众组织代表达一百六十余次"[①]。他向红卫兵讲解党的政策，主张要文斗不要武斗，对新中国成立 17 年来党和政府的工作要分清主流与支流。

在周恩来看来，外交工作关系国家命运，不能让造反派破坏。他要求外交部的人员要坚守岗位，外交工作不能中断。关于造反派对外交部的恶意攻击，周恩来义正词严地指出，外交部总的政策都是送毛主席审看的，我们负责办具体的事情。对外交部成立的"革命造反联络站"搞夺权活动，周恩来委派陈毅表示，外交业务权不能夺，外交大权归中央，中国驻外的使领馆也不许搞夺权，造反派只能对业务进行监督。随后，周恩来指示成立外交部业务监督小组，由各业务司的代表组成。外交部的工作在周恩来的努力维持下艰难进行。

1967 年 2 月，周恩来作出明确指示："各驻外使馆、代办处仍应坚决执行只进行正面教育，不搞'五大'的规定。"[②] 为保护外交部的主要干部，1967 年 7 月，周恩来提出 4 条规定：不准提"打倒陈毅"的口号；不准在外交部门"安营扎寨"；不准冲击外交部；不准泄露外交机密。8 月 7 日，王力发表了煽动外交部造反派夺权的讲话，煽动夺外交部的大权。8 月中旬，外交部造反派冲砸外交部。外交部陷入混乱，外交部副部长乔冠华、姬鹏飞受到冲击，各司的外交业务无法正常开展。新中国成立以来，外交大权第一次落入造反派手中。甚至出现了一系列恶劣的涉外事件，如印度、缅甸、印度尼西亚三国驻华机构遭到群众冲击和破

① 《周恩来年谱（1949—1976）》下卷，中央文献出版社 1997 年版，第 105 页。
② 《周恩来年谱（1949—1976）》下卷，中央文献出版社 1997 年版，第 123 页。

坏、反缅甸的集会、围困苏联驻华使馆、火烧英国代办处，对造反派冲击外交部并夺权，周恩来高度警党，迅速采取措施。他将王力的讲话稿送给毛泽东，在征得毛泽东同意后，将王力、关锋等人隔离审查，在混乱的局面下坚定地维护了党中央对外交部的领导大权，维护了我国的国家形象。

对财政部的大权，周恩来认为只能监督，不能让造反派夺去。他让秘书转告李先念副总理："财政部的业务权不能被夺。"① 1967 年 2 月，周恩来向财贸口领导干部及群众组织代表，宣布财政大权不容造反派夺取，并下令将支持造反派夺权的财政部副部长带走。他严厉地指出："财政部是代表中央执行财权的。我要提醒你们，你们要走到邪路上去了。"② 周恩来向造反派声明："凡是没有经过中央承认的夺权都不算数，要一个一个地审查。"③ 同年 3 月，在接见财贸系统造反派和财贸各部党组成员时，周恩来要求各部赶紧抓业务，不能拖。周恩来指出："如夺权超过了监督范围，夺党中央、国务院各部的业务大权，或者有私心杂念，有些权不该夺的夺了，这些都是复辟逆流。"④ 他指示："财政部、商业部的党组要恢复。"⑤ "文化大革命"开始后，财政部受到冲击。由于周恩来的尽力维系和积极开展工作，财政部保证了正常的业务工作，保障了国家财政体系的正常运转。

对国防、公安大权，周恩来认为，不仅不能夺，就连全部的监督也不可以。1967 年 2 月 22 日，周恩来审改中共中央关于中央军委"八条命令"补充说明的《通知》，《通知》指出："党中央机关，国防工业各部，公安部、外交部、计委、财政部、经委、建委、科委，各级银行，人民日报社、《红旗》杂志社、解放军报社、新华社、广播事业局等不许由外单位人员接管，已进驻这些单位的外单位人员要立即退出。"⑥ 同年 5 月 28 日周恩来考虑到，对人民的生命和健康来说，医院是非常重要的，停下来不工作问题就严重了。他明确指示："卫生部不同于文化部、教育部，卫生部不能停止工作。"⑦ 但是，当时形势很混乱，周恩来对有些部门无力控制。如公安部在谢富治把持下，于"文化大革命"之初提出要"砸烂公

---

① 《周恩来年谱（1949—1976）》下卷，中央文献出版社 1997 年版，第 123 页。
② 《周恩来年谱（1949—1976）》下卷，中央文献出版社 1997 年版，第 127 页。
③ 《周恩来年谱（1949—1976）》下卷，中央文献出版社 1997 年版，第 127 页。
④ 《周恩来年谱（1949—1976）》下卷，中央文献出版社 1997 年版，第 139 页。
⑤ 《周恩来年谱（1949—1976）》下卷，中央文献出版社 1997 年版，第 127 页。
⑥ 《周恩来年谱（1949—1976）》下卷，中央文献出版社 1997 年版，第 131 页。
⑦ 《周恩来年谱（1949—1976）》下卷，中央文献出版社 1997 年版，第 157 页。

检法"，公安部许多干部受迫害，机构一度瘫痪。

为了尽可能维持党的组织和国家机器的运转，1967 年 1 月 11 日，中共中央、国务院、中央军委联合发出通知，对各地要害部门实行军事管制。同年 2 月，所有军管单位都实现了新的革命大联合，除公检法等部门外，都建立了革命委员会。周恩来是支持对陷于瘫痪、半瘫痪的单位实行军管的。他首先考虑对铁路、交通、邮电三个部门及所属企业实行军管。他主张在军管会领导下，成立两个班子，一个是文化革命委员会，领导"文化大革命"；另一个是业务领导小组，领导本部门的生产和业务工作。周恩来认为不同于新中国成立初期的军事管制，这个时期的军管只是对党的组织和行政体制遭到破坏后采取的一种过渡方式。"军管单位的革命和业务的最后决定权属军管会或军管小组，群众对业务不能监督，只能批评、建议。"①

1967 年 8 月 21 日，在接见工交、财贸、农林口各部群众组织代表和驻各部军代表，抓业务的负责人及有关院校学生代表时，周恩来指出："冲击军管会是不许可的。""铁道部、交通部要按照煤炭部的方式，派人下到各线路上去疏通，劝阻铁路系统两派不要武斗。""其他各部都要组织人下去，帮助搞好生产。"②1967 年 9 月 27 日，周恩来强调："公安部门在业务上不能分派别。现在公安机关瘫痪，派别很多，我们必须实行军管。机场、铁路、仓库、码头、港口等都要实行军管。"③

在一部分党和国家机构陷于瘫痪并且夺权斗争愈演愈烈的情况下，实行军管对稳定局势起到了一定作用。

四、在困境中尽力保护党的各级干部

"文化大革命"爆发后，大量的领导干部受到冲击、迫害，日常工作的开展受到直接影响。周恩来在自身处境非常艰难的情况下，采取灵活多样的方式，尽力保护党的各级干部。

1966 年下半年至 1967 年是党的组织和政府机构遭到冲击与破坏最为严重的

---

① 《周恩来年谱（1949—1976）》下卷，中央文献出版社 1997 年版，第 148 页。
② 《周恩来年谱（1949—1976）》下卷，中央文献出版社 1997 年版，第 180 页。
③ 《周恩来年谱（1949—1976）》下卷，中央文献出版社 1997 年版，第 192 页。

时期。许多领导干部都被造反派当作"走资派",成为批斗的对象,"文化大革命"开始后,邓小平、陈云的副总理职务被停止了;贺龙、乌兰夫也受到不公正对待;二月抗争发生后,陈毅、谭震林、李富春、李先念、聂荣臻均受到批判;彭真、罗瑞卿、陆定一、杨尚昆、薄一波等老干部分别因为"彭、罗、陆、杨反党集团""六十一人叛徒集团"案遭受迫害,陶铸被当作"中国最大的保皇派"遭受迫害。1968年2月,周恩来痛心地说:"现在四十二个单位,部长级干部站出来工作的只有九十人,占总数二百八十人中的百分之三十二。其中第一把手(部长、主任)只有三人,其他统统'靠边站'了。"[①]党的各级干部所受到的冲击和"批斗",往往是面临数小时的审讯,有些遭到毒打,甚至有可能濒临死亡。

对此,周恩来心急如焚,非常焦虑,为限制全面夺权之风,尽力保护党的干部,他不顾自己身处政治斗争的旋涡,时刻都面临危机的险情,经常扮演"救火队长"的角色,竭力阻止混乱局面的进一步蔓延,尽力用各种办法保护受迫害的干部。周恩来在不同场合指出,必须对各地区、各部门的党政领导区别对待,如果将所有党政领导都作为"走资本主义道路的当权派而打倒"是一种错误的做法。为尽可能减少夺权对党的组织和党的领导部门的干扰冲击,周恩来强调:"其他取消党组的部委必须恢复,负责的还是部长、司长。"[②]

周恩来认为大部分干部是好的,反对一概否定、打倒。周恩来于1967年1月18日审阅《红旗》杂志所要发表的社论《必须正确地对待干部》。社论强调在夺权斗争中必须有正确的基本判断,即在整个干部队伍中大多数是好的。社论同时提出:"对当权派,不作阶级分析,一切怀疑,一概否定、排斥、打倒,这是一种无政府主义思潮。"[③]对红卫兵要揪斗谭震林、陈毅、李富春、李先念、余秋里等党的老干部的情况,周恩来劝说红卫兵,这些党的老干部都在党和政府工作的第一线,都是做实际工作的人,有大量的事务需要他们参与。

周恩来始终坚持各级领导干部不能由群众组织来定性和任意"罢官"。1966年8月30日,周恩来写下一份应予保护的干部名单,其中包括国务院及所属各部委的负责人。1966年9月初,他主持中共中央政治局常委碰头会商议《关于党政

① 金冲及主编:《周恩来传》下,中央文献出版社1998年版,第1951页。
② 《周恩来年谱(1949—1976)》下卷,中央文献出版社1997年版,第128页。
③ 《周恩来年谱(1949—1976)》下卷,中央文献出版社1997年版,第129页。

军高级干部任免审批手续的暂行规定（草案）》的文件稿，设法保护中央和地方的大批领导干部。1967 年 1 月，红卫兵造反派包围、冲击中南海。周恩坚守在中南海，再三地批评、劝阻红卫兵造反派的极端行动，力求党和政府机关的工作能够正常进行。

周恩来强调要注意斗争方式方法，反对不打招呼，随意抓人。1967 年 2 月 18 日，周恩来接见国防工业口造反派代表，指出重要干部的任免必须由中央决定，造反派宣布罢官是不能算的。1967 年 2 月，他公开表示，现在对干部的斗争方式已发展到打人、挂牌、游街，他看了心里很难过。这是非常恶劣的作风，是"残酷斗争、无情打击"了。他认为："让这种情况发展下去，我就有罪了。"① 1967 年 3 月 1 日，周恩来在召开工交口有关领导和造反派代表会议时指出："现在不许乱揪人了，国务院要你们保证不得随意揪斗干部。"② 同年 6 月，他与外贸部广州交易会协助小组及外贸部两派代表谈广州交易会问题时指出："你们双方要达成一个协议：对干部不抓、不抢、不打、不冲会场，批判每次不要超过三小时，不要搞'喷气式'。"③

对有些犯错误的干部，周恩来认为应该采取党的一贯政策，批评、教育、团结。"对犯错误的干部要实行惩前毖后、治病救人的政策，一脚踢开，一棍子打死，这是反马克思列宁主义、反毛泽东思想的。"④ 1968 年 4 月 20 日，周恩来接见国防科委等单位的代表时说："要允许别人犯错误，不要把别人一棍子打死。……活的要保，死的也要保。"⑤ 1968 年 12 月 5 日，周恩来在国务院各部委军管会、大联合委员会负责人、毛泽东思想宣传队负责人会议上强调："对犯错误的干部要讲政策，给出路，只要他们承认了错误就解放他们。"⑥ 当"怀疑一切""打倒一切"的思潮在全国泛滥之时，周恩来采取各种方式保护受冲击的党的老干部。他认为要把"文化大革命"须开展的工作和党政经常的工作区分开。1967 年 2 月 20 日，周恩来指出："中央各部的业务，中间层干部很重要，中间层干部靠边站，

① 《周恩来年谱（1949—1976）》下卷，中央文献出版社 1997 年版，第 129 页。
② 《周恩来年谱（1949—1976）》下卷，中央文献出版社 1997 年版，第 132 页。
③ 《周恩来年谱（1949—1976）》下卷，中央文献出版社 1997 年版，第 161 页。
④ 《周恩来年谱（1949—1976）》下卷，中央文献出版社 1997 年版，第 129 页。
⑤ 《周恩来年谱（1949—1976）》下卷，中央文献出版社 1997 年版，第 229 页。
⑥ 《周恩来年谱（1949—1976）》下卷，中央文献出版社 1997 年版，第 268 页。

就没法子把业务抓起来。"① 对因二月抗争受到冲击的陈毅、叶剑英、徐向前、聂荣臻、谭震林、李富春、李先念等老一辈革命家，周恩来想办法说服他们主动作检查。周恩来还利用"五一"节联欢晚会的机会，让他们出来露面，从而巧妙地化解了矛盾，帮助他们渡过难关。

周恩来在力所能及的范围内尽力保护了一批人，1967 年 1 月，周恩来得知红卫兵进驻贺龙家并要揪斗贺龙时，立即打电话到贺龙家，要红卫兵赶快离开。后来，他让贺龙到中南海住了一段时间，迫于形势，又将贺龙送到香山附近保护起来。当他得知造反派抄陈云家的消息后，立即派童小鹏前去制止，并想办法将陈云转移到安全的地方。周恩来还利用毛泽东及自身的影响力来保护干部。他对工交口各单位造反派代表说，余秋里到小计委后，搞计划工作有成绩。"主席讲过几次，余秋里要保。"② 在得知刚从外地了解"三线"建设情况回北京的谷牧被造反派揪走时，周恩来以要听谷牧的汇报为由，将谷牧救回中南海。为保护副总理兼外交部部长陈毅，1966 年 12 月到 1967 年 1 月底，周恩来先后五次接见外交学院"造反派"，累计达到 20 多个小时。当一些人要揪斗薄一波时，周恩来批示薄一波"休养六个月"。当康生等人煽动制造所谓"六十一人叛徒"事件时，周恩来亲自写电报，说明刘澜涛等人出狱，中央是知道的，将电报稿送毛泽东审批时又附信说明，此事党的七大、党的八大均已审查，因此中央必须承认知道此事。

周恩来曾严厉批评北京造反派随意抓走党中央、国务院各部委负责人的做法，强调："一定要事前打招呼，不然，可能会出意外的乱子。这个乱子不是小乱子，是关系到我们党、国家和人民的命运问题。"③ 1967 年 1 月 6 日凌晨，在陈伯达、江青等人的策动下，造反派要揪斗国务院副总理陶铸。周恩来对造反派说："你们说陶铸同志是'叛徒'，我不知道，中央没有讨论过，我要向毛主席请示，现在不能回答你们。"④ 1967 年 1 月，周恩来告诫七机部两派代表："不但谭震林、李富春等副总理不能揪，刘少奇、邓小平也不能揪，陶铸也不能揪。"⑤

---

① 《周恩来年谱（1949—1976）》下卷，中央文献出版社 1997 年版，第 131 页。
② 《周恩来年谱（1949—1976）》下卷，中央文献出版社 1997 年版，第 117 页。
③ 《周恩来年谱（1949—1976）》下卷，中央文献出版社 1997 年版，第 120 页。
④ 吴庆彤：《周恩来在"文化大革命"中：回忆周总理同林彪、江青两个反革命集团的斗争（增订本）》，中共党史出版社 2002 年版，第 19 页。
⑤ 《周恩来年谱（1949—1976）》下卷，中央文献出版社 1997 年版，第 109~110 页。

在周恩来保护的人中，不仅包括副总理级干部，还包括一大批遭受批斗的部长级、副部长级干部。在 1967 年上半年揪斗领导干部最激烈的时候，周恩来报请毛泽东同意，把一些省委书记和部长接到北京的中南海和京西宾馆、国务院宿舍等地保护起来，以免发生危险。据不完全统计，到中南海"避过难"的有：余秋里、谷牧、王震、陈正人、廖承志、方毅、姚依林、康世恩、周荣鑫、段君毅、吕东、王诤、刘澜波、钱之光、邱创成、江一真、王磊、孙正、钱信忠、钱正英、周子健、萧望东、林乎加、萧鹏、刘建章、王子纲、徐今强、李人俊、张经武、江学斌、饶兴、刘秉彦等。在各地区负责人遭冲击期间，周恩来对江青、康生查问这些人下落的要求置之不理，在北京卫戍区司令傅崇碧等人协助下，周恩来分别把处境十分困难的一些地区的负责人接到北京安置在京西宾馆、中直招待所等地方加以保护，派专人负责他们的安全和生活。据不完全统计，受到周恩来保护的老干部有：李井泉、宋任穷、张体学、张平化、叶飞、江华、谭启龙、江渭清、杨尚奎、刘俊秀、欧阳钦、黄火青、黄欧东、曾希圣、廖志高、霍士廉、朱德海、王鹤寿、杨超、高克林等。[①]

　　周恩来还采取各种巧妙的方式来保护干部，如当他得知方毅将遭到造反派揪斗时，以"总理找他谈问题"为理由，将他接到国务院保护起来。周恩来还决定让已经受到冲击的财政部部长、副部长以国务院开会、让他们来汇报工作或写检讨等名义，住进中南海"工字楼"宿舍，通过这种灵活的斗争方式将他们保护起来。周恩来保护干部的另一种方式就是在召集群众会议的时候，向群众说明情况，从而引导群众的行为。如针对叶季壮遭到批判的情况，周恩来在与李先念、卢绪章同外贸部广州交易协会协助小组及外贸部两派代表谈广州交易会问题，严厉批评两派打派仗、随意揪走并扣留领导干部等行为，并且说，叶季壮在外贸方面取得了很大成绩，下敌我矛盾的结论为时过早了，"党要公道"。[②]

　　周恩来一贯注重发挥党的各级干部特别是老干部的作用，他认为他们是党的宝贵财富，要发挥他们的领导能力，在"文化大革命"中他采取灵活多样的形式与"四人帮"开展斗争，想方设法创造条件使被打倒的党政干部能够重返政治舞台。他的努力下为党和国家保护了一大批优秀领导人才。党的九大后，中国政治

---

① 《周恩来年谱（1949—1976）》下卷，中央文献出版社 1997 年版，第 167 页。
② 《周恩来年谱（1949—1976）》下卷，中央文献出版社 1997 年版，第 161 页。

局面稍微稳定了一些，周恩来在第九届中央政治局第一次会议上提议："刘伯承、陈毅、徐向前、聂荣臻、叶剑英继续担任中共中央军委副主席。"[①] 在林彪集团垮台后，他极力推荐邓小平担任党的副主席、第一副总理和解放军总参谋长。这些老干部为党的事业发展和党的组织建设发挥了重要的作用，周恩来对老干部的保护为后来实现新时期历史性的伟大转折保存了中坚力量。

第四节　一贯坚持从严治党，带头搞好廉政建设

廉洁自律，克己奉公、艰苦朴素、以身作则，严格要求、从严治党，是执政党廉政建设的主要内容，是共产党员先进性的重要体现和基本标准。举世公认，周恩来是中国共产党廉洁奉公、勤政廉政的典范。在其一生的革命生涯中，他不仅处处严格要求自己，只讲奉献、不求索取，成为中国共产党人的楷模；而且其反对腐败、反对官僚主义，倡导清正廉洁、加强廉政建设的思想十分丰富，寓意深远。他深刻剖析了官僚主义的各种表现，指出其根源和危害，阐明发扬民主是抵制官僚主义、搞好廉政建设的关键，强调健全监督机制是廉政建设的保证。他严于律己、以身作则，始终保持清正廉洁的作风，为我们真正树立了全心全意为人民服务的光辉榜样，践行了全心全意为人民服务的根本宗旨。

一、坚持严格管理，严守纪律，反对以权谋私

周恩来是中国共产党的创建者和领导人之一，在艰苦的革命斗争岁月，他始终坚持从严治党的原则，一方面以身作则，勤勤恳恳为党工作，严守党的纪律，保守党的秘密；另一方面严格管理、严格要求党员干部，明确制定和认真执行党的纪律，努力提高党员思想觉悟，努力保持党的队伍的纯洁性。在白色恐怖的形势下，周恩来在恢复和重建党在白区的组织时，制定了严格的党的地下工作规则和纪律。他总结和吸收了第一次国共合作失败的原因和教训，针对当时共产党组织恢复和重建问题写了《坚决肃清党内一切非无产阶级的意识》《在白色恐怖下如何健全党的组织工作》等文章，对革命战争年代如何加强党的组织建设、思想建

---

① 《周恩来年谱（1949—1976）》下卷，中央文献出版社 1997 年版，第 294 页。

设以及加强党员队伍的管理提出了正确主张。周恩来在中共中央长江局和中共中央南方局工作时，对国统区党的组织建设和党的秘密工作加强管理，对保密和纪律问题更为重视。他强调："要在思想上组织上巩固党，使西南党成为真正的彻底的地下党，成为群众的党。"① 他不但对自己提出了严格的要求，而且本着"治病救人"的目的，对中共中央南方局党的干部进行了严格的教育和审查，改进了广大党员的思想作风，增强了党的凝聚力与战斗力。

中国共产党成为执政党后，所处的地位和面临的环境与从前大不相同。虽然毛泽东在党的七届二中全会上就提出了"两个务必"的警告，周恩来也提出了党员要思想入党的问题，但仍有个别党员干部进城后滋长了骄傲自满、居功自傲、贪图享乐等不良思想。针对这些问题，毛泽东和周恩来等非常重视，反复强调从严治党的必要性，并制定了一系列防范措施。周恩来在党的七届四中全会上，谆谆告诫与会者："毛泽东同志和中央政治局向全党敲起警钟，反对任何共产党员由满腔热忱地、勤勤恳恳地全心全意为人民服务的高贵品质堕落到资产阶级卑鄙的个人主义。……一切骄傲情绪、自由主义、个人主义、宗派情绪、小团体习气、分散主义、地方主义、本位主义都应受到批判。"② 他强调，党的统一领导和集体领导的原则必须坚持，要反对个人主义、维护中央权威，同时要发扬党内民主，使党内政治生活更加健康起来。

新中国是在推翻半殖民地半封建社会的基础上建立起来的，旧社会的风气和遗留下来的腐败陋习并不会随着新中国的成立而自动消失，要建设社会主义必须反对、遏制腐败。反腐倡廉关系党和国家的生死存亡。周恩来对中国几千年封建社会和半殖民地半封建社会所带来的负面影响也有清醒的认识。他多次强调中国社会情况极其复杂，"在这个社会里，旧的封建的资本主义的习惯势力，很容易影响你，沾染你，侵蚀你，如果失去警惕，这些东西就会乘虚而入"③。所以，生活在社会主义建设时期的中国共产党员，只有终身进行自我改造，才能终身具有抗腐蚀的"免疫力"。

周恩来作为中国共产党和新中国第一代领导集体主要成员，对廉洁奉公与党

① 《周恩来选集》上卷，人民出版社 1980 年版，第 111 页。
② 《周恩来选集》下卷，人民出版社 1984 年版，第 119 页。
③ 《周恩来选集》下卷，人民出版社 1984 年版，第 425 页。

风建设的关系有充分的认识，把党员严格自律、严守纪律看作关系到执政党生死存亡的大事，对此予以高度重视。二十世纪五十年代初，周恩来在领导展开"三反"运动时指出："贪污、浪费、官僚主义的毒害，在中国的阶级社会中已经有几千年的历史，是有着深厚的社会基础的。要完全地彻底地铲除这一积害，必须全社会都动员起来。"[①] 他认为开展反贪污、反浪费、反官僚主义的斗争不仅使我们的财产免于遭受损失，而且教育刚刚建立和掌握各级政权的党的干部保持艰苦奋斗的作风，不仅是经济上的问题，更是政治上的问题。"三反"运动过后，周恩来又及时提出了为巩固"三反"运动的成果，要继续与贪污、浪费特别是官僚主义作斗争，以适应即将到来的大规模经济建设的需要，在财政各部门中有立即建立监察机构的必要。

为了从严治党，就必须对那些犯有错误特别是严重错误的党员干部进行组织处理和思想帮助。周恩来提出主要通过四条途径去挽救那些犯错误的同志：第一，应该依靠党，相信党的力量，采取"惩前毖后、治病救人"的方针；第二，应该加强马克思主义理论学习，提高党员的党性修养；第三，犯错误的同志应该努力反省，正视自己的错误，向党汇报思想；第四，应该靠同志们的帮助。犯错误的人要接受别人的批评和意见，党内所有同志也要帮助犯错误的人去改正错误。

新中国成立十多年后，社会主义建设取得了不少成就，但一些党员干部滋长了官僚主义作风。周恩来在领导党和政府的工作中很快发现了这一问题，他深深感到："官僚主义在我们执政的党内，在我们的国家机关内，的确是十分有害、非常危险的。……官僚主义的态度和作风已经给我们的工作造成许多损失，如果听其发展，不坚决加以克服，必将造成更大的危害。我们绝不能容许官僚主义再继续发展下去。"[②]1963 年 5 月，他在中共中央和国务院直属机关负责干部会议上，专门作了《反对官僚主义》的报告，对官僚主义的种种表现和严重危害做了详细的分析和评判。周恩来不但列举了官僚主义的种种迹象，还深刻分析了官僚主义的社会根源。

为了严格要求党员干部保持清正廉洁，克己奉公，周恩来在坚决反对官僚主义的同时，还专门阐述了党员干部一定要过好"五关"的问题。周恩来提出的党

---

① 《周恩来选集》下卷，人民出版社 1984 年版，第 81 页。
② 《周恩来选集》下卷，人民出版社 1984 年版，第 422 页。

员干部过好"五关"实际上是对执政党的干部的从严要求，其核心是要求共产党员讲党性修养，严格自律，奉公守法，不断加强勤政廉政建设。

在从严治党方面，周恩来的突出特色是：严格管理，严格要求，严明纪律，工作认真，勇于做批评和自我批评。周恩来对党的干部和党的工作一贯认真负责，严守规章制度，工作一丝不苟。对一些党员干部不负责任和工作作风懈怠的现象该批评时就严厉批评，绝不讲情面；对任何人工作上的失误，从来不纵容，一定要求其限期改正，从不拖泥带水。同时，他对自己负责的工作中的失误也勇于承认错误，并承担责任。他一贯主张依法治国，对自己主持制定的各项规章制度，自己带头严格遵守，对于违纪违法者、失职者绝不姑息。他要求党的领导干部要管好自己和身边的工作人员，对国家机关中某些违法乱纪、贪污腐化、营私舞弊、侵害国家和人民的利益者，必须严格依照党规国法加以处理。

清正廉洁，克己奉公，这是每一个领导干部必须具备的思想素质和道德标准。周恩来一贯反对利用职权假公济私，谋取个人私利，他本人也是遵章守纪、严格自律的楷模。他要求别人做到的，自己首先做到；禁止别人做的，自己也绝对不会去做。他一生始终严格要求自己，自觉接受党和人民的监督，从不放纵私欲。尤其是对亲属，他更是严格要求。他指出："我呼吁我们的领导干部，首先是我也在内的这四百零七个人应该做出一点表率来。不要造出一批少爷。"① 这既是对领导干部的自身要求，也是对国家未来和民族命运的极大负责，可谓是高瞻远瞩。

周恩来绝不允许自己的亲属由于他的关系而有一丝一毫的特殊。周恩来的侄子、侄女来看他的时候，他总是安排他们到机关食堂就餐，并经常告诫他们不要因为是总理的亲戚就搞特殊，在学校里也不要讲他们与总理的关系。周恩来教导晚辈要有自信力和自信心，不要靠关系，应该自立自强，更不允许打着总理亲属牌子谋私利。在周恩来的侄辈以及第三代亲属的登记表里，都找不到与周恩来的关系的记录。

1962 年 10 月 24 日，周恩来的卫士长代替周恩来给其表兄万叙生写信："关于你要求解决四女的工作和你前所在机关对你家庭照顾之事。这是关系到尊（遵）守国家利益（制度）和服从国家需要的问题，总理他没有权力要求国家对自己

---

① 《周恩来选集》下卷，人民出版社 1984 年版，第 426 页。

的亲友给预（予）特别照顾，他从来也没有这样做过。四女现在有临时工作很好，要教育她不管参加什么劳动都一样，都是社会不同的分工，都是建设社会主义必不可缺少的工作，都是光荣的……现在因他的收入很有限，而且要他负担的人很多，每月的开支都是很紧的，现只能从他们的工资中再抽出拾元来帮助你解决一些急需。现寄去人民币陆拾元整，请查收。"① 从这些事例中，我们可以看到周恩来对待亲属既讲亲情，又讲原则，绝不以权谋私。

周恩来的亲属较多，新中国成立后，他经常资助有困难的亲属，以减轻国家负担。除寄钱外，还接济来京治病的亲属。周恩来去世后，他的秘书估算这些年周恩来共接济周家亲属一万多块钱。但他从不为自己的亲属放弃一贯坚持的原则，不允许他的亲属对国家和政府有丝毫的特殊照顾要求。他甚至希望亲属们在他死后，不要来京参加追悼会，一定要来的，应该自己花路费，一分钱也不要政府开支。为了对家属和晚辈严格要求，早在新中国成立之初，周恩来就定下了"十条家规"："一、晚辈不准丢下工作专程来看望他，只能在出差顺路时去看看；二、来者一律住国务院招待所；三、一律到食堂排队买饭菜，有工作的自己买饭菜票，没工作的由总理代付伙食费；四、看戏以家属身份买票入场，不得用招待券；五、不许请客送礼；六、不许动用公家的汽车；七、凡个人生活上能做的事，不要别人代办；八、生活要艰苦朴素；九、在任何场合都不要说出与总理的关系，不要炫耀自己；十、不谋私利，不搞特殊化。"②

周恩来的十条家规，充分反映了他严格约束自己，严格要求亲属，反对以权谋私，严于律己，克己奉公的精神。从严治党是保持中国共产党先进性与纯洁性的基本要求和重要原则，它包括严密组织、严明纪律、严格管理、严肃监督四个相互关联的方面，是针对党在思想、组织、作风等方面存在的问题的一种认真严肃的治理。在一百年的发展历程中，中国共产党之所以能带领中国人民夺取民主革命的胜利、开创社会主义建设的新局面，皆源自这个党有正确的理论、严密的组织、严格的管理和过硬的思想作风。因此，认真学习周恩来等老一辈革命家从严治党的思想，结合"四个全面"战略布局，继续把党的思想建设、组织建设、

---

① 淮安市周恩来纪念地管理局、淮安市档案局、淮安周恩来邓颖超研究会编：《周恩来与故乡淮安史料研究》，中央文献出版社 2013 年版，第 113 页。

② 张东明：《周恩来的十条家规（党史一叶·家风）》，《人民日报》，2015 年 4 月 21 日第 18 版。

作风建设搞好是十分必要的。

二、以身作则，严格自律，艰苦朴素，清正廉洁

周恩来在贯彻党风党纪和清正廉洁方面一贯身体力行，以身作则，堪称中国共产党人的表率。党史专家石仲泉认为，讲党性修养，毛泽东有"老三篇"作代表；刘少奇有《论共产党员的修养》作代表。周恩来呢？就是他本身。[①] 在党性修养和共产党员形象方面，周恩来廉洁自律、严守党纪的高尚风范，一心为公、鞠躬尽瘁、死而后已的精神，清正廉洁、艰苦朴素的作风，是全体共产党员的光辉榜样，也是中华民族的人格典范。

怎样在中国共产党成为执政党时树立起廉政的新风气？周恩来在 1949 年 7 月的一次讲话中强调指出："我们要继续保持和发扬长期在农村中建立起来的艰苦奋斗的革命传统。现在到了一个新环境，要精兵简政，节衣缩食。"针对国民政府存在的腐败风气，周恩来在筹备新政府时指出："接收一些机关，不要把官僚机构的坏东西也接收下来，而是要加以改造。我们现在虽然生活在城市里，但旧衣裳还是要穿，不要向剥削阶级造成的奢侈腐化的生活看齐，要向我们历来的艰苦朴素的生活看齐。"[②] 他号召全体党员和"各企业、事业单位，各机关、团体，都应该继续坚决贯彻执行勤俭建国的方针，反对铺张浪费，努力节约开支"[③]。他要求政府机关在国家财产的收入和开支中清正廉洁，不准利用职权中饱私囊，注意在各项活动中节约开支，精打细算。他多次指示国务院机关事务管理局要学会理财，当好管家，少花钱，多办事。他要求从事外事工作的同志一律用国货招待外宾，必须节约朴素，切忌铺张浪费，在任何时候都要体现中华民族的优良传统，让外国各界人士从中看到中国人民的高尚情操，看到新中国艰苦奋斗、发奋图强的精神面貌。他明确指出："中华民族有勤劳勇敢的传统，我们党又有艰苦奋斗的革命传统，在开始建设新中国的时候，我们要求全体工作人员保持和发扬这种传统。"[④]

作为执政党，要领导全国人民加快社会主义现代化建设，就必须艰苦奋

---

① 石仲泉：《周恩来：一部党性修养的大书》，《毛泽东思想研究》，2010 年第 4 期。
② 《周恩来选集》上卷，人民出版社 1980 年版，第 362 页。
③ 《周恩来选集》下卷，人民出版社 1984 年版，第 385 页。
④ 《周恩来选集》下卷，人民出版社 1984 年版，第 7 页。

斗，勤俭建国，力戒骄傲自满和不愿再过艰苦生活的情绪。周恩来教育广大党员干部，要继续"提倡勤俭朴素的作风，反对资产阶级的铺张浪费思想"[1]。他经常告诫大家："我们国家底子薄，还是一穷二白，要在相当长一段历史时期里坚持艰苦奋斗，自力更生。外汇很宝贵，要用在建设上，不该花在消费上。"[2]从二十世纪五十年代起，国务院会议经常召开，出席会议的都是副总理和部长一级的干部，会议时间一般较长，要安排工作餐。周恩来亲自规定工作餐的标准是"四菜一汤"，都是家常便菜。周恩来同大家一起吃工作餐，他还给自己规定，吃饭要付钱付粮票。这种做法也带动了国务院其他的工作人员，一种良好的风气就此形成。

有的部门进城后，要求修建楼堂馆所，还有的建议修建政府大厦，并做出了模型，周恩来不同意，他说："我们一定要执行毛主席勤俭建国的指示，在我任总理期间，决不盖政府大厦。"[3]周恩来的办公室坐落在中南海西花厅，很简陋，会议室也很狭窄。修建一座办公大楼是很必要的，可是周恩来说共产党是为人民服务的，"只要是我当总理，大家就要把大兴土木的念头打消。国务院不能带这个头"[4]。周恩来也不允许装修他的办公室，工作人员见他的办公室太简陋，就趁他外出访问的时候，略微装饰了一下。周恩来回来后，严厉地批评了工作人员，并要求把办公室恢复到原来的样子。就这一件事，他两次在国务院会议上做了自我批评。

周恩来对违背艰苦奋斗作风、不廉洁奉公的现象深恶痛绝，大声疾呼要求根除这一现象。1960年12月，周恩来为中共中央起草转发关于山东、河南、甘肃和贵州某些地区发生严重腐化情况的材料的批语稿。他在批语稿中严厉指责干部中极其严重的、不可容忍的铺张浪费、贪污腐化、破坏党章、违法乱纪、不顾人民死活的情况。责令其他各地、各单位也要检查这一反映中的类似情况，坚决纠正，彻底解决。他发现各地出现相互请客和以献礼名义向上级单位送礼等现象后，认为这将有损党的干部的人民公仆形象，必须防微杜渐。

---

① 《周恩来选集》下卷，人民出版社1984年版，第92页。
② 李虹、刘俊瑞、崔永琳等编写：《周恩来和邓颖超》，中共中央党校出版社1994年版，第198页。
③ 中国中共文献研究会周恩来思想生平研究分会编：《周恩来与文化建设》，黑龙江人民出版社2014年版，第13页。
④ 《我们的周总理》编辑组：《我们的周总理》，中央文献出版社1990年版，第505页。

清正廉洁，严格自律，勤勤恳恳地为党和人民工作，是中国共产党要求每一名党员特别是领导干部必须具备的思想素质和道德标准。周恩来以身作则，带头严格遵守党的原则和纪律，不断地自我改造、提高党性修养。在他看来："我们国家的干部是人民的公仆，应该和群众同甘苦，共命运。如果图享受，怕艰苦，甚至走后门，特殊化，那是会引起群众公愤的。"① 周恩来一生过着艰苦朴素的生活，即使当上了中华人民共和国总理后，他依然严格要求自己，始终如一地勤俭节约、克己奉公。

周恩来的衣食住行一向简单，一件衬衣总是补上补丁之后继续穿，外出时轻车简行，拒绝住高级宾馆，拒绝任何特殊待遇。时刻严格要求自己，住简陋的房子，在简单的办公室里工作，饮食起居更是从俭。周恩来为调动各方面的积极因素，广交朋友。但周恩来请这些党内外朋友吃饭，所有花费都是从他自己工资里支出。他不仅严于律己，而且严格要求身边的工作人员和亲属。

周恩来当时严格规定，国务院机关干部私人用汽车，要自付汽油费。周恩来自己带头遵守，他看戏、到公园散步、去医院看病以及访友等用车的时候，坚持由他自己付费，决不贪公家的便宜。1964 年初秋，外交部礼宾司接到周恩来办公室的电话，要礼宾司以周总理的名义给柬埔寨王后送一些蜜橘。礼宾司在办理这件事的过程中认为以国务院总理的名义送欠亲切，便建议以周恩来个人名义赠送。很快得到周恩来办公室的答复：总理同意礼宾司的意见，并交代赠礼费用要由他个人负担，不能向公家报销。② 这笔费用当时是不小的一笔开支，但是周恩来认为这是以他个人的名义送的，绝不允许向公家报销。

周恩来一生严于律己，反对请客送礼。他自己的生活则艰苦朴素，克己奉公，凡是给他送去的礼物，一律退还；实在退不了的，付款以后交给有关部门处理。外国政要和朋友送给他的礼品，全部交给外交部礼宾司，自己一概不留。凡他自己招待亲朋好友的花销，都用自己的钱支付。为严禁党员领导干部请客送礼，周恩来指定有关人员起草了《中共中央关于不准请客送礼和停止新建招待所的通知》，并自觉遵照执行此项规定。据周恩来卫士高振普回忆，有一次，云南省委托警卫局的一位同志给周恩来和邓颖超带去一箱水果。周恩来得知此

---

① 《周恩来选集》下卷，人民出版社 1984 年版，第 421 页。
② 《周恩来送礼》，《党的建设》，2000 年第 10 期。

事且与邓颖超商量后，将该同志请来，委托其将当时尚在讨论中且未印发的《中共中央关于不准请客送礼和停止新建招待所的通知》以及一百元钱转交给云南省委。

周恩来多次强调："勤俭建国、勤俭持家、勤俭办社、勤俭办一切企业是我们长期的奋斗目标。"[①]1962 年 1 月，周恩来在修改《在扩大的中央工作会议上的报告》稿时，建议增加四条经验教训，其中一条就是"勤俭建国，勤俭办一切事业，增产节约"[②]。这是他基于对我国经济连年遭受战乱，新中国成立后百废待兴，又屡遭自然、人为挫折，国力不强，人民生活急待提高的国情的深刻认识，他认为现在的艰苦奋斗是为社会的进步和发展做精神和物质上的准备。他提倡："要使艰苦朴素成为我们的美德……要觉得自己的物质待遇够了，甚至于过了，觉得少一点好，人家分给我们的多了就应该居之不安。要使艰苦朴素成为我们的美德。这样，我们就会心情舒畅，才能在个人身上节约，给集体增加福利，为国家增加积累，才能把我们的国家更快地建设成为一个社会主义强国。"[③]

三、深刻揭示官僚主义种种表现及其根源和危害

周恩来在坚持从严治党、坚持搞好党风廉政建设的过程中，坚决反对官僚主义。他对官僚主义深恶痛绝，在多个重要场合强调党员干部要带头反对官僚主义，坚持为人民服务。中国共产党执政后，周恩来把反对官僚主义作为党和国家的一项重要任务。他常说："要使人民民主专政的制度实行得更好，必须同官僚主义作斗争，经常反对官僚主义。这是一个很重要的问题。"[④]他认为新中国刚刚成立，面临着一系列的问题，"在我们这样一个地区广阔、情况复杂并且经济上正在剧烈变革的国家里，任何疏忽大意，都可能发生重大的错误，造成重大的损失。因此，克服主观主义和官僚主义，对我们有着特殊重要的意义。"[⑤]

周恩来在反对官僚主义问题上一贯是立场坚定、旗帜鲜明的，他认为："官僚

---

① 《周恩来年谱（1949—1976）》中卷，中央文献出版社 1997 年版，第 533 页。
② 《周恩来年谱（1949—1976）》中卷，中央文献出版社 1997 年版，第 453 页。
③ 《周恩来选集》下卷，人民出版社 1984 年版，第 427 页。
④ 《周恩来选集》下卷，人民出版社 1984 年版，第 209 页。
⑤ 《周恩来选集》下卷，人民出版社 1984 年版，第 224 页。

主义是领导机关最容易犯的一种政治病症。"①在我们党新民主主义革命和社会主义革命的各个时期，他不断地强调要反对官僚主义，对官僚主义的表现、危害、根源及反对官僚主义的措施方法做了大量且全面的分析和论述。

1963年5月29日，周恩来在中共中央和国务院直属机关负责干部会议上专门做了《反对官僚主义》的报告。他指出："我们国家的干部是人民的公仆，应该和群众同甘苦，共命运。"②1973年8月23日，周恩来主持了由中共中央政治局召集的各省、市、自治区和中央党政军机关负责人协商中央领导机构成员的会议，在会上他再次强调："我们是立党为公，不是立党为私。"③他把立党为公还是立党为私，看作是检验一个真正共产党员的试金石。

周恩来专门对官僚主义的表现和危害做了详细的分析。他总结出官僚主义的二十种表现，这是迄今为止，共产党的高级领导干部对官僚主义作的最系统、最全面的分析。周恩来剖析和批判的官僚主义的二十种具体表现如表4-1所示。④

表4-1　周恩来剖析和批判的官僚主义的二十种特征与表现形式

序号	特征	表现形式	对官僚主义的批判
第一种	脱离领导、脱离群众的官僚主义	高高在上，孤陋寡闻，不了解下情，不调查研究，不抓具体政策，不做政治思想工作。	党的路线、政策再好，如果执行的业务部门给阻塞住了，那就是把党和群众隔开了。这种官僚主义是领导者尤其是高级领导者必须时时警惕的。
第二种	强迫命令式的官僚主义	狂妄自大，骄傲自满；主观片面，粗枝大叶；不抓业务，空谈政治；不听人言，蛮横专断；不顾实际，胡乱指挥。	一个人站在领导地位，不虚心，不平易近人，自以为了不起、什么都懂，只要有这种思想并且在作风中表现出来，就危险了。这种人大概总是不去抓业务，觉得我是领导政治的，人家的话听不进去，觉得琐碎，也不研究人家讲话的内容，结果就蛮横专断，瞎乱指挥。

① 《周恩来选集》下卷，人民出版社1984年版，第418页。
② 《周恩来选集》下卷，人民出版社1984年版，第421页。
③ 《周恩来年谱（1949—1976）》下卷，中央文献出版社1997年版，第615页。
④ 《周恩来选集》下卷，人民出版社1984年版，第418~422页。

序号	特征	表现形式	对官僚主义的批判
第三种	无头脑的、迷失方向的、事务主义的官僚主义	从早到晚，忙忙碌碌，一年到头，辛辛苦苦；对事情没有调查，对人员没有考察；发言无准备，工作无计划；既不研究政策，又不依靠群众，盲目单干，不辨方向。	常有人说："我做个辛辛苦苦的官僚主义。"好像这种官僚主义还能容许似的。我看，这种官僚主义也要批判。如果是个普通干部，忙忙碌碌，有时方向不大清楚，那还可以谅解。如果是个领导干部，怎么能容许他是个事务主义者呢。
第四种	老爷式的官僚主义	官气熏天，不可向迩；唯我独尊，使人望而生畏；颐指气使，不以平等待人；作风粗暴，动辄破口骂人。	
第五种	不老实的官僚主义	不学无术，耻于下问；浮夸谎报，瞒哄中央；弄虚作假，文过饰非；功则归己，过则归人。	
第六种	不负责任的官僚主义	遇事推诿，怕负责任；承担任务，讨价还价；办事拖拉，长期不决；麻木不仁，失掉警惕。	
第七种	做官混饭吃的官僚主义	遇事敷衍，与人无争；老于世故，巧于应付；上捧下拉，面面俱圆。	
第八种	颟顸无能的官僚主义	学政治不成，钻业务不进；语言无味，领导无方；尸位素餐，滥竽充数。	
第九种	糊涂无用的官僚主义	糊糊涂涂，混混沌沌，人云亦云，得过且过，饱食终日，无所用心；一问三不知，一曝十日寒。	
第十种	懒汉式的官僚主义	文件要人代读，边听边睡，不看就批，错了怪人；对事情心中无数，又不愿跟人商量，推来推去，不了了之；对上则支支吾吾，唯唯诺诺，对下则不懂装懂，指手画脚，对同级则貌合神离，同床异梦。	

序号	特征	表现形式	对官僚主义的批判
第十一种	机关式的官僚主义	机构庞杂，人浮于事，重床叠屋，团团转转，人多事乱，不务正业，浪费资财，破坏制度。	凡是机关大而人多的地方，必定要出官僚主义，这几乎成为规律了。那里的领导人即使精明强干，也会有官僚主义。因为那个机关本来不需要那么大，机构搞得那么臃肿，一定会有很多人不办事情，吵吵嚷嚷，很多事情在那里兜圈子，办不出去。把机关搞小，有事情一商量就解决了。
第十二种	文牍主义和形式主义的官僚主义	指示多，不看；报告多，不批；表报多，不用；会议多，不传；来往多，不谈。	
第十三种	特殊化的官僚主义	图享受，怕艰苦；好伸手，走后门；一人做"官"，全家享福，一人得道，鸡犬升天；请客送礼，置装添私；苦乐不均，内外不一。	我们国家的干部是人民的公仆，应该和群众同甘苦，共命运。如果图享受，怕艰苦，甚至走后门，特殊化，那是会引起群众公愤的。
第十四种	摆官架子的官僚主义	"官"越做越大，脾气越来越坏，生活要求越来越高，房子越大越好，装饰越贵越好，供应越多越好；领导干部这样，必定引起周围的人铺张浪费，左右的人上下其手。	
第十五种	自私自利的官僚主义	假公济私，移私作公；监守自盗，执法犯法；多吃多占，不退不还。	
第十六种	争名夺利的官僚主义	伸手向党要名誉，要地位，不给还不满意；对工作挑肥拣瘦，对待遇斤斤计较；对同事拉拉扯扯，对群众漠不关心。	
第十七种	闹不团结的官僚主义	多头领导，互不团结；政出多门，工作散乱；互相排挤，上下隔阂；既不集中，也无民主。	

续表

序号	特征	表现形式	对官僚主义的批判
第十八种	宗派性的官僚主义	目无组织，任用私人，结党营私，互相包庇；封建关系，派别利益；个人超越一切，小公损害大公。	
第十九种	蜕化变质的官僚主义	革命意志衰退，政治生活蜕化；靠老资格，摆官架子；大吃大喝，好逸恶劳，游山玩水，走马观花；既不用脑，也不动手；不注意国家利益，不关心群众生活。	官僚主义发展到这个程度，就严重得很了。一个干部、一个共产党员的最基本的要求，就是要有革命的热情，要有朝气、有干劲。革命热情一衰退，政治上就要蜕化了。
第二十种	走上非常危险道路的官僚主义	助长歪风邪气，纵容坏人坏事；打击报复，违法乱纪，压制民主，欺凌群众；直至敌我不分，互相勾结，作奸犯科，害党害国。	

周恩来不但列举了官僚主义的种种迹象，还深刻分析了官僚主义的社会根源。他指出："官僚主义是剥削阶级长期统治的遗产。中国长期是封建社会，一百年来又是半封建半殖民地社会，官僚主义更是有深远的影响。……官僚主义与自由主义、个人主义、命令主义、事务主义、分散主义、本位主义、宗派主义，都是密切相关的。我们反对官僚主义，也就必须联系到反对这些主义。"[1] 他充分认识到反对官僚主义斗争的长期性和艰巨性。他认为由于中国复杂的社会和历史原因，"官僚主义不是能够一下子彻底反掉的，今天反掉了，明天它又来了"。[2] 所以，周恩来提出，反对官僚主义是一个持久战，我们要坚持不懈地与官僚主义作斗争，这"不仅要提醒我们，也要提醒以后的子子孙孙"[3]。

周恩来在长期的工作中深深感到，官僚主义作为一种政治病，其危害性是严重的，"官僚主义在我们执政的党内，在我们的国家机关内，的确是十分有害、非

---

[1] 《周恩来选集》下卷，人民出版社 1984 年版，第 418 页。

[2] 《周恩来选集》下卷，人民出版社 1984 年版，第 209 页。

[3] 中共天津市委党史研究室、天津市中共党史学会编:《论保持党的先进性》，天津古籍出版社 2006 年版，第417 页。

常危险的"①。周恩来严厉批评了某些党的干部的官僚主义，给他们敲响了警钟："共产党领导的正确，人民才拥护"，否则"那就有可能被人民推翻"。②他常告诫党的干部，要把党和国家建设好，就必须经常反对官僚主义。因为"官僚主义的态度和作风已经给我们的工作造成许多损失，如果听其发展，不坚决加以克服，必将造成更大的危害。我们绝不能容许官僚主义再继续发展下去"③。

周恩来深刻认识到反对官僚主义的重要意义：首先，"要使人民民主专政的制度实行得更好，必须同官僚主义作斗争，经常反对官僚主义。这是一个很重要的问题"④。其次，廉政建设需解决的基本问题是官僚主义和腐败现象，而官僚主义又是腐败产生的前兆和根源，因此，要搞好廉政建设，一定要坚决反对官僚主义。最后，"在我们这样一个地区广阔、情况复杂并且经济上正在剧烈变革的国家里，任何疏忽大意，都可能发生重大的错误，造成重大的损失。因此，克服主观主义和官僚主义，对我们有着特殊重要的意义"⑤。

四、阐明加强执政党的监督是廉政建设的保证

加强执政党监督，是当前党的建设工作中的一项非常重要的任务。周恩来作为以毛泽东同志为核心的党的第一代中央领导集体的重要成员，始终十分重视对执政党的监督工作。针对党内出现的官僚主义和腐败现象，他强调，建立健全民主监督和制约机制，是廉政建设顺利进行的重要保证。在长期担任党和国家重要领导职务的工作实践中，周恩来考察了执政条件下党的监督建设的规律和特点，在纯洁党的组织，保持党无产阶级的朴素本色，使党始终成为全国人民利益的忠实代表和维护者等方面进行了积极的探索，形成了较为完整和系统的关于执政党监督的科学思想和基本观点。

周恩来关于加强执政党监督的思想，内容丰富，概括起来主要有以下核心观点。

---

① 《周恩来选集》下卷，人民出版社 1984 年版，第 422 页。
② 中共天津市委党史研究室、天津市中共党史学会编：《论保持党的先进性》，天津古籍出版社 2006 年版，第 417 页。
③ 《周恩来选集》下卷，人民出版社 1984 年版，第 422 页。
④ 《周恩来选集》下卷，人民出版社 1984 年版，第 209 页。
⑤ 《周恩来选集》下卷，人民出版社 1984 年版，第 224 页。

首先，周恩来强调执政党必须接受人民群众的监督。

周恩来清醒地认识到，中国共产党成为执政党后，有许多复杂问题急需解决。早在新中国成立前夕，针对当时党的工作重心由农村转入城市，可能面临各种腐化生活的侵蚀，周恩来谆谆教导党员干部继续保持和发扬长期在战争环境下形成的艰苦奋斗的光荣传统，他指出："现在到了一个新环境，要精兵简政，节衣缩食。接收一些机关，不要把官僚机构的坏东西也接收下来，而是要加以改造。"①

中国共产党成为执政党后，承担的历史使命发生了实质性的重大变化，已经从发动群众，通过武装斗争夺取全国政权，转变为带领全国各族人民，为建设一个繁荣富强的社会主义新中国而奋斗。周恩来指出，我们的党已是胜利的党、执政的党。党的地位的这种变化，一方面，使旧社会"假公济私、贪污诈骗、任用私人、打骂群众这些旧官僚机关的传统恶习……在我们绝大部分的国家工作人员中也绝迹了。人民群众第一次看到了廉洁的、认真办事的、艰苦奋斗的、联系群众的、与群众共甘苦共患难的自己的政府"②。另一方面，我们的党面临着新形势下执政的考验，由于"贪污、浪费、官僚主义的毒害，在中国的阶级社会中已经有几千年的历史，是有着深厚的社会基础的"③。这种根深蒂固的封建习俗和旧社会遗留下来的资产阶级思想，使得新生的人民革命政权从建立那一天起，就面临着社会上各种腐败因素的影响，在共产党领导下的各级政权运行过程中，会产生一些腐败现象。

周恩来认为，执政的考验，实质上是权力的考验。由于党的执政地位和环境的变化，许多党员担任了党和政府的各种领导职务，手里握着大小不同的权力。一些党员干部的职务高了，权力大了，因而也就逐渐骄傲起来，不能正确对待自己，对待群众，对待手中权力。他们不是运用手中的权力为人民服务，扬善抑恶，扶正祛邪，造福于民，而是滥用权力，以权谋私，危害党和人民的事业。鉴于此类情况，他特别提醒全党，"这里有两种教训值得注意：一种教训是看不起别人，脱离群众；一种教训就是蜕化了"④。如果我们的各级干部特别是领导干部放松了

① 《周恩来选集》上卷，人民出版社 1980 年版，第 362 页。
② 《建国以来重要文献选编》第 5 册，中央文献出版社 1993 年版，第 608～609 页。
③ 《周恩来选集》下卷，人民出版社 1984 年版，第 81 页。
④ 《周恩来选集》上卷，人民出版社 1980 年版，第 343 页。

警惕，忘记党的宗旨，又不注意自我改造，就可能经不起权力的考验，进而走上"脱离群众"甚至"蜕化了"的道路，成为人民群众痛恨的腐败分子。

周恩来深刻认识到，为了防止这种情况发生，关键是要加强对权力的监督。他曾严肃地指出："党内民主及批评和自我批评必须发展，党内任何干部必须无例外地受到党的组织和人民群众的监督。"① 只有对各级领导干部实施有效的监督，才能使他们正确行使人民赋予的权力，才能遏制官僚主义和各种腐败现象的发生。在周恩来看来，党和政府理应接受来自各个方面的监督，"工作中如果有缺点，我们就改正，这是我们党和政府进行各项工作的方针"②。

其次，周恩来认为监督的重点是防止和克服官僚主义。

中国共产党执政地位的取得，为实践全心全意为人民服务的宗旨提供了有利的条件。当然，由于执政地位和环境的变化，使执政党面临的最大危险，就是脱离群众，滋生官僚主义。周恩来尖锐地指出："官僚主义是领导机关最容易犯的一种政治病症"，"是剥削阶级长期统治的遗产"③，"在中国还有中国的特点，那就是封建性很大。我们尽管打倒了封建主义，但封建官僚的习俗在社会上还存在着。脱离群众，高高在上，生活特殊，讲究排场，中国的统治阶级过去是这样的，我们也很容易这样做。……如果不有意识地经常地排除某些旧的社会习俗，它就会经常来侵蚀我们"④。

1956 年 9 月，在党的八大上，周恩来提醒全党："在我们这样一个地区广阔、情况复杂并且经济上正在剧烈变革的国家里，任何疏忽大意，都可能发生重大的错误，造成重大的损失。因此，克服主观主义和官僚主义，对我们有着特殊重要的意义。"⑤1963 年 5 月，周恩来在中共中央和国务院直属机关负责干部会议上专门对官僚主义进行了深刻而细致的剖析，他指出，官僚主义的存在和蔓延破坏了党和人民群众的密切联系，使党和国家的干部腐化变质，由人民的公仆变为社会的蛀虫，人民也会失去对党和国家干部的信任。官僚主义不但危害了党风和社会风气，也关系到国家的前途和命运。周恩来严厉批评了某些党的干部的官僚主义

---

① 《周恩来选集》下卷，人民出版社 1984 年版，第 119 页。
② 《周恩来选集》下卷，人民出版社 1984 年版，第 294 页。
③ 《周恩来选集》下卷，人民出版社 1984 年版，第 294 页。
④ 《周恩来选集》下卷，人民出版社 1984 年版，第 230 页。
⑤ 《周恩来选集》下卷，人民出版社 1984 年版，第 224 页。

作风，给他们敲响了警钟："共产党领导的正确，人民才拥护"，否则"那就有可能被人民推翻"。①

发扬民主，加强监督，是周恩来提出的克服官僚主义的一个重要的方法。他说："我们应该提倡民主，才能克服官僚主义。"②社会主义民主的关键是要建立干部和群众之间的平等关系。他还说，在战争年代，我们与老百姓住在一起，天天见面，不分彼此，和群众关系很密切，这种传统应该保持。如果领导干部自命不凡，自觉高人一等，就摆不正同群众的关系，官僚主义必然会发生。他认为，发扬民主就是要做到能够让人讲话，不搞"一言堂"。领导干部要能听得进去不同意见，要多疏通一些渠道，让各方面的意见能及时反映上来，并且形成制度。周恩来特别强调共产党接受监督的重要意义，他说："因为共产党是领导的党，它过去搞革命，为革命而奋斗，为人民立了功，人民拥护它，欢迎它。正是因为这样，也就带来了一个不利方面。毛泽东同志在我们党的七届二中全会上提出了这个问题。我们一旦取得了全国政权，就带来一个危险，就有一些人可能会被资产阶级的糖衣炮弹所腐蚀，被胜利冲昏头脑，滋长官僚主义，脱离群众，甚至会出现个人野心家，背叛群众。"③这个问题怎么解决呢？他认为最好的办法是有人监督，这样做起事来就小心一点，谨慎一点。他说："中央与地方尽管是上下关系，必要时也要唱'对台戏'"，不是为了互相拆台，而是"从两个方面看问题，来完成社会主义的伟大事业"。④

再次，周恩来主张加强立法监督，通过法律惩治腐败。

周恩来对加强执政党监督问题有深刻的认识，他主张应该加强立法工作和法制建设，通过法律的手段惩治腐败分子，以保证党和政府的清廉。周恩来主持起草的《中国人民政治协商会议共同纲领》中有专条规定："中华人民共和国的一切国家机关，必须厉行廉洁的、朴素的、为人民服务的革命工作作风，严惩贪污，禁止浪费，反对脱离人民群众的官僚主义作风。"⑤1951 年 2 月，中央人民政府委

---

① 中共天津市委党史研究室、天津市中共党史学会编：《论保持党的先进性》天津古籍出版社 2006 年版，第 417 页。

② 《周恩来选集》下卷，人民出版社 1984 年版，第 92 页。

③ 《周恩来统一战线文选》，人民出版社 1984 年版，第 350~351 页。

④ 《周恩来选集》下卷，人民出版社 1984 年版，第 209 页。

⑤ 《建国以来重要文献选编》第 1 册，中央文献出版社 1992 年版，第 6 页。

员会第十一次会议通过了《中华人民共和国惩治反革命条例》；1952 年 4 月中央人民政府委员会第十四次会议通过了《中华人民共和国惩治贪污条例》。这些法规的颁布实施表明了周恩来对运用法律手段推行廉政建设的高度重视，还使严惩腐败分子有法可依，使廉政建设初步纳入了法治化轨道。

周恩来主张，党的干部和国家机关工作人员的违法犯罪行为，必须依照法律加以制裁。在中华人民共和国第一届全国人民代表大会第一次会议上所作的《政府工作报告》中，周恩来强调："国家机关中某些违法乱纪的工作人员贪污腐化，营私舞弊，侵害了国家和人民的利益……必须依照法律给予制裁。"①

最后，周恩来提出要发挥各种不同监督主体的监督作用，采取多种监督方式。

周恩来在长期的领导工作实践中，全面考察执政条件下党的监督建设的规律和特点：我们党是执政党，党内监督在各种监督中起着基础和核心作用。党内监督搞不好，党外监督就很难开展。同时，中国共产党作为执政党，党的工作与活动已不是单纯党的内部事务，它直接关系着国家和人民的利益。因此，必须把党内监督同民主党派监督、群众监督、舆论监督等结合起来。坚持党内监督与党外监督相结合，构筑严密、科学的监督体系，最终形成监督的整体合力。

周恩来深知，权力之间互相制衡对于廉政建设有重要作用，只有建立健全和完善监督制约机制，才能有效地监督党政机关和各级领导干部清廉从政。中华人民共和国成立初期，周恩来在总结"三反"运动经验时就明确指出："'三反'运动能够取得很大的成绩，巩固了人民革命胜利的果实，在很大程度上是发动群众、依靠群众监督的结果。"②1954 年，周恩来进一步提出了通过国家权力机构来监督政府活动的思想，他指出："全国人民代表大会和地方各级人民代表大会都有监督我们的财政收支的权力和责任。我们希望各位代表监督政府工作人员并同政府工作人员合作来反对浪费资金的现象，反对机构庞大的现象，反对违反财政制度的现象，反对不爱护国家财产、不严格节约和不努力增加资金积累的现象，反对偷税漏税和盗窃国家资财的行为，反对贪污的行为。"③

为了加强对执政党的监督和权利的制约，防止官僚主义和腐败现象的滋生，

---

① 《建国以来重要文献选编》第 5 册，中央文献出版社 1993 年版，第 612~613 页。

② 中共天津市委党史研究室、天津市中共党史学会编：《论保持党的先进性》，天津古籍出版社 2006 年版，第 421 页。

③ 《周恩来选集》下卷，人民出版社 1984 年版，第 142 页。

周恩来考虑从多个方面展开监督。

一是在党和政府内部上下级之间、各部门之间、前后程序之间、同事之间进行互相监督，严格执行党的方针路线和各项具体政策，共同遵守各项纪律和各种规章制度。周恩来指出："中央与地方要相互影响，相互监督，不要以为只是上面对下面监督，下面同样要监督上面，起制约的作用。"① 各部门之间、前后程序之间的监督，同事之间的监督，指的是民主监督，包括领导之间的相互监督，实行集体领导，"没有经过党委讨论的大事"，"不能随便决定"②。领导同志要以身作则，管好自己身边的工作人员，工作人员要监督领导同志，开好民主生活会，经常开展批评与自我批评，防微杜渐。

二是要加强执政党的自我监督，不但党的纪检机关要充分发挥作用，更要促使党员干部加强自我改造，开展批评与自我批评。在执政党的条件下，党员干部加强自我改造是完全必要的。周恩来有一句名言："活到老，学到老，改造到老。"③ 这是对党员干部的一条基本要求。党员干部加强自我改造，要联系自己的思想实际，经常不断地进行自我解剖、自我批评、自我锻炼，克服各种非无产阶级思想，树立正确的世界观和人生观。"天下没有完人，觉悟程度是逐步提高的，认识也是不断发展的，因此要经常进行自我改造。……只有能自我改造的人，才能改造别人。"④"思想改造是长期的。"⑤ 作为党的主要领导，周恩来带头做自我批评，勇于自我解剖，善于听取各方面意见，自觉接受各类监督。

三是执政党与民主党派互相监督，重点是民主党派对共产党进行民主监督。我国社会主义改造基本完成之后，毛泽东在《论十大关系》的报告中提出了共产党与民主党派的关系是"长期共存，互相监督"⑥。周恩来在解释"互相监督"时强调指出："首先应该由共产党请人家监督。"⑦ 因为共产党是领导的党、胜利的党、执政的党，共产党不提这个问题，其他民主党派不好提。周恩来指出，民主党派的监督是各方面监督中必不可少的一种监督。因为整个党的工作需要其他党

① 《周恩来选集》下卷，人民出版社 1984 年版，第 209 页。
② 《周恩来选集》下卷，人民出版社 1984 年版，第 366 页。
③ 《周恩来统一战线文选》，人民出版社 1984 年版，第 360 页。
④ 《周恩来选集》下卷，人民出版社 1984 年版，第 359 页。
⑤ 《周恩来选集》下卷，人民出版社 1984 年版，第 333 页。
⑥ 《毛泽东文集》第 7 卷，人民出版社 1999 年版，第 290 页。
⑦ 《周恩来统一战线文选》，人民出版社 1984 年版，第 350 页。

派监督，每个党员也需要监督，并且多一个监督，做起事来总要小心一点，谨慎一点。越是监督，我们党越是少犯错误，"越是监督我们，我们越是能进步"。^①因为"我们总是跟自己的同志在一起，所说的话都是相同的，有点闭塞。而跟党外人士接触，则可以听到各方面的意见"^②。周恩来希望民主党派和党外人士参与监督，以保证党保持无产阶级先锋队本色不变。他说："我们不要怕，我们有信心，不仅敢让党员，还敢让非党员、民主人士和资产阶级代表看我们工作中的缺点、偏差。"^③

四是要加强执政党的外部监督，发挥人大代表和政协委员的监督作用。1956年，周恩来在中国共产党上海市第一次代表大会上的讲话中提道："每年应有两次到人民中去直接视察工作。他们可以从与政府不同的角度去接触广大人民，接触实际，看我们的工作是否做得恰当，做错了没有，有什么缺点，有什么偏差。"^④他还要求各级党政领导干部多下基层，多接触实际，接近群众，多搞调查研究，"只有广大人民在生产中发挥了积极性和创造性，才能提高他们的物质生活和文化生活水平，也才能更有效地克服官僚主义"^⑤。

五是注意发挥社会监督职能的作用。周恩来指出："我们共产党员要多听不同的意见，才能多知道各方面的意见。不同的意见不一定都对，但你要听了才有比较。"^⑥在谈到工会作用时，周恩来说："工会要配合党和政府去进行工作，因为工会是党的主要助手，统一战线的主力军。工会不仅要注意解决工人生活困难问题，而且要把生活问题提到政府面前。中央和地方上的精简工作如果做不好，工会有权把问题提出来，要起监督作用。当然不是与政府对立，是协助政府办事。政府没做好的事，工会可提意见。"^⑦在谈到舆论监督时，他要求通过报刊、广播等宣传媒体"把所有代表的发言，包括批评政府工作的发言，不管对的、部分对的甚至错的都发表出来。这就在人民中揭露了政府工作的缺点"^⑧。在谈到群众监督时，

---

① 《周恩来统一战线文选》，人民出版社 1984 年版，第 351 页。
② 《周恩来选集》下卷，人民出版社 1984 年版，第 103 页。
③ 《周恩来选集》下卷，人民出版社 1984 年版，第 207 页。
④ 《周恩来选集》下卷，人民出版社 1984 年版，第 207 页。
⑤ 《周恩来选集》下卷，人民出版社 1984 年版，第 13 页。
⑥ 《周恩来选集》下卷，人民出版社 1984 年版，第 393 页。
⑦ 《周恩来选集》下卷，人民出版社 1984 年版，第 397 页。
⑧ 《周恩来选集》下卷，人民出版社 1984 年版，第 208 页。

他说："在不同的意见中，更重要的是广大群众的意见，就是在公社、工厂等基层组织里从事生产活动的广大群众的意见，还有学校里的群众的意见。"[①] 基于这种认识，他特别注意倾听广大人民群众的呼声，除了经常直接深入到群众中去听取各种不同意见外，还十分注意人民群众的来信来访，指示信访部门要把人民群众反映的问题迅速转到有关部门，让他们及时了解情况，改进工作，努力解决好群众反映的实际问题。

五、周恩来从严治党和廉政建设思想的当代价值

周恩来长期担任党和国家高级领导职务，却始终保持艰苦奋斗、克己奉公、廉洁自律的崇高思想品质和光荣传统。他对严于律己、严格管理党的干部提出的一系列正确主张，给我们留下了宝贵的思想遗产。学习周恩来的廉政建设思想对我们保持党的先进性和继续狠抓落实从严治党，有着重要的现实性意义和深刻启示。

周恩来是我们党内严守纪律的模范，也是廉洁自律的光辉典范。他提出的党员领导干部务必过好"五关"的思想，对我们指导当前的党风廉政建设和反腐败斗争具有重要意义。近年来党内外出现的以权谋私、贪图享受、行贿受贿等腐败现象，令人民群众深恶痛绝，反腐倡廉已关系到党和国家的生存与发展。反腐倡廉已成为我党一项紧迫的任务。真正以周恩来为榜样，学习他克己奉公、全心全意为人民服务的崇高思想和优秀品德，甘当人民的公仆，努力为党为人民工作，在今天的新形势下就更应该提倡。重温周恩来廉洁自律的光辉思想，更觉其内涵丰富，见解精辟，含义深刻，击中要害，它对我们当前党风廉政建设和党员先进性教育至少有着如下几方面的重要的启示和指导意义。

首先，要保持共产党员先进性，必须树立克己奉公、廉政为民、任劳任怨、全心全意为人民服务的宗旨。

周恩来少年即有为中华之崛起而读书的远大抱负，投身革命后，更是以为人民谋解放和幸福为己任。中华人民共和国成立后，作为执政党的最高领导人之一，他经常提醒大家不忘人民公仆的地位，他也无时不以这样的标准来要求自己，努

---

① 《周恩来选集》下卷，人民出版社1984年版，第393页。

力为党为人民工作，真正做到了鞠躬尽瘁，死而后已。他几十年如一日地坚持以民为本，热爱人民，克己奉公，严于律己，时时处处注意保持与人民群众的血肉联系，为改善并提高人民的物质生活条件和精神生活水平不懈努力，从不计较个人的荣辱得失。在他身上既保持了共产党的优良作风，也体现出中华民族的传统美德。周恩来廉洁自律、一心为公的崇高思想品德，是保证党风清正廉洁、党员思想先进的关键所在。自古以来得民心者得天下，廉政与否，关系到人心背向，关系到政权的兴衰成败。周恩来一贯重视党的性质及党与工农群众的联系，他要求党员干部不脱离群众、不脱离实际，始终与广大人民群众在一起。他提出："一个干部、一个共产党员的最基本的要求，就是要有革命的热情，要有朝气、有干劲。"[①] 这些正确的思想观点，对我们今天反对官僚主义作风，树立心系民众的意识，践行全心全意为人民服务的根本宗旨具有直接的指导意义；对治理和克服部分党员干部中思想懈怠、工作散漫、"当官不为"等不良作风亦具有重要启示作用。我们应该号召广大党员学习和实践周恩来廉洁自律、无私奉献的精神，始终做到"立党为公、执政为民"，全心全意为人民服务。

其次，要充分认识反腐败斗争的长期性和艰巨性，不断加强自我改造，自觉提高理论水平和思想认识。

由于高度重视党风廉政建设，同党内外各种消极现象和腐败行为进行坚决斗争，党的第一代领导集体带领广大人民才能够推翻腐朽的旧政权，建立了新中国，并且使我国出现了焕然一新的政治面貌和社会风尚。改革开放以来，我国的社会主义现代化事业取得了巨大成就，但随着商品经济的活跃和同国外交往的增多，腐朽思想的影响越来越大，腐败现象逐渐增多。反对腐败是我党的一项长期战略任务。早在二十世纪五六十年代，周恩来就多次揭露和批判了各种腐败现象，他专门列举了官僚主义的 20 种表现，希望引起全体党员特别是党的领导干部的重视。在新时期，邓小平也一再告诫全党要"两手抓，两手都要硬"，但党内外腐败现象至今仍时有发生。因此，我们一定要认识到反腐败斗争的艰巨性和复杂性，常抓不懈，深入持久地将反腐倡廉工作扎扎实实开展下去。在如今的党员先进性教育中，我们应该向周恩来学习的一个重要方面就是：他在改造客观世界的

---

① 《周恩来选集》下卷，人民出版社 1984 年版，第 421～422 页。

同时，也不断改造自己的主观世界。他善于解剖自己，正确地认识自己在事业中所处的地位和作用。周恩来对自己经常进行反思，自我总结，自我考察和评价，其目的是为了完善自己，并对不正确的价值观加以约束、克服，保持清醒的头脑。周恩来从不文过饰非，能够做到透明度最大，经常做自我批评。这是他能够始终保持廉洁奉公风范的方法途径。学习周恩来严格自律、不断改造、不断提高的精神，也就是要全体党员按照马克思主义世界观，按照共产主义先锋战士的要求来改造自己、塑造自己，加强严格的党性锻炼和党性修养，从思想上筑起拒腐防变的长城。

再次，惩治腐败，保持廉洁，必须从领导机关、领导干部做起，党员领导干部要以身作则、带头廉洁自律。

由于领导干部担负着组织群众、宣传群众、教育群众的责任，身教胜于言教，领导干部尤其要时刻注意以身作则、上行下效的问题。一个领导者不廉，无以立身；一个政府有贪不肃，无以立本；一个国家腐败不除，则无以立国。反腐倡廉不仅关系到每个党员能否保持先进性的问题，也是关系到全党和国家生死存亡的严重问题。因此，惩治腐败，保持廉洁，必须从领导机关、领导干部做起。特别是领导干部要带头做出表率，克己奉公，为政清廉。要教育所有领导干部清楚权力是广大人民赋予的，它是一把"双刃剑"，为民则利，为己则害。党员领导干部必须用它服务于民，以高度的责任感对党和国家负责，对人民负责。要使党员领导干部牢记廉洁奉公、不谋取私利是共产党人正确处理公私关系的行为准则，是全心全意为人民服务的根本宗旨的基本要求，也是领导干部过好周恩来提出的"五关"所应把握的原则。领导干部在处理廉与贪、俭与奢、勤与逸的关系时，应该学习周恩来，时时自重、自省、自警、自励，以身作则，言行一致，只有这样才能带领群众坚决同腐败现象作斗争。如果党员、机关干部都能像周恩来那样廉洁自律、克己奉公，全心全意地为人民谋福利，党风建设会大有进展，腐败现象也会被大大遏制。正如党的二十大报告所指出的："全面建设社会主义现代化国家，必须有一支政治过硬、适应新时代要求、具备领导现代化建设能力的干部队伍。坚持党管干部原则，坚持德才兼备、以德为先、五湖四海、任人唯贤，把新时代好干部标准落到实处。树立选人用人正确导向，选拔忠诚干净担当的高素质专业化干部，选优配强各级领导班子。坚持把政治标准放在首位，做深做实干部政治素质考察，突出把好政治关、廉洁关。"①

最后，要尽快建立健全党内监督机制和民主评议制度，努力探索保持共产党员先进性的长效机制。

开展"不忘初心、牢记使命"主题教育、开展保持共产党员先进性教育活动等，都是在新的历史条件下全面加强党的建设的新的尝试。为做好党员经常性的教育管理工作，始终保持共产党员的先进性，我们应该牢记周恩来的谆谆教诲，努力探索建立一种长效机制，使保持党的先进性的要求，运用到党员的日常教育和管理中，并长期坚持下去，使党的先进性建设能够形成科学的制度规范。要建立健全这样一种长效机制，关键是要解决党的先进性建设制度化的问题，首先要尽快建立健全党内监督机制和民主评议机制。在改革开放和发展社会主义市场经济的条件下，面对新的诱惑和考验，只有对党员进行严格监督，才能防止和减少各种错误行为的发生。我们要始终坚持党要管党、从严治党的方针，严格党内监督。通过党章以及各类党内法规来激励和约束每一个党员，促使党员自重、自省、自警、自励，防微杜渐，经得起新时期的各种考验。同时要把党内监督和党外监督结合起来，建立健全民主评议机制。要普遍采用民主评议、召开组织生活会等形式，帮助党员肯定成绩、查找不足；教育所有党员充分倾听人民群众的意见和呼声，不断查找自身存在的不足。把专门机关监督和群众监督、自下而上监督和自上而下监督结合起来，使广大党员经常处于党组织和群众的有效监督之下，从而加大监督力度，提高监督效能。

改革开放 40 多年来，我国的社会主义现代化事业取得了巨大成就，但党内的腐败现象仍没有得到根除，构建反腐倡廉的长效机制，坚持党的干部情为民所系、利为民所谋，坚持党的群众路线，树立全体党员的服务意识、民主意识、法治观念，已成为当前我们党一项紧迫的任务。"我们要落实新时代党的建设总要求，健全全面从严治党体系，全面推进党的自我净化、自我完善、自我革新、自我提高，使我们党坚守初心使命，始终成为中国特色社会主义事业的坚强领导核心。"② 如果我们的党员干部都能像周恩来那样清正廉洁，勤勤恳恳、任劳任怨地为党工作，

---

① 习近平《高举中国特色社会主义伟大旗帜　为全面建设社会主义现代化国家而团结奋斗——在中国共产党第二十次全国代表大会上的报告》，人民出版社 2022 年版，第 66 页。

② 习近平《高举中国特色社会主义伟大旗帜　为全面建设社会主义现代化国家而团结奋斗——在中国共产党第二十次全国代表大会上的报告》，人民出版社 2022 年版，第 64 页。

克己奉公、全心全意地为人民服务，我们的党风建设肯定会大有进展，整个社会风气也会随之有大的好转。认真学习和继承周恩来的从严治党和廉政建设思想，是保证党风好转，保持党的先进性的一个重要思想基础。

周恩来的党风廉政建设思想是我们党的一笔宝贵精神财富，对我们今天在新的形势下全面狠抓从严治党，搞好党风廉政建设，杜绝官僚主义和腐败现象，建立高效清廉的服务型政府具有重要的指导意义。周恩来的一生对中国共产党的创建发展和党的各项建设事业作出了重大贡献。他在从严治党方面提出了许多真知灼见，并且以身作则，严格自律，成为全党学习的光辉榜样。他树立了共产党员亲民、为民、务实、清廉的良好形象，为世人所敬仰。他在实践中形成的一套严格管理、严守纪律、保持党的干部清正廉洁的正确思想主张，对我们今天狠抓全面从严治党仍有重要的指导和启示意义。全体党员应认真学习周恩来的克己奉公，清正廉洁，兢兢业业、任劳任怨、全心全意地为人民服务的精神，扎扎实实抓好执政党的党风廉政建设。

参 考 文 献

一、重要文献

陈云文选（第1—3卷）[M]. 北京：人民出版社，1995.

邓小平文选（第1—3卷）[M]. 北京：人民出版社，1994.

建党以来重要文献选编（1921—1949）（第1—26册）[M]. 北京：中央文献出版社，2011.

建国以来刘少奇文稿（第1—7册）[M]. 北京：中央文献出版社，2018.

建国以来重要文献选编（第1—20册）[M]. 北京：中央文献出版社，2011.

建国以来周恩来文稿（第1—13册）[M]. 北京：中央文献出版社，2018.

马克思恩格斯选集（第1—4卷）[M]. 北京：人民出版社，2012.

毛泽东年谱（1893—1949）（上中下卷）[M]. 北京：中央文献出版社，1993.

毛泽东年谱（1949—1976）（第1—6卷）[M]. 北京：中央文献出版社，2013.

毛泽东文集（第1—2卷）[M]. 北京：人民出版社，1993.

毛泽东文集（第3—5卷）[M]. 北京：人民出版社，1996.

毛泽东文集（第6—8卷）[M]. 北京：人民出版社，1999.

毛泽东选集（第1—4卷）[M]. 北京：人民出版社，1991.

周恩来教育文选 [M]. 北京：教育科学出版社，1984.

周恩来经济文选 [M]. 北京：中央文献出版社，1993.

周恩来军事文选（第1—4卷）[M]. 北京：中央文献出版社，1997.

周恩来年谱（1949—1976）（上中下卷）[M]. 北京：中央文献出版社，1997.

周恩来年谱（1898—1949）（修订本）[M]. 北京：中央文献出版社、人民出版社，1998.

周恩来书信选集 [M]. 北京：中央文献出版社，1988.

周恩来统一战线文选 [M]. 北京：人民出版社，1984.

周恩来外交文选 [M]. 北京：中央文献出版社，1990.

周恩来文化文选 [M]. 北京：中央文献出版社，1998.

周恩来选集（上下卷）[M]. 北京：人民出版社，1984.

周恩来一九四六年谈判文选 [M]. 北京：中央文献出版社，1996.

周恩来早期文集（上下卷）[M]. 北京：中央文献出版社，天津：南开大学出版社，1993.

周恩来政论选（上下册）[M]. 北京：人民日报出版社，1993.

二、专著

不尽的思念 [M]. 北京：中央文献出版社，1987.

曹应旺主编. 周恩来的智慧 [M]. 北京：中共中央党校出版社，1994.

陈扬勇. 走出西花厅——周恩来视察全国纪实 [M]. 北京：中央文献出版社，2009.

成元功. 周恩来总理卫士长回忆录 [M]. 北京：中央文献出版社，2009.

邓在军主编. 你是这样的人——回忆周恩来口述实录 [M]. 北京：人民出版社，2013.

高振普. 陪伴病中周恩来的日日夜夜 [M]. 北京：中国青年出版社，2016.

胡绳主编. 中国共产党的七十年 [M]. 北京：中共党史出版社，1991.

纪东. 难忘的八年 [M]. 北京：中央文献出版社，2007.

金冲及主编. 周恩来传（第1—4册）[M]. 北京：中央文献出版社，1998.

李海文主编. 周恩来研究述评 [M]. 北京：中央文献出版社，1997.

李连庆. 大外交家周恩来（第1—6册）[M]. 北京：人民出版社，2016.

李琦主编. 在周恩来身边的日子：西花厅工作人员的回忆 [M]. 北京：中央文献出版社，1998.

廖心文，熊华源，陈扬勇. 走出国门的周恩来 [M]. 石家庄：河北人民出版社，2001.

刘焱，杨世钊主编. 周恩来与毛泽东思想 [M]. 重庆：重庆出版社，1998.

马永顺. 周恩来组建与管理政府实录 [M]. 北京：中央文献出版社，1995.

南方局党史资料征集小组编. 南方局党史资料大事记 [M]. 重庆：重庆出

版社，1986．

南开大学周恩来研究中心编．中外学者再论周恩来：第二届周恩来国际学术研讨会论文集［M］．北京：中央文献出版社，1999．

南开大学周恩来研究中心编．周恩来与二十世纪的中国和世界：第四届周恩来研究国际学术研讨会论文集［M］．北京：中央文献出版社，2015．

师哲口述，李海文．在历史巨人身边：师哲回忆录［M］．北京：九州出版社，2015．

石仲泉．周恩来的卓越奉献［M］．北京：中共中央党校出版社，1993．

童小鹏．风雨四十年：童小鹏回忆录（第1部）［M］．北京：中央文献出版社，1994．

童小鹏．风雨四十年：童小鹏回忆录（第2部）［M］．北京：中央文献出版社，1996．

熊华源，廖心文．周恩来总理生涯［M］．北京：人民出版社，1997．

徐行．周恩来与中国现代化的奠基［M］．天津：天津人民出版社，2008．

徐行编著．新中国行政体制的初创［M］．北京：当代中国出版社，2013．

徐行编著．周恩来与中日关系的历史性转折［M］．天津：天津社会科学院出版社，2010．

徐行主编．二十一世纪周恩来研究的新视野（上下册）［M］．北京：中央文献出版社，2009．

徐行主编．南开学者纵论周恩来［M］．天津：天津人民出版社，2008．

徐行主编．周恩来与中国和世界的和平发展（上下册）［M］．北京：中央文献出版社，2020．

杨明伟．走出困境：周恩来在1960~1965［M］．北京：中央文献出版社，2000．

赵炜．西花厅岁月——我在周恩来邓颖超身边三十七年［M］．北京：中央文献出版社，2004．

甄小英编著．周恩来——坚持党性的楷模［M］．北京：中共中央党校出版社，1989．

中国社会科学院近代史研究所翻译室编译．共产国际有关中国革命的文献资料（1919—1928）（第 1 辑）[M]. 北京：中国社会科学出版社，1981.

　　中国社会科学院现代史研究室编著. 中国共产党历次代表大会（新民主主义革命时期）[M]. 北京：中共中央党校出版社，1982.

　　周秉德. 我的伯父周恩来 [M]. 沈阳：辽宁人民出版社，2008.

　　周尔鎏. 我的七爸周恩来 [M]. 北京：中央文献出版社，2015.

三、译著

　　[加拿大] 柯让. 周恩来的外交 [M]. 汪永红译，北京：东方出版社，1994.

　　[美] 尼克松. 领袖们 [M]. 刘湖等译，北京：知识出版社，1985.

　　[英] 迪克·威尔逊. 周恩来传 [M]. 封长虹译，北京：国际文化出版公司，2011.

　　[英] 韩素音. 周恩来与他的世纪：1898—1998 [M]. 王弄笙，张志明，陈国清等译，北京：中央文献出版社，1992.

四、期刊

　　陈扬勇. 周恩来对"文化大革命"的认识与态度 [J]. 党的文献，1998（3）.

　　丛文滋. 建国初期周恩来提出选拔、培养外事干部的十六字方针 [J]. 党的文献，2006（2）.

　　廖心文. 1962 年广州会议的前前后后 [J]. 党的文献，2002（2）.

　　刘武生. 周恩来与南昌起义 [J]. 党的文献，1997（4）.

　　潘敬国，张颖. 周恩来与中国同东盟国家关系的开启 [J]. 中共党史研究，2010（4）.

　　唐蕊. 略论周恩来的谈判艺术——以抗美援朝战争停战谈判为例 [J]. 党的文献，2018（3）.

　　伍修权. 生死攸关的历史转折——回忆遵义会议的前前后后 [J]. 军事史林，2016（8）.

　　杨明伟. 周恩来领导经济工作的思想方法 [J]. 党的文献，2014（2）.

五、报纸

费虹寰. 周恩来与初心使命 [N]. 学习时报，2018-7-6（A3）.

胡锦涛. 在纪念周恩来同志诞辰 110 周年座谈会上的讲话 [N]. 人民日报，2008-3-1（1）.

江泽民. 在周恩来同志诞辰一百周年纪念大会上的讲话 [N]. 人民日报，1998-2-24（1）.

习近平. 在纪念周恩来同志诞辰 120 周年座谈会上的讲话 [N]. 人民日报，2018-3-2（2）.

在周恩来同志追悼大会上邓小平副主席致悼词 [N]. 人民日报，1976-1-16（2）.

索　引

（词条后页码为该词在书中首次出现的页码）

后　　记

　　本书系 2018 年度教育部哲学社会科学研究后期资助项目的结项成果（项目批准号 18JHQ016）。2019 年秋完成初稿，2020 年 4 月通过了专家鉴定。然后按照专家意见进行了修改充实，又送有关部门认真审查通过，现在终于与读者见面了。

　　本人从事党史党建和周恩来专题研究已 30 余年，本书的构思早在六七年前就起步。为全面反映周恩来与中国共产党的历程，在写作前本人收集了大量资料。在写作过程中，注意吸收国内外最新研究成果，重点对周恩来与中国共产党的创建与发展、党的自身建设和党际交往等问题做了深入的研究。本人思考和设计了全书写作大纲，撰写了大部分初稿，反复修改了全书各章节，最后审定全稿。

　　一批研究生参加了本书的撰写工作。陈晓辰博士与任鹏飞博士各撰写了一章的初稿，陈晓辰博士还帮助做了文字校对、格式调整、编辑索引等许多事务性工作。于亚杰、张韵晗、倪亚奇、邓芳红、刘新钰、司文君、赵家宽、张鹏洲、贾旭芳等同学分别参加了资料收集整理、部分初稿撰写、大事记初编、图片查找等工作。

　　本项目的研究具有重要理论意义和重大现实意义。从构思纲要到收集资料，从初拟草稿到反复修改，从项目申请到立项，用时多年，数易其稿。今年适逢中国共产党诞辰 100 周年，本书即将问世，实乃幸甚。

　　十分感谢周恩来的侄女、中国新闻社前副社长周秉德老师，她审阅了全书，并为本书写了序言。还要感谢高等教育出版社编辑王玉衡、张召的辛勤工作，感谢中央党史文献研究院的闫建琪、廖心文、杨明伟、曹应旺、费虹寰、潘敬国、唐蕊等领导和专家对南开大学周恩来研究事业的指导和帮助，感谢周恩来的亲属周秉宜老师、李传洪董事长、周尔鎏老师和周蓉老师长期以来的关心与支持。在本书付梓之际，谨向一切对本人研究事业及对本书出版给予帮助者表示真诚的谢意！

徐行

2021 年夏于南开园

本书研究了周恩来为建立、发展、壮大中国共产党作出的卓越贡献；阐释了周恩来在贯彻党的统一战线方针中、在几次国共合作中、在社会主义时期统一战线中发挥的特殊重要的作用；探讨了周恩来代表中国共产党与各国政党开展党际外交时作的大量工作及产生的深远影响；论述了周恩来在执政党的政治建设、制度建设、思想建设、作风建设、组织建设、干部队伍建设和廉政建设方面的杰出思想与实践。本书勾画出周恩来为中国共产党的革命和建设事业奋斗终身的光辉历史和崇高精神，向世人阐明了周恩来兢兢业业为党和人民辛勤工作的一生是中国共产党艰苦奋斗历程的一个光辉缩影。

徐 行

博士、教授、博士生导师，南开大学周恩来研究中心主任；研究方向为周恩来专题、当代中国政治、中国政党、党史党建；代表作有《周恩来与现代化的奠基》《周恩来与中日关系的历史性转折》《新中国行政体制的初创——周恩来与中央政府筹建管理论述》等。

郑重声明

高等教育出版社依法对本书享有专有出版权。任何未经许可的复制、销售行为均违反《中华人民共和国著作权法》，其行为人将承担相应的民事责任和行政责任；构成犯罪的，将被依法追究刑事责任。为了维护市场秩序，保护读者的合法权益，避免读者误用盗版书造成不良后果，我社将配合行政执法部门和司法机关对违法犯罪的单位和个人进行严厉打击。社会各界人士如发现上述侵权行为，希望及时举报，我社将奖励举报有功人员。

反盗版举报电话　（010）58581999　58582371
反盗版举报邮箱　dd@hep.com.cn
通信地址　北京市西城区德外大街 4 号
　　　　　高等教育出版社法律事务部
邮政编码　100120

读者意见反馈

为收集对学术著作的意见建议，进一步完善学术著作编写并做好服务工作，读者可将对本学术著作的意见建议通过如下渠道反馈至我社。

咨询电话　400-810-0598
反馈邮箱　gjdzfwb@pub.hep.cn
通信地址　北京市朝阳区惠新东街 4 号富盛大厦 1 座
　　　　　高等教育出版社总编辑办公室
邮政编码　100029